CATALOGUE

DES INCUNABLES

DE

LA BIBLIOTHÈQUE DE TOULOUSE

RÉDIGÉ

PAR LE DOCTEUR DESBARREAUX-BERNARD

IMPRIMÉ AUX FRAIS DE LA VILLE

TOULOUSE

PAUL PRIVAT, IMPRIMEUR-LIBRAIRE

RUE DES TOURNEURS, 45

—

1878

CATALOGUE

DE

LA BIBLIOTHÈQUE DE TOULOUSE

PREMIÈRE PARTIE

CATALOGUE
DES INCUNABLES

DE

LA BIBLIOTHÈQUE DE TOULOUSE

RÉDIGÉ

PAR LE DOCTEUR DESBARREAUX-BERNARD

IMPRIMÉ AUX FRAIS DE LA VILLE

TOULOUSE

PAUL PRIVAT, IMPRIMEUR-LIBRAIRE

RUE DES TOURNEURS, 45

1878

CATALOGUE

DE LA

BIBLIOTHÈQUE DE TOULOUSE

———

PREMIÈRE PARTIE

Catalogue des Incunables.

TABLEAU DES ABRÉVIATIONS

---

caract.	caractères.
col.	colonnes.
f. ff.	feuille, feuillets.
fig. s. bois.	figures sur bois.
fil.	filigrane.
goth.	gothique.
l., lign.	ligne, lignes.
limin.	liminaires.
n. chiffr.	non chiffré.
p., pp.	page, pages.
pap.	papier.
prél.	préliminaires.
réclam.	réclames.
r.	recto.
s. chiffr.	sans chiffres.
signat.	signatures.
s. l. et a°.	sans lieu ni date.
s. n. typogr.	sans nom d'imprimeur.
v.	verso.
vol.	volume.

ERRATA

AVANT-PROPOS

« Les incunables s'en vont! » a dit quelque part M. Madden (1). — Ce cri de détresse, poussé par l'éminent bibliographe, sera-t-il entendu, sera-t-il compris? parviendra-t-il aux oreilles des conservateurs de nos grands dépôts de livres? Il faut l'espérer et croire qu'ils mettront, désormais, tout en œuvre pour préserver d'une destruction presque inévitable, les quelques épaves typographiques que le temps a encore épargnées et sur lesquelles se trouve gravée, siècle par siècle, année par année, et presque jour par jour, l'histoire des tâtonnements et des perfectionnements successifs de la grande découverte de l'imprimerie.

Nous ferons remarquer cependant, que depuis quelques années, la destruction des vieux livres, des bouquins proprement dits, a subi un temps

---

(1) Voyez *Les Lettres d'un bibliographe.*

d'arrêt remarquable. Plusieurs causes ont amené cet heureux résultat.

C'est, d'abord, et sans contredit, le prix énorme qu'ont acquis rapidement, en vente publique, et dans les catalogues à prix marqués, un grand nombre de livres anciens. Les journaux de toute espèce, de toute nuance, en se multipliant à l'infini, et en se dispersant en province, jusque dans les plus petites bourgades, ont raconté, et racontent à l'envi, chaque jour, les prix extraordinaires, fabuleux, et, disons le mot, parfois extravagants, qu'atteignent, dans les ardentes péripéties de l'enchère, des livres auxquels les lecteurs, en général, n'accordent qu'une mince valeur.

Quand le petit propriétaire, possédant ce qu'on appelle une bibliothèque de campagne, apprend, en lisant son journal après dîné, que le *Bourgeois gentilhomme* a été vendu 1,500 francs; les *Contes de La Fontaine,* 2,000 francs; le *Pâtissier François,* 4,000 francs (1); l'*Imitation de Jésus-Christ,* 5,000 francs; *Don Quichotte de la Manche,* 6,000 francs, et qu'enfin un Boccace a été poussé jusqu'à 52,000 francs, il n'en croit pas ses yeux; il pense rêver; il relit sa gazette, et, sûr d'avoir bien lu

(1) Tout récemment encore, à la vente de M. Le Bœuf de Montgermond, mars et avril 1876, *Le Pâtissier François* a été payé 4,550 francs!!!

cette fois, il court, vole à son cabinet, vide ses tablettes, rassemble à la hâte les livres signalés, en ôte la poussière, les enveloppe soigneusement et s'achemine, aussi vite qu'il le peut, vers la ville prochaine, où il apprend, hélas! que ses bouquins ne valent pas cinq sous le volume (1).

Il serait injuste de refuser à certains bibliographes la part d'influence qu'ils ont eue dans cette renaissance de la bibliographie française. En vulgarisant la science des vieux livres, en la mettant, pour ainsi dire, à la portée de tout le monde, et, qu'on nous permette de le dire, en l'habillant à la française, ils ont fini par intéresser les lecteurs au sort des bouquins délaissés, et les ont, en quelque sorte, réhabilités.

Depuis plus d'un demi-siècle, les catalogues annotés, les journaux bibliographiques et littéraires, les auteurs d'analectes, etc., ont aussi puissamment contribué à cette réhabilitation.

Les libraires se sont mis de la partie; eux, ou leurs ayant droit, imitant, en cela seulement, les anciens *stationnaires*, ont parcouru l'Europe en tous sens, non pour vendre des livres, mais pour en acheter. Ils ont même si bien fureté partout, dans les grandes comme dans les petites villes, dans les

(1) C'est une naïveté dont nous pourrions citer plus d'un exemple.

châteaux, dans les couvents, dans les presbytè-res, etc., etc., qu'ils ont fait table rase et qu'il ne reste plus rien à glaner partout où ils ont passé. Ils ont ainsi mis de l'or dans la mine.

Un art nouveau, l'art de laver et de réparer les livres, inventé et perfectionné, de nos jours, par d'habiles ouvriers, je devrais dire des artistes (1), a apporté aussi son contingent d'action dans ce grand mouvement conservateur des premiers pro-duits de l'imprimerie. Ajoutons, tout de suite, qu'à ce point de vue, nous devons rendre pleine justice aux collecteurs de livres, bibliomanes ou biblio-philes, l'un ne va guère sans l'autre, qui, à force de patience, de soins et d'argent, ont sauvé d'une destruction certaine des milliers de volumes que le temps, l'humidité, le couteau du relieur, les rats et les vers avaient profondément outragés.

Il nous eût été facile, sans doute, d'affirmer nos assertions en citant des noms propres et des ouvra-ges bien connus; mais comme les uns et les au-tres sont, à l'heure qu'il est, devenus populaires dans la science que nous étudions; nous avons

---

(1) Nous nous faisons un devoir d'inscrire au bas de ces pages les noms, presque oubliés déjà, de MM. Simonin, Taforel et Vigna. Aucune marque extérieure ne signalant leurs œuvres au souvenir de la postérité, cet hommage, tout faible qu'il est, attestera, du moins, leur talent dans l'art si difficile de réparer les livres.

cru devoir nous dispenser de signaler, dès le début de ce travail, des noms qui se trouveront, fort souvent, au bout de notre plume. Nos citations seront nombreuses ; mais si nous avons beaucoup cité, c'est dans le but de vulgariser les découvertes récentes dont plusieurs bibliographes ont enrichi les annales de la typographie.

C'est en prévision de la destruction de nos vieux livres que nous avons conçu le plan du *Catalogue des incunables de la bibliothèque de Toulouse.* Nous avons pensé qu'en reproduisant exactement leurs titres, en les décrivant, minutieusément, prolixement même, en reproduisant, aussi, leurs types les plus remarquables et les moins connus, en relevant les marques de tous leurs papiers, en donnant une description exacte des gravures qui les décorent et des reliures qui les recouvrent, etc., etc., on ferait une chose utile et profitable à l'étude de la bibliographie.

Gabriel Peignot avait parfaitement compris l'importance et la nécessité du travail que nous publions aujourd'hui : « Ce serait, dit-il, une bibliographie « aussi curieuse qu'utile pour l'histoire de l'impri- « merie que celle qui serait consacrée spécialement « à la description des *incunables* exécutés, au quin- « zième siècle dans les villes de France.....» (*Bulletin du bibliophile,* n° 2, 2ᵉ série, janv. 1836, p. 18.)

Si nous avons généralisé le *desideratum* de G. Peignot c'est, en premier lieu, parce que nous avons depuis longtemps, rempli le programme dont il avait limité l'étendue (1) et ensuite, parce que le nombre restreint des ouvrages à inventorier nous permettait de tenter l'aventure.

La Bibliothèque de Toulouse renfermant des incunables imprimés dans presque toutes les grandes villes de l'Europe, nous les avons classés par lettre alphabétique, en ajoutant, après le nom de la cité, celui de son premier typographe, suivi du titre et de la date du premier livre qui y fut imprimé (2).

Afin de faciliter, autant que possible, la lecture de ce catalogue aux personnes peu familiarisées avec la nomenclature bibliographique, nous allons indiquer et décrire, aussi succinctement que possible, les éléments divers, disons mieux, le détails nombreux, qui entrent dans la constitution du livre, et, principalement, ceux qui sont particuliers aux incunables.

---

(1) Voyez dans l'*Histoire générale de Languedoc*, tome VII, l'*Établissement de l'imprimerie dans la province de Languedoc*. Toulouse, Ed. Privat.

(2) En dressant le catalogue, nous prendrons le soin de reproduire les noms propres, les notes et les inscriptions manuscrites que nous avons rencontrées sur notre chemin.

Nous signalerons particulièrement ici l'espèce d'imprécation que l'on trouve dans plusieurs incunables ayant appartenu à divers ordres religieux :

SIGNALEMENT DES INCUNABLES.

Il est peu de bibliographes qui n'aient pas indiqué, dans leurs traités, les signes auxquels on reconnaît les livres imprimés au quinzième siècle, désignés, aujourd'hui, sous le nom d'*incunables* (1).

L'époque à laquelle ces livres cessent de mériter ce titre est fort incertaine. Si notre mémoire n'est pas en défaut, quelques historiens de l'imprimerie l'ont arbitrairement fixée aux années 1520 ou 1521. On pourrait, selon nous, dépasser cette limite, sans

Anathema sit qui hunc librum furabit, occultabitur, aut quocumque modo alienabit (*).

Cela nous rappelle que les bibliophiles se sont souvent amusés à composer pour leurs livres des inscriptions en diverses langues. En voici deux que nous empruntons à M. Delepierre (**) :

Si quisquis furetur
    This little libellum ,
Per Phœbum, per Jovem
I'll kill him, I'fell him !
    In ventrem illius.
    I'll stick my scapellum ,
And teach him to steal
    My little libellum.

Hic liber est meus,
    And that I will Show ;
Si aliquis capit ,
    I'll give him a blow.

(1) Du latin : *Ab incunabilis*, dès le berceau.

(*) Cette formule varie quelquefois.

(**) De la littérature macaronique et de quelques raretés bibliographiques de ce genre. Sans lieu (*Londres*), in-4°, p. II.

crainte de se tromper (1). Qui donc, par exemple, refuserait le titre d'incunables aux ouvrages remarquables, et encore inédits en 1554, qui furent imprimés par l'illustre Robert Estienne, dans la première moitié du seizième siècle? Il y aurait un moyen de déterminer cette époque d'une manière très-exacte. Ce serait de fixer l'instant, précis, où l'un des caractères, particuliers à tous les incunables, a subi définitivement une transformation complète.

Cette transformation, cette modification importante, à tant de titres, on la trouverait, peut-être, dans l'impression des livres par feuilles, substituée à l'impression des livres par cahiers.

Si l'on adoptait cette solution, il serait, croyons-nous, facile de trouver la date de la transformation dont nous venons de parler. Hors d'état d'entreprendre ce travail, nous laissons à de plus jeunes que nous, le soin de faire les recherches nécessaires au développement de notre proposition.

Il existe deux séries d'incunables bien tranchées,

---

(1) On nous objectera, sans doute, que c'est donner une bien grande durée à cette phase de l'histoire de la typographie, désignée sous le nom du *Berceau de l'imprimerie*. Nous répondrons à cela, que s'il était possible d'apprécier la durée de l'enfance et du perfectionnement des grandes découvertes des premiers âges du monde, de celle de l'*écriture* et de celle de la *lecture,* par exemple, on ne nous blâmerait peut-être pas de vouloir prolonger la durée de l'enfance et du perfectionnement de l'imprimerie.

l'une renferme les incunables *absque nota,* c'est-à-
dire dépourvus des indices de leur provenance, et
l'autre, les incunables dans lesquels ces indices sont
plus ou moins nombreux. Cette division n'offrant
aucun avantage, nous nous bornons à la mention-
ner, puisqu'en étudiant la série qui présente le plus
de difficultés, il nous deviendra facile, en même
temps, de résoudre celles de la série qui en présente le moins.

Les signes auxquels on reconnaît les incunables
sont très-nombreux. Voici la plupart de ceux qui
ont été signalés par divers bibliographes : L'absence
des titres imprimés sur un feuillet séparé (1), la
grandeur du caractère, le petit nombre de lignes,
le papier prodigué dans chaque page et dans chaque
exemplaire, la présence des pages blanches (2),
l'absence des lettres capitales au commencement des
divisions, la rareté de ces mêmes divisions, le non
emploi des virgules et des points virgules, la rareté du point, l'inégalité et la grossièreté des types,

(1) Suivant l'abbé Rive, ce n'est que vers l'année 1476 que les
livres ont commencé à porter des titres. (Voyez *La Chasse aux
Bibliographes,* p. 61.)

Le premier ouvrage imprimé où il y ait un frontispice est
l'édition du *Calendarium,* de Regiomontanus, donnée par l'imprimeur Ratdolt, à Venise, in-4º. (Lud. Lalanne, *Curiosités bibliographiques,* p. 264.)

(2) « Ce sont là, dit M. Madden, autant d'indices d'une haute
antiquité. »

l'irrégularité dans l'alignement des caractères, l'absence d'interlignes, celle plus ou moins complète des traits-d'union dans les mots coupés à la fin des lignes, celle des chiffres, des réclames et des signatures (1), la solidité et l'épaisseur du papier, l'absence des noms de l'imprimeur, du lieu et de l'année ; la grande quantité d'abréviations, l'irrégularité du nombre de lignes dans les pages, les différences, plus ou moins importantes, que l'on rencontre dans les exemplaires d'une même édition (2) ; la présence de lettres redoublées (3), la forme bizarre de certaines majuscules (4), celle de quelques diph-

(1) « Au lieu de répéter fastidieusement les caractères négatifs de tant de livres (sans titre courant, sans pagination, sans réclames, sans signatures), n'est-il pas plus court de dire : LIVRES A MARGES VIERGES. » (M. Madden, *loc. cit.*, 2ᵉ série, p. 112.)

(2) Le même, *loc. cit.*, 1ʳᵉ série.

(3) C'est surtout dans le *Recueil des sermons pour l'Avent*, de Caraccioli, que l'on trouve un grand nombre de ces lettres redoublées. (Le même, *loc. cit.*, 4ᵉ série, p. 100.)

(4) On rencontre souvent, dans les incunables, des majuscules de formes plus ou moins extraordinaires. L'une d'entre elles, une ℞ de forme toute particulière, a été pendant près d'un siècle, l'objet des recherches d'un grand nombre de bibliographes qui l'ont attribuée à des imprimeurs de nationalités diverses.

La science des livres doit à M. Madden l'histoire, à peu près inconnue de l'établissement typographique des Frères de la vie commune, à Weidenbach, dans l'atelier desquels furent imprimés les livres à l'℞ bizarre. Cette histoire est plus qu'une découverte, c'est toute une révélation.

thongues (1), de certains chiffres, l'anomalie que présentent un certain nombre d'incunables, qui ont été imprimés sur des papiers de différents formats (2) : « Un livre, enfin, révèle son antiquité par le nombre des lettres qui a servi à l'impression. Ce nombre est un minimum. La même lettre n'a qu'une figure ; absence du *k, œ, œ* (3). »

PAPIERS ET FILIGRANES.

Les papiers du quinzième siècle varient beaucoup d'épaisseur, de densité, de dimension (4), de couleur (5), etc. Ces différences sont d'autant plus tranchées que l'on se rapproche davantage des débuts

(1) Sweynheim et Pannartz employèrent la diphthongue æ; que, jusqu'en 1480, les autres imprimeurs exprimaient par un *e* simple, quelquefois accompagné d'un cédille, ou par les deux lettres séparées, *a e* (A. Fr. Didot, *Encyclop. nouv.*, art. *Typographie.*)

(2) Voyez Desbarreaux-Bernard. *De quelques livres imprimés sur des papiers de différents formats.*

(3) M. Madden, *loc. cit.*

(4) La dimension des papiers (de la feuille in-folio) varie beaucoup dans les incunables. Les plus grands papiers atteignent rarement quarante sept ou quarante-huit centimètres de hauteur, et les plus petits que nous ayons rencontrés, n'ont jamais moins de deux cent soixante millimètres.

(5) « Un écrivain anglais du dix-septième siècle, Fuller, prétendait que le papier participait en quelque sorte du caractère de la nation qui le fabriquait. Le papier vénitien, dit-il, est élégant et fin ; le papier français est léger, délié et mou ; le papier hollandais, épais, corpulent, spongieux.

« Si au temps de Fuller, on avait connu le papier gris sur lequel les Allemands imprimaient les ouvrages qu'ils vendaient

de l'imprimerie. Nous avons tout lieu de penser, aussi, que les premiers livres imprimés dans les provinces, loin des grandes cités, le furent sur des papiers de qualité fort inférieure. Mais cet état de choses dura peu. La fabrication du papier, comme celle des éléments divers de l'art typographique, s'étant rapidement perfectionnée, les imprimeurs, et surtout les imprimeurs allemands (1), avant les der-

si cher, il n'aurait pas manqué d'établir une comparaison entre cette couleur terne et l'esprit quelque peu nébuleux de nos voisins d'outre-Rhin. » (Lud. Lalanne, *loc. cit.*, p. 115.)

(1) «Afin d'empêcher le papier de boire l'encre des majuscules d'azur et de cinabre, que devaient peindre les calligraphes, on encolait le papier. On voulait aussi qu'il fût toujours possible d'écrire des notes à la marge des livres, suivant la coutume générale. L'imprimeur y engageait quelquefois lui-même le lecteur; c'est ainsi qu'en tête de la table du *Justin de Milan*, de 1502, Minutianus dit : « J'ai laissé des marges pour vous « mettre à même de marquer en lisant, *inter studendum*, les « passages intéressants. » (*Serapeum*, 1852, p. 152.)

« Comme c'est en Allemagne que les imprimeurs se sont le plus multipliés au quinzième siècle, c'est aussi dans le même pays que les fabricants de papier se sont le plus appliqués à en augmenter la production, afin de suffire à la demande d'innombrables imprimeurs (*). Ils cherchèrent, en même temps, à vendre moins cher cette précieuse denrée, et, par conséquent, à ne lui donner que les qualités indispensables à l'impression.

« De leur côté, les imprimeurs allemands s'avisèrent bientôt de s'affranchir de la dispendieuse collaboration des calligraphes et des miniateurs, et reconnurent que le papier non collé s'imprimait beaucoup mieux ; dès lors, le fabricant supprima l'encollage et le prix du papier diminua de moitié. Ce changement eut lieu au commencement du seizième siècle. » (Voir Johann Beckmann, *Technologie*, Gottingen, 1802. — M. Madden, *loc. cit.*, 4e série, p. 224.)

(*) M. Lud. Lalanne (*loc.* cit.) dit : « Ce fut à Rome que l'on commença à le perfectionner. »

nières années du quinzième siècle, firent usage de
papiers remarquables par leur force, leur solidité,
et, principalement, par cette teinte un peu fauve
qui fatiguait beaucoup moins la vue que l'éclatante
blancheur des nos papiers modernes.

A cette époque, la fabrication du papier laissait
dans ses feuilles plusieurs empreintes délicates, dont
il est indispensable de bien connaître les dispositions
pour parvenir à la détermination de certains incunables.

Ce sont : 1° Les vergeures, petites raies transver-
sales, fines et transparentes, dues à l'empreinte des
fils de laiton, dont on garnissait le fond de la forme
sur lequel l'ouvrier papetier coulait sa pâte liquide.

2° Les pontuseaux, empreintes longitudinales,
plus profondes, produites par les fils de laiton,
d'un plus gros calibre, placés à distance pour sou-
tenir le fond métallique de la forme qui, sans le
secours de ces *petits ponts,* s'affaissait sous le poids
de la pâte.

3° Les filigranes, marques de formes diverses,
que l'on rencontre dans presque tous les papiers de
fil (1).

(1) ....: Les Arabes substituèrent à la *soie,* ou plutôt au *bam-
bou,* le coton, plus commun dans leur pays; ce papier de coton
se répandit en Afrique et en Espagne par les Arabes, et l'on en
fit usage jusqu'à ce que les Espagnols, reconnaissant qu'ils pouvaient se servir de lin, fort commun dans le royaume de Valence,

Les bibliographes qui ont pris la peine d'étudier la question et de feuilleter, pour cela, un grand nombre d'incunables, savent qu'il existe des différences bien tranchées dans le dessin et, par conséquent, dans la forme des filigranes dont sont marqués les divers papiers fabriqués en Europe au quinzième siècle.

Il serait même facile, je crois, d'en former un petit nombre de groupes distincts, auxquels on pourrait peut-être rattacher tous les filigranes connus.

Ces groupes seraient : 1° le groupe allemand, 2° le groupe italien, 3° le groupe français, 4° le groupe espagnol.

Si nous n'avons pas formé un cinquième groupe pour les papiers anglais, c'est que l'Angleterre tira le papier de l'étranger jusqu'en l'année 1588, époque où l'importance et l'utilité des filigranes disparaît complétement.

Bien des suppositions ont été émises pour expliquer la présence et l'utilité de ces marques dans les

imaginèrent de l'employer pour fabriquer du papier, au lieu du coton, qu'ils étaient obligés de tirer des pays étrangers; aussi le plus ancien papier se trouve-t-il être celui de Valence et de la Catalogne. Les provinces méridionales de l'Espagne l'adoptèrent plus tard; mais de l'Espagne ce même papier passa en France, où nous voyons une lettre de Joinville à saint Louis, mort en 1270, et une pièce du duc de Bourgogne, datée de 1302, toutes deux écrites sur ce papier, qui de France passa en Allemagne, où on le trouve en 1312 et 1322....... » *Encyclop. méth.* arts et métiers, t. V, p. 481.

anciens papiers. Leur multiplicité, leurs variétés innombrables, l'originalité, la singularité même de certaines d'entre elles, prouvent que la fantaisie a bien souvent guidé la main des dessinateurs.

Avant la découverte de l'imprimerie, le filigrane était, très-certainement, une marque de fabrique ; mais nous croirions volontiers qu'à dater de l'impulsion puissante, donnée à la fabrication du papier par cette découverte, les filigranes devinrent, dans les papeteries peuplées d'un grand nombre d'ouvriers, la marque individuelle de chacun d'eux. C'était un moyen de contrôle dont on comprend tous les avantages sans que nous ayons besoin de les énumérer (1).

On expliquerait peut-être ainsi, soit la quantité considérable de filigranes dont on a relevé et dont on relève encore chaque jour de nouvelles variétés (2); soit l'absence du nom du fabricant dans les

(1) « Bartole, dans son traité de *Insignis et Armis* (vers 1340 à 1350), parle de l'abus de contrefaire les marques d'autrui, et applique ces observations aux papiers et aux filigranes du papier. Il décrit, à cette occasion, les papeteries de Fabriano, comme étant fort considérables, et nous apprend qu'elles étaient composées de plusieurs bâtiments, dont chacun fabriquait une espèce de papier, lesquelles portaient toutes une marque différente, qui faisait connaître dans quel corps de bâtiment le papier avait été fabriqué. » (Jansen, *Origin. de la Grav.*, t. 1, p. 308-309.)

(2) Il existe un certain nombre d'ouvrages dans lesquels on a reproduit un grand nombre de filigranes. Voici la liste de ceux que nous connaissons :

papiers du quinzième siècle (1), soit enfin l'absence complète du filigrane dans beaucoup d'incunables (2). Sur trois cents incunables que renferme la bibliothèque de Toulouse, quinze environ sont dépourvus de filigranes.

Les filigranes manquent donc dans un certain nombre de volumes ; dans d'autres, ils sont fort rares ; généralement on les trouve en plus ou moins grand nombre, un ou deux par cahier. Dans les livres composés d'un petit nombre de feuillets, on ne rencontre guère que le même filigrane, tandis que dans les ouvrages plus considérables on les trouve quelquefois en grand nombre et de formes très-variées.

Supplément au catalogue des livres de la bibliothèque de M. C. de la Serna Santander. Bruxelles, An XI (1803).

Jansen. *Origine de la Gravure.* Cet ouvrage renferme un traité sur l'*origine du papier*, que l'on consultera avec fruit.

De la Fons Mélicoq. *Noms des diverses sortes de papiers employés au moyen âge dans le nord de la France. Bulletin du Bouquiniste*, 1858, n° 43, p. 482.

Vallet de Viriville. *Gazette des Beaux-Arts,* t. III, 15e livr., n°s 53 et 54.

Samuel Leigh Sotheby. *Principia typographica*, Londres, 1858.

MM. Malton et Midoux. *Tableaux des filigranes des papiers employés dans le nord de la France au XVe siècle. Bulletin de la Soc. Acad. de Laon*, t. XVII, 1868.

Desbarreaux-Bernard. *Établissement de l'Imprimerie dans la province de Languedoc,* dans le tom. VII de l'*Histoire générale de Languedoc*, Ed. Privat. — Le même. *La Chasse aux Incunables*, Toulouse, 1864, in-8°.

(1) Voir la note (4) de la page 15.

(2) Il est très-probable que dans les papeteries de peu d'importance et dans lesquelles le fabricant faisait lui-même le papier, on se dispensait de le marquer.

Le premier soin à prendre lorsqu'on procède à la recherche des marques du papier dans les incunables, c'est de s'assurer de la direction des pontuseaux et des vergeures, et de la place qu'occupe le filigrane.

Ce n'est pas toujours chose aisée que de relever le dessin des filigranes, soit dans de lourds in-fol., soit dans d'épais in-4°, surtout lorsque ces marques sont noyées dans les caractères d'imprimerie.

Pour éviter l'ennui et la fatigue dans cette délicate opération, il faut appeler un aide à son secours. On s'assied commodément auprès d'une fenêtre, en pleine lumière ; le livre étant posé sur une table et le feuillet marqué soutenu par une lame de verre, il devient alors plus facile au dessinateur d'accomplir sa besogne.

Plusieurs bibliographes, que nous pourrions nommer, ne se doutant pas qu'un livre renferme souvent un grand nombre de filigranes, après avoir relevé la première marque qui tombait sous leurs yeux, s'en sont tenus là et ont désigné, par le nom de ce filigrane, le papier du volume sur lequel ils avaient opéré. De là viennent les erreurs qu'ils ont commises.

On ne doit donc donner une épithète au papier que lorsque le livre ne renferme qu'un seul filigrane, ainsi que cela se rencontre dans les ouvrages peu volumineux.

D'autres bibliographes, après avoir examiné un certain nombre de feuillets, sans avoir rien aperçu, se trouvent satisfaits, et déclarent le livre, qu'ils n'ont parcouru qu'à moitié, dépourvu de filigrane. Ils ont tort de perdre patience, car il nous est souvent arrivé de ne trouver qu'un seul feuillet marqué dans des volumes dont le nombre de feuillets était considérable.

Ces différentes marques ayant des positions et des directions parfaitement définies, sont des points de repère très-utiles pour la constatation des formats.

Quelques incunables ayant été imprimés sur des papiers qui ne présentent ni pontuseaux, ni filigranes (1), ce qui les rapproche un peu du papier vélin, la direction des vergeures peut suppléer, quoique imparfaitement, à l'absence des pontuseaux. C'est ainsi, par exemple, qu'on a pu reconnaître par leur présence le véritable format du *Pomponius Mela*, imprimé à Milan, en 1471, par Zarot, et qu'on avait

_____

(1) Voici le titre de quelques incunables imprimés sur des papiers sans pontuseaux : *Pomponius Festus de Verborum significatione* ; Milan, Ant. Zarot, 1471, in-4º. *Le Juvenal et le Perse*, du même, 1479, in-4º. *La Vita del padre San Francesco*, du même, 1477, in-4º. Son *Quinte-Curce*, de 1481, in-4º.

On regarde tous ces ouvrages comme in-4º et non comme in-fol., parce que les vergeures, en sens contraire aux pontuseaux invisibles dans le papier, y sont perpendiculaires.

longtemps considéré comme étant de format petit in-4°. C'est pourtant un in-8°, car les vergeures sont horizontales.

On n'oubliera donc pas que dans la feuille in-fol. les vergeures sont placées en travers et les pontuseaux en long; que dans l'in-4° c'est tout le contraire, et que dans l'in-8° ces marques reprennent leur première direction.

Voici la place qu'occupent les filigranes :

« Les marques ou filigranes dans les feuilles en« tières, dit M. Vallet de Viriville (1), sont placées « presque toujours sur la ligne médiane du papier « par rapport à sa hauteur. Ces filigranes varient « de place sur cette ligne. Tantôt ils occupent le « centre (2), tantôt l'un des côtés, la droite ou la « gauche seulement, et toutes les deux à la fois (3). »

Dans l'in-4°, formé par la feuille in-fol., pliée en deux, on cherchera le filigrane tantôt vers le mi-

(1) Note pour servir à l'histoire du papier (*Gazette des Beaux-Arts*, 10ᵉ livraison, p. 227).

(2) C'est au milieu de la feuille, ou à sa droite, qu'on le trouve généralement.

(3) Cette dernière disposition est fort rare; nous ne l'avons jamais rencontrée. M. Vallet de Viriville a peut-être été trompé par une disposition toute particulière de la fabrication du papier aux dix-septième et dix-huitième siècles. Voici, à cet égard, ce qu'on lit à l'article *Papier* de l'Encyclopédie : « Justement, « au milieu de chaque demi-feuille se mettent, d'un côté, la « marque du manufacturier, et, de l'autre, une empreinte con« venable à la sorte de papier qui se fait, comme des grappes de « raisin, des serpents, des noms de Jésus, etc., etc. »

lieu et tantôt vers le bas de la marge intérieure.

Dans le format in-8°, le filigrane se trouve placé presque toujours dans la tranche supérieure et quelquefois, mais très-rarement, dans la tranche du bas. Il est souvent fort difficile d'en reconnaître la forme, surtout quand le livre a été rogné plusieurs fois. Mais comme ce format ne fut que tardivement adopté, l'inconvénient que nous venons de signaler est beaucoup-moins grand.

L'importance des marques du papier, dans l'étude des incunables, a été tour à tour exagérée et amoindrie par les bibliographes. Ceux qui prétendent découvrir, à l'aide d'un filigrane, le nom d'un imprimeur ou la date d'un livre, et ceux qui affirment que ces marques *ne prouvent pas grand'chose,* ont également tort.

Nous allons tâcher de le démontrer.

Seule, isolée, sans forme bien définie, la marque que l'on rencontre dans un incunable sans lieu, sans date, etc., n'est pas d'une grande utilité. Toutefois, lorsqu'il existe de l'indécision, sur le format d'un livre, la place que cette marque occupe la fait cesser tout de suite (1).

Quoique isolée, si sa forme, mieux définie, la

(1) On pourrait nous faire une objection et nous dire : — Mais êtes-vous sûr que tous les exemplaires d'une édition *absque nota* renferment les mêmes filigranes ? — Quoiqu'il soit fort difficile

rattache à l'un des groupes dont nous parlions tout à l'heure, sa valeur s'accentue; ce n'est encore là, il est vrai, qu'une indication fugitive, mais dont plusieurs circonstances peuvent grandir la portée. Si, par exemple, plusieurs filigranes du même groupe se trouvent réunis dans le même volume, ils apporteront évidemment, aux preuves encore obscures de la nationalité du livre ou de son typographe, leur contingent de clarté.

La présence d'un seul filigrane suffit, bien souvent, pour indiquer la zone à laquelle appartient le papier qui le renferme. En groupant alors, autour de cette première affirmation, les particularités diverses que présente l'incunable qu'on étudie, l'on arrive parfois à réunir une somme de probabilités qui côtoie la certitude, si elle n'y aboutit pas tout à fait.

On trouvera dans le Catalogue des incunables de la bibliothèque de Toulouse quelques exemples à l'appui des considérations que nous venons de formuler.

Nous terminerons cette courte notice sur les pa-

---

d'avoir à sa disposition plusieurs exemplaires du même incunable, nous répondrons que nous avons pu nous convaincre de cette identité sur trois exemplaires de *la Imitacion*, imprimée à Toulouse en 1488, et sur deux exemplaires du *De fide instrumentorum*, de Barbatia, imprimé à Toulouse en 1476. (Voyez Desbarreaux-Bernard, *la Chasse aux Incunables*, p. 18, notes.)

piers du quinzième siècle, en rappelant qu'il existe un certain nombre d'incunables imprimés sur des papiers de différents formats. Dans un mémoire présenté, il y a peu de temps, à *l'Académie des sciences, inscriptions et belles lettres de Toulouse* (1), nous en avions signalé trois à l'attention de cette compagnie; de nouvelles recherches nous en ont fait découvrir deux autres exemples, dont on trouvera la description sous les n°s 84 et 182 de ce catalogue.

LES CARACTÈRES.

Après les gros caractères gothiques de la Bible de 36 lignes, 1450 (2), après ceux de la Bible de 42 lignes, 1455, et ceux du Donat, dit de 1451, apparurent, vers 1466, à Cologne et chez les Frères de la Vie commune, à Weidenbach, les caractères ronds et le petit caractère gothique, désigné sous le nom de cursif, par Aug. Bernard (3).

Plus tard, en 1467, Conrad Sweynheym et Arnold Pannartz imprimèrent à Rome, avec ce carac-

(1) *De quelques livres imprimés au quinzième siècle sur des papiers de différents formats.* Voyez *Mém. de l'Acad. des sc., inscrip. et belles lettres de Toulouse*, 7me série, t. VII, p. 49.

(2) « La Bible de Gutenberg, a dit M. Madden, est un chef-d'œuvre magistral, sans rival, comme il était sans modèle. » (*Lettres d'un bibliogr.*, 2e série, p. 13.)

(3) Aug. Bernard, *Origine de l'Imprimerie*, t. 1, p. 17.

-tère, qui prit dès-lors le nom de *romain*, le *M. Tullii Ciceronis epistolarum ad familiares*; quelques années après, en 1470, Jenson perfectionna définitivement ce caractère à Venise. Il est encore en usage aujourd'hui.

Les Frères de la Vie commune mirent en œuvre aussi le caractère semi-gothique. Plusieurs des ouvrages à l'R bizarre, dont nous avons parlé, ont été imprimés avec ce caractère.

Mentelin, de Strasbourg, perfectionna ce type et l'employa dans l'impression du *Speculum quadruplex*, de Vincent de Beauvais.

Les livres imprimés à la Sorbonne par Géring et ses associés, ont été imprimés en lettre ronde ; mais peu de temps après, comme nous l'apprend Chevillier (1), » Géring, qui d'abord n'avait donné que de bons caractères (*romains*), tint ferme long-temps contre le torrent des imprimeurs... Mais il se laissa entraîner lui-même et employa le caractère gothique. »

Chevillier ajoute plus loin (p. 107) : « Il s'est trouvé des imprimeurs à qui le mélange des deux caractères a plu et qui ont employé la belle lettre et le gothique dans un même livre. Ainsi fit à Alcala de Henarès Guillaume de Brocario qui imprima la Bible de Ximenez en l'année 1517. »

(1) *Origine de l'Imprimerie à Paris*, p. 104.

En province, ce n'est que fort tard, que le caractère romain détrôna définitivement le caractère gothique. Les typographes lyonnais ne commencèrent à se servir du caractère rond qu'en 1496, et les imprimeurs de Toulouse ne l'employèrent, et très-rarement encore, que dans les premières années du seizième siècle.

DES CAHIERS.

Tous les incunables sont imprimés par cahiers, formés d'un plus ou moins grand nombre de feuilles pliées les unes dans les autres. Ce n'est guère, dit-on, que vers 1520 ou 1521 que l'on commença d'imprimer les livres feuille par feuille.

Les premiers livres imprimés le furent par cahiers de 5 feuilles, soit 10 feuillets ou 20 pages. La Bible de 30 lignes, celle de 42 lignes, et le *Psalterium Codex,* de 1457, ont été imprimés de cette manière.

Quel que fût leur format, les livres, pendant les dernières années du XVe siècle et durant la moitié du seizième, furent imprimés ainsi. Quoique le nombre de feuilles varie dans les cahiers des incunables, on peut affirmer que le plus grand nombre de ces cahiers est composé de 6, de 8, de 10 et quelquefois même de 12 feuillets. On trouve souvent alors, au commencement, ou à la fin des incunables, des cahiers de 4 (1) ou de 6 feuillets.

Quelques ouvrages renferment des cahiers composés d'un plus grand nombre de feuillets. Le *De remediis utriusque fortunœ*, de Pétrarque (1ʳᵉ édition donnée à Strasbourg par H. Eggestein), contient un groupe de trois cahiers respectivement de 14, 10 et 12 feuillets.

Tous les ouvrages de format in-4°, imprimés à la Sorbonne, par Géring et ses associés, sont imprimés par cahiers de 10 et de 12 feuillets, comme cela se voit dans les deux ouvrages de Gasparin de Bergame, dans le *Florus*, le *Salluste*, etc., etc.

On rencontre, dans un assez grand nombre d'incunables, des cahiers dans lesquels les feuillets sont impairs. Cela tient à plusieurs causes : la plus fréquente est l'absence d'un feuillet blanc, soit au commencement, soit à la fin du volume. C'est un accident fâcheux qui cause souvent la chute du feuillet parallèle.

On a quelquefois ajouté, dans les premiers temps de l'imprimerie, un feuillet aux cahiers, comme cela se voit dans la Bible de Gutenberg, où l'on rencontre des demi-feuilles, collées sur onglets, afin de pouvoir terminer certains livres, par exemple

(1) *Duernus*, voir le *Glossarium mediæ*, etc., de Ducange, t. II, p. 959.

celui du *Deutéronome* ou celui de *Ruth*. Dans l'édition des *faicts et dicts d'Alain Chartier*, imprimée en 1526, par Anthoine Couteau, pour Galliot Du Pré, on a ajouté au cahier K un feuillet, sur le recto duquel on a gravé *la généalogie des Roys de France depuis le roy sainct Loys*.

On a ajouté, quelquefois aussi, au premier cahier des incunables, un feuillet soit pour le titre (1), soit pour protéger la première page du volume (2). Ces feuillets impairs, collés sur onglets, sont fort difficiles à reconnaître quand les livres sont reliés.

Dans les cahiers in-4° ou in-8°, on rencontre des cahiers de 3, de 4 et de 5 feuilles renfermées les unes dans les autres. Cela prouve qu'avant l'impression on coupait le papier de la grandeur voulue et qu'on imprimait par demi-feuille ou par quart de feuille.

M. Auguste Bernard va nous fournir la description d'un exemplaire du *Vocabularium ex quo*, publié en 1467 par Nicolas Bechtermuntze et imprimé par demi-feuille :

« C'est un volume in-4°, en papier, divisé en « cahiers de 10 feuillets (ou deux feuilles et demie), « sauf le premier, qui avait douze feuillets, mais

---

(1) Nous regrettons d'avoir égaré la note concernant le volume sur lequel nous avions constaté cette particularité.

(2) Nous possédons un *Speculum vitæ humanæ*, de Rod. Sancius de Arevalo, imprimé à Lyon, en 1477, par Guillaume Le Roy, qui porte ce feuillet de garde.

« qui n'en a plus que onze, le premier qui portait
« sans doute un titre n'existant plus. C'est une
« idée assez singulière que celle de diviser un in-
« quarto par cahiers de vingt pages ; mais c'était un
« usage emprunté aux in-folio ; cela nécessitait une
« combinaison particulière pour l'imposition et le
« tirage. Ce dernier se faisait sans doute par *forme,*
« de sorte qu'on devait couper et séparer les feuilles,
« au lieu de les plier seulement de manière à en
« former de doubles feuillets immédiatement. Cela
« devait être, au reste, plus commode, que l'usage
« ordinaire, surtout pour le vélin, que le couteau
« de la plieuse n'aurait pu entamer. »

L'un des plus anciens ouvrages, de format in-4°,
imprimé par demi-feuille, est la lettre de Pie II à
Mahomet, dont la première édition de Cologne date,
suivant M. Madden, de l'été ou de l'automne de 1462.

En terminant cet article, nous ferons remarquer
que beaucoup de bibliographes ont négligé de compter les feuillets blancs que l'on rencontre soit au
commencement, soit au milieu, soit à la fin des
cahiers dans les incunables. C'est une négligence
impardonnable.

Lesné, dans les notes qu'il a jointes à son poëme :
La Reliure, p. 147, avait parfaitement compris l'importance des feuillets blancs. Voici comment il s'exprime à ce sujet : « Il est encore très-essentiel de

« ne supprimer aucun feuillet blanc au commence-
« ment ou à la fin, ou au milieu des livres, avant
« de bien considérer si les feuilles entièrement blan-
« ches n'appartiennent pas au livre. Cette attention
« est de la plus grande conséquence, car une feuille
« blanche ainsi supprimée inconsidérément peut
« rendre un livre imparfait et lui faire perdre plus
« de la moitié de sa valeur. » L'auteur du *Manuel*
n'avait très-certainement pas lu cette note du poëme
de Lesné.

LE REGISTRE.

Le Registre, *registrum cartharum*, est une table
renfermant les premiers mots placés en tête de la
page des premiers feuillets de chaque cahier (1).
Cette table est disposée en colonnettes, formées
d'autant de groupes de lignes qu'il y a de cahiers
dans le volume, et chacun de ces groupes formé
d'autant de lignes qu'il y a de feuillets dans la moitié
des cahiers.

Le nombre des feuillets est indiqué par un mot
latin indiquant celui des feuilles qui composent
chaque cahier. Le mot *duernus* indique que ce cahier
renferme deux feuilles ou quatre feuillets, *ternus*
qu'il en renferme trois ou six feuillets, *quaternus*

(1) Ou de quelques-uns de ces premiers cahiers, par exemple,
le 1er et le 3e.

qu'il en renferme quatre ou huit feuillets, etc., etc.

Dans un grand nombre d'incunables, le Registre se borne à indiquer l'alphabet ou les alphabets des signatures que renferme le volume.

Lorsque le feuillet est blanc, comme cela se présente presque toujours au commencement et à la fin des incunables, le registre l'indique par le mot *vacat*.

Les bibliographes sont d'accord aujourd'hui sur le nom de l'imprimeur qui, le premier, fit usage du *registre*. Les plus anciens ouvrages, où l'on trouve l'emploi du *registre,* sont les *Philippiques* de Cicéron et le *Tite-Live,* imprimés à Rome par Ulric Han.

Orlandi (1), confirmant cette remarque, prétend que la présence du registre « *si vide la prima volta* « *l'anno 1473 nell' opere di Virgilio Stampate in* « *Roma per Udalrico Gallo.* »

PRÉFACE, NOTES.

« La première impression avec une préface est « l'*Apulée,* et la première avec des notes margina- « les, est l'*Aulu-Gelle* , imprimés à Rome , par « Sweynheym et Pannartz, en 1469 (2). »

RÉCLAMES.

« Reclamantes apud typographicos dicuntur voces ima paginæ ora exaratæ, quæ primam sequentis

(1) *Origine della Stampa.*
(2) Dupont. *Hist. de l'Imprimerie,* t. II, p. 132.

paginæ vocem indiquant (1). » On trouve des réclames dans les anciens manuscrits et leur usage devint fréquent dès le quatorzième siècle.

Le Tacitus..... *Venetiis per Vindelinum de Spiræ,* s. d. (1468 ou 1469?) est le premier livre imprimé avec des réclames (2).

Une des premières impressions, avec date, où l'on trouve des réclames, est le *Confessionale de Saint-Antonin,* in-4°, imprimé à Bologne en 1472, probablement par Balthazar Azzoguidi.

Suivant M. Madden, la plus ancienne des réclames se trouve dans le cinquième groupe des cahiers du *Valère Maxime,* de 1469, attribué à Mentelin. « Dans le dernier cahier de ce groupe, dit M. Mad« den, les trois avant-dernières pages n'ont que « 35 lignes et la dernière 13. De plus, comme cette « page, presque vide, sans cause apparente, au mi« lieu de pages nombreuses toutes remplies, aurait « surpris et inquiété le lecteur, on a imprimé en « tête de ce vide :

Sequitur Scipio quoque.

« C'est une véritable réclame typographique, pro-

---

(1) Maittaire, *Annal. Typograg.* t. I, p. 266. — Le premier mot d'un cahier qu'on imprime au bas de la dernière page du cahier précédent, pour en marquer la suite, et faciliter le pliage et la reliure. *Index sequentis paginæ. Dictionnaire de Trévoux.*

(2) Cette opinion a été vivement combattue par l'abbé Rives. (Voyez *La Chasse aux bibliogr.* p. 139).

« bablement la plus ancienne de toutes. On peut la
« traduire ainsi : le cahier suivant commence par
« ces mots : *Scipio quoque.* »

Suivant Chevillier (*loc. cit.*), les imprimeurs de
Paris n'ont employé les réclames que fort tard, vers
l'année 1520.

LES CHIFFRES.

Les chiffres, comme les signatures, ont été pri-
mitivement employés par les imprimeurs de Cologne. C'est Arnold de Therhoernen qui le premier
en fit usage. Voici le titre des deux premiers ouvrages dans lesquels on les rencontre :

Sermo ad populum, opuscule in-4°, imprimé en
1470; *Adriani Carthusiani liber de remediis utriusque fortune, Colonie, 1471,* in-4°.

Rome, et Venise surtout, ne tardèrent pas à imi-
ter l'exemple des imprimeurs de Cologne.

Géring pourtant ne les mit en usage à Paris qu'en
l'année 1477.

Le Missel de l'église Saint-Étienne de Toulouse,
imprimé en 1490, par Estevan Cleblat, est jusqu'à
présent le premier ouvrage, sorti des presses de
cette ville, sur lequel on rencontre des chiffres.

Les chiffres, dans les incunables, sont placés au
recto, sur la marge supérieure et à l'angle extérieur,
ou bien quelquefois au milieu du feuillet.

Ce numérotage est toujours en chiffres romains, et le plus ordinairement imprimé en petites capitales. Vers la fin du quinzième siècle, les chiffres arabes remplacèrent peu à peu les chiffres romains.

LES SIGNATURES.

On est à peu près d'accord aujourd'hui sur l'époque à laquelle les signatures furent employées dans l'impression des livres.

Le *Preceptorium divine legis*, de Jean Nyder, in-fol. à deux col., imprimé à Cologne, en 1472, par Jean Koelhof, est le premier livre, avec date certaine, dans lequel on les a rencontrées « et encore n'en a-t-il pas partout, » dit M. A. Bernard.

Les signatures furent ensuite adoptées successivement dans les imprimeries d'Europe. Suivant Chevillier (p. 38), les imprimeurs de Paris ne commencèrent à mettre des signatures au bas des feuilles qu'en l'année 1476 (1) au *Platea de Usuris*. Lambinet prétend qu'Ulric Géring les employait déjà en 1470 (2); c'est une erreur ou peut-être une faute d'impression, 1470 pour 1476.

A propos des signatures que l'on rencontre dans les feuilles xylographiques, M. A. Bernard fait re-

_____

(1) Les incunables toulousains, à cette date, n'avaient pas encore de signatures.

(2) Lambinet, *loc. cit.*, p. 303.

marquer que : « Cette circonstance est très-impor-
tante dans la question, car on sait que les signatures ne furent introduites que fort tard dans la
pratique typographique, quoiqu'elles fussent en
usage de toute antiquité dans les manuscrits (1). »

Les signatures, dans les incunables, sont toujours
représentées par des lettres minuscules ou majuscules, en caractères ronds ou gothiques.

Lorsque l'étendue de l'ouvrage exigeait un très-
grand nombre de signatures, on employait un plus
ou moins grand nombre d'alphabets. Le plus ordinairement, alors, on trouve, en tête, celui des minuscules, puis celui des majuscules, ou *vice versa*;
viennent ensuite les groupes binaires, ternaires,
quaternaires, et, enfin, quoique rarement, l'alphabet
des chiffres, mais imprimé en chiffres arabes.

On voit pourtant, dans la *Batrachomyomachia*,
imprimée à Venise, en 1486, par Leonicus Creten-
sis, des signatures en chiffres romains disposés
de la manière suivante : . i. i. | i. ii. | i. iii. | i. iiii.
Dans le 2ᵉ quaternion, ii. i. | ii. ii. | ii. iii. | ii. iiii.
Dans le 3ᵉ, iii. i. | iii. ii. | iii. iii. | iii. iiii. | etc. (2).

A la suite des alphabets, soit pour ne pas en
commencer un autre, soit pour tout autre motif, on
trouve fort souvent un certain nombre de cahiers

(1) A. Bernard, *loc. cit.*, t. I, p. 106.
(2) Voyez Maittaire, *loc. cit.* t. I, p. 97.

marqués de signes supplémentaires de diverses formes ; c'est tantôt un etc., tantôt un *c* renversé, un
recipe, une croix, etc., etc. Ces signes, suivant la
règle générale, forment des groupes binaires, ternaires, etc.

Le premier feuillet du premier cahier, dans les
incunables, est presque toujours blanc. Il n'est jamais signé, soit qu'il porte un titre, soit qu'il n'en
porte pas, soit que son verso ait été imprimé ou
bien rempli par une gravure.

A l'exception de ce premier feuillet, les feuilles
liminaires sont presque toujours signées, mais leur
alphabet ne se continue que fort rarement sur les autres parties de l'ouvrage. Elles sont signées ordinairement avec les premières lettres des différents alphabets mis en œuvre, rarement avec des chiffres et
quelquefois avec les signes supplémentaires dont
nous venons de parler.

La place des signatures est toujours au bas de la
page, immédiatement au-dessous et à l'extrémité de
la dernière ligne, à droite du lecteur. Toutefois on
rencontre, à cet égard, un certain nombre d'anomalies singulières.

« Dans l'*Astexanus* (1) de Mentelin , nous dit
M. Madden, elles sont arbitrairement placées, et le

(1) *Summa de casibus conscientie.*

premier groupe présente des signatures d'un caractère extraordinaire...... Elles sont imprimées au
bas, et à la droite des pages recto des cinq premiers
feuillets de chaque quinternion, à 75 millimètres de
la dernière lettre de la dernière rangée.

« Dans le second groupe, je n'en vois qu'aux
feuillets 163 à 167, et ce ne sont plus des *a,* mais
des *f.* Je n'en vois plus au troisième, et le dernier
groupe binaire n'a que quelques *a.* »

M. Madden ne voit qu'une réponse à faire aux
questions qu'il s'adresse au sujet de ces signatures :
« C'est que l'usage des signatures ne faisait que de
naître dans l'imprimerie de Mentelin et que les
metteurs en pages n'en connaissant pas bien l'utilité, n'en mettaient quelquefois pas ou les plaçaient
arbitrairement.

« Si cette explication vous satisfait, et je n'en vois
pas d'autre, ajoute M. Madden, il faut conclure que
l'ouvrage de Mentelin est d'une date antérieure à
celle de l'emploi des signatures ordinaires, c'est-à-
dire antérieur à l'année 1472 (1). »

Les signatures sont presque toujours placées sur
les premiers feuillets de chaque cahier ; elles sont
suivies d'un chiffre romain qui assigne à ces feuillets le rang qu'ils occupent. Dans les ternions, les

---

(1) J.-P.-A. Madden, *Lettres d'un Bibliographe,* 4e série, p. 70.

quaternions et les quinternions, le 4ᵉ, le 5ᵉ, et le 6ᵉ feuillets portent souvent leur numéro d'ordre. Nous ne connaissons qu'un incunable dont le premier feuillet de chaque cahier soit seul signé. C'est dans le *De Imitatione Christi, absque nota,* de format petit in-8°, et imprimé peut-être à Lyon vers l'année 1480, que se trouve cette disposition exceptionnelle. Voir le n° 299 du catalogue.

Dans un certain nombre d'incunables, de format in-4°, composés de quaternions, on ne trouve des signatures que sur le 1ᵉʳ et sur le 3ᵉ feuillets, et ce 3ᵉ feuillet porte dans tous les cahiers, après la lettre, le chiffre 2. C'est dans le *Scotus pauperum*, imprimé à Toulouse, en 1486, que nous avons rencontré le premier exemple d'une disposition semblable. Elle nous dérouta d'autant plus que le chiffre 2 avait revêtu la forme d'un *z,* masque sous lequel nous ne l'avions pas encore rencontré (1).

Il existe un second exemple de cette anomalie, dans la première traduction française de l'*Imitation de Jésus-Christ,* imprimée à Toulouse en 1488, par Henry Mayer. Le chiffre 2, ayant la forme ordinaire, nous comprîmes tout de suite que chaque cahier étant formé de deux feuilles in-fol., on avait

(1) Cette disposition des signatures se trouve aussi dans le *Doctrinal de Sapiensa,* petit in-4°, imprimé à Toulouse en 1504, par Jean Grand-Jean, mais la signature du 3ᵉ feuillet est suivie de trois unités iij.

simplifié les signatures de l'ouvrage en se bornant à signer les deux feuilles, qui, pliées en quatre, constituent chaque cahier.

Les bibliographes signalent encore certaines dispositions bizarres concernant les signatures.

L'abbé Rive cite une édition du *Mamotractus*, imprimée in-fol., sans date, par Jean de Westphalie, dans laquelle « il a observé des signatures posées perpendiculairement à la fin de la dernière ligne de la page où elles se trouvent (1). »

La Serna Santander signale une disposition à peu près semblable dans les *Epistolæ famil.* d'Æneas Sylvius. « Les signatures, dit-il, sont placées verticalement sur la marge extérieure des pages (2). »

Dans l'*Imago Mundi*, de Pierre d'Ailly, in-fol. goth. à longues lignes de 172 feuillets, *absque nota*, les trois premiers cahiers, signés a, b, c, et le premier feuillet de d, ont leurs signatures placées verticalement sur la marge extérieure de la manière suivante (3) : $\overline{a}$ $\overline{b}$ $\overline{b_{ij}}$ $\overline{b_{iij}}$.

Dans le Missel de l'église Saint-Étienne de Toulouse (Estevan Cleblat, 1490), les signatures b-ij et h-ij ont été rejetées sur la marge et imprimées verticalement.

(1) *La Chasse aux Bibliogr.*, p. 137, note.
(2) La Serna, *Diction. bibliogr.*, t. ii, n° 13.
(3) Voyez le n° 272 du *Catalogue des Incunables.*

Le Zardino de oratione fructuoso..... *Impressa questa benedeta* (*sic*) *opera*..... *M. cccc. lxxxx iiii*, in-4°, goth. fig. sur bois, a ses signatures imprimées au haut des pages (1).

M. Madden (*loc. cit.* 4ᵉ série, p. 48) « a constaté, dans le *De laudibus Beatæ Virginis*, attribué aux presses de Mentelin, l'existence de signatures imprimées très-près du sommet de l'angle gauche de quelques pages ; ainsi placées, elles ont presque toutes disparu sous le couteau du relieur, qui a cependant laissé de très-larges marges. Concluons de là, ajoute M. Madden, que l'absence *apparente* des signatures ne prouve pas que l'imprimeur n'en ait pas fait usage. »

Nous signalerons encore une particularité qui se rattache à l'histoire des signatures et dont nous ne connaissons jusqu'à présent qu'un seul exemple.

Dans l'édition du *Speculum naturale,* de Vincent de Beauvais, imprimée à Venise en 1494 par Herman Liechtenstein, les signatures sont précédées de cette espèce de rubrique ❡ (2), fréquemment employée autrefois. Placée au bas des pages et au-devant de toutes les signatures, sa présence, dont nous ne pouvions pas comprendre la signification, nous intriguait beaucoup, lorsqu'en examinant, quelque temps après, le *Speculum historiale* du même typo-

(1) *Catalogue Potier*, 2ᵉ part., n° 136, 1871.
(2) Chevillier leur a donné le nom de *Rubriques noires*.

graphe, imprimé la même année, mais plusieurs mois plus tard, nous trouvâmes au-devant des signatures deux rubriques au lieu d'une. Nous comprîmes alors que ce signe indiquait l'ordre de publication des différentes parties du *Speculum quadruplex*, de Vincent de Beauvais (1).

La bibliothèque de Toulouse ne possède pas les deux premiers miroirs de cette édition, mais nous sommes convaincu qu'en tête des signatures du *Speculum doctrinale*, il existe trois rubriques et quatre au-devant de celles du *Speculum morale*.

Nous citerons encore, en terminant ce qui concerne les signatures, cette remarque de M. Madden :

« Quelquefois on trouve dans les incunables des signatures écrites, fort mal chiffrées, et dont les chiffres sont séparés par des + ou par des thêta , comme dans les *Lettres de Pie II*, édition avec l'℞ bizarre. »

PONCTUATION.

Dans les premiers livres qui furent imprimés, on ne rencontre que le point unique.

(1) Nous avons rencontré, tout récemment, la présence de ces rubriques dans la signature des trois quinternions renfermant les liminaires des *Controverses des sexes Masculin et Féminin*, de Gratian Dupont, imprimées en 1534, à Tholose , chez Jacques Colomiès.

Dans les cahiers, la rubrique a remplacé la lettre, avec cette différence que le nombre de rubriques indique le rang du cahier et le chiffre qui les suit, le rang du feuillet.

« Je possède l'édition de l'*Expositio super oratio-nem dominicam*, de Henri de Hesse, que les mar-ques de papier prouvent être de l'impression de Fust et de Schoiffer, dit P. Marchand, p. 42, et *que la ponctuation, par le point unique, quoique l'ou-vrage soit tout rempli de questions et d'interroga-tions, prouve être des plus anciennes.* »

Le point a quelquefois la forme d'une croix mi-croscopique ou d'une toute petite étoile, comme on peut le voir dans le *De Civitate Dei,* de saint Au-gustin, imprimé à Naples en 1477, par Moravus, ou dans l'*Opus remissionis a pena et culpa,* composé par Frère Étienne, maître en théologie, *ex ordine humiliatorum,* et imprimé à Milan par Léonard Pa-chel, *anno domini 1500, die primo decembris.*

Plus tard apparurent les deux points et enfin la virgule, représentée par un trait oblique.

Dans les premiers ouvrages imprimés à Paris, à la Sorbonne, les signes de ponctuation abondent, mais il est fort difficile d'en définir l'emploi et l'utilité.

GUILLÉMETS.

« Leur emploi dans l'imprimerie est plus ancien que ne croient ceux qui les attribuent à un Français du nom de *Guillemet.* » (Note de M. Madden.)

Cette note a rapport à un avis au lecteur placé

dans un dictionnaire *grec-latin*, suivi d'un dictionnaire *latin-grec*, dans lequel l'auteur, Jean-Marie
Tricaelius, à propos d'annotations curieuses dont il
a parsemé son livre, dit : « On les reconnaîtra sans
peine à certains signes en forme de croissants imprimés à la marge..... (1). »

G. Peignot constate que l'on se servait déjà des
guillemets dans les anciens manuscrits et qu'on les
remarque dans les premières éditions des Bibles de
1450 et 1462. (*Dictionnaire de Bibliologie*, art.
Guillemet.)

LINEOLÆ OU TRACTULI.

« Dans le *Beatæ Mariæ Virginis*, attribué à
« Mentelin, M. Madden a remarqué un signe qu'il
« n'avait jamais rencontré dans aucun autre incu-
« nable ; il consiste en un trait d'un centimètre de
« longueur, à l'aide duquel l'auteur, afin de préve-
« nir la confusion, distingue et signale les différen-
« tes subdivisions de son ouvrage. Ces barres sont
« à gauche des initiales et par conséquent sur la
« marge intérieure et entre les deux colonnes pour
« les pages recto ; sur la marge extérieure et entre
« les colonnes pour le verso. Rarement horizonta-

---

(1) Ce Tricaelius, contemporain d'Alde Manuce, désigne les
imprimeurs par ces mots : *qui praelo scribunt*, ceux qui écrivent
avec une presse. (M. Madden, *loc. cit.*)

« les, elles sont inclinées, à partir de l'initiale, vers
« le haut ou vers le bas. L'auteur appelle les initia-
« les *grossas litteras capitales,* et les traits dont nous
« parlons *lineolæ ou tractuli.....* (1) »

MAJUSCULES SERVANT A INDIQUER LES PARAGRAPHES.

En analysant et en comparant entre elles les deux
éditions du traité de saint Augustin, *De arte et modo
prædicandi* (2), la première imprimée par Mentelin,
et la seconde par Fust, M. Madden signale, dans les
deux textes, de la manière suivante, laprésence de
majuscules indiquant les divisions ou les paragraphes de l'ouvrage :

« En tête de chaque paragraphe est imprimée une
lettre majuscule A, B..., puis deux BC, BD...; les
mêmes lettres, dans la table, renvoient aux paragraphes. Mentelin a imprimé ces lettres dans l'intérieur
du texte dont elles interrompent bizarrement la
continuité ; Fust les a imprimées sur les marges
intérieures, disposition beaucoup plus convenable.
Ai-je besoin de vous rappeler ici que le texte se
déroule sur les vingt-neuf pages, sans qu'il y ait un
seul alinéa? Ces majuscules simples et doubles, insé-
rées au milieu du texte, en indiquent les divisions,

---

(1) M. Madden, *loc. cit.,* 4ᵉ série, p. 49.
(2) C'est le 4ᵉ livre de la *Doctrine chrétienne* de saint Augustin.

les paragraphes, *puncta*, comme s'exprime l'éditeur; elles ne sont donc pas placées, comme le dit M. Bernard, *après certaines ponctuations*. Il est à remarquer, au contraire, que devant chaque majuscule il devrait y avoir un point et que ce point manque presque toujours. Du reste, ce point est le seul signe de ponctuation des trois éditions. D'ailleurs l'éditeur de l'édition de Mentelin, vers la fin de sa préface, conseille d'écrire en marge ces majuscules imprimées dans l'intérieur du texte, parce que, dit-il, elles faciliteront davantage les recherches (1). »

TRAITS D'UNION.

Lambinet est, croyons-nous, le seul bibliographe qui se soit occupé des traits d'union pour les mots coupés à la fin des lignes. « Les traits d'union, dit-il, ont été rendus par un simple trait horizontal ou par un double ═, quelquefois par une espèce de c couché ○ (2). »

Nous ajouterons que dès les débuts de l'imprimerie on les rencontre sous forme de petits traits parallèles (3), placés diagonalement et quelquefois même en dehors de la justification, comme on l'a

(1) *Lettres d'un Bibliographe.* 2ᵉ série, p. 59.
(2) *Loc. cit.* t. ɪ, p. 302.
(3) Le trait est souvent simple.

signalé dans la Bible de Gutenberg, autrement appelée la Bible de quarante-deux lignes.

Il est extrêmement rare de rencontrer un incunable dans lequel tous les mots coupés à la fin des
lignes soient pourvus de traits d'union. Aussi
trouve-t-on, presque toujours, dans la même page,
des mots coupés suivis d'un trait d'union et des mots
coupés qui n'en ont pas.

L'absence du trait d'union à la fin des lignes
n'a pas encore été signalée par les bibliographes,
soit comme une faute typographique, soit comme
un des signes propres à caractériser les incunables
douteux. Nous croyons cependant qu'il importe d'en
tenir compte et que leur absence totale ou leur emploi plus ou moins généralisé atteste l'importance
de ce signe.

Les incunables entièrement dépourvus de trait
d'union ne sont pas très-rares ; on en trouvera plusieurs exemples dans le Catalogue des incunables de
la bibliothèque de Toulouse.

LA PARENTHÈSE.

Beaucoup d'incunables sont dépourvus de parenthèse. « Les anciens se servaient du même signe
que nous pour exprimer la *parenthèse*. Jean de
Westphalie, Veldener, Gérard Leeu, Martens d'Alost

en ont fait usage dans leurs éditions. » (Lambinet, *loc. cit.* pp. 302, 303.)

DES FORMATS.

Nous ne dirons qu'un mot des formats. L'in-4° fut, dès le début de l'imprimerie, le format des livres imprimés par les ouvriers allemands qui, les premiers, apportèrent en France la découverte de Gutenberg et les perfectionnements dont Schoiffer l'avait enrichie. Le *Liber epistolarum* et le *Liber orthographiæ* de Gasparin de Pergame, premier livre imprimé à Paris, avec date certaine (1470); le *Compendium Lotharii,* regardé comme le premier livre imprimé à Lyon, avec date (1473); le *de Fide instrumentorum* de Barbatia, imprimé à Toulouse en 1476; le *Luciani palinurus carmina heroica in amorem,* etc., imprimé à Avignon, etc., etc., ont tous été imprimés dans ce format. La rareté du papier, lors de l'apparition de l'imprimerie en France, la difficulté que présentait alors la fonte des caractères, la plus grande commodité du format, rendent suffisamment raison de cette particularité. Le règne de l'in-folio ne vint qu'un peu plus tard.

A quelle époque de l'histoire de l'imprimerie a-t-on eu l'idée de plier en quatre la feuille in-folio et d'en imprimer la surface d'un seul coup? on l'ignore.

Quelques bibliographes prétendent qu'avant l'année 1480 on ne rencontre pas de livres imprimés de format in-8°.

« Ils se trompent, dit M. Madden, on connaît « *Diurnale seu liber precum, Venetijs 1478, in mem-* « *branis,* in-24, un *Psaltarium Davidis,* imprimé « par Jean de Westphalie, vers 1480, in-18, etc. »

Cela ne nous dit pas si les premiers livres, en petits formats, ont été imprimés par feuille entière ou par feuille coupée d'avance, puis disposée en cahiers.

Quoi qu'il en soit, comme il existe des manuscrits d'un très-petit format, il est probable qu'on a imprimé, de très-bonne heure, sur ce modèle, de petits livres sur vélin et peut-être sur papier.

Le plus ancien livre de format in-8° que nous connaissions, c'est le *De Imitatione Christi,* imprimé, dit-on, à Lyon vers 1480, et que nous avons déjà cité plus haut.

Le premier livre de format petit in-8°, imprimé à Toulouse, a pour titre : *Les ordonnances faictes par le Roy nostre sire touchant le fait de la justice du pais de Languedoc. Impressus Tholose per magistrum Ioannem de guerlins,* 1491. On en trouvera la description dans le catalogue, n° 171.

DATES CURIEUSES, BIZARRES OU ÉNIGMATIQUES
DE QUELQUES INCUNABLES.

Le Psautier de 1457 est le premier livre où se lisent le nom de l'imprimeur et la date de l'impression.

La première Bible datée est celle de Fust et Schoiffer, de Mayence. On l'appelle Bible de Mayence. Comme sa date se trouve dans le *Manuel*, nous n'en parlerons pas. Elle n'offre d'ailleurs rien d'extraordinaire.

Celle du livre suivant est moins connue : *Grammatica vetus rhytmica. Maguntiæ 1466*, in-fol. parvo de 11 f^{ts}. (par Fust et Schœffer) (1).

La date de l'année et le nom de l'imprimeur sont cachés dans les quatre vers énigmatiques qui se trouvent à la fin :

> Actis terdeni jubilaminis octo bis annis,
> Moguntia Rheni me condit et imprimit amnis,
> Hinc Nazareni sonet oda per ora Johannis;
> Namque sereni luminis est scaturigo perennis.

George Bathon, chanoine de Saint-Barthélemy, à Francfort, a interprété de la manière suivante le sens de ce quatrain :

« *Jubilamen* signifie, selon Dufresne, un espace de cinquante ans ; ainsi vingt-neuf jubilés font 1450 ;

(1) Brunet, *Manuel*, t. II, col. 1694.

si vous ajoutez à 1450 deux fois huit années du trentième jubilé courant, vous aurez 1466 pour la date de l'impression, Mayence pour le lieu et Jean Fust pour imprimeur (1). » (Wurdtwein, p. 87. Vid. Lambinet, t. 1, p. 213.)

M. Madden a complété cette description en citant les deux hexamètres léonins qui sont imprimés, en guise de titre, en tête de cette Grammaire :

> O patris *æternis* fons derivate scat*ebris*,
> Fontis ab *internis* nunc rutile ten*ebris*.

« Voici le sens qu'une étude attentive nous autorise à leur donner : « O Fontaine, dont les eaux s'élancent d'une source éternelle et divine, te voilà dégagée des ténèbres qui t'enveloppaient et tu vas couler au grand jour (2). »

« Dans les éditions de soixante-cinq lignes et de soixante-sept lignes de son *Catholicon,* Jean de Balbis indique de la manière suivante la date de la publication de son ouvrage :

> Millesimoducentesimooctogesimosexto (1286)

(1) G. Bathon s'est trompé, M. Madden a très-clairement démontré que le nom de *Jean* appartenait à l'auteur de cette Grammaire rimée (a), et que Fust, mort de la peste à Paris, en 1466, n'avait pas pu imprimer ce livre qui porte implicitement la date de 1467, comme l'indique le premier vers du quatrain que nous venons de citer.

(2) *Loc. cit.,* 3ᵉ série, p. 89.

(a) Il s'appelait Jean Brunnen ou Fontaine, et était correcteur de l'imprimerie de Schoiffer.

« Ce millésime ne forme qu'un seul mot de trente-cinq lettres.

« Dans le *Liber Pandectarum medecine*, de Mathieu Sylvaticus, on trouve un millésime semblable au précédent, imprimé en un seul mot de trente-sept lettres consécutives (1297) (1). »

Dans le *Quadragesimale aureum*, de Jacques de Voragine, on lit au verso du fol. xcvii, après la marque de l'imprimeur :

> Arte et expensis vigiliisque curæ
> Trechsel expleuit opus hoc Johannes
> Mille quingentos ubi Christus annos
> Sex minus egit.
>
> Jamque Lugduni juvenes senesque
> Martias nonas celebres agebant
> Magne regine (2) quia prepotenti
> Festa parabant. (7 mars 1494.)
> (Pericaud l'aîné. *Bibliographie lyonnaise*.)

Au recto du dernier feuillet de l'Aventurier rendu a dangier conduit par Advis traictant des guerres de Bourgogne, etc., par Jean de Magny (Marigny), imprimé nouvellement à Paris (1510), pet. in-4° goth., la date de la composition de l'ouvrage est exprimée de cette manière :

> Prens lés quatre piedz d'ung hetel (3) (M)
> Et les quatre fers d'un cheval (cccc)

(1) J. P. A. Madden. *Loc. cit.*, 4ᵉ série, p. 116.
(2) Cette Reine était Anne de Bretagne, femme de Charles VIII.
(3) Hetel, hesteau, Banc, etc.

Et onze signes accomplis (xxxxxxxxxx) (1)
Que on fait devant les ennemis
Et vous saurez pour vérité
Quand ce livre fut composé.

Voici comment le millésime de 1489 se trouve exprimé à la fin d'un livre dont nous avons égaré le titre :

Anno milleno ter C.	1300
LL sociato.	100
LX.	60
Adjuncto ter X.	30
	1490
Semel 1 que amoto (soustrait).	1
	1489

A la fin du *Hieronimi Vallensis in passione Christi,* imprimé à Montauban, au XVI⁰ siècle, on trouve le colophon suivant : *Meminerit lector editum hoc opus cusumque in Monte Albano tarne fluvio.... Anno post v nestora partus Virginei vigesimo primo.* Ce qui signifie : l'an 21 de l'enfantement de la Vierge, après *cinq nestorées* ou *cinq fois l'âge de Nestor* (1521) (2).

Brunet, dans la dernière édition de son *Manuel,* article *Vallibus,* t. v, col. 1063, en donnant la souscription de l'édition de Montauban, a omis le chif-

(1) C'est ce qu'on appelle des *chevaux de frise.*
(2) Voir pour plus de détails, Desbarreaux-Bernard. *Les Pérégrinations de Jean de Guerlins, imprimeur à Toulouse.* Montauban 1866, in-8°.

fre v, comme l'avait omis le rédacteur des *Archives du Bibliophile*, t. II, n° 91, art. 4988, auquel Brunet a emprunté son article. L'absence de ce chiffre rend le sens de la phrase incompréhensible.

MARQUES ET MONOGRAMMES D'IMPRIMEUR (1).

Les marques ou monogrammes des imprimeurs, rares, surtout en France, dans les premières années qui suivirent l'invention de l'imprimerie, devinrent plus communes vers la fin du quinzième siècle et se multiplièrent à l'infini pendant le seizième. Leur emploi facilite singulièrement les découvertes.

On consultera avec fruit les Marques de libraires et d'imprimeurs de Roth-Schooltz (2), et surtout les

---

(1) Voici, concernant les marques d'imprimeur, le curieux avertissement que le typographe Benedictus Hectoris a placé en tête de son édition des *Commentarii Cæsaris,* imprimée à Bologne en 1504 :

« BENEDICTUS *bibliopola ad emptorem. Emptor, attende. Quando-*
« *emere vis libros excussos in Officinâ meâ excussariâ, inspice Si-*
« *gnum, quod in calce Semper est. Ita nunquam Falleris. Nam qui-*
« *dam malevoli impressores suis Libris inemendatis ac maculosis*
« *apponunt nomen meum, ut ita fiant vendibiliores : quo pacto et*
« *mihi et nomini doctissimi* PHILIPPI BEROALDI (a) *derogant, vel*
« *potius derogare contendunt.* Hoc, cujus in libri initio mentio-
« nem facit, signum ad libri finem apponitur. »

La marque de Benedictus vient après.

(2) Frid. Roth. Scholtzii Thesaurus symbolorum ac emblema-tum. Insignia Bibliopolarum et typographorum ab incunabulis typographiæ ; accessit G.-A. Vinholdi programma... *Norinbergæ et Altorfii,* 1730, in-fol.

(a) Cette édition avait été soigneusement collationnée par Beroalde.

Marques typographiques ou recueil de monogrammes, chiffres, etc., de feu M. Silvestre (1) qui sont appelées à rendre d'immenses services aux chercheurs d'incunables.

ERRATA.

« Le plus ancien errata que j'aie trouvé sur les « livres de Sorbonne est celui qui est au Juvénal, « avec les notes de Merula, imprimé à Venise , in- « fol., par Gabriel Pierre, l'année 1478. Il est de « deux pages. On y excuse l'imprimeur en ces ter- « mes : *Lector, ne te offendant errata, quæ opera-* « *rum indiligentia fecit ; neque enim omnibus horis* « *diligentes esse possumus. Recognito volumine ea* « *corrigere placuit* (2). »

L'édition des ouvrages de Campanus (la 2ᵉ), imprimée à Rome en 1495, in-fol, porte un *errata* (3).

Voir au nº 148 du Catalogue l'errata placé à la fin d'un livre imprimé à Poitiers en 1499.

APPROBATIONS, PRIVILÉGES ET PERMISSIONS D'IMPRIMER.

La découverte de l'imprimerie ne tarda pas à amener le régime des approbations et des priviléges.

Les productions xylographiques ou gravures en

---

(1) Paris, *Renou et Maulde*, 1867, 2 part. gr. in-8º.
(2) Chevillier. *Orig. de l'Impr. de Paris.* Part. ii, chap. iv, p. 157.
(3) *Ibid.*

planches de bois furent-elles soumises à la censure universitaire ou ecclésiastique, comme l'étaient les manuscrits mis en vente (1) et, comme le furent plus tard, les livres imprimés? on l'ignore.

L'initiative de ces approbations, de ces permis d'imprimer doit-elle être attribuée à l'autorité ecclésiastique, à l'autorité séculière ou bien à la sollicitation des auteurs, des imprimeurs, etc., réclamant la garantie de leurs droits? C'est ce qu'il est fort difficile d'établir. Nous avons rassemblé les pièces du procès. Nos lecteurs jugeront.

Le plus ancien *permis d'imprimer* que nous ayons trouvé est daté de Venise, le voici : « *Nel* MCCCCLXIX (1469) *di settembre fu preso, che atteso che l'arte dello stampare è venuta alla luce, sia conceduto a Giovanni di Spira lo stampare* l'Epistole di Tullio et di Plinio *per cinque anni, et che altri nolle stampino* (2). »

Dans le Tractatus ad Judæorum perfidiam extir-

---

(1) *Les écrivains de livres,* disent les statuts universitaires, n'en pouvaient communiquer aucun, soit par vente, soit par louage, qu'il n'ait été préalablement examiné, corrigé et approuvé par l'une des facultés de l'Université (*Voy.* DUBREUL, *Antiquités de Paris,* p. 118.)

(2) *Traduction :* Dans le mois de septembre 1469, il fut arrêté qu'attendu la découverte de l'art d'imprimer, on accordait à Jean de Spire la permission d'imprimer les lettres de Cicéron et de Pline pendant cinq ans, avec défense à d'autres dè les imprimer. (*Vies des Doges de Venise,* par Marino Sanuti. Col. 1189. Muratori, t. XXII, cité par La Serna Santander, t. I, p. 176.)

pandam, de Petrus Niger, *imprimé à Esslingen*, *en 1475, par Conrad Fyner de Gerhussen*, on lit: que ce livre a été corrigé et approuvé par l'évêque de Ratisbonne, Henri III d'Asperg (1).

La même année, 1475 et le 21 avril, Louis XI, étant à Angers, accorda un privilége à Conrad Hannequis, et à Pierre Schoiffer pour vendre leurs livres. Ceux-ci avaient alors un facteur dans cette ville.

Sur le recto du septième feuillet du Breviarium diæcesis herbipolensis, *herbipoli, Steph. Dold, etc. 1479,* in-fol., se trouve une permission pour imprimer ce livre, datée de Wurtzbourg, le 20 septembre 1479. Cette permission est accompagnée des armes, *gravées en taille-douce*, de l'église et de l'évêque de Wurtzbourg (2).

L'article suivant jette un si grand jour sur la question qui nous occupe que nous n'hésitons pas à le reproduire *in extenso :*

« .... C'est à Cologne que l'on a pour la première
« fois revêtu les livres imprimés de l'approbation
« ecclésiastique ou séculière; il devait naturelle-
« ment en être ainsi dans une ville possédant la
« plus ancienne Université de l'Allemagne et qu'on

---

(1) G. Peignot, *Essai sur la liberté d'écrire, etc.*, Paris, 1832, p. 20, *note* 2.)

(2) Brunet, *Manuel,* t. I, col. 1285.

« appelait la fille de l'Université de Paris parce
« qu'elle avait été instituée *ad normam Academiæ*
« *parisiensis*. (V. *Auberti Miræi Opera diplomatica*.)
« Or, la librairie de Paris, dit Chevillier, était sous
« la direction de l'Université ; il devait donc en être
« de même à Cologne ; non-seulement cela devait
« être, mais il en était réellement ainsi.

« En effet, je trouve dans l'un des premiers livres
« imprimés par Henri Quentel, en 1479 (1), épais
« et énorme in-fol., le colophon dont voici la tra-
« duction :

« Ceci est le célèbre et très savant ouvrage d'As-
« texanus, traitant des cas de conscience ou for in-
« térieur, compilé des lois divines et humaines et
« formant une Somme divisée en huit parties.

« L'esprit chancelant, l'âme malade y trouvent
« un remède et de sages conseils.

« C'est dans la sainte et heureuse cité de Cologne,
« par le prudent et circonspect Henri Quentel, ha-
« bitant et citoyen de cette ville, l'an du Seigneur
« 1479, le 31 août, que ce livre a été imprimé avec
« un soin vigilant.

« L'honorable et magnifique personnage, alors
« recteur de la bonne et célèbre Université de Co-

(1) On vient de voir que la première approbation séculière,
connue jusqu'à présent, est datée de Venise, 1469, et que la
première approbation ecclésiastique est datée de l'année 1475.

« logne, l'a fait, par un ordre spécial, lire, exami-
« ner scrupuleusement et mettre en ordre par des
« savants éclairés et laborieux, puis après l'avoir
« admis et approuvé il le livre au public afin qu'il
« contribue à l'intérêt général, à la gloire de Dieu
« tout puissant et à la tranquillité des consciences.
« Fin. »

« Un autre ouvrage, ayant pour titre : *Wilhelmi*
« *Episcopi Lugdunensis Summa de virtutibus*, finit
« par ces mots :

« Béni soit le Seigneur des Vertus, grâce à qui
« ce traité des mêmes vertus est heureusement par-
« venu à son terme dans la noble cité de Cologne,
« après avoir été examiné, reçu et approuvé par la
« bonne et savante Université de la ville susdite, du
« consentement et par la volonté de l'honorable et
« excellent personnage le recteur d'alors. Imprimé
« par Henri Quentel en 1479. »

« Un troisième, qui n'est rien moins que la Bible
« elle-même, nous apprend dans le colophon que
« cette Bible a été imprimée à Cologne par Conrad
« de Homborch, après avoir été reçue et approuvée
« par l'Université de cette ville. La date est aussi
« de 1479 (1). »

« En 1486, Berthold, archevêque de Mayence,

_____

(1) M. Madden, *Lettr. d'un Bibliogr.*, 4e série, pp. 146-147.

rendit la première ordonnance ayant pour but l'ins-
titution de censeurs pour les imprimés. Il défendait
la traduction en langue vulgaire des livres grecs,
latins et autres sans l'approbation de trois docteurs,
l'un en théologie, l'autre en loi, le troisième en
médecine et d'un maître-ès-arts (1). »

« En 1488, Charles VIII, par lettres patentes,
accorde aux imprimeurs les priviléges dont jouissent
les membres de l'Université (2). »

Plusieurs incunables, imprimés à Venise, vers la
fin du XV⁰ siècle, renferment des *permis d'imprimer*
accordés à des hommes de lettres, à des médecins, etc. (V. les n⁰ˢ 217, 218, 242 du catalogue.)

C'est en 1507, sous le règne de Louis XII, que
parurent les priviléges de libraires. « Le premier que
l'on cite est, dit-on, de 1507, pour les *Épîtres de
Saint-Paul*, traduites trois cents ans auparavant par
L. Desmoulins et glosées par un Augustin inconnu.
En 1508, on voit un privilége pour les ouvrages de
saint Bruno. En 1509, pour *les Illustrations de
Gaule*, etc., par Jean le Maire de Belges..... Dans
ce privilége accordé par Louis XII, à Lyon, le
30 juillet 1509, on lit : « ..... De la partie de nostre
bien aymé maistre Jehan le Maire de Belges, nous

(1) Ludov. Lalanne, *Curiosités bibliogr.*, p. 382.
(2) Dupont, *Histoire de l'Imprimerie*, t. ii, *Appendice*, n⁰ 1,
Législation.

a esté exposé qu'il a intention de brief faire imprimer ung certain livre des singularités de Troie et
illustrations de Gaule, etc... mais il doubte qu'il
ne peust ou osast le faire sans nos congié et licence ;
et à ceste cause nous a iceluy exposant, etc... (1). »

La première loi générale, prescrivant l'approbation préalable est une bulle de Léon X, du 4 mai
1515 (2).

La même année on remarque une permission
donnée à André Fauste, poète du Roi, de publier
certain livre, avec défense à tous autres de l'imprimer (3).

Le Nic. Sanderus, de visibili monarchia Ecclesiæ,
Lovanis, 1571, renferme la bulle relative au permis d'imprimer, en vertu d'un décret de la dixième
session du concile de Latran, le 4 mai 1515.

En 1521 (13 juin) une défense du Roi est mentionnée sur les registres de l'Université, portant
que les libraires et imprimeurs ne pourront rien
vendre ou publier sans autorisation de l'Université et de la Faculté de théologie, et sans visite préalable.

Un édit de Charles-Quint, du 8 mai 1521, pres-

---

(1) G. Peignot, *Essai historique sur la liberté de la presse*, Crapelet 1832, p. 58.

(2) Gastambide, *Historique et théorie de la propriété des auteurs*. Paris, 1862, in-8°.

(3) Leber, *De l'état réel de la Presse*, etc., p. 8.

crit des dispositions semblables, à peine de lèse-majesté (1).

Lorsqu'on commença à prendre des priviléges en France et que la juridiction administrative n'existait pour ainsi dire pas encore, on s'adressait au Parlement qui les donnait pour le Roi.

Les livres imprimés à Toulouse, pendant les premières années du XVIe siècle étant devenus fort rares aujourd'hui, nous allons mettre en lumière un de ces priviléges qui se trouve en tête d'un ouvrage de Jean Maurus, que le hasard vient tout récemment de faire tomber en nos mains.

En voici le titre :

Joannis Mauri Constantiani in chiliades adagiorum D. Erasmi Rot. familiaris et mire compendiosa Expositio.... *Venale prostat floridum hoc Adagiorum Enchiridion Monsalbani in œdibus M. Gilberti Grosseti et Tolosæ in œdibus Antonij Maurin cum privilegio,* in-8° (2).

PRIUILEGIUM AD TRIENNIUM HOC ARRESTO DATUM.

Jaques Riuirie, seigneur de Tournefeuille (3),

(1) Gastambide, *Loc. cit.*

(2) V. Sur Jean Maurus, l'*Etablissement de l'Imprimerie en Languedoc,* art. *Montauban,* pp. 305 et 306. V. aussi *les Débuts de l'Imprimerie à Montauban,* par M. Forestié.

(3) Jacques Rivirie, dont je trouve le nom parmi les confrères de la *Saincte et deuote confrérie en lhonneur de la très-glorieuse et*

conseiller du Roy nostre Sire en sa court de Parlement, seant'à Tholose : et commissaire par elle a
ce depute. Scauoir faisons a tous ceux quil appartiendra : que veue par nous la Requeste baillée à
la dite court, par maistre Gilbert Grosset, libraire
de la Ville et Cité de Montalban : contenant·nostre
Commission, tendant affin que il luy fust permis
Imprimer faire Imprimer, et mettre en vente les
Expositions et Interpretations des Adages de Erasme
commentees nouuellement par Maistre Jehan Maurus. Et que inhibitions et deffenses fussent faictes a
tous Librayres, Imprimeurs, et aultres : de ne
Imprimer, ou faire Imprimer, ni vendre, ou faire
vendre, sans son conge le dict Traicte et Liure de
tróys ou quatre ans. A ce quil se puisse rembour-
cer des frais et mises : quil luy conviendra faire :
pour le premier gect de ladite Impression. Ouy sur
ce le Procureur general du Roy en ladite court apres
auoir eu, veu ledict Traicte et Liure. Considere ce
que faisoit a considerer : et mesmement la bonne doc-

sacrée conception de la Vierge-Marie, fut le promoteur de la traduction française (a) des statuts de ladite confrérie, statuts qui
furent réformés et imprimés à Toulouse en 1533.

Au verso du dernier feuillet de cette édition, se trouve une
ORAISON A NOSTRE-DAME, DU PROMOTEUR DE CESTE TRANSLA-
TION, qui renferme, en acrostiche, le nom de JACQUES RIVIRIE.

(a) V. le Manuel, t. V, col. 523, où se trouve une bonne description de ce
rare volume. Brunet, en indiquant l'oraison du promoteur de cette traduction,
n'a pas signalé le nom de Jacques Riuirie qui s'y trouve imprimé en rouge.

trine, et grande commodite dudict Liure et Traicte.
Par nostre sentence, ordonnance, appointement, et
a droict, en interinant ladite Requeste auons permis et permettons audict Maistre Gilbert Grosset,
suppliant, de imprimer, ou faire imprimer ledict
Traicte et Liure. Et apres le vendre et adenerer (1)
a pris competent, et raisonnable : par tout ou bon luy
semblera. Et auons en oultre faict et faisons inhibition
et deffense de par le Roy, et ladicte court : a peine de
cent marcs d'argent : au dict Seigneur a appliquer,
a tous aultres Librayres et Imprimeurs : et aultres
quil appartiendra, quils de troys ans prochains,
venant : a compter de la date de ces presentes : ne
impriment ou facent imprimer ledict traicte et liure.
Et aussi ne troublent : ou empeschent ledict Grosset,
ny ses seruiteurs ou commis a vendre par tout ou
bon luy semblera lesdicts traicte et liure a la peine,
et a appliquer comme dessus. Si donnons en mandement par ces mesmes presentes au premier Huyssier de ladicte court, ou Sergent Royal sur ce requis,
que ceste nostre dicte Ordonnance il mecte a deue
et entière execution, en ce que besoing, et requis en
sera, car de ce faire leur avons donné et donnons
plain pouvoir, et mandement special par ces dic-

(1) Adenerer, *adenierer* (Roman). Apprécier en argent, vendre, convertir en deniers, du bien ou des marchandises; *adærare*.
(Roquefort. *Gloss.*)

tes presentes. Par lesquelles mandons en oultre, et
en vertu de nostre dict pouuoir commandons à tous
les justiciers, officiers et subjects dudict Seigneur :
que audict Huyssier ou Sergent en ce dessus obéis-
sent, et entendent diligemment. Donné à Tholose,
en la salle du Palays yssue de ladicte court : de
matin, soubs nos Seing manuel et seel, cy mys le
second iour de mars lan mil cinq cens, et vingtsix.
Ainsi signe. Jaques Riuirie. cum privilegio.

Caueat quispiam interim imprimere :
Quia arrestum est toto regno generale.

Au bas de l'Epitre exhortative touchant la per-
fection et commodite des ars liberaulx mathema-
tiques.... du savant Oronce Finé, on trouve un
Privilége d'un an formulé de la manière suivante :
Imprimée à Paris, par Pierre Leber, Auec conge et
Priuilege pour ung an. M. D. XXXI, le VIII janvier.
(*Manuel*).

Dans les *Statuts de la cour épiscopale d'Albi*, imprimés vers la fin de l'année 1534 ou le commencement de l'année 1535, on trouve un privilége dans
lequel l'autorité ecclésiastique menace de l'excom-
munication quiconque, excepté le libraire désigné,
imprimerait ou vendrait, durant l'espace de trois
ans, les statuts que nous venons d'indiquer. Il est

très-probable que cet acte a été formulé sur la demande expresse du libraire (1).

« En 1537, Dolet avait obtenu de François Ier l'honorable privilége, que je crois unique, pour pendant dix ans pouvoir imprimer et faire imprimer tous les livres *par lui* composés et traduits, et autres œuvres des auteurs modernes ou antiques qui *par lui* seroient dûment revus, amendés, illustrés ou annotés soit par forme d'interprétation, scholie ou autre déclaration tant en lettre *latine, grecque, italienne* que *françoise* (2). »

26 octobre 1546. Lettres patentes de François 1er, scellées de son sceau par lesquelles il commande étroitement, aux censeurs de la Sorbonne, y ajoutant menace, qu'ils eussent à parachever leurs sencures (sic) (sur la Bible de Robert Estienne) et à les lui bailler pour imprimer (3).

« En l'an 1547, le seizième jour d'août, au premier an de son règne, Henri II envoya à la Sorbonne lettres patentes, contenant ce qui suit : « Comme « ainsi soit que les maîtres doyen et docteurs de la « Faculté de théologie en notre Université de Paris, « n'auroient pas tenu grand compte de ce que notre

---

(1) V. Desbarreaux-Bernard, *loc. cit.*, pp. 219 à 221.

(2) A. F. Didot, art. *Typographie* de *l'Encyclopédie moderne*, col. 775-776.

(3) A. F. Didot, *Les Estienne.*

« feu seigneur et père leur auroit mandé touchant
« les Bibles de notre imprimeur Robert Estienne,
« et encore moins en auroient tenu compte depuis
« le trépas de notre dit feu seigneur et père; pour
« ce est-il que nous te mandons, huissier, et com-
« mettons par les présentes, que tu fasses très-ex-
« près commandement, de par nous, aux dits maîtres
« doyen et docteurs, sur certaines grandes peines à
« nous à appliquer, qu'incontinent et sans aucune
« discontinuation ils parachèvent de voir et noter
« ce qu'ils verront estre à noter et reprendre ès
« dites Bibles, soit grandes ou petites, si fait ne
« l'ont : et si fait est, ou incontinent qu'il sera fait,
« baillent à notre dit imprimeur leurs notes et cen-
« sures ou corrections, pour les imprimer en leur
« nom, mettre au devant ou derrière des dites Bi-
« bles, ainsi qu'ils auront avisé pour le mieux. Et
« en cas de refus ou délai, les ajourner en personne,
« à certain jour et compétent par devant nous, en
« notre privé conseil, pour en dire les causes, répon-
« dre à notre procureur à telles demandes, requêtes
« et conclusions qu'il voudra sur ce et les dépen-
« dances contre eux prendre et élire et procéder
« comme de raison (1). » (A. F. Didot, *Les Etienne.*)

(1) « ... De Thou rapporte que lorsque la Sorbonne eut député
« quelques-uns des siens pour faire des remontrances au Roi
« (qui était alors à Saint-Germain), au sujet d'une doctrine qui
« leur semblait une dénégation du purgatoire, ils furent reçus

« Voici l'un des premiers actes de l'autorité qui exige une sorte de garantie, relativement à la publication des ouvrages. C'est une déclaration de Henri II, du onze décembre 1547, *qui ordonne que le nom et surnom de celui qui a fait un livre soit imprimé et apposé au commencement du livre, et aussi celui de l'imprimeur avec l'enseigne de son domicile* (1). »

« En 1555, et à la recommandation du cardinal Charles de Lorraine, Henri II accorda à Charles Estienne le privilége qui lui concéda pendant dix ans le droit d'imprimer seul les œuvres de Cicéron (2). »

En 1603, Henri IV, par un privilége exclusif, « permet à Guillaume le Nautonnier, sieur de Cas-« telfranc, en Languedoc, de faire imprimer en tels « lieux, autant de fois et par tels que bon luy sem-« blera, le livre intitulé *la Mécometrie de Ley-* « *mant...* (3) »

« par Jean de Mendoza, premier maître d'hôtel du Roi, lequel « sut les railler finement et à propos par ce plaisant discours : « Je sais, leur dit-il, le sujet qui vous amène à la cour ; vous êtes « en désaccord avec Du Chastel sur le lieu où est actuellement « l'âme du roi François Ier, notre bon maître : je puis vous cer-« tifier, moi qui l'ai si bien connu, cet excellent prince, qu'il ne « savait demeurer en aucun lieu, quelque agréable et commode « qu'il pût être. Soyez donc sûrs que s'il a été en purgatoire, il « n'y sera resté qu'un moment, le temps de boire le coup de « l'étrier. » (*Histoires*, livre III, année 1547, p. 185.)

(1) G. Peignot, *loc. cit.*
(2) A. F. Didot, *les Estienne.*
(3) V. Desbarreaux-Bernard, *loc. cit.*, p. 242.

1649. Permission durant la Fronde :

La cour a permis à Cardin Besogne d'imprimer, vendre et débiter le présent Liure intitulé : *Décision de la question du temps, à la Reine Regente* ; et deffenses à tous autres de l'imprimer, sous peine de confiscation des exemplaires contrefaits. Fait à Paris, le 27 Février mil six cent quarante-neuf.

RELIURE.

Les incunables de la bibliothèque de Toulouse étant presque tous recouverts de reliures modernes ou de reliures sans caractère, nous nous trouvons dans l'impossibilité de fournir à l'histoire de la reliure contemporaine des premiers temps de l'imprimerie les renseignements qui lui manquent.

Voici à ce sujet quelques notes écourtées que nous avons retrouvées sur nos tablettes et qui nous avaient été communiquées verbalement par feu M. Edwin Tross, libraire, rue Neuve-des-Petits-Champs.

Selon lui, les livres de Mayence sont reliés en peau de truie ou en veau ; ceux de Cologne en veau brun bien poli ; ceux de Nuremberg en basane ; ceux de Strasbourg en peau de truie ou en basane d'un rose pâle. Presque toutes ces reliures, ajoutait-il, sont à compartiments et presque toujours estampées.

Nous possédons plusieurs livres, imprimés à Venise et à Lyon, au XVIᵉ siécle, reliés en peau detruie et dont les plats sont couverts de gauffrures et de filets à froid. Ces ornements sont si fortement accusés qu'ils ont laissé dans la peau et dans l'épais carton qu'elle recouvre des empreintes profondes. La date des livres est indiquée au-dessous des encadrements gauffrés.

L'un de ces ouvrages, de format in-16, — c'est le *Coelum philosophorum* d'Ulstadius, — a été imprimé à Lyon chez Roville, en 1553.

Le plat antérieur du volume est divisé en trois compartiments verticaux. Ils sont remplis de gracieuses arabesques, au milieu desquelles se trouvent deux médaillons d'Erasme et un médaillon de Luther. Le nom des personnages est en exergue. Le compartiment du milieu porte une fleur de lis, encadrée de petits filets. Deux lettres, d'un centimètre de hauteur, M. T. (1), sont placées au-dessus des compartiments et la date du livre, 1553, se trouve au-dessous.

Le plat postérieur renferme, dans les compartiments de droite et de gauche, trois médaillons d'Erasme et trois de Mélanchton ; celui du milieu est rempli par quatre fleurs de lis superposées. Le dos à nerf de la reliure est tout uni.

(1) Au bas du titre, on lit ce nom propre : *Toxires*. Serait-ce le nom de celui qui a fait placer sur la reliure les initiales M. T ?

Nous avons trouvé dans le *Longueruana* (1) la description d'une reliure bizarre dont aucun des historiens de l'art des Le Gascon, des Pasdeloup, des Thouvenin, des Trautz n'a parlé (2). Nous avons peut-être mal cherché. Quoi qu'il en soit, voici l'article de Longuerue :

« J'ai un trésor grec d'Estienne qui a quelque chose d'unique, c'est qu'il est relié en deux gros volumes avec de la corde à boyaux ; et comme ces filets prêtent, quelque massif qu'il soit, il s'ouvre dès qu'on le met sur une table jusqu'au fond, comme s'il n'avoit que cinq ou six feuilles. Un de mes amis en voulut faire de même de la Concordance de Cal-

(1) A Berlin, 1754, p. 120.

(2) Le numéro d'août et de septembre du *Bulletin du Bibliophile* renferme une analyse des *Indagini storiche, artistiche, bibliographiche, etc., sulla Libreria Visconteo-Sforcesca del Castello di Pavia (a)*, dans laquelle nous avons relevé une note curieuse concernant les reliures du quinzième siècle. Nous la reproduisons ici :

« ..... Les particularités pour la reliure abondent encore davantage ; milanaise presque toujours, il arrive exceptionnellement qu'elle est indiquée comme parisienne, ou du moins à la mode de Paris *(ad modum parisinum)*. Tantôt elle est molle *(sine assidibus)*, tantôt à ais de bois *(cum assidibus)* ; elle porte alors des croix, des clavettes ou fermoirs de métal, des serrures de cuivre ou d'orichalque, souvent d'argent ou de vermeil.

« La couverture, rarement collée *(impastata)*, présente quant à la matière et à la couleur la plus grande variété. Elle est de toile ou bien de cuir, roux, vert ou blanc, ou mi-partie roux et noir, tanné ou brut, ou gaufré, parfois bouilli ou qualifié de mince *(levis)* ou d'antique, ou bien elle est simplement de pa-

(a) Milan, 1875, in-8.

vasio, mais Levasseur, quoique le plus habile relieur de Paris, n'en put venir à bout et lui gâta son livre. »

On trouvera dans l'article consacré au *Vocabularius,* de Pierre de Cæsaris et de Jean Scot (n° 84), la description d'un livre cousu d'une manière toute particulière.

En terminant notre *Avant-propos,* nous croyons devoir faire remarquer que chaque incunable ayant ses caractères distinctifs, sa physionomie particulière, il ne nous a pas été possible de signaler une foule de petits détails qui échappent à l'analyse. Nous les avons relevés avec soin, et on les reconnaîtra facilement dans la description, ou pour mieux dire dans le signalement des incunables auxquels ils appartiennent.

pier; mais dans un grand nombre de cas elle est beaucoup plus luxueuse ; de camelot (*zambellotus*), de drap de soie, de satin, de velours rouge, azuré, queue de paon ; etc. Il arrive aussi que le livre est dans un étui ; qu'il porte sur les plats des empreintes, telles qu'un lion ou des figures de sainteté, etc. »

TABLE

DES MATIÈRES CONTENUES DANS L'AVANT-PROPOS

———

AVIS IMPORTANT

Afin d'éviter la multiplicité des renvois dans le texte du catalogue, nous avons scrupuleusement indiqué, à la fin de chacune de nos descriptions, la qualité des papiers, mais surtout la forme et la figure des marques qui les distinguent entre eux. L'album des filigranes renferme une table au moyen de laquelle le lecteur trouvera aisément l'incunable auquel ils appartiennent.

Quant aux types, aux marques d'imprimeur et aux gravures reproduites dans l'album, il sera facile de retrouver aussi le livre qui les renferme, puisque chaque dessin porte en tête le numéro d'ordre du catalogue.

Ayant trouvé, dans une ancienne histoire de la gravure (1), le *fac simile* de la première capitale du PSAUTIER DE MAYENCE, nous l'avons fait reproduire et nous en avons enrichi notre *Album.*

(1) De Heineken. *Idée d'une collection d'estampes.*

CATALOGUE

DES INCUNABLES

DE LA BIBLIOTHÈQUE DE TOULOUSE

AUGSBOURG (Augusta Vindelicorum).

PROTOTYPOGRAPHE, Günter ZAINER. MEDITATIONES
BONAVENTURÆ, 1468.

Erhard RATDOLT, 1488. — Erhard OGLIN, 1508. — Jeorgius (*sic*) NADLER.

N° 1. — ANGELUS (*Johannes*). Astrolabium Planum
in tabulis Ascendens continens qualibet hora atque minuto [1]. Equationes domorum celi. Moras
nati in vtero matris, cum quodam tractatu nativitatum vtili ac ornato. Nec non horas inequales
pro quolibet climate mundi. In fine : *Opus Astro-
labij plani in tabulis : a Johanne Angeli artium
liberalium magistro a nouo elaboratum : Explicit
feliciter. Erhardi ratdolt Augustensis viri soler-
tis : eximia industria : et mira imprimendi arte :
qua nuper Venecijs nunc Auguste Vindelicorum*

------

(1) Il y a dans le texte : *atque meto*. Brunet a cru devoir changer l'*i* en *e*, et a écrit *meto*,
ce qui rend la phrase incompréhensible. Nous avons respecté la leçon d'Angelus, et traduit
l'abréviation par *minuto*, que nous croyons être le mot exact.

excellet nominatissimus. Vigesimo septimo kalendas nouembris. M. cccc. Lxxxviii.

In-4º goth. de 176 ff. les deux derniers blancs [1]. A 40 lig. p. page, avec fig. et initiales fleuronnées, grav. s. bois, s. chiff.; signat. a-z. A-D.

Livre très-bien imprimé sur beau papier, ayant pour seul filigrane : l'Arbalète.

Première et précieuse édition de ce livre, remarquable par sa belle exécution.
La seconde partie, **Equationes domorum celi**, est constituée par 48 ff. dont le *recto* et le *verso* sont remplis par des planches sur bois, finement et naïvement exécutées, qui représentent les douze maisons du ciel. Chaque page contient six maisons et chaque maison une figure, exprimant les aptitudes et les inclinations auxquelles nous condamnent les influences astrales.
Nous ferons remarquer que E. Ratdolt s'est servi des mêmes figures dans deux ouvrages différents : Dans son *Astrolabium* et dans son *Albumasar, de magicis coniunctionibus*, tous deux imprimés à Augsbourg, en 1488, l'un au mois de novembre et l'autre au mois de décembre.

On trouvera à l'article Venise la description d'un livre imprimé dans cette ville par E. Ratdolt, en 1484.

Nº 2. — STAMLER (*Johannes*). Reverendo. in. Christo. Patri. et Domino. domino Matheo lang Augustensi : Episcopo Gurcensi : Dyalogus in modum comici dramatis formatus : a Johanne Stamler presbitero : succincte digestus : De Tartarorum : Saracenorum : Turcorum : Iudeorum et Gentilium Sectis et Religionibus; ac eorundem confutatione, et cum nostre apostolice fidei historiarum figurarumque : Preterea utriusque Testamenti sacrarum scripturarum compendiose insertorum approbatione. In fine : *Impressum Auguste : per Erhardum oglin. et Ieorgium Nadler : Cura correctione et diligentia venerabilis domini Wolfgangi Aittinger presbiteri Augustensis, ac bonorum Artium, etc. — Magistri colloniensis Anno nostre salutis, 1. 50. et 8* (sic), (1508) *Die. zz. mensis May. etc.*

In-fol. à longues lignes, lettres rondes. Les notes en plus

[1] Brunet ne les a pas comptés.

petits caractères encadrent parfois le texte. 36 ff. 2 ff. Limin.
n. chiffr. 32 ff., chiffrés au recto, et 2 ff. de table, n. chiffrés.

Pour filigranes : la Tiare surmontée d'une Croix.

Le titre est rempli par une grande planche gravée sur bois qui offre pour
sujet principal, la Vierge Marie, nimbée et couronnée, assise de face au pied
de la Croix, remettant les Clefs de saint Pierre au Pape agenouillé à sa droite,
et le glaive impérial à l'empereur agenouillé à sa gauche. Derrière ces personnages, on voit quatre figures de femme symbolisant les religions réprouvées;
et plus bas, au-dessous de la Vierge, la Sagesse, assise dans une chaise curule,
écoute les orateurs, *disputatores*, chargés de lui exposer les doctrines qu'ils
ont mission de défendre. Cette gravure est reproduite au *verso* du même
feuillet.

BARCELONE (Barcino).

PROTOTYPOGRAPHE, Joannes GHERLINT ? PRO
CONDENDIS ORATIONIBUS.... AUTORIS BERTOLOMEI MATES....
M. CCCC. LXVIII (1468) [1], Nicolas SPLENDE-
LES et Pierre BRU. EGREGII DOCTORIS SANCTI
THOMA DE AQUINO IN LIBRIS ETNICORUM COMMENTUM, 1478.

Pierre POSA et Pierre BRU, 1481.

N° 3. — De ingenuis moribus liberalibusque studiis, et de liberis educandis per Clarissimum virum Petrum Paulum Vergerium [2] iustinopolita-
num [3] ad Vbertinum de Carraria incipit feliciter.
In fine : *Dei gratia presens opus Barchinone tertia
septembris. M. cccc. Lxxxi. Per PetrumPosa et
Petrum Bru socios finitum feliciter fuit.*

In-4° goth. à longues lignes; 16, 17, 18 ou 19 lig. p. page,
50 ffts formant 5 cahiers : le 1er de 6, les 2me, 3me et 4me de 12,
et le 5me de 8 ffts; le premier et le dernier sont blancs; l'avant-
dernier porte au *recto* les premiers mots par lesquels commen-

(1) Il y a eu deux Guerlins, voir, à ce sujet, l'*Établissement de l'Imprimerie dans la Province
de Languedoc*, par le D' Desbarreaux-Bernard, p. 148 et suiv.
(2) Vergerio (Pietro-Paolo), célèbre littérateur italien, né vers 1349 à Capo-d'Istria (Iusti-
nopolitani). Il fut précepteur des enfants de François II de Carrare, seigneur de Padoue.
Son *De ingenuis moribus* paraît être le plus ancien traité connu de pédagogie; il obtint une
telle vogue qu'on alla jusqu'à l'expliquer dans les écoles.
(3) De Capo-d'Istria.

cent les 1ers ffts de chaque cahier. Les lignes sont composées de 31 à 35 caract. Ces caractères sont chargés d'abréviations. Ils ont 5 millim. de hauteur, et les interlignes, largement espacés, ont 7 millim. s. chiff. réclam. ni signat.

Le papier est très-beau, un peu gris, il a pour filigrane : 1º la Colonne surmontée d'une Étoile ; 2º un Ovale à double filet, surmonté d'une Étoile à 6 pointes.

Ce livre n'est pas signalé dans le Catalogue Salva.

La première édition de ce livre parut à Rome (vers 1474). L'édition de Barcelone n'est mentionnée nulle part.

BASLE ou BALE (Basilea).

PROTOTYPOGRAPHE, Berthold ROT, REPERTORIUM VOCABULORUM EQUISITORUM (sic) 1470.

S. Typogr., 1486. — Nicolas KESLER, 1486. — Jean de AMERBACH, 1490 et 1493. — Jean FROBEN de HAMMELBRUCK, 1491. — De Olpe, 1497.

N° 4. — Scholastica historia magistri Petri comestoris sacre scripture seriem breuem nimis et expositam exponentis. In fine : *Explicit Scolastica historia magistri Petri comestoris. Impressa Basileœ An. domini. M. cccc. Lxxxvi. finita post festum Katherine* (décembre).

In-fol. goth. à 2 col., 214 ffts non chiffrés. Le dernier est blanc. Signat. a-z. A-K. 46 lig. p. page. pap. fort, un peu fauve.

Pour filigranes : 1º le P oncial bifurqué, surmontée d'une croix tréflée ; 2º un autre P plus petit ; 3º la Roue Dentée ? 4º la petite Tête de Bœuf ; 5º une Borne surmontée d'une croix ; 6º deux petites Flèches Croisées formant arbalète.

N° 5. — Textus sententiarum. In fine : *Anno domini millesimo quadringentesimo octuagesimo sexto. Octavo nonas marcii* (sic) *textum sententia-*

rum non attramentali penna canna ve. Sed quadam ingeniosa arte imprimendi cuncta potenti inspirante deo in egregia vrbe Basileensi. Nicolaus Kesler foeliciter consummavit.
Au-dessous, la marque de Kesler.

In-fol. goth. à 2 col., s. chiffr. ni réclam.; signat. a-z. A-K. 236 ff. Les cahiers sont de 8, de 6 ff., le dernier de 18.

Pour filigranes : le Gant. — Le P bifurqué. — Le Marteau. — Le petit Pot à couvercle. — Une Tête de Bœuf avec tige à marteau.

N° 6. — Augustinus de Civitate dei cum commento. In fine :

> *Hoc opus exactum divina arte Joannis*
> *Amerbacensis : lector ubique legas.*
> *Invenies in textu glosis seu margine minorum;*
> *Quo merito gaudet Vrbs Basilea decus.*
> *Anno salutiferi virginalis partus*
> *Nonagesimo supra millesimum quaterque*
> *Centesimum Idibus februarij (1490).*

Petit in-fol. semi-goth. Les Commentaires encadrent le texte. 248 ff. à 2 col., 54 lignes aux pp. pleines, s. chiffr. ni récl.; signat. a-y. A-O.

Papier fort, un peu fauve. Sans filigrane, mais avec pontuseaux.

Le titre sur 2 lign. en grosses capitales. Au *verso*, une grande fig. s. bois représentant S. Augustin écrivant; et, dans le compartiment inférieur, Babylone et la cité de Satan. Les anges d'un côté et les diables de l'autre sont sur les remparts prêts à en venir aux mains.

N° 7. — Biblia integra : Summata : distincta : superemendata : vtriusque testamenti concordantijs illustrata. In fine : *Explicita est biblia presens Basilee summa lucubratione : per Johannem froben de Hammelbruck. Anno nonagesimo primo supra millesimum quaterque centesimum die vero vicesima septima Junij* (1491).

. In-8°, goth. de 489 ff. (1), s. chiffr. ni réclam.; signat. a-z. A-Z, etc.

C'est la plus ancienne bible latine qui ait paru en petit format.

Le papier est un peu gris. Les pontuseaux sont baveux, avec de nombreuses taches d'eau. Pas de filigrane. Le couteau du relieur l'a peut-être enlevé (2).

N° 8. — Liber Epistolarum beati Augustini episcopi Hipponensis ecclesie. In fine : *Diui Aurelij Augustini Hipponensis episcopi : Liber epistolarum :* . . . . *: atque opera magistri Johannis de Amerbach civis Basiliensis perfectarum. Anno domini,* &c (3) xciij (1493).

Petit in-fol. à longues lignes. Caract. rond, ou mieux, romain. 52 lign. aux pp. entières. 228 ff. : 8 pour les prél. et le titre, 32 pour la table. Le vol. contient 206 lettres chiffrées ; on a placé le long des marges une série d'alphabets (48) en majuscules. Ils servent d'indication et de table. Plus tard, la pagination remplaça avantageusement cette manière de procéder ou de rechercher.

Papier fort, un peu fauve. Il bruit quand on l'agite. Il a pour filigranes : 1° deux Têtes de Bœuf de forme bizarre, surmontées d'une Tige étoilée; 2° un Raisin moyenne grandeur; 3° un seul feuillet de la table est marqué d'une Croix FIXÉE DANS UN SOCLE EN PIERRE.

Le livre est admirablement imprimé. Depuis plus de 400 ans l'encre brille comme si elle avait été récemment employée. Les caractères et la justification de ce volume se rapprochent beaucoup des impressions de Pannartz et Sweynheym de Rome. Cette édition a été annoncée dans le Catalogue Mac-Carthy comme *première édition.* Brunet place avant elle une édition **absque nota** imprimée avec les caractères de Mentelin.

N° 9. — BRANT (*Sébastien*). Stultifera navis.

In-4°. Lettres rondes, etc., etc.; fig., 148 ff. : 145 chiffrés et 3 pour la table.

Finis stultifere navis.

---

(1) Comme de coutume, Brunet a oublié un des feuillets blancs de la fin.
(2) On sait que dans le format in-8° le filigrane se trouve dans la marge du haut ou du bas.
(3) Le *Speculum aureum* de Herp porte aussi ce même signe abréviatif de 400.

Finis Narragonicæ navis per Sebastianum Brant vulgari sermone theutonico quondam fabricatæ : atque iampridem per Jacobum locher cognomento philomusum in latinum traductæ : perque præ-tactum Sebastianum Brant denuo revisæ : aptissi-misque concordantiis et suppletionibus exornatæ : in Laudatissima Germaniæ urbe Basiliensi nuper opera et promotione Johannis Bergman de Olpe Anno sa-lutis nostre millesimo quadringentesimo nonagesimo septimo kalendis Martiis.

Papier fort. Pour filigrane : la petite Tête de Bœuf, une Croix plantée sur une borne.

BOLOGNA, BOLOGNE. (Bononia pinguis).

PROTOTYPOGRAPHE, Balthazar AZZOGUIDI, PUBLIUS OVIDIUS NASO POEMATA, 1471.

Benedictus hectoris, 1496.

N° 10. — « Picus Mirandulæ (*sic*). — Commenta-tiones Joannis Pici Mirandulæ in hoc volumine contentæ : quibus anteponitur vita per Joannem franciscum illustris principis Galeotti Pici filium conscripta.

« Heptaplus de opere sex dierum geneseos.

« Apologia tredecim quæstionum.

« Tractatus de ente et uno cum obiectionibus quibus-dam et responsionibus.

« Oratio quedam elegantissima.

« Epistolæ plures.

« De precatoria ad deum elegiaco carmine.

« Testimonia eius vitæ et doctrinæ.

« Exibunt propediem disputationes aduersus astrologos aliaque complura tum ad sacra æloquia tum ad philosophiam pertinentia.

In fine : *Opuscula hæc Joannis Pici Mirandulæ concordiæ comitis. Diligenter impræssit Benedictus hectoris Bononiensis..... Bononiæ, Anno salutis* M. cccc. Lxxxxvi *die vero* xx *Martii.*

Disputationes Pici Mirandulæ litterarum principis adversus astrologiam divinatricem quibus penitus subnervata corruit.

Suivant Brunet, ce volume porte la souscription suivante, qui ne se trouve pas dans l'exemplaire que nous avons sous les yeux : *Bononiæ,* etc. M. cccc. Lxxxxi. *die vero* xvi *Julii.*

Deux vol. en un ; in-fol. Lettres romaines, à longues lignes : 42 p. pag. Le premier volume a 152 ff. signés A-BB; le deuxième, 128 ff. signés a-u. s. chiff. ni récl.

Papier fort, corsé, un peu fauve. Pour seul filigrane : une petite Couronne tréflée placée en travers dans la marge extérieure de la feuille et au milieu de sa hauteur.

NOTA. — La description que donne Brunet, d'après l'exemplaire de la bibliothèque de Dresde décrit par Ebert, diffère beaucoup, — surtout par le nombre de feuillets, — de celui de la bibliothèque de Toulouse. Y aurait-il deux sortes d'exemplaires? Cette disposition du filigrane dans le bord et au milieu de la marge extérieure est très-rare, peut-être unique.

BRESCIA (Brixia).

PROTOTYPOGRAPHE, FERRANDO P LEONARDI ARRETINI (sic), EPISTOLARUM FAMILIARUM LIBER PRIMUS FELICITER INCIPIT (1472).

S. Typogr., 1482. — Jacobus BRITANNICUS, 1485. — Angelus BRITAN-NICUS, 1498.

N° 11. — GERALDUS (*Odo*). Incipit scriptum super librum ethicorum editum a fratre Geraldo Odonis de Ordine fratrum minorum Magistro in theologia, etc. In fine : *Impressa Brixie ad expensa sapientis domini Bonifacij de Manerua 1482. die vltimo aprilis.*

In-fol. goth. à 2 col. 48 lignes aux pp. pleines; s. chiffr. ni réclam. Deux sortes de signat. a. A.

Papier superbe, un peu fauve et sonore, ayant pour filigrane : deux sortes de Têtes de Bœuf et la Balance dans un Cercle.

N° 12. — Domitii Calderini Veronensis ad Augustinum Maffeum Veronensem scripta apostilla in Sylvas statii Papini. In fine : *Impressum Brixiœ per Jacobum Britannicum Brixianum. M.* cccc. lxxxv *die* xxi *Maii.*

In-fol., lettres rondes. 130 ff. Les notes encadrent le texte. s. chiffr. ni réclam. Chaque pièce est signée séparément.

Au *verso* du premier feuillet, on lit :

Hoc volumine Domitivs inservit.
Sylvarum Statii Papinii libros quinque a se emendatos.
Commentarios : quos in Sylvas composuit.
Commentariolos in Sappho Ovidii quos edidit.
Propertii loca obscura a se elucubrata, etc., etc.

Pour filigrane : la Balance dans un Cercle surmontée d'une petite Étoile. — La Tête de Bœuf de grande proportion surmontée de Tiges tréflées, etc.

N° 13. — Virgilii opera. Cum commentariis Servii. In fine : *Impressum Brixiœ per Jacobum Britannicum Brixianum. M.* cccc. Lxxxv. *die* xxii *Augusti.*

In-fol., caractères romains; 232 ff. sans chiffr. ni réclam.; signat. a-r. A-C. Les registres ont 8 ff., moins les limin. qui n'en ont que 4, et *p* et *C* qui n'en ont que 6. Les notes encadrent le texte.

Le papier est mou, de moyenne épaisseur, mais parsemé d'un très-grand nombre de filigranes parmi lesquels on distingue la Tête de Bœuf de différentes dimensions, et ornementée de plusieurs manières.

N° 14. — TURRECREMATA (*Joannes*). Questiones super evangeliis totius anni.

Edite per Reverendum d. Joannem de Turre cremata : ordinis predicatorum episcopum Sa binensem : sancte Ro : ecclesie Cardinalem S. Sixti. Nuperrime Impresse Brixie per Angelum Britannicum de pallazolo cui per illustrissimum ducale Vene torum dominium concessum est : ne quis tale opus sub sua ditio- ne imprimere audeat : aut alibi impressum : vendere : infra quinquennium : sub pena vt in gra- tia contenta. (1)

In fine : *Questiones euangeliorum tam de tempore quam de Sanctis collecte per R. D. Joannem de Turre Cremata ordinis predicatorum de obseruan- tia episcopum Sabinensem, Sancte Romane ecclesie cardinalem : Sancti Sixti expliciunt hic : Impresse Brixie Anno, 1498, die. ij. Junij per Angelum Britannicum de Palazollo : ad laudem dei et eius genitricis marie.*

In-4° goth. de 174 ff. : 6 ff. pour le titre et la table, et 168 ff. de texte. goth. de 9 points à 2 col., très-bien imprimé sur beau papier légèrement fauve. Sans chiffr. ni réclam.;

(1) Gabriel Peignot (1), Constant Leber (2) et M. Ludovic Lalanne (3), ne font remonter qu'au commencement du seizième siècle (vers 1507) l'apparition des premiers priviléges accordés aux libraires. Ils n'ont pas pris la peine de chercher, je crois, et se sont un peu copiés les uns les autres.

Le livre de Torquemada, dont je viens de donner le titre, prouve très-clairement que, vers la fin du quinzième siècle, en 1498, les priviléges accordés aux imprimeurs-libraires étaient en usage dans les États de Venise.

S'il faut en croire M. Gastambide :

« Dès l'année 1494, et les années suivantes, on voit les priviléges accordés à un grand « nombre d'imprimeurs-libraires par la République de Venise, par le Duc de Milan, par les « Papes, et, en France, par le roi Louis XII, par les parlements, par l'Université, et même «, par le prévôt de Paris. » (*Histoire et théorie de la Propriété des auteurs.* Paris, 1862. In-8°, p. 14, par M. Gastambide, conseiller à la Cour de cassation.)

(1) *Essai historique sur la liberté de la presse.* Paris, Crapelet, 1832, p. 58. In-8°.
(2) *De l'état réel de la presse et des pamphlets, depuis François Ier jusqu'à Louis XIV.* Paris, 1834, in-8°, p. 8.
(3) *Curiosités bibliographiques*, p. 383.

signat. a-v. par cahier de 8 ff. La marque d'Ange Britannicus se trouve à la fin.

Cet ouvrage n'est pas signalé dans le *Manuel*.

Le papier a pour filigrane : une Croix placée sur de grosses pierres.

CLAVASIUM, CHIAVASCO (Chivas).

PROTOTYPOGRAPHE, Jacobinus de SUIGO de Sancto Germano, 1486.

N° 15. — ANGELUS (*Carletti*) de Clavasio. IN NOMINE DOMINI NOSTRI IESU CHRISTI. AMEN. — Incipit prologus in summa angelica de casibus conscientie (*sic*). — In fine : *Jacobinus de Suigo de Sancto Germano huius impressionis auctor ad lectorem.*

Suivent six distiques à la louange de l'auteur. Voici les deux premiers :

> *Humano Angelicas quicumque audire loquelas,*
> *Ore cupis : presens perlege lector opus.*
> *Hic sacros canones, hic et ciuilia iura.*
> *Hic sancte inuenies Relligionis opes.*

Colophon :

Impressum hoc opus Clauassij (sic). Anno Christiäne salutis. M. CCCC. octuagesimo sexto tertio idus may. feliciter imperantibus Innocentio octauo pontifice maximo. Et Karolo illustrissimo. duce quinto sabaudie pedemontäneque regionis.

In-4° goth. à 2 col. de 55 lignes, qui ont 160 millim. de haut et 50 de large. Les petits caractères (1) employés par Suigus ont tout au plus la force d'une gaillarde de 8 points. Le papier est de bonne qualité, sans filigrane, mais marqué de pontuseaux. Il n'y a ni chiffres, ni réclames, et les 406 ff. (2) qu'il renferme sont signés de a-z et A-Z. Les abréviations sont nombreuses et le point et les deux points sont les seuls signes de ponctuation que l'on rencontre.

On trouve en tête du livre, qui n'a pas de titre, une lettre du Frère Hieronymo Tornieli, le professeur (*Lector*), adressée au

---

(1) M. P. Deschamps, col. 329, le déclare imprimé « en gros caractères goth., » cela prouve que ce n'est pas lui qui a relevé la note d'après laquelle il a rédigé son article. Le mot *vivis* ajouté à la lettre du Frère Ange confirme notre observation.

(2) Il manque quelques feuillets de table à la fin.

révérend Frère Ange de Clauassio (sic), auteur du présent ouvrage, pour le prier de faire imprimer ledit ouvrage, à cause de son excellence et de sa grande utilité.

Le Frère Ange lui répond qu'il cède à son désir et qu'il envoie sa *Somme angélique* : « Magistro Jacobino de Sancto Germano « in prefata arte peritissimo, ut tuis votis morem geram impri- « mendam transmitto. Vale in domino et ora pro me. »

A la fin une table alphabétique donnant le numéro des rubriques des différents livres de droit civil et canonique, qui sont cités dans la *Somme angélique*; ces numéros correspondent à des chiffres imprimés sur toutes les marges du volume.

Au bas du verso du 1er ft on lit cette note manuscrite : *Puctos me emit Tolosæ Die* xxix *apurilis 1581.*

L'exemplaire porte la signature d'un Toupignon, famille parlementaire de Toulouse.

COLLIS (COLLE, bourg de Toscane).

Joannes ALLEMANUS DE MEDEMBLICK, 1478.

N° 16. — DIOSCORIDES. Notandum quod libri diascorides (*sic*) dicti duplex reperitur ordinatio cum eodem tamen prohemio omnino. Una quidem in quinque libros partita : ut testatur etiam Galienus farmacorum sexto ubi non parum hunc diascoridem recommendat : in qua plura continentur capitula sed breviora ita ut volumen sit. In fine : *Explicit dyascorides* (sic) *quem Petrus* [1] | *paduanensis legendo corexit* (sic) *et expo* | *nendo que vtiliora sunt in lucem deduxit* |. *Impressus Colle* [2] *per magistrum Johannem Allemanum de Medemblick. Anno* | *Christi millesimo.* cccc. Lxxviii. *mense iulij.* |

C'est le premier livre imprimé à *Colle*, et le seul livre, imprimé

---

(1) M. P. Deschamps, dans son *Dictionnaire de Géographie ancienne et moderne, etc., etc.*, en rapportant cette souscription, a mis *pertus* (sic); dans l'exemplaire de la bibliothèque de Toulouse que nous avons sous les yeux, le mot *Petrus* est parfaitement imprimé.

(2) Colle, *Collis*, bourg de Toscane, près Volterra.

par Jean de Medemblick, que l'on connaisse. C'est aussi la première édition de cette version.

In-fol. goth., de 104 ff^{ts} à 2 col., 47 lign. aux pp. entières.
Sans chiffr. ni réclam.; signat. a-h. A-F. Par cahiers de 4, 6,
8 et 10 feuillets.

L'exemplaire de la bibliothèque de Toulouse n'a que 102 feuillets. Brunet
n'en compte pas davantage (1). M. P. Deschamps en compte 103 (2) : il oublie
que les feuillets, dans les incunables, ne peuvent être impairs. Il ajoute *que le
feuillet F-8 porte un registre au recto* : c'est une erreur : le feuillet F-8 porte
la souscription finale au *verso*; et, au *recto*, commence la table qui continue sur
le feuillet F-9, au *verso* duquel se trouve le registre.

Papier fort, d'épaisseur inégale, un peu gris, rempli de taches d'eau et de
corps étrangers. Si, comme on le dit, il existait au quinzième siècle une manufacture de papier, une *carterie* à Colle, l'échantillon que nous avons sous les
yeux ne lui fait pas honneur.

**Pour seul filigrane, difficile à relever, dans deux ou trois feuillets : une
Croix sur Triple Borne.**

COLOGNE (Colonia Aggripina) [8]

Prototypographe, ULRIC ZEL de Hanau, au
monastère des Frères de la Vie commune, a Weidenbach [4] 1463? — A Cologne, 1471.

N° 17. — Fasciculus temporum. In fine : *Chronica
que dicitur fasciculus temporum edita in alma
vniversitate colonie agrippine super renum, a
quodam deuôto cartusiensi finit feliciter. Sepius
quidem iam impressa. Sed negligentia correcto-
rum in diversis locis a vero originali minus iuste
emendata. Nunc vero non sine labore ad pristi-
num statum reducta. Cum quibusdam additioni-*

---

(1) Le premier feuillet est blanc ; M. Deschamps a oublié de le compter, ou bien il manquait à l'exemplaire qu'il avait sous les yeux.
L'exemplaire de la bibliothèque de Toulouse manque des deux derniers feuillets. La table
commence au *recto* du feuillet F-8 et s'arrête au mot : *Diptarmicen.*
(2) Il manquait donc aussi deux feuillets à l'exemplaire signalé par Brunet, mais ce n'était
pas ceux de la fin.
(3) « On ne saurait le nier, sans passer pour ignorant, Cologne joue dans l'histoire de
« l'imprimerie un rôle important, d'un côté par ses utiles innovations et ses perfectionne-
« ments indispensables, de l'autre parce qu'elle fut un foyer actif d'où rayonnèrent de
« nombreux et d'habiles propagateurs de l'art. » (J. P. A. Madden, *Lettres d'un Bibliographe*,
4e série, p. 3).
(4) *Le Ruisseau des Saules*, en face de l'abbaye Saint-Pantaléon, à Cologne.

bus. Per humilem virum fratrem Heinricum (sic) *Wirczburg de Vach monachum. In prioratu rubei-montis, ordinis Cluniacensis. Sub Lodovico grue-rie comite magnifico Anno domini. M.cccc.Lxxxi. Et anno precedenti fuerunt aquarum inundatio-nes maxime. Ventusque horribiles. Multa edifitia subuertentes.*

In-fol. goth. à longues lignes, fig. sur bois dans le texte (*sine loco et typogr. nomine*); 96 ff. s. chiffr., récl. ni signat.

Justific. 21 haut. 16 larg. Pap. de bonne qualité, souple, un peu gris.

Pour filigrane : **1°** la **Tête de Bœuf**; 2° la **Tête de Nègre** ornée de bandelettes.

Le titre se trouve en tête du *recto* du premier feuillet, au *verso* duquel commence la table qui occupe onze pages. Suit le prologue, à la fin duquel se trouve expliquée la valeur des chiffres romains employés dans l'ouvrage :

De numeris qui in sequentibus per litteras exprimuntur hec considera.

Espèce de vers en distique.

I monos | V quinque | X denos | du(o) XX vigenos.
XL duplat idem | triplicat LX | L quoque sola
Quinquaginta facit | sed nonaginta dat XC.
C dat centenos | sed quingentos tibi dat D.
DC sexcentos | M mille | C si presit aufert
Centum | sic numerum debes conscribere totum.

Voici, au sujet de cette édition, comment s'exprime Brunet : « Cette édition « est la première qui contienne les interpolations et les additions de Henri « Virczbourg de Vach, religieux de l'ordre de Cluny, à Rougemont....... Parmi « les passages retouchés par le moine de Cluny, il en est un fort remarquable. « parce qu'il a trait à l'invention de l'imprimerie. Ce passage, d'abord très-« sommaire (au f. 73, sous l'année 1457) dans l'édition de 1474, où il n'est pas « fait mention de Mayence, a ensuite été reproduit dans l'édition de Cologne, « 1479, avec l'addition des mots : *Ortum suæ artis habentes in Maguntia;* mais « il est beaucoup plus développé dans l'édition de 1481 (sans lieu d'impression) « comme on peut le voir dans les *Origines typogr.*, de Meerman, II. p. 122, et « dans d'autres histoires de l'imprimerie. »

Voici le passage de l'édition de 1481 :

Librorum impressionis scientia subtilissima, omnibus seculis inaudita. Circa hec tempora reperitur in urbe maguntina. Hec est ars artium, scientia scien-tiarum, per cujus celeritatis exercitationes thesaurus desiderabilis sapiencie et sciencie quem omnes homines per instinctum nature desiderant. Qui de profundis latibularum tenebris presiliens. Mundum hunc in maligno positum ditat pariter et illuminat. Virtus etenim infinita librorum quam quondam athenis vel parisiis ceterisque studiis sive bibliothecis sacris paucissimis quibusdam studiosis manifesta fuit. Per hanc in omni tribu. Populo. Natione etlingua vbique divulgatur. Ita ut verissime impletum cernimus illud quod dicit proverbiorum. I. Sapientia foris predicat in plateis dat vocem suam. In capite turbarum clamitat, in poribus portarum vrbis profert verba sua dicens, vsquequo parvuli diligitis infantiam, etc. Quamvis vero porcos spernere margaritas sciamus. Nichil in hoc prudentis leditur opinio. Quo minus oblatas comparat margaritas.

Pour donner une idée des *canards* qui avaient cours en l'an 584 du Christ, nous citerons le passage suivant :

Mirabilia quidam circa hec tempora contigisse narrantur. Cometa apparuit. Puer quadrupes. Alter duos vertices habens nati sunt Bisancij. Sanguine haste et lux clarissima per noctem totam videbatur. Puer nascitur sine oculis et manibus. Qui a lumbis infra erat sicut piscis. In nilo eciam (sic) apud egiptum duo animalia apparuerunt humane forme vir et mulier horribilia aspectu. Quasi per unum diem sol a mane usque ad meridiem minoratus est de tertia parte.....

Et pour convaincre les lecteurs, on a gravé en marge *l'étoile aux longs cheveux*, une éclipse de soleil, un enfant sans yeux, sans mains et ressemblant à un poisson dans la partie inférieure de son corps; enfin un enfant *quadrupes*, c'est-à-dire marchant à quatre pattes.

En l'année 1154 : Sol obscuratus fuit hoc tempore. Fames magna facta est. Terremotus insuper maximus fuit. Antiochiæ cum Tripoli et Damasco ceciderunt. lm. (1) hominum submerguntur, et mare retrogradus versus est. Tres lune apparuerunt in celo et in medio signum sancte crucis. et tres soles visi sunt, et statim post sol iterum obscuratus fuit ab hora sexta ad horam nonam.....

FERRARA (Ferraria) FERRARE.

PROTOTYPOGRAPHE, Andreas GALLICUS, Andreas BELFORTI ou Andreas de FRANCIA (ANDRÉ BEAUFORT). M. VALERII MARTIALIS EPIGRAMMATON LIBER..... 1471.

Laurentius de RUBEIS, 1487.

N° 18. — Philippi de BERGAME (Frère Jacques), de la famille des Foresti. — De plurimis claris sele-

(1) Cinquante mille hommes !

tisque (*sic*) Mulieribus. Opus prope divinum novissime congestum.

Ce titre, sur huit lignes en grands caractères gothiques, occupe toute la page.

Le *verso* du titre est occupé par une grande gravure sur bois représentant l'auteur offrant son livre à Béatrix d'Aragon, reine de Hongrie et de Bohême, à laquelle il est dédié.

Au *recto* du cent soixante-dixième feuillet, se trouve le *registrum*, en tête duquel on lit : *Opus de claris selectisque plurimis mulieribus a fratre Jo.-Philippo Bergamense editum explicit. Maxima cum diligentia revisum et castigatum. Per reveren. Sacre theologie doctoris Magistrum Albertus de placentia, et fratrem Augustinum de Casali maiori, etc. Ferrarie impressum. Opera et impensa Magistri Laurentij de Rubeis de Valentia. Tertio Kal. maias. Anno salutis nostre. M. cccc. Lxxxxvij.*

Au bas du même feuillet, au-dessous du mot *finis*, la marque de l'imprimeur.

In-fol. goth. à longues lign., fig. dans le texte. 44 lign. aux pages entières ; 170 feuillets chiffrés.

Papier de moyenne épaisseur. Pour filigrane : 1° une Croix sur un cippe ; 2° la Tête de Bœuf avec un serpent enroulé sur la tige ; 3° la Balance dans un cercle, petite grandeur.

Ouvrage peu estimé dans lequel se trouve l'histoire de la papesse Jeanne. Il n'est pas mentionné dans le *Manuel*. Cette observation n'est pas un reproche.

M. Claudin, dans ses *Archives du Bibliophile* (16ᵐᵉ année. Mai 1875), nous a donné une description très-exacte des gravures sur bois qui ornent ce livre. La voici :

« Livre rare et d'une exécution très-remarquable. En tête, au *verso* du titre, « une grande gravure sur bois, au trait, sur fond noir, représente l'auteur « offrant son livre à la reine Beatrice d'Aragon ; autour de cette composition, « une très-belle bordure historiée dans le genre de Mantegna, gravée sur bois « au simple trait, dans le style que Geofroy Tory importa en France trente ans « plus tard. En regard du premier chapitre, une composition en huit compar-« timents représente la vie de la Vierge, entourée également d'une bordure au « trait ; en face, une autre bordure fantastique, d'un beau style tout particu-« lier, et, au milieu, une lettre ornée caractéristique, avec la Madone et l'Enfant « Jésus. Le cours du volume est illustré de plus de CENT QUATRE-VINGTS « PORTRAITS DE FEMMES CÉLÈBRES, GRAVÉS SUR BOIS. A part les portraits « de fantaisie, tels que ceux d'Ève, la première femme, et de diverses saintes, « on y remarque de véritables portraits historiques de femmes célèbres d'Italie « au quinzième siècle. Au folio CXLIIII, commence une curieuse vie de JEANNE « D'ARC « *de Janna Gallica pulcella optima juvencula*, » avec son portrait ; « Jeanne y est représentée avec un arc et des flèches ; au folio CXXXVIIII, se « trouve une vie de SAINTE RADEGONDE, reine de France, etc., etc. »

FIRENZE — **FLORENTIA** — FLORENCE

PROTOTYPOGRAPHE, Bernardo CENNINI. SERVII
EXPOSITIO VIRGILII. 1471-1472.

Antonius-Bartholomæus MISCOMINUS, de 1481 à 1495.
Laurentius-Franciscus DE ALOPA, de 1494 à 1496.

N° 19. — Angeli Politiani miscellaneorvm centvriae primae ad Lavrentivm Medicem praefatio. In fine : *Impressit ex archetypo Antonius Miscominus. Familiares quidam Politiani recognouere. Politianus ipse nec horthographiam se ait | nec omnino alienam præstare culpam. Florentiæ anno salutis* M. CCCC. LXXXIX. *Decima tertia Kalendas octobris.*

Petit in-fol., lettres rondes, de 92 ff. sans chiffr. ni réclam.; signat. a-o. Deux registres de 8 ff., douze de 6 et un de 4. 32 lignes par pages.

Livre admirablement imprimé sur un papier assez fort, un peu mou, mais très-blanc, qui a pour seul filigrane : une Fleur de Lis.

N° 20. — APOLLONIUS (*Rhodius*). Argonoticon libri IV, Græce, cum Scholiis Græcis. *Florentiæ (Laurentius-Franciscus de Alopa)*, 1496.

In-4° de **172** ff. (Brunet n'en compte que 171 : il a négligé le feuillet blanc du dernier cahier.)

Papier très-fort, un peu fauve. Pour filigrane : une Croix Fleuronnée dans un Cercle. Le cercle a cinq centimètres de diamètre. La Serna, sous le numéro 140, en a reproduit un semblable, mais d'une diamètre fort restreint.

ILERDA — LERIDA.

PROTOTYPOGRAPHE, Heinrich BOTEL de SAXE.
BREVIARIO ILLERDENSE, 1479.

———

S. Typogr., 1485.

N° 21. — DATHUS ou DATUS (*Augustinus*). Augustini dati scribe Senensis elegantiole feliciter incipiunt. In fine : *Exactum hoc opus Illerde.* *M. cccc. Lxxxv. die decima tertia Augusti.*

In-4° goth. de 30 ff.; 27 lign. aux pages entières. s. chiffr., réclam. ni signat. pas de traits d'union aux mots coupés à la fin des lignes.

Papier fort. Pour filigrane : l'Ancre dans un Cercle et la Tête de Maure surmontée d'une Tige Étoilée, telle que nous l'avons rencontrée dans quelques livres imprimés à Venise.

Ce volume est très-bien imprimé. Les caractères sont d'une jolie grandeur : ils ont 14 points typographiques.

Cette édition n'est mentionnée ni par La Serna, ni par Brunet, ni par M. P. Deschamps.

Le catalogue Salva ne la mentionne pas. Elle ne se trouve pas au nombre des éditions citées par Hain dans son *Repertorium*, depuis le numéro 5968 jusqu'au numéro 6014.

———

LOUVAIN. LOVANIUM.

PROTOTYPOGRAPHES, Thierry MARTENS
D'ALOST? 1474
Jean de WESTPHALIE? 1474.

———

Jean DE WESTPHALIE, 1481.

N° 22. — Epithome prime partis dyalogi G. Ockam qui intitulatus de hereticis et continet septem libros, recollectum per magistrum Henricum de Coemeren in Wienna Austrie ad instantiam reverendissimi in Christo patris domini Bissarionis Episcopi tusculani sancte Romane ecclesie Car-

dinalis Niceni vulgariter nuncupati. In fine :
..... *Epithome in primam partem Diologi. G.*
Ockam finit feliciter impressum Louanii per me
Joannem de Westfalia sub anno Christiane nati-
vitatis M. CCCC. LXXXI (1481). — *Maximiliano*
Illustrissimo Austrie Duce Brabantie presidente.

In-fol, goth. de 134 ff. Tous les cahiers sont de 8 ff., moins
le dernier qui n'en a que 6. Sans chiffr. ni réclam.; signat. a-r.

Papier fort, un peu roux, ayant pour filigrane : le P oncial bifurqué,
de deux grandeurs différentes ; le P oncial à queue recourbée, très-abon-
dant ; une Roue à double Cercle divisé par deux doubles lignes croisées ;
un Cercle surmonté d'un Demi-Cercle ; une petite Couronne ; un grand
Écusson fleurdelisé.

LUGDUNUM, LYON.

PROTOTYPOGRAPHE, Guillaume LE ROY, 1473 [1].

Martin HUSZ et Joannes SIBER, 1478.
Marc REINHARD et Nicolas BENSHEYM, 1482.

N° 23. — SILVATICUS (*Matheus*). *Opus pandectarum*
medicine. Au dernier f° recto : *Explicit singulare*
pandettarum (sic) *opus. extractum ab originali*
nec non emendatum per expertum ac eximium
artium et medicine doctorem. Magistrum Iohan-
nem theobaldi Ebroicum. Cuiusque fideles im-
pressores fuere. Magister Martinus Husz et Jo.
Siber. Anno incarnati Verbi. M. CCCC. LXXVIIj.
Aprilis luce xxvij. *In Lugduno. Et anno regni*
Ludovicim decimi (sic) *Francorum regis* xvij.

Grand in-fol. goth. 258 ff. (Brunet a oublié deux feuillets
blancs), à 2 col. de 60 lign. aux pp. pleines. s. chiffr., réclam.
ni signat. La place des capitales en blanc.

(1) Barthélemi Buyer appela, à Lyon, Guillaume Leroy, il l'installa dans sa demeure où
l'habile typographe imprima, en 1473, le *Compendium Lotharii.*

Papier d'épaisseur variable, un peu roux. Pour filigrane : le Raisin, la Roue Dentée avec manivelle ; l'Écu couronné aux armes royales ; 3 fleurs de lis ; un Croissant à cornes arrondies ; une petite Fleur à quatre boutons fermés, dans l'angle supérieur de la feuille. Le Raisin, l'Écu fleur-delisé et la Roue dentée s'y trouvent en grand nombre.

. C'est le cinquième livre connu, imprimé à Lyon, avec date certaine.

Les caractères et le papier sont *absolument* semblables à ceux du *Barbatia*, du J. de *Cessolles*, et du *saint Antonin*, imprimés, en 1476, à Toulouse ; seulement, les livres de Toulouse que nous venons de citer ne sont marqués que d'un seul filigrane : LA MAIN QUI BÉNIT.

Sachant, à n'en pas douter, que Barthélemy Buyer vendit des livres à Toulouse, de 1481 à 1488, j'estime qu'il faisait depuis longtemps ce commerce et qu'il vendait aussi des caractères et du papier aux imprimeurs de Toulouse.

« Le *Liber pandectarum* n'est guère, suivant M. Libri, qu'un dictionnaire « arabe ; alors tous les mots scientifiques étaient, dit-il, tirés de cette langue. » (Note de M. Péricaud.)

N° 24. — *Biblia sacra.*

In-fol. goth. s. chiffr. ni réclam. ; signat. a-z. A, etc. *s. l.* (Lyon). Les registres sont de 10 ff. — Les trois premiers feuillets manquent.

A la fin, on lit les vers suivants :

Fontibus ex Grecis Hebreorum quoque libris.
Emendata satis et decorata simul.
Biblia sum presens superos ego testor et astra.
Est impressa nec in orbe mihi similis.
Singula queque loca cum concordantibus extant.
Orthographia simul que bene pressa manet (1).

Au-dessous :

Per Marcum Reinhardi de argentina
Ac Nicolaum Philippi de Bensheym Sotios
Sub anno Domini. M. cccc. Lxxxii (1482).

Marc Reinhart et Nicolas Bensheym n'ont jamais imprimé qu'à Lyon.

Le papier a pour filigrane : une Tête de Bœuf.

N° 25. — ROYE (*Guy de*). Le Doctrinal de Sapience.

Ce titre, sur une seule ligne, occupe le milieu du recto du premier f., dont le verso est rempli par une figure sur bois, représentant un calvaire.

(1) « On connaît au moins douze bibles latines à la fin desquelles on lit ces six vers... »
(L'abbé Rives, *la Chasse aux Bibliographes*, p. 215.)

Le dernier cahier manquant au volume, on en a reproduit, au crayon, le colophon, sur la garde volante : *Cy finist le Doctrinal de Sapience, imprimé à Lyon par maistre Guillaume le Roy l'an de grace mil* CCCC LXXX *et* v, *le* IX *iour du moys de feurier.*

Voici la description exacte de cette rare édition, signalée par M. Péricaud, et mentionnée dans le *Manuel du libraire* :

Pet. in-fol. goth. à longues lignes, 65, 66 ou 67 lignes aux pp. pleines, s. chiffr. ni réclam. Il est composé de 9 quaternions et d'un quinternion; il renferme, par conséquent, 82 ff. (1). Ces dix cahiers sont signés a-k.

Les cahiers a, b, f, offrent une singulière anomalie. Dans le premier, les ff. a-iiij et a-v, n'ont que 35 lignes, au recto et au verso, et les autres ff. du même cahier en ont 36.

Dans les cahiers b et f, tous les ff., au recto, ainsi qu'au verso, en ont 37, tandis que les autres cahiers n'en ont que 36.

J'ajouterai que dans les ff., dont je viens de constater l'anomalie, la justification de la page imprimée varie comme le nombre de lignes. Toutes les pages de 36 lignes ont 193 millim. de hauteur, celles de 35 lignes n'en ont que 187 et celles de 37 lignes en ont 199.

Si cette irrégularité, dans le nombre des lignes, n'eût existé que dans les 2 ff. du cahier a, je ne l'aurais peut-être pas mentionnée, car on la rencontre souvent dans les incunables; mais en la trouvant dans des cahiers complets, ce qui n'a encore été remarqué par personne, — je le crois du moins, — j'ai cru devoir la signaler d'une manière toute particulière.

Le DOCTRINAL DE SAPIENCE est imprimé avec ce caractère gothique, un peu maniéré, dont Guillaume le Roy et plusieurs typographes lyonnais se sont servis pendant les dernières années du XVe siècle. Nous en connaissons de différente force de corps, celui du DOCTRINAL a un peu plus de 14 points.

Le papier est fort et un peu roux. Il a pour filigrane : 1o deux sortes de roues dentées, sans appendices, l'une grande et l'autre petite ; 2o une fleur de lis ; 3o un écu en losange surmonté d'une couronne de marquis.

Le *Doctrinal de Sapience* est un livre de morale religieuse *à l'usage des simples gens et lays* (laïcs).

Voici quelques lignes de la préface; une analyse succincte peindrait peut-être mal l'esprit dans lequel ce livre a été écrit, et l'allure lourde et traînante du style de l'époque :

« Ce present liure en francoys est de tres grant prouffit et edificacion et est examine et esprouue a Paris par plusieurs maistres en diuinite. et la faict transcripre reuerend pere en dieu monseigneur Guy de Roye par la miseracion diuine arceuesque de Sens pour le salut de son ame et des ames de tout son peuple. et dit par especial des simples gens lays pour lesquels ledit liure a este faict especialement et ordonne : Et commande dedict reuerend pere par grant et feruente deuocion que en chescune paroisse de la cite et diocese de Sens ait ung tel liure. Et que les cures et chappellains des dictes parroisses en lisent au peuple deux ou trois chapitres se aulcuns en veul-

(1) Brunet ne lui donne que 81 ff., il a oublié de compter le f. blanc de la fin, car le cahier k doit en avoir 10, puisque le cinquième est signé k-v. D'ailleurs, à de rares exceptions près, qu'un bibliographe exact doit toujours signaler, les ff., dans les incunables, ne peuvent pas être impairs.

lent ouyr. Et affin que les cures et chappellains en soyent plus
deuots a lire et le peuple dessusdit a ouyr. ledit reuerend pere
au salut de leurs ames et en esperance quon prie dieu pour luy
a donne et octroye a tous ceulx qui seront en estat de grace qui
de ce liure liront a austruy, xx. Jours de pardon..... »

———————

Le même volume renferme deux autres ouvrages, *absque nota*, mais très
certainement imprimés à Lyon. Ce sont :

1° N° 26. — LE CATHON EN FRANÇAIS.

On ne lit à la fin que ces mots : *Cy finit ce present liure qui est
intitulé le Grand Cathon.* La préface commence ainsi :

E   N ce petit liures est con
tenue une briesue et v
tille doctrine pour les
simples gens laquelle
est prinse et composée sur........

. . . .

In-fol. goth. s. l. ni d. 56 ff. à 2 col. de 36, 37 ou 38 lignes,
nombre qui varie presque à chaque f. ; s. chiffr. ni réclam. ; signat. a-g. Les 4 premiers ff. ne sont pas signés. Le titre, sur
une seule ligne, est placé au haut de la première page, dont le
verso est rempli par une gravure sur bois représentant une salle
d'études.

Le maître, assis dans une chaire, à dossier sculpté, interroge
ou réprimande un écolier, placé debout devant lui, et tenant un
livre ouvert dans ses mains. Le maître tient de la main droite
un faisceau de verges au repos. Assis sur des bancs, dans diverses postures, une foule d'élèves, la tête nue ou coiffée d'une
calotte, lisent ou écoutent. Cette figure a été reproduite au verso
du 4ᵉ f. des liminaires, qui renferment la préface, la table et les
divisions de l'ouvrage.

Le livre est imprimé avec les caractères semblables à ceux du **DOCTRI-
NAL DE SAPIENCE**; le papier est de même qualité; il a pour filigrane
un grand B et l'écu en losange décrit ci-dessus.

La première colonne de texte porte, en tête, une vignette sur bois, de 7 à 8
centim. de hauteur, dans laquelle on voit le maître d'école, assis dans une
chaire sans dossier et lisant, pendant que son perruquier, le peigne en main,
le coiffe et l'adonise.
Puis le texte commence par une série de préceptes généraux, écrits en latin,
mais dont la traduction se trouve plus bas. Je ne citerai que le premier :
« Quant je penscay et consideray en mon courayge que plusieurs gens erroeynt
« griefuement en la voye de bonnes meurs et de bonnes doctrines, je me dis
« qu'il serait convenable de les secourir et de changer leurs visées. »
Cette édition n'est signalée ni dans le *Manuel*, ni dans la *Bibliographie
Lyonnaise du XVᵉ siècle.*

2° N° 27. — VITA CHRISTI. Ce livre est sans titre ; le premier f. est blanc au recto et le verso est rempli par une image de la Vierge gravée sur bois. Elle tient l'Enfant-Jésus dans ses bras ; deux anges lui posent une couronne sur la tête. Le second f., signé a-ji, commence ainsi :

A (1)
```
        U nom de la benoiste
        Et saincte Trinité. Amen
        A tous bons et vrays
chrestiens soit ce petit liure pre
senté. . . . . . . . . . . . . . .
```

Colophon : *Cy finist le liure intitule Vita cristi auquel sont comprinses la creation des anges : dadam : deue : et du monde : la natiuite : la vie : et lannunciacion nostre dame : la natiuite de Nostre-Seigneur : la natiuite de Saint Jean baptiste et sa decollation : la vie de Judas, la passion et la resurrection de Nostre Seigneur. Deo gracias.*

In-fol. goth. avec fig. sur bois dans le texte (2) ; 104 ff. à 2 col. de 34, 35, 36 ou 37 lignes aux col. pleines ; les colonnes de 36 lignes sont les plus nombreuses ; s. l. n. d., s. chiffr. ni réclam. ; signat. a-o. Le livre renferme 14 cahiers, 10 quaternions et 4 ternions ; le dernier f. est blanc et l'on a reproduit, au verso de l'avant-dernier, l'image de la Vierge. Il a été imprimé avec un caractère gothique, un peu gras, et d'à peu près quinze points. Les abréviations sont peu nombreuses, et le point et les deux points sont les seuls signes de ponctuation que l'on y rencontre.

Le papier, semblable à celui des deux autres ouvrages que contient ce volume, renferme un très grand nombre de filigranes ; on y trouve : 1° la main, vue de face, avec une étoile à l'extrémité du médius ; 2° le gant ; 3° le raisin ; 4° une étoile couronnée ; 5° la roue dentée ; 6° le P oncial, etc. Cette édition n'a été mentionnée ni dans le *Manuel*, ni dans l'ouvrage de M. Péricaud.

Les trois ouvrages que nous venons de décrire ont été traduits

_____

(1) L'espace rectangulaire en tête du volume est occupé par une majuscule, manuscrite, peinte en rouge, derrière laquelle on aperçoit la lettre directrice a.

(2) Le volume renferme plus de 160 de ces petites gravures, qui ont 75 millim. de haut sur 60 de large. Ayant, en largeur, la même dimension que le texte, elles sont intercalées dans les colonnes et toujours précédées par l'explication du sujet que représente la figure. La naïveté du dessin en fait tout le mérite. On a reproduit quelques-unes de ces gravures à la fin du catalogue.

en patois et imprimés, séparément, à Toulouse, au xvie siècle ; le *Doctrinal de Sapience*, en 1504, chez Jean Grand Jean ; le *Catounet*, en 1605, chez Colomiés ; et le *Vita Christi al lenguatge de Tholosa*, en 1520, chez Mondete Guinbaude d'abord, et, en 1544, chez J. Colomiés.

N° 28. — EXIMINES (François). Le livre des Saints anges.

Colophon : *Cy finist le liure des Sainctz anges. Imprimé à Lyon par maistre Guillaume le Roy le* xx *iour du moys de may. Lan de grace mil.* CCCC, LXXXVI.

In-fol. goth. à longues lignes, 34, 35, 36 ou 37 lignes aux pp. pleines ; le plus grand nombre des pp. en a 36. 154 ff. réunis en cahiers de 8 et de 6 ff., sans chiffr. ni réclam. ; signat. a-v. Le premier f., sans titre, est rempli, au verso, par une grande gravure sur bois, représentant Dieu le Père, entouré d'une multitude d'anges, dans l'attitude de la prière. En tête du 2e f., sign. a, commence le prologue dont voici le début :

Cest le prologue de cest present liure appelle le liure des Sainctz anges compile par frere François Eximines de l'ordre des freres mineurs à la requeste de messire Dartes cheualier chambellain et maistre dostel du roy darragon.

Vient ensuite la nomenclature des différents chapitres que renferment les cinq parties de l'ouvrage. Cette nomenclature occupe onze pages et le cahier se termine par un f. blanc.

Le texte commence, au bas du f. b, dont la partie supérieure est remplie par une grande fig. s. bois, représentant des anges jouant de divers instruments, violon, guitare, triangle, etc.

On trouve encore dans le volume plusieurs autres figures, l'une, au recto du f. i-8, représente la chute des anges rebelles, celle du f. p-4, nous montre saint Michel terrassant le diable, enfin la planche gravée, qui représente le Père éternel, a été reproduite au recto du dernier feuillet. Elle manque dans l'exemplaire que nous examinons.

Ce beau livre est imprimé avec le même caractère dont s'est servi Guillaume le Roy pour imprimer le *Doctrinal de Sapience* ; — j'appliquerai même, volontiers, à ce caractère gothique l'épithète de *lyonnais*, à cause du fréquent usage qu'en ont fait, au xve siècle, les typographes de la grande cité du Rhône.

Le papier sur lequel ce livre est imprimé est fort beau et d'une teinte un peu fauve qui plaît à l'œil. Il est marqué de différents filigranes ; on y trouve 1° la roue dentée sans appendice ; 2° le huchet ; 3° la main qui bénit, tantôt au milieu de la page, et noyée, en quelque sorte, dans les caractères d'imprimerie, et tantôt dans la marge extérieure ; 4° on voit aussi sur le bord de cette marge un petit filigrane qui a été atteint par le couteau du relieur et dont, par conséquent, il est difficile de reconnaître la forme.

La première édition de cet ouvrage parut à Genève en 1478. Brunet pense qu'elle est sortie des presses d'Adam Steynschaber. Ce livre est le premier qui ait été imprimé dans cette ville.

N° 29. — Alphonse de SPINA. FORTALICIUM FIDEI. Colophon : *Anno incarnationis dominice. M.cccc lxxx vij. die xxij maij.* — A la fin, la marque de l'imprimeur (1).

In-fol. goth. à 2 col., 51 lignes aux col.-pleines, avec titre courant au haut des pages; s. l. s. nom d'imprimeur (Lyon, Guillaume Balsarin), s. chiff. ni réclam.; signat. a–L, seconde signat. 240 ff. dont le premier et le dernier sont blancs.

Le papier est fort, un peu roux; il a pour filigrane : 1o la main qui bénit; 2o l'Agneau pascal ou Agnus dei; 3o le P oncial; 4o une R gothique; 5o la petite lyre; 6o un B, surmonté d'une croix; 7o la roue dentée, sans appendice; 8o une tête de taureau, etc. Ce livre est admirablement imprimé avec un caractère gothique de 10 points.

Édition rare; elle n'est pas mentionnée dans le *Manuel*. M. Péricaud, qui l'a décrite très brièvement, ignorait de quelles presses elle était sortie (2).

« Le 4e livre de cet ouvrage curieux est une histoire des guerres des Chré-« tiens contre les Maures ou Sarrasins, leur défaite en Aquitaine par Charles « Martel, et contient une intéressante chronique du Cid Campeador, etc. (3) »

N° 30. — BIBLIA. Colophon : *Correcta et in capitulorum capitibus singulorum veteris et novi testamenti intitulata sufficienter fuit per venerabilem religiosum fratrem Stephanum pariseti ordinis minorum, sacre theologie doctorem egregium, et impressa per iacobum malieti, Anno domini millesimo lxxxx. die nono mensis junii. S. l. (Lyon).*

Le titre, en lettres de forme, est placé en tête du 1er f., au

(1) V. *Les Marques de Sylvestre*, n° 233.
(2) V. Desbarreaux-Bernard, *La Chasse aux incunables*, Toulouse, 1864. In-8e p. 16 et suiv.
(3) V. Claudin. *Archives du Bibliophile*. Mai 1875.

verso duquel se trouvent mentionnées, dans 14 vers latins, les différentes parties de la Bible (1).

In-fol. semi-goth., 506 ff. à 2 col., dont le dernier est blanc. 48 lignes aux col. pleines, avec titre courant au haut des pages, sans chiffr. ni réclam. A part le cahier n et le dernier cahier, qui ont chacun 10 ff., tous les cahiers sont des quaternions. Les cahiers sont signés de cinq manières différentes : a, aa, A, Aa, ı. La signat. a est double.

Papier d'inégale épaisseur, un peu gris, ayant pour filigrane : 1o la roue dentée avec manivelle ; 2o la main qui bénit de plusieurs dimensions ; 3o le serpent filiforme à double tête ; ce filigrane est placé, dans la marge, près de la tranche. Nous avons déjà signalé sa présence dans plusieurs incunables lyonnais : dans l'*Internelle Consolation* (Lyon, s. d.) (2), et dans le *De proprietatibus rerum*, de 1480, imprimé, à Lyon, par Nicolas de Bensheym et Marc Reinhard.

N° 31. — TORNAMIRE (Jean de). Incipit clarificatorium Iohannis de Tornamira super nono almansoris cum textu ipsius Rasis. Ce titre en gros caractères goth. est placé sur 2 lignes au recto du premier f. dont le verso est blanc.

Colophon : *Preclarissimum opus Johannis de Tornamira doctoris famosissimi atque decani preclari studii montispessulani, impressum Lugduni per*

(1) Biblia quem retinet sequitur nunc metricus ordo.
Generat : exodus : leui : numerique deutro.
Josue : iudicum : ruth ; reges : et paralipon.
Esdre : neemias : esdras : thobiaque : Judith.
Hester : iob : psallit : prouerbia : ecclesiastes.
Cantica sunt sapientis ; ecclesiasticus : et esaias.
Hieremias : threni : baruch : ezech : danielis.
Oseeque : iobel : amos : abdiaque : ionas.
Micheas : nahum : abachuc : sophoni : aggeus.
Zacharias : malachi : machabeor que duo.
Ma th. mar. lucque. iohan roman. corinth. ga
lath. ephes.
Phil. colo. thessal. timoth. titusque. deinde phi
lemon.
Hebreos. actus. iacobus. petrus. et iohannes.
Jude canonica : finem ten 2 apocalipsis.

(2) V. Desbarreaux-Bernard. *Lettre à M. Alfred Franklin au sujet d'une édition fort rare de l'Internelle Consolation*. Toulouse, 1865, in-8°.

Johannem Trechsel alemanum artis impressorie magistrum; Anno nostre salutis Millesimo quadringentesimo nonagesimo die vero decima septima mensis junij finit feliciter.

Au-dessous, en rouge, la marque de l'imprimeur (1).

In-4° goth. à 2 col., 51 lignes aux col. pleines; 162 ff., 159 ff. chiffrés au recto, plus 1 f. pour le titre et 2 pour la table, non chiffrés; signat. a-t. 19 quaternions et 1 quinternion; le cahier f, a été doublé. En tête des chapitres, l'espace réservé aux majuscules est vide.

Une épitre de Jobes de Lalanda à Maistre Cornelius Vitrificis de Goes, termine le volume.

Papier fort. Pour filigrane : le serpent à la tête surmontée d'une aigrette. Ce filigrane est placé au milieu de la marge du dos ; nous l'avons rencontré quelquefois tout à fait en bas de la marge.

Le livre est fort bien exécuté. La description des maladies est imprimée avec un caract. gothique de 14 à 15 points, et les gloses avec un petit caractère de 9 points.

Il renferme 96 chapitres. Le premier traite de la *céphalée* et le dernier des *douleurs des membres*.

Au verso du dernier f., une main contemporaine a tracé ces mots : *Meus est liber iste quem precio 6. g.* (gros) *et pro ligatura 4 duplex*, ils sont signés d'un G en monogramme, surmonté d'une petite croix. Ce monogramme est probablement celui de *Guillermus Cancoris*, dont le nom se trouve écrit au bas de la première page.

Nous n'avons pas retrouvé dans ce livre le *Commentum de ingenio sanitatis*, ni le *Commentum super Galenum de interioribus* que le docteur Basset a signalés dans un manuscrit de Jean de Tornamire qui appartient aux archives de la Haute-Garonne.

Ce manuscrit, signé *Jean Cavorius*, bachelier en médecine, renferme des documents biographiques intéressants sur le célèbre chancelier de la Faculté de médecine de Montpellier.

D'après ces documents et contrairement à l'opinion d'Astruc, ils prouvent que Jean de Tornamire est né, en 1330, à Pouzols, village de l'Albigeois, au sud-ouest d'Albi, et non dans une petite localité du Rouergue, Tornamire, dont il aurait pris le nom (2).

N° 32. — GORDON (Bernard). Practica excellentissimi medicine monarce domini magistri Bernardi de Gordonio dicta Lilium medicine.

(1) V. *Les Marques typographiques* de Sylvestre, p. 119, n° 242.

(2) V. *Une Consultation médicale du XV⁰ siècle, le Galénisme*, par le docteur Basset. *Mémoires de l'Acad. des Sciences, inscrip. et B.-Lettres de Toulouse*, année 1873-1874, 7ᵉ série, t. VI, pp. 563 à 598.

Colophon : ..... *impressa Lugduni per Anthonium Lambillonis et Martinum sarraceni consocios. Anno domini 1491, die z.* (1) *may, ad laudem omnipotentis dei totiusque curie celestis. Amen.*

In-4° goth. à 2 col., 54 lignes aux col. pleines, sans chiff. ni réclam.; signat. a-z. 206 ff. par quaternions ; le dernier cahier est de 6 ff., dont le dernier est blanc. En tête de chaque livre, se trouve la table des chapitres.

Pap. fort, un peu gris, ayant pour seul filigrane le serpent, avec la tête surmontée d'une aigrette, que nous avons déjà signalé.

Cette édition est décrite dans le *Manuel* et dans la *Bibliographie lyonnaise* de M. Péricaud. Eloi ne la mentionne pas. La traduction française de ce livre, imprimée à Lyon en 1495, est très rare; Brunet l'a citée dans le *Manuel*, et l'on en trouve une bonne description dans l'*Esprit des Journaux*, février 1781, p. 281.

Au bas du 1er f., l'un des possesseurs de ce livre a écrit ces mots : « *Anathema sit qui hunc librum furabit, occultabitur, aut quocumque modo alienabit.*

N° 33. — SENECA (Lucius Annæus). TRAGEDIÆ SENECÆ CUM COMMENTO. Ce titre, sur deux lignes, est placé à droite, vers le milieu du 1er f. La dédicace du commentateur, Gellius Bernardinus Marmito, à Guillaume de Rochefort (Rupefortis), grand chancelier de France, se trouve au verso du titre. Colophon : *Habes amice lector commentaria in aureas. L. Anei Senecæ tragedias.... Impressum*

(1) J'ai trouvé le chiffre 2, sous forme d'un z, dans plusieurs ouvrages imprimés vers la fin du XVe et au commencement du XVIe siècle. Dans la *Practica* de Gordon, Lyon 1491; dans les *Dyalogus in modum Comici*, de J. Stamler, Augsbourg 1508; dans le *Scotus pauperum*, imprimé à Toulouse en 1486; dans l'*Opus remissionis* de frère Etienne. Milan, 1500, etc., etc.

Les indications ou les citations des ouvrages n'ayant été placées, au bas des pages, que beaucoup plus tard, je crois devoir signaler à l'attention des bibliographes la manière toute particulière dont elles sont disposées dans le texte de l'*Opus remissionis* que je viens de citer (α).

(α) Opus remissionis a pena et culpa. Premissum opus composuit frater Steffanus ex nottis..... *Impressum Mediolani per magistrum Leonardum Pachel Anno domini 1500. die prima decembris.* In-fol., lettres rondes.

Dans cet ouvrage, où les citations fourmillent, notamment celles de la Bible, elles sont placées entre deux chiffres suivis d'un point. En voici un exemple : z Ro (b) 1z. Ce qui veut dire 2me livre des Rois, chapitre XII. (v. 9).

Quelquefois il n'existe qu'un chiffre placé en avant pour indiquer le livre ou le chapitre. La difficulté devient quelquefois plus grande, alors surtout que les noms propres sont dépourvus de majuscules et qu'ils sont très-brièvement syncopés, comme dans ce cas : z êze. Ce qui signifie 2me chapitre d'Ezéchiel.

(b) Le compositeur s'est trompé, il faut *Re.*

lugduni per Anthonium lambillon : et Martinum Sarazin socios. Explicit feliciter die nouembris, xxviii, Anno millesimo cccc. lxxxxxi.

Suit le *registrum,* a b c.... *Omnes sunt quaterni.* Au-dessous la marque des imprimeurs (1).

In-4°, 240 ff. n. chiffrés, signat. a. et A-D ; caractères romains. Les commentaires entourent le texte.

« Première édition connue avec date certaine ; elle est très-rare, sans avoir une grande valeur. » (Brunet).

Le papier est très beau, un peu fauve. Il est marqué d'un seul filigrane, le serpent à la tête surmontée d'une aigrette. Les gardes, de format in-fol., ont pour filigrane une tête de taureau, dont le muffle est arrondi et ayant pour appendice une tige terminée en rayons.

L'*hercules furens* et les gardes du volume, sont couverts, ou pour mieux dire, sont criblés de notes d'une écriture microscopique, mais fort lisible. L'exemplaire est très beau; il a été relié par Derôme. Il a appartenu au couvent des Carmes de Dijon.

N° 34. — LULLUS (Raymondus). Questiones dubitabiles insuper (sic) quatuor libris sententiarum cum questionibus solutiuis (sic) Magistri Thome attrabatensis.

. Ce titre sur cinq lignes est placé sur le recto du 1er f., dont le verso est blanc. Le texte commence en tête du 2e f. par le chapitre dont voici l'intitulé :

Deus qui es summus in omnibus bonis ad tuam laudem et honorem. Incipit disputatio Heremite. et Raymundi super aliquibus dubijs questionibus sententiarum magistri Petri lombardi.

Pas de Colophon. Le mot *finis,* au milieu du recto du f. o-jjjj, termine le volume.

Petit in-4° goth., 106 ff. à longues lignes ; 34, 35 ou 36 lignes aux pp. pleines ; le plus grand nombre des pp. en a 35, s. nom d'imprimeur, s. chiff. ni réclam.; signat. a-o. par quaternions, excepté n qui en a 6 et o qui n'en a que 4. Papier fort, très-roux. Pour filigrane, la main qui bénit et la roue dentée.

A la fin du volume et imprimés sur le même papier, avec des caractères semblables, on trouve, — intercalés entre les signat. n et o, — deux cahiers de 8 ff. signés A-B, mais B, précédant A, par suite d'une deuxième transposition. On lit à la fin :

Compilatus finit iste tractatus parisius Anno domini M. cc. xc. nono. mense iullii ad honorem domini dei nostri iesu christi. Et

(1) V. les marques d'imprim. de Sylvestre, p. 878, n° 682.

impressus Lugduni Anno eiusdem domini Millesimo cccc. nonagesimo primo die. iiii. decembris.

Ces cahiers appartiennent-ils au même ouvrage? Je ne le pense pas, car, ordinairement, quand plusieurs alphabets de signatures se succèdent, on ne change d'alphabet que lorsque celui qui précède est épuisé.

Quoi qu'il en soit, ces quelques feuillets renferment, comme le livre qui les précède, un nombre de questions (50) adressées par maître Thomas d'Arras à Raymond Lulle.

Raymond, qui ne douta jamais, et qui, à l'aide de son *Arbre des questions,* avait réponse à tout, a résolu, dans ces 32 pages, les problèmes les plus ardus de la théologie, de la philosophie, de la médecine, etc., etc.

Pour donner un exemple de la bizarrerie de ces démonstrations scholastiques, je rapporterai ce que Raymond Lulle dit de la rhubarbe :

« *Item nos dicimus quod reubarbarum attrahit coleram a tota specie. Queritur quid est tota illa species. Solutio. Ad soluendam illam questionem considero nouam regulam quando dicitur quod pars est pars et pars est in parte et totum est in partibus suis et partes in ipso. Et substantia transmittit extra suam similitudinem. Unde sequitur quod reubarbarum attrahit coleram a tota specie, hoc est a toto corpore hominis ut attrahit coleram a qualibet parte corporis. Alioquin in corpore hominis non esset pars in parte per lineam continuam, quod est impossibile : ergo, etc. Q. xxx. »*

Ce qui veut dire, en substance, que toutes les parties du corps sont solidaires et que du moment que la rhubarbe attire la bile de l'une des parties du corps, elle l'attire en effet de tout le corps.

J'ignore si les *cinquante questions* adressées par Thomas d'Arras à Raymond Lulle ont été imprimées dans les *Opera omnia* du docteur illuminé. Mais si elles ne s'y trouvent pas, nous engageons les Bibliophiles, si jamais ce livre tombe en leur main, à acquérir, à tout prix, cette rarissime plaquette, chef-d'œuvre d'ergotisme, c'est vrai, mais qui ne laisse pourtant pas que d'avoir son côté plaisant.

Dans son long article sur R. Lulle, Brunet n'a pas cru devoir le signaler. M. Péricaud (*loc. cit.* n° 82) l'indique d'après Panzer, 1, 544.

N° 35. — Marcus Tullius cicero de officiis amicitia Senectute et paradoxis, cum commento. Au-dessous de ce titre, la marque de Jean du Pré (1).

(1) V. les *marques typogr.* de Sylvestre, n° 862.

Colophon : *M. T. C. de officiis amicitia Senectute et paradoxis : una cum commento finit feliciter. Lugduni per insignem artis impressorie magistrum Johannem de Prato. Anno salutis, M.* CCCC. *xcij. die. xij Maij.*

In-4°, goth. 264 ff. s. chiffr. ni réclam. ; signat. a-z, A-L. Papier fort, très épais ; les 264 ff. ont cinq centimètres d'épaisseur. Pour filigrane, le serpent à aigrette et une fleur ornementée.

Le texte est complétement encadré par les commentaires. Ce volume n'est pas mentionné dans la *Bibliographie lyonnaise du* XVe *siècle.*

N° 36. — Siluæ morales cum interpretatione Ascensii.

Colophon : *Impressum est hoc opus diligenti cura atque industria Joannis Trechsel in civitate lugdunensi. Anno M.* CCCC XCII, XXIII. *calendas decembris. Au-dessous la marque de Trechsel en noir.*

In-4°. Lettres rondes. Le cahier a, de 6 ff., n'est pas chiffré. 229 ff. chiffrés au recto et 1 f. blanc à la fin.

Papier très fort sans filigranes.

Les Silves sont divisés en XII livres :

1 *De Vitiis fugiendis* (Virgile et Horace).
2 *De Fragilitate hominis* (Horace).
3 *De Fragilitate rerum* (Horace).
4 *De Votis* (Horace, Perse, Juvénal).
5 *De Amicitia,* etc. (Ennius).
6 *De Obsequiis* (Horace).
7 *Habet præcepta amicitiæ,* etc. (Horace).
8 *De Officio parentum,* etc. (Juvénal).
9 *De Vitio impudice scribentium* (Ex Baptista Mantuano).
10 *De Moribus mensarum,* (Carmen Juvénile Sulpitii).
11 *Moralia Catonis.*
12 *Parabolæ Alani* (Alain de l'Isle).
Ce volume est dédié par Josse Bade à Jacques et Pierre de Semur *de Sine Muro,* chanoines-comtes de Lyon.
Il n'est pas mentionné dans le *Manuel.* M. Péricaud (*Loc. cit.,* n° 88), le cite d'après Panzer, 544.

N° 37. — Vocabularius utriusque juris.

Colophon : *Finit vocabularius vtriusque juris. Anno M. cccc. cxiiij, die vero* vi, *decembris.* s. nom de lieu (Lyon), ni de typographe.

In-4°. goth. de 140 ff. à 2 col., 50 lignes aux pp. pleines. s. chiff. ni réclam. ; signat. a-s., papier fort, un peu gris. Pour filigrane, le serpent à aigrette et une petite tête de taureau sans appendice.

Ce livre n'est pas mentionné dans la *Bibliographie lyonnaise* du xve siècle.

N° 38. — OCKAM (Guillaume).

La bibliothèque de Toulouse possède plusieurs traités du chef célèbre de la secte des nominaux. A l'article de *Louvain,* nous avons décrit, sous le n° 22, son *Epithome primæ partis dialogi,* imprimé en 1481, par Jean de Westphalie. Voici maintenant la description d'une collection de ses écrits, imprimés à Lyon et à Strasbourg. Une étiquette manuscrite, collée sur le dos des volumes, il y en a 4, indique leur tomaison. Les trois premiers étant sortis des presses lyonnaises, c'est par eux que nous commencerons.

En tête du premier volume, on trouve le titre suivant, imprimé en lettres de forme, au recto du 1er f. :

Tabule ad diuersas hujus operis magnifici Guilhelmi Ockam super quatuor libris sententiarum annotationes et ad centilogii theologici eiusdem conclusiones facile reperiendas apprime conducibiles.

Ce premier volume finit par ces mots : *Finis questionum super primo sententiarum.* Il renferme 272 ff.

Le second volume, sans titre, contient les 3 derniers livres des sentences et le *Centiloquium theologicum.*

A la fin du 4e livre des Sentences, au bas de la 1re colonne, on lit :

Impressum est autem hoc opus Lugduni per M. Johannem Trechsel allemannum : virum huius artis solertissimum. Anno domini nostri M. cccc.

xcv (1). *Die vero decima mensis nouembris. Laus omnipotenti deo.*

Au-dessous, la marque de Trechsel en rouge. Dans l'exemplaire que nous décrivons, on a recouvert les initiales du nom de Jean Trechsel, I. T., peintes en blanc, de deux grandes majuscules, M. R., gothiques, peintes en noir.

Le verso de ce f. est blanc et le *Centiloquium* commence au f. suivant. Il occupe les 16 derniers ff. du volume et on a reproduit à la fin le colophon de l'imprimeur. Ce volume renferme 182 ff.

M. Péricaud, en décrivant, dans son catalogue, le *Summaria operis xc dierum* d'Ockam, renvoie le lecteur au *Repertorium* de Hain, pour ce qui concerne les différentes éditions lyonnaises du même auteur.

Le 3e volume a pour titre : *Dialogus magister Guillermi* (sic), *de Ockam doctoris famosissimi.* Il est imprimé en lettres de forme, sur deux lignes, au recto du 1er f.

En tête de l'ouvrage se trouvent 10 fts liminaires, pour le titre, la table et un f. blanc au recto, qui porte, au verso, une gravure sur bois occupant les deux tiers supérieurs de la page. Elle représente l'intérieur d'un cabinet de travail, dans lequel se trouvent deux personnages, l'un debout, en rochet, coiffé d'une petite calotte, feuillette un livre placé devant lui, sur un pupitre. L'autre, à peu près vêtu de même, mais la tête nue, est assis à une table, la plume à la main, et en train d'écrire. Un certain nombre de livres, munis de fermoirs, sont placés sur une tablette.

Les trois livres de dialogues occupent 276 ff. chiffrés en lettres romaines, mais au recto seulement.

Vient ensuite le *Summaria seu epitomata* (sic) cxxiiii *capitulorum operis xc dierum M. Guilhelmi de Ockam diligenter collecta.* Ce titre, en lettres de forme, est imprimé, sur 4 lignes, au recto du 1er f. dont le verso est blanc.

Ce traité occupe 132 ff., 8 pour le prologue, n. chiffrés, et 124 chiffrés comme le traité précédent. La fin du volume est remplie par les *libelli fratris Michaelis de Lezena* et par le *Compendium errorum Johannis pape* xxii, qui porte un titre particulier. Ce volume renferme 286 ff.

Le 4e volume a pour titre : *Quotlibeta septem una cum tractatu de sacramento altaris Venerabilis inceptoris fratris Guilhelmi de Ockam anglici. Sacre theologie magistri, de ordine fratrum minorum.*

Ce titre, sur 5 lignes, imprimé en lettres de forme, se trouve au recto du 1er f. dont le verso est blanc. Il est suivi de 4 ff. de table et d'un 6e f. qui termine les liminaires et qui, blanc au recto, contient quelques observations générales sur l'œuvre de

(1) Brunet, qui cite cette édition, lui donne la date de 1494.

l'auteur, sur ses mérites et sur l'étendue de son savoir. Cette courte apologie se termine par des vers à la louange d'Ockam.

Le traité, *Quotlibeta septem,* occupe 112 ff. A la fin de la dernière colonne on lit : *Expliciunt quotlibeta septem.... Impressa Argentine Anno domini.* M. cccc. xcj *finita post Epiphaniam domini.*

A la suite des *Quotlibeta septem,* on trouve un dernier traité dont voici le titre : *Tractatus venerabilis Inceptoris Guilhelmi Ockam de sacramento altaris.* Comme les titres précédents, il est imprimé, en lettres de forme, sur le recto d'un f. dont le verso contient la table du traité. Il occupe 35 ff. Le 36e et dernier est blanc. A la fin de la dernière colonne, on a imprimé un colophon identique à celui que nous avons reproduit plus haut. Ce volume renferme 154 ff.

Ces 4 vol. pet. in-fol. goth. sont imprimés sur deux col. Celles des volumes imprimés à Lyon ont 55 lignes et celles du volume imprimé à Strasbourg n'en ont que 52. La justification est à peu près la même dans les deux impressions (200 millim.), mais la force du corps des caractères est différente. Les types de Strasbourg ont dix points 1/2 et ceux de Lyon n'en ont que 9.

Chiffrés ou non, les 4 vol. sont signés.

Le papier sur lequel ils sont imprimés est épais, corsé, un peu gris. Celui des volumes imprimés à Lyon a pour filigrane le **DRAGON VOLANT AVEC UNE ÉTOILE SUR LE FRONT,** et celui du livre imprimé à Strasbourg est marqué du P oncial **A QUEUE FOURCHUE,** de petite dimension.

Les 4 vol. sont reliés uniformément en basane. Ils proviennent du couvent des Cordeliers de Toulouse et chacun d'eux porte, sur la première garde, l'*Anathema* contre les voleurs de livres, dont nous avons, plusieurs fois déjà, cité la formule (1).

───────────

N° 39 — Auctores octo opusculorum cum commentariis diligentissime emendati, videlicet : Cathonis, Theodoli, faceti, cartule : alias de contemptu mundi. Thobiadis. Parabolarum Alani. fabularum esopi, floreti.

Colophon : *Impressi per Johannem bachelier et Pe-*

───────────

(1) A propos des disputes et des mêlées sanglantes qui eurent lieu entre les *Nominaux* et les *Réaux,* pendant la première moitié du quinzième siècle, M. l'abbé D. Reulet, dans sa curieuse et savante étude sur Raymond de Sebonde, raconte une anecdote très-curieuse et peu connue ; et comme elle se rattache, un peu, à l'histoire des livres, nous avons cru devoir la reproduire ici : « .... Le Parlement, recevant la plainte de l'Université de Paris, condamna « les Nominaux à brûler leurs écrits. Sentence jugée trop rigoureuse, puisque le Roi — et « c'était Louis XI ! — se crut obligé de l'adoucir. Il se contenta de demander aux condamnés « un exemplaire de chacun de leurs ouvrages, qu'il fit clouer aux murs de la bibliothèque « royale. » (*Un inconnu célèbre.* Paris, 1875, in-12. p. 206.)

trum bartelot (1). s. l. (*Lyon*). *Anno domini Millesimo.* CCCC. XCVI.

In-4°, goth. 216 ff. à longues lignes, sans chiff. ni réclam.; signat. a-&: A, seconde signat., papier fort, sans filigranes.

Cette édition n'est citée ni dans le *Manuel* de Brunet, ni dans la *Bibliographie lyonnaise,* de M. Péricaud; mais ces deux auteurs en citent une autre imprimée la même année, à Lyon, *per Petrum Marescallum et Barnab. Chaussardum.*

Ce livre est un recueil de poésies morales.

N° 40. — TURRECREMATA, vulgo Torquemada (Johannes de). Summe de ecclesia domini Joannis de Turrecremata : cardinalis sancti Sixti vulgo nuncupati repertorium seu tabula alphabetica.

Ce titre, sur trois lignes, est imprimé au recto du premier f., dont le verso est occupé par une lettre de Josse Badius, correcteur de l'imprimeur Trechsel, à Louis Pot, évêque de Tournay.

Colophon : *Hec Summa longe reuerendi patris et domini domini Johan. de Turrecremata sancte Romane ecclesie tituli sancte Marie in Transtyberim presbyteri cardinalis sancte Sixti vulgariter nuncupati contra ecclesie et primatus apostoli Petri aduersarios intitulata : ac per. M. Joannem Trechsel alemannum : Lugduni diligentissime impressa : anno nostre salutis M. CCCC XCVI, die vero. XX. mensis septembris : ad omnipotentis dei gloriam feliciter clauditur.*

Suit le *registrum operis huius, sunt quaterna, i. ternum, et. J. quinternum. Au-dessous, la marque de Trechsel en noir.*

Pet. in-fol. goth., 238 ff. à 2 col. de 55 lignes aux col. pleines, avec titre courant au haut des colonnes; sans chiffr. ni réclam.; signat. a-z. A-J. Le dernier f. est blanc, il manque à l'exempl. que nous avons sous les yeux.

Ce livre est admirablement imprimé avec un petit caractère gothique de 10 points. Le papier est de belle qualité, très-fort

(1) La Serna Santander orthographie autrement les noms de ces deux imprimeurs, il nomme l'un *bathelier* et l'autre *barthelot.*

et d'une teinte fauve. Il ne renferme qu'un seul filigrane, c'est
un dragon volant avec une étoile au-devant du front.

A la suite de cet ouvrage, on trouve un cahier de huit ff.,
signé A a, dont l'impression est tout à fait semblable à celle du
livre que je viens de décrire et qui porte, en très-petit caractère, au commencement de la 1re col, le titre suivant : *Tractatus
compendiosissimi septuaginta trium questionum super potestate et
auctoritate papali et sententiis sancti Thome collectarum per magistrum Johannem de Turrecremata ordinis predicatorum ad
Julianum cardinalem incipit prefatio.*

Dans cette courte préface, Torquemada annonce au cardinal
Julien que, sur sa demande, il a rassemblé, dans ce codicille
(*codicellum*), comme dans un bouquet (*tanquam in unum mani-
pulum*) la fleur des sentences, concernant l'autorité des Papes,
éparses dans les œuvres de saint Thomas, et qu'il les a réunies
et formulées dans 73 questions auxquelles il va répondre.

Au bas de la dernière colonne placée sur le recto du 8e f.,
Trechsel a imprimé un 2e colophon dont voici le début : *Expliciunt flores sententiarum beati Thomæ de Aquino de auctoritate
summi pontificis collecti per magistrum Johannem de Turrecremata in consilio basilien. Anno domini Millesimo quadringentesimo trigesimo septimo : ordinis fratrum predicatorum sacri apostoli
palatii magistrum....* La fin comme précédemment.

Brunet a gardé le silence sur ces deux ouvrages de Torquemada. Nous ne lui en ferons pas un crime ; mais au point de vue
typographique surtout, ce beau livre méritait d'être signalé.

M. Péricaud les a mentionnés séparément dans sa *Bibliographie lyonnaise du XVe siècle.* Je crois que les deux ouvrages ne
doivent pas être divisés. Ils sont datés de la même année ; ils
portent le même quantième du mois ; l'alphabet des signatures
consiste en une double lettre qui succède à un alphabet simple,
le cahier est sans titre, et puis un imprimeur aurait-il risqué la
publication d'un cahier isolé, de format in-fol., ne renfermant
que 8 ff. ? Nous ne le pensons pas.

Hain, t. II, p. 2, n° 15,732 a décrit ce livre sans en distraire
le *Flores sententiarum.*

N° 41. — Interpretatio Georgii Bruxcellensis in
summulas Magistri Petri hyspani una cum magistri Thome Bricot questionibus de nouo in
cuiusuis fine tractatus additis. Textu quoque sup-
positionum de nouo readdito. Diligentissime que
in margine quotata ut etiam incipientibus con-

tenta pateant ad primos intuitus. in fine : ... *tandem a Francisco Fradin et Johanne Pivard sociis impressoribus Lugduni impressi sunt sub anno salutis domini nostri Jesu Christi redemptoris nostri. M. cccc. xcvij.*

In-4º goth. 154 ff. à 2 col. chiffrés au recto et 6 ff. de table. Signat. a-v. et titre courant au haut des pages.

Non mentionné dans la *Bibliographie lyonnaise du* xve *siècle.*

Papier très-fort, d'épaisseur inégale, un peu roux et sans filigranes.

Ce livre a appartenu aux R. P. Bénédictins de Toulouse.

L'un de ses possesseurs a écrit au bas du titre : *Frater Georgius Pachin est possessor hujus libri.*

N° 42. — AVICENNE. Primus canonis Avicenne principis cum explanatione Jacobi de partibus medicine facultatis professoris excellentissimi. A la fin du livre iv, le colophon suivant : *Impressus est autem hoc opus (cum privilegijs in epistola declarativa) incipiente.... ac procurante egregio viro. M. Joanne Trechsel alemanno artis impressorie peritissimo : cujus anima in pace quiescat consummante autem ioanne Cleyn itidem alemanno nec minus perito. Anno christiane pietatis 1498, nono kalendas januarii* (24 décembre).

3 vol. in-fol. goth. à 2 col. Le liber iii. est en très-mauvais état. Au-dessous la marque de Trechsel, s. l. (Lyon).

Pour filigrane, dans les trois volumes, la colonne surmontée d'une croix.

L'impression de ce livre, commencée par Trechsel et suspendue par sa mort, fut achevée par Cleyn, le 24 décembre 1498. « On croit que Lascaris en fut le correcteur. » (Péricaud).

N° 43. — MAILLARD (Olivier). Diuini eloquij preconis celeberrimi fratris Oliverij Maillardi ordinis mi-

norum professoris : Sermones de aduentu decla-
mati Parisius in ecclesia sancti Johannis in grauia,
et Lugduni noviter impressi. In fine :

..... *Opera Johannis de Vingle Lugduni terse impres-*
sorum. Necnon diligenti examine castigatorum.
Anno christiane salutis M. cccc. xcviii. die xxij,
mensis Maÿ.

In-4° goth. à 2 col. 81 ff. chiffrés et cinq ff^{ts} de table n. chiffrés.

Papier fin un peu fauve ; pour filigrane : 1° la roue dentée, avec ou sans
appendices ; 2° le serpent filiforme à double tête, etc.

N°s 44. — Du même. Quadragesimale opus decla-
matum parisiorum urbe ecclesia sancti Johanni
in grauia : per venerabilem patrem sacre scrip-
ture interpretem et divini verbi preconem eximium ; fratrem Oliverium Maillardi ordinis fratrum minorum. In fine :

..... *Opera Johannis de Vingle. Lugdini terse novi-*
ter impressorum, necnon diligente examine casti-
gatorum. Anno christiane salutis. M. cccc. xcviii.
die xij Julij.

In-4° goth. à 2 col., 50 l. aux pp. pleines, 120 ff. chiffrés au
recto.

Même papier, même filigrane que dans l'ouvrage précédent.

N° 45. — Du même. *Divini eloquij preconis celeber-*
rimi fratris Oliverij Maillardi..... Sermones dominicales ; una cum aliquibus alijs sermonibus
utilibus. In fine :

Même souscription que dans les ouvrages précédents. In-4°.
goth. à 2 col. 112 ff. chiffrés, le dernier blanc.

Nº 46. — BRANT (Sébastien). Stultifera Navis.

Au-dessous de la nef, qui ne porte pas de millésime, comme l'édition de 1497, se trouve la souscription suivante telle que nous l'indiquons ici :

Narragonice profectionis nvn
quam satis laudata nauis per sebastianum Grant (sic) uer
naculo vulgarique sermone et rhythmo pro cuncto
rum mortalium fatuitatis semitas effugere cupien
tium directione speculo commodoque et salute : pro
que inertis ignaveque stulticiæ. Perpetua infamia exe-
cratione et confutatione nuper fabricata : Atque iam
pridem per Jacobum Locher cognomento Philo
musum ; suevum, in latinum traducta eloquium : et
per Sebastianum Brant : denuo seduloque revisa : fœlici
exorditur principio.

FINIS STVTIFERE NAVIS.

Finis Narragonice nauis per Sebastianum Brant uulgari sermone theutonico quondam fabricatæ : atque iampridem per Jacobum Locher cognomento philomusum in latinum traductæ : perque prætactum Sebastianum Brant denuo reuisæ : aptissimisque concordantiis et suppletionibus exornatæ. Et nova quadam exactaque emendatione elimatæ. Atque superadditis quibusdam nouis admirandisque fatuorum generibus suppletæ. Impressum (Lugduni) per iacobum Zachoni de romano anno domini M. CCCC. LXXXV, *iii.* (sic) *die. xxviii, mensis Junii.*

In-4°lettres rondes, 156 ff., les 152 premiers chiffrés au recto. Suivent 4 ff., 3 pour la table et le dernier qui est blanc.

Charmante édition admirablement imprimée. « Elle renferme, « comme les éditions précédentes, l'épitre de J. Locher, sous la « date de 1497. » Il y a donc une erreur dans la date de 1488 et c'est 1498 qu'il faut lire. Du reste, cette date se trouve gravée au bas de la fig. du fol. XIIII (1. 4. 9. 8.). Nous ferons observer que la lettre de J. Locher est datée dans l'édition de J. de Olpe, de 1497, et dans celle que nous décrivons de la manière suivante : *Datum friburgi. cal. februariis. Anno domini* XC. *vij.*

Le papier de cette édition est un peu fauve, solide, d'une excellente qualité et d'une bonne épaisseur. Il a pour filigrane : 1ᵒ le serpent filiforme à deux têtes ; 2° un petit B ; 3° la roue dentée sans appendice 4° un grand C.

N° 47. — JUVENALIS (Decius-Junius). Junii Juvenalis satyrici, familiare commentum : cum Ant. mancinelli (et Jod. Badii Ascensii) explanatione. Colophon : *Impressum est hoc opus pro fido et bono bibliopola Stephano Gayraldo civi lugdunensi ; arte et industria Nicolai Wolf alemanni ; ipso Ascensio vitiorum expunctore. Anno salutis christiane M. cccc. xcviij. ad decimum quartum kalendas decembris* (18 novembre). *Sit optimo maximo deo gloria : et mercatori pecunia.*

Grand in-4° goth. sans titre, 4 ff. limin n. chiffrés, signés a a. 198 ff. chiffrés en chiffres romains, au recto seulement. 23 cahiers, 21 quaternions et 2 ternions signés a-z. Les commentaires entourent le texte.

Papier un peu gris, sans filigrane. S'il en existe, la marge du dos est tellement étroite qu'il nous a été impossible de l'apercevoir.

N° 48. — Dans le même volume : PERSIUS (Aurelius). Persii familiare commentum cum Johannis Britannici eruditissima interpretatione.

Au-dessous de ce titre, imprimé en rouge, se trouve une gravure sur bois, représentant Perse, assis dans une chaire, et, à ses côtés, mais assis de profil, ses deux commentateurs, écrivant leurs gloses. Le reste de la page est rempli par une pièce de vers latins dont voici le titre : *Argumenta satyrarum, ac prefationis Persiane per Iodocum Badium.* Grand in-4° goth. de 72 ff. chiffrés, signés a-i. On lit à la fin : *Hoc opus ; cuius omnes cartharum complicationes quaterne sunt : impressum est Lugduni , opera ac diligentia Nicolai lupi : patrio : hoc est teutonico : vocabulo Wolf. Anno natali dominico M. cccc. xcix. vi. calendas februarias* (1500. n. s.). Panzer, 1, 555. Hain, III. 12,733.

' Le papier et les caractères sont tout à fait semblables à ceux de Juvénal.

Cette édition de Perse n'est pas mentionnée dans le *Manuel*, mais elle l'est dans la *Biogr. Lyon.* de M. Péricaud.

N° 49. — DORP (Johannes). — Commentum Joannis Dorp super textum summularum magistri Johannis Buridani.

Colophon : *Et sic finit totus summularum liber eruditissimi magistri Johannis Dorp veri nominalium opinionum recitatoris interpretis et expositoris textus Buridani par Janonum Carcani, diligentissimum impressorem impressus. Anno domini M . cccc. nonagesimo nono die vero xvj Junii* s. l. (*Lyon*).

In-fol. goth. à 2 col., 158 ff., s. chiffr. ni réclam., signat. a-s. Les cahiers d et o ont été doublés et signés dd, oo. Tous les cahiers sont des quaternions, excepté e qui n'a que 6 ff. (1).

Le papier est épais, un peu roux; il a pour filigrane la roue dentée à double cercle.

Le texte est imprimé avec un caractère gothique de 12 à 13 points, et les gloses avec un très-petit caractère gothique, aussi les colonnes renferment-elles 62 lignes.

On trouve après le colophon, placé au bas de la dernière col., au recto du dernier f., le *registrum*, et au-dessous la marque de l'imprimeur.

Cet ouvrage est un véritable traité de dialectique à l'usage des jeunes écoliers. L'éditeur, dans son *exortatio puerorum*, après avoir fait l'éloge de Buridan, de Jean Dorp, son commentateur et de l'imprimeur Janonus ou Johannes Carcani (2), s'écrie : « Approchez donc, jeunes élèves, afin de bien voir! Accourez, accourez afin de bien comprendre! car croyez-moi, il n'est rien de si profondément caché dans les coffres (*in armario*) de la dialectique, que notre auteur ne puisse vous démontrer! »

---

(1) Les 4 derniers ff. du cahier a ont été transposés et placés après le f. b-ij du cahier suivant.

(2) Joannes Carcani imprima à Lyon de 1488 à 1499.

Rien de si insipide qu'à l'aide de son sel (*sale suo*) Dorp ne puisse rendre savoureux ! (1) »

On le voit, n'ayant pas de journaux à leur disposition, les éditeurs de l'époque glissaient la réclame dans leurs préfaces.

Ce livre n'est signalé ni dans le *Manuel*, ni dans la *Bibliographie lyonnaise* de M. Péricaud. Il fut réimprimé à Lyon, en 1512, par Jean Cleyn.

N° 50. — BOETIUS (Anicius Torq. Severinus). Commentum duplex (S. Thomæ et Ascensii) in Boetium de consolatione philosophie cum utriusque tabula. Item commentum in eundem de disciplina scholarium : cum commento in Quintilianum de officio discipulorum, diligenter annotato.

Colophon : *Finitur Boetius de disciplina scholarium cum commento. Impressus Lugduni. Opera Jacobi Maillet. Anno domini M. cccc. xcix. die xxiiij octobris.*

In-4° goth., 224 ff., s. chiffr. ni réclam., signat. a-z. A.-F. par quaternions, pap. fort, sans filigranes.

Édition qui n'est mentionnée ni dans le *Manuel*, ni dans la *Bibliogr. Lyon. du XVe siècle*. M. Péricaud en cite, sous la même date, une édition qui porte le même titre, et qui a été imprimée par Jean de Vingle. M. Péricaud (*loc cit.* p. 43, n° 192), ajoute : « que cet imprimeur avait déjà donné une édition de Boece l'année précédente, et que celle de 1499 n'en était pas un nouveau tirage. »

Tout cela prouve que les ouvrages de Boece, et surtout sa *Consolation,* étaient alors fort recherchés.

N° 51. — DURANDUS (Guill). Rationale divinorum officiorum editum per reverendissimum in christo

---

(1) *Huc ergo juvenes accedite; ut illuminemini : currite ut comprehendatis. Nichil est : mihi credite ; in dialectice armario ita reconditum : quod isto auctore non pateat : Nichil ita insipidum : quod si sale suo Dorp condierit sapidum esse non possit.*

patrum et dominum dominum Guillelmum Duranti Dei et apostolice sedis gratia presulem mimatensem qui composuit speculum juris et patrum pontificale.

La fin et le commencement manquant à l'exemplaire de la Bibliothèque de Toulouse, nous avons copié le titre ajouté à la main pour remplacer celui qui existait.

Cette édition, qui ne porte pas de nom d'imprimeur, serait sortie, selon M. Pericaud (*loc cit.*) des presses de Jean de Vingle. En voici le colophon : *Impressum Lugduni...., M. cccc. xcix. die xii mensis aprilis.*

In-4° goth. à longues lignes, 47 aux pp. pleines et chiffrées au recto, jusqu'au chiffre CCLX.

Papier fin ; pour filigrane dans la partie intérieure de la marge du dos, le serpent à aigrette.

N° 52. — PIERRE DE PROUENCE (par Bernard Trevies).

LA BELLE MAGUELONNE. Au verso de ce titre : Cy commence listoire du Vaillant cheualier Pierre, filz du conte de Prouence et de la belle Maguelonne, fille du roy de Naples. Au-dessous une gravure sur bois, représentant les deux personnages.

Colophon : *Cy finist le liure et listoire de Pierre, filz du conte de Prouence et de la belle Maguelonne, fille du roy de Naples. Imprimé à Lyon par maistre Mathieu Husz. s. d.* (1).

In-fol. goth., fig. s. bois; 32 ff., dont le dernier est blanc, 4 cahiers de 8 ff., 40 lignes aux pp. pleines. Imprimé avec un caract. goth. d'un peu plus de 13 points, s. chiff. ni réclam.; signat. a-d.

Imprimé sur beau papier, ayant pour filigrane la main qui bénit et la roue dentée.

Cette édition n'est mentionnée ni dans le *Manuel* ni dans la *Bibliographie lyonnaise du XVe siècle.*

---

(1) Mathieu Husz, établi à Lyon dès 1482, vivait encore en septembre 1506

N° 53. — TUDESCHIS (Nicolas de), surnommé PANORMI-
TANUS. Nobilissimus ac prestantissimus tractatus
domini Nicolai de tudisco abbatis Panor. Super
consilio Basiliensi editus ; et de eius potestate ac
pape in quo amplissime consiliorum materia per-
tractatur, qui nunc in lucem prodijt.

Au-dessous la marque de l'imprimeur, et plus bas : *Venundantur Lugduni in vico mercuriali sub signo Angeli* (1). s. d. s. nom
d'imprimeur.
In-8° goth. 64 ff. chiffrés et signés a-g, 38 lignes aux pp.
pleines (2). La justification a 12 centim. de haut et 7 1/2 de
large. Les caract. sont petits mais très-nets.

**Papier fort, un peu roux; s'il existait des filigranes, ils ont été enlevés
par le couteau du relieur.**

Parmi les ouvrages de Panorme, signalés dans le *Manuel*,
Brunet ne cite pas le *Traité sur le Concile de Basle*. M. Péricaud
ne le cite pas non plus. Le livre, du reste, a peut-être été imprimé au commencement du XVIᵉ siècle.

N° 54. — L. BOECE de Consolacion translate de latin
en françois par honnourable homme maistre
Jehan de Meun. A la requeste du roy Philippe le
Quart. Au verso du 47 f., on lit : *Cy finist le
souverain livre intitule Boece de Consolation, selon
la translation du tres honnourable orateur maistre
Jehan de Mun* (sic).

In-fol. goth. de 48 ff. (3) non chiffrés, à longues lignes de 35
à la page. Le dernier f. est blanc. s. l. et a. (Lyon, vers 1490);

(1) Le libraire, et probablement l'éditeur de ce livre, s'appelait Vincent de
Portunaris. Il était d'origine italienne; il a beaucoup produit. Les imprimeurs
le plus fréquemment employés par lui sont : Myt (*Jacobus*), l'un des contre-
facteurs des éditions aldines; Moylin (*Jean*), *alias* Cambray, Bonnyn (*Benoit*),
Devilliers (*Gilibert*), etc.
(2) Dans le courant du volume, quelques pages n'ont que 37 lignes, et le
cahier g, complet, n'a que ce même nombre de lignes.
(3) Brunet ne comptant jamais les ff. blancs, n'en signale que 47.

signat. A.-G. Les cahiers A, F, G, ont 8 ff. B, C, D, E, n'en ont que 6. Le 1er f. ne contient que le titre sur trois lignes. La majuscule L est très grande, elle a 7 centim. de hauteur ; le verso de ce titre est blanc.

On trouve, au recto du 2e f., une grande vignette s. bois représentant Jean de Meung, à genoux, offrant son livre à Philippe IV, assis sous un dais et tenant le sceptre à la main. Au verso du 3e f., une 2e vignette représente Boèce recevant de dame philosophie les moyens d'avoir parfaite guérison.

Le papier est de bonne qualité. Il a pour filigrane la roue dentée et le grand B.

N° 55. — La Confession générale de frère Oliuier maillart (*sic*).

Ce titre sur une seule ligne, imprimé en caractères gothiques (*lyonnais*), de 15 points, a en tête une majuscule L en couleur, de forme singulière. s. l. et a. (Lyon).

Pas de colophon. On trouve au bas du recto du dernier f. la prose rimée que voici :

> Vray dieu en qui ie croy
> Je me recommande a toy
> Fay moy viuvre et mourir en la foy
> Que saincte esglise tient de toy
> Et me garde par ta bonte
> De mourir en pechie mortel.

In-4° goth. de 12 ff. ; deux ternions signés A-B. ; le verso du dernier f. est blanc, sans chiff. ni réclam.

Papier gris, mollasse, un filigrane dont il est impossible de distinguer la forme.

Pour signe de ponctuation, le point. Pas de trait d'union à la fin des lignes.

N° 56. — GLANVILLA anglicus (Bartholomœus de). Incipit prohemium de proprietatibus rerum fratris Bartholomei anglici de ordinis fratrum minorum. Colophon : *Explicit tractatus de proprietatibus re-*

*rum edita a frate Bartholomeo anglico ordinis
fratrum minorum.*

Gr. in-fol. goth., 218 ff. à 2 col., de 60 et 64 lignes, y compris 3 ff. de table. s. chiffr., réclam. ni signat.

**Pap. fort, très épais. Il renferme un grand nombre de filigranes : 1º le
gant ; 2º la tête de more avec bandelettes ; 3º la tête de taureau ; 4º la roue
dentée avec manivelle ; 5º l'écu couronné, aux armes royales ; 6º une
petite croix sur le bord de la marge ; 7º un vase de fleurs ; 8o une tête de
profil, etc., etc.**

Brunet pense que les caractères avec lesquels ce livre a été
imprimé sont ceux de Richel et Wensler, de Bâle. Nous le
croyons sorti des presses lyonnaises. Les nombreux filigranes
qu'il renferme appartiennent presque tous aux papiers de Lyon
et du Midi de la France. Nous n'avons jamais rencontré ces filigranes dans les papiers employés par les imprimeurs de Bâle.

M. Péricaud n'a pas signalé ce volume dans son livre.

Nº 57. — VILLANOVA (Arnaldus de). Regimen sanitatis cum expositione magistri Arnaldi de
Villanova. Le f. a-ij commence ainsi : Incipit
regimen sanitatis salernitanum excellentissimum
pro conservatione sanitatis totius humani generis
perutilissimum : necnon a magistro Arnaldo de
Villanoua Cathellano omnium medicorum viven-
tium gemma utiliter : ac secundum omnium
anticorum medicorum doctrinam veraciter expo-
situm, noviter correctum ac emendatum per
egregissimos ac medicine artis peritissimos doctores. Montispesulani regentes. Anno M. cccc.
lxxx. Predicto loco actu moram trahentes.
Colophon : *Tractatus qui de regimine sanitatis nuncupatur ; finit feliciter.* s. l. et a.

Pet. in-4º goth. à 2 col. 50 ff. de 46, 47 ou 48 lignes aux col.
pleines, s. chiffr. ni réclam. ; signat. a-f.

**Pour filigrane, deux formes différentes de la roue dentée ; un seul feuil.
est marqué de la petite lyre.**

Cette édition n'est pas mentionnée dans le *Manuel*.

Le titre que nous venons de reproduire tout au long, à quelques abréviations près, est absolument semblable à celui de l'édition que Brunet considère « comme une des plus anciennes que l'on ait de ce poëme. » Nous les croyons imprimées toutes deux à Lyon vers 1490 ? (*V. la Chasse aux incunables.*)

Nº 58. — MERCURE (Jean). A la suite d'un volume imprimé à Reggio, en 1496, intitulé : *Opera Agricolationum,* et que nous décrirons plus tard, nous avons découvert une pièce de 18 ff. in-fol., imprimée en caractères semi-gothiques, sur deux colonnes, de 59 lignes. Elle est sans titre, commence et finit par un fᵗ blanc; elle n'a ni chiffres, ni réclames, mais les 4 cahiers, 3 ternions et un quaternion, qui la composent, sont signés a.-d. Au recto de l'avant dernier fᵗ, au dessous des quelques lignes (7) qui terminent cette rarissime plaquette, on trouve le colophon suivant : *Hoc diuum et preclarissimum opus : In ciuitate Lugduni jussu et mandato magnifici domini Joannis Mercurii corigiensis* (1) *: et in officina Claudii dauost impressum est. Anno domini millesimo quinquagesimo primo, die vero* XXVI. *Mensis Maii.*

Après avoir relevé, il y a quelque temps, la description de l'*Opera Agricolationum,* et ne nous doutant guère de l'importance des feuillets sans titre, reliés à la fin du volume, nous les avions complétement oubliés. En revoyant maintenant l'article concernant l'incunable de Reggio, nous avons cru devoir, par prudence, le collationner une dernière fois. Le nom de Jean Mercure ayant de nouveau frappé notre attention, nous feuilletâmes, à ce sujet, diverses biographies. Dans *Moreri*, rien ; dans la *Biographie Michaud*, rien; dans la biographie historique

(1) De *Corregio*, dans le Modénat (?) ou de *Cora*, aujourd'hui *Cori*, près de *Velletri* (?)

de Feller, rien ; dans la *nouvelle Biographie générale*, rien : dans *Peignot*, rien. Mais voici l'article que nous avons trouvé dans l'excellent *Dictionnaire historique* de Chaudon et Delandine (1), trop dédaigné peut-être aujourd'hui.

« MERCURE (*Jean*), célèbre charlatan, qui parut à Lyon, en 1478. Il jouoit le philosophe et se croyoit plus habile que tous les anciens Hébreux, Grecs et Latins. Ce sophiste avoit avec lui sa femme et ses enfants ; il étoit vêtu de lin et portoit à son cou une chaîne à l'imitation d'*Apollonius de Tyane*, dont il se disoit le disciple. Il étoit fort sérieux et se vantoit de guérir toutes sortes de maladies. On en donna avis à Louis XI, qui le fit examiner à Lyon par les plus habiles médecins de son royaume. Sur le rapport qu'ils firent au Roi, que la science de cet homme étoit plus qu'humaine, ce prince voulut le voir. Le charlatan satisfit à toutes ses questions et lui fit deux présens, l'un étoit une épée très riche, qui renfermoit cent quatre-vingts petits glaives ou couteaux ; l'autre un bouclier orné d'un miroir, qu'il disoit contenir beaucoup de vertus secrètes. Cet homme étoit si désintéressé, qu'il distribua aux pauvres tout l'argent qu'il reçut du Roi. Il ne demeura que quelques mois dans Lyon, et disparut tout d'un coup, sans qu'on pût savoir ce qu'il étoit devenu. Tout cela sentoit l'imposteur, d'autant plus qu'il se vantoit d'avoir la pierre philosophale, et de transmuer les métaux. »

Revenons maintenant à notre trouvaille.

Cette pièce, tout à fait inconnue jusqu'à ce jour, est, depuis le commencement jusqu'à la fin, un appel fait à toutes les puissances, à toutes les forces vives de la catholicité, au Pape et au roi de France surtout, pour combattre, renverser, détruire et anéantir les ennemis et les contempteurs de la religion de Jésus-Christ.

Les Turcs, les Juifs, les Payens, les impies sont, à chaque page, le motif des colères de Jean Mercure. Ce sont principalement les Turcs qu'il signale à la vindicte publique, et son long réquisitoire n'est, en quelque sorte, qu'un nouvel appel à la croisade contre les sectateurs de Mahomet.

Dans cette longue et interminable lamentation, qui compte quarante-trois chapitres, qui occupe trente et une pages in-folio à deux colonnes, et dans laquelle il met en scène, à chaque instant, sa femme et ses enfants, l'auteur ne discute jamais ; il prophétise, il invective ; pour lui, point de rémission, il faut frapper. Écoutez-le :

« Gladius | gladius | gladius hic interfectorum : gladius domini emulator | et vlciscens : gladius domini vlciscens et habens furorem. Vlciscens gladius domini in hostes suos et irascens gladius ipse domini inimicis suis : Gladius domini. S. (scilicet) dei patris ; et dei filii ; et dei spiritus sancti ; Ac gladius domini

_____
(1) Édition de Caen, 1786.

dei exercituum : grandis | et durus | et fortis : Gladiusque im-
molationis | et victime transitus eius ; exacutus | limatus | atque
probatus : Gladius inquam ego occisionis magne ; datus | irre-
vocabilis | atque horrendus ; qui omnes obstupescere facit | et
corde tabescere | et multiplicat ruinas : Gladius quo (et mox)
tu | fidelissime Rex Francorum : In interficienti | atque metuen-
dissima victorisiossime tue maiestatis dextera turci omnes et
mahometh : Ac omnes scelestes (sic) et impii omnisque iudeo-
rum | et omnis tyrannorum ; ac infidelium omnium | caro | san-
guis | adeps | spolium | cor | rabies | superbia | robur | atque
audacia : ante faciem crucifixi | semperque viuentis | atque
regnantis domini dei Jesu : deuorantur | absorbuntur | et penitus
disperduntur : Nullus evadit : Sed omnes in hoc magno | et
fulguranti gladio tue inuictissime manus | cadunt : Quoniam et
sic auditio | super auditionem | et formido | super formidinem ;
et conturbatio super conturbationem ; et interfectio | super in-
terfectionem (huiusmodi sic triplicati atque multiplicati gladii
interfectorum ; Vibrati ad cedem) in omnibus inimicorum sensi-
bus | virtutibus | atque potentiis hostium (ex omni confinio)
data est atque inducta : Exiliens sic ipse gladius : de quatuor
ventis celi ; a regalibus sedibus : insimulatum imperium por-
tans : et tanquam durus | atque terribilis debellator | ultorque
iniquitatum : in mediam exterminii gentem prosiliens : pene-
trans | atque pertingens mox usque ad diuisionem anime et spi-
ritus : compagum | quoque et medullarum : ac summa sic cum
strage | percutiens | expugnans, prosternensque et vindicans
in exterminium impios, ac replens mox omnia morte. » (Chapitre XXXVIII.)

Selon Delandine, Jean Mercure « parut à Lyon en 1478....
« n'y demeura que quelques mois et disparut, tout d'un coup,
« sans qu'on put savoir ce qu'il étoit devenu. »

Pour nous qui connaissons maintenant l'œuvre de Jean Mercure, et qui savons qu'elle a été imprimée à Lyon, le 26 mai 1501,
il est bien évident que le savant biographe lyonnais n'était pas
bien fixé sur les faits et gestes du personnage qu'il nous a fait
connaître.

Il est bien évident aussi que, d'après cette date, le roi Louis,
le *Ludovicus* auquel Mercure prodigue à chaque page, les éloges
les plus emphatiques, ne peut être que Louis XII, d'où l'on
pourrait conclure que ledit Mercure arrivé à Lyon, en 1478, y
était encore en 1501, puisqu'il y faisait imprimer : *Jussu et mandato magnifici domini Joannis Mercurii,* ce que nous appelons ses
lamentations. Il aurait donc séjourné au moins vingt-trois ans à
Lyon, ce qui détruirait complétement l'assertion de Delandine.

Nous l'avouerons pourtant, cette conséquence ne nous satisfait
nullement. Un passage de ce livre a mis le doute dans notre
esprit. Ce passage le voici. Jean Mercure, s'adressant au Roi
très chrétien, se qualifie ainsi : « ..... *et christianissime atque
imperatorie majestatis tue, ferventi vati tuo, Joanni Mercurio...* »

4

. Connaissant les rapports intimes qui, d'après Delandine, ont existé entre Louis XI et Jean Mercure, ce langage n'a rien de bien extraordinaire ; mais le *Vati tuo* adressé à Louis XII devient alors fort problématique, quoique nous sachions cependant que les deux personnages auraient pu se rencontrer lors du premier séjour de Louis XII à Lyon, en juillet 1499 (1).

Tout cela nous fait présumer que l'édition de 1501 n'est pas la première, et que Jean Mercure avait probablement publié son livre avant la mort de Louis XI, survenue en 1483.

Un argument puissant milite, je crois, en faveur de cette conjecture, c'est le silence absolu qu'auraient gardé, durant plus de vingt-trois ans, les nombreux historiens de la ville de Lyon sur une individualité aussi extraordinaire que celle de Jean Mercure.

Delandine traite Jean Mercure d'imposteur, de charlatan, de sophiste ; nous ne le contredirons pas ; mais s'il l'avait connu, s'il avait lu son livre, il aurait bien vite compris que c'était un rêveur, un illuminé, un fou peut-être, dont il nous serait très-facile de trouver, dans l'histoire des derniers siècles, plus d'un exemple remarquable.

L'exemplaire de la bibliothèque de Toulouse étant probablement unique, nous allons justifier nos appréciations en citant encore le premier chapitre de ce livre singulier :

« Audi sanctissime, summe, atque permaxime Christi pastor et pontifex. Audi gloriosissime, ac semper auguste romanorum cesar : Audi insuper tu christianissime, atque inclytissime francorum rex. Audite et vos catholici sacratissimique reges omnesque loquor. O vos reuerendissimi presules audite. Prebete illustrissimi principes aures. Auscultate, et animaduertite, ac erudimini omnes vos celeberrimi, atque opulentissimi optimates, capita populorum ; qui dominamini in turbis nationum dominumque diligitis ; ac ministri estis iudicum atque iusticie regni illius. Intelligite sapientissimi veneti : cogitateque magnifici ; ac peramplissimi populi de longe attendite. Accedite gentes ; quicque terrestres, maritimi, celestes, atque diuini exercitus Christi Jesu : omnes mox vocem meam auribus vestris percipite. Audite inquam ego vobis in domino deo patre, et deo filio, et deo spiritu sancto. (Ego. S. Jesu virtus, et Jesu sapientia.) Audite eloquium meum : et commendatum (a deo per nos vobis) excipite donum. Audite quæ de rebus magnis locuturus sum. Nemo prophanus nunc mihi obstrepat ; nullus qui in christi catholica charitate manet prelia amplius sua preliare presumat. Sed vnusquisque bellum quod alter ad alterum habet relinquat ; et in commune christi et nostre militantis ecclesie triumphum : omnes in unum simul arma apprehendite. Cito, quia noua bella elegit dominus : et certamen magnum, et forte datum est nobis ut vincamus : et victorie palmam (apud deum et apud homines)

(1) Clérion, *Histoire de Lyon*, t. VI, p. 109,

accipiamus de manu domini : et corona (de manu dei) in celo et in terra regni atque triumphi coronemur eterni : Innotescat que principibus, et potestatibus, in celestibus, per ecclesiam multiformis sapientie mundi : et turcis, atque viuentibus cunctis, quoniam fortior omnibus est virtus et sapientia domini dei Jesu : dei S. qui quidem ductor, atque auxiliator est agminum christianorum. »

Après avoir lu, relu, et transcrit cette page, le doute n'était plus possible. Jean Mercure fut un fou sérieux.

La folie de Jean Mercure étant avérée, nous avons dû rechercher si, par hasard, M. Octave Delepierre ne l'avait pas compris dans sa curieuse et intéressante galerie des fous célèbres (1).

Jean Mercure n'y figure pas.

Nᵒ 59. — CORONEL (*Antonius*). Questiones logice secundum viam realium et nominalium una cum textus explanatione Magistri Anthonii Coronel. Nuper multis in locis castigate marginalibus indicibus illustrate.

Au-dessous de ce titre, la marque de Simon Vincent, libraire à Lyon.

Colophon : *Predicabilia secundum viam realium et nominalium principis a magistro Anthonio Córonel hispano de regno castelle diocesis Segobiensis dum regeret parisius in famatissimo collegio montis acuti composita expliciunt. Impressa lugduni. Anno domini millesimo quingentesimo duodecimo. Die vero decima octava mensis aprilis.*

In-8° goth. 92 ff., à 2 col. 44 lignes aux col. pleines, 12 cahiers, le premier, pour les limin., n'a que 4 ff. s. signat., les 11 derniers sont des quaternions, le dernier fᵗ, blanc probablement, manque à l'exemplaire que nous décrivons ; tous ces cahiers sont signés de a à l. Les ff. limin. ne sont pas chiffrés, mais ceux du texte sont chiffrés, en chiffres gothiques de L à lxxxvjj.

La dédicace de cette logique purement scholastique, est adressée par Ant. Coronel à son frère Fernand Coronel, homme de lettres et militaire très-distingué. Cette préface est imprimée à longues lignes.

(1) O. Delepierre, *Histoire littéraire des fous*, Londres, 1860.

N° 60. — Les ordonnances Royaulx nouellement (*sic*) publiees a paris De par le roy loys douziesme de ce nom. Le. xxvii. iour du moys Dauril. Lan mil. CCCCC. et douze. Au dessous de ce titre sur six lignes en lettres de forme, L'écu royal soutenu par deux porcs-épics; et plus bas : *Auecques la table pour plus facilement trouuer les matieres dung chascun article.*

Colophon : *Si* (sic) *finyt* (sic) *la table de ces presentes ordonnances. Imprimees a Lyon par Jean de la Place le .*xi. *iour de Juing. M. cccc. et xii.* — POUR JEHAN ROBION. — Et au dessous les armes de Toulouse, soutenues par des cerfs ailés.

In-8° goth. de 18 ff. signés irrégulièrement de A A à G. non chiffrés.

N° 61. — FERRARIIS (*Joannes-Petrus de*). Practica Singularis ac perutilis conspicui D. Joannis Petri de ferrarijs utriusque iuris doctoris : una cum additionibus domini francisci de curte necnon D. Joannis de gradibus nuper correcta et emendata.

Venundantur Lugduni ab Stephano Gueynard alias Pinet : in vico Mercuriali prope sanctum Antonium.

Colophon : *Explicit... practica D. Joan. Petr. ferrarii Papiensis per Joannem Elinzalium iuris; utriusque professorem castigata...... Impressa Lugduni arte et industria honesti viri Joannis Clein Alemanni. Impensis vero probi viri Stephani Gueynard, alias Pinet. Anno Virginei partus.* M. CCCCCXIX. — *xxiiij. Maij.*

Au dessous la marque de Clein.

In-4° goth. à 2 col., 60 lignes aux col. pleines. 12 ff. prélim. signés AA. BB. 210 ff. pour le texte, chiffr. en chiffr. romains au recto seulement et signés a-r. A-D.

N° 62. — GUIDO-PAPA. Consilia singularia et quorum materia quotidie in pratica in omnibus curijs tam ecclesiasticis quam secularibus versatur : per bone memorie quondam dominum Guidonem Pape. ll. (legum) doctorem et parlamenti dalphinalis consiliarium tempore quo ante adeptum officium annis trigintaquinque practicauerat edita : et ex eis proprijs typis sumpta : in quibus secundum veras iuris vtriusque conclusiones et determinationes quicquid dictum parlamentum dalphinale et Tholosane questiones decidunt; late ventilatum comperiet lector. Cum priuilegio amplissimo.

Colophon : *Expliciunt singularia consilia do. Guido Pape...... ad amussim tersa : et transumpta Lugduni. per fidelissimum in arte calcographie magistrum Jacobum mareschal anno post virgineum partum decimo nono supra mille et quingentos. Die vero. xvjjj mensis Nouembris (18 novembre 1519).*

In-4° goth., à 2 col., 60 lignes aux col. pleines. 24 ff. limin. pour le titre et la table; ils ne sont pas chiffrés, mais ils sont signés A, B, C. 170 ff. de texte, chiffrés en chiffr. romains au recto seulement, et signés a-z. au verso du dernier f¹. On trouve la marque du Saint-Suaire, avec les deux lettres P. V. attribuée à Vincent Simon par quelques biographes et par d'autres à Vincent de Portunariis, tous deux libraires de Lyon.

Le papier est gris, d'une bonne épaisseur et sans filigranes, et le petit caractère dont on s'est servi a tout au plus 10 points typographiques.

Dans le volume, les notes sont placées sur la marge intérieure et sur la marge extérieure. Elles ont en tête une lettre de l'alphabet reproduite non-seulement à la marge correspondante, mais dans le texte, après le mot qui a provoqué la note. Cette troisième lettre est toujours une minuscule.

Les chapitres ou plutôt les divisions de chacun des Consilia,

— il y en a 246 dans le volume, — sont indiqués par des chiffres arabes placés en tête de l'alinéa.

Brunet, t. 11. col. 1811 et 1812, a consacré un long article
aux œuvres de Guy-Pape et nous a donné la description d'une
édition des *Consilia,* imprimée en 1515, chez Estienne Baraud.
Il ne cite pas l'édition de 1519.

MANTOUE — MANTUA

PROTOTYPOGRAPHES, Georges et Paul de PUTZ-
BACH, 1472, PEUT-ÊTRE AVANT.

SCHALLUS (Joannes) 1479.

N° 63. — EUSEBIUS (*Pamphilus*). Eusebii historia ecclesiastica per Rufinum de græco in latino tra-ducta. In fine : *Explicit liber ecclesiastice historie.*

Transtulit Ausonias istud Rufinus ad aures
Eusebii clarum Cæsariensis opus.
Schallus Joannes celebri Germanicus arte
Aere premit Mantuæ principe Fœderico.
Quòm (sic) *datus est finis. referebat Julius annos*
Mille quater centum septuaginta novem.
Hunc eme qui docti nomen. qui limen Olimpi
Quaereis. habet praesens munus utrumque liber.
Hinc coeleste bonum; sanctosque docebere mores
Et prodesse magis lectio nulla potest.

Pet. in-fol., 172 ff. de 34 lignes aux pages pleines, sans chiffres ni signat., avec réclames au bas de toutes les pages. Admirablement imprimé en lettres romaines, à longues lignes, sur
beau papier, qui n'est marqué que d'un filigrane; c'est une
espèce de dragon volant, dont La Serna Santander a donné le
dessin, pl. VI, n° 123.

La bibliothèque de Toulouse possède deux exemplaires de ce
beau livre ; l'un d'eux, relié en veau fauve, par Derôme ou Padeloup, porte sur le recto du premier feuillet, qui est blanc, ces
mots : *Bibliotheca Colbertina.* Le second exemplaire, moins bien
conservé, n'a pas de reliure.

MAYENCE — MAGUNTIA

PROTOTYPOGRAPHE, GUTENBERG. En 1454 et 1455,
il publie les célèbres *Lettres d'indulgence.*

ERHARD REÜWICH, d'Utrecht, 1486.

N° 64. — BREYDENBACH (*Bernard de*). Peregrinatio
ni montem Syon.

Colophon : *Sanctarum peregrinationum in montem
Syon ac venerandum Christi sepulchrum in Jeru-
salem. Atque in montem Sinaï ad diuam virgi-
nem et ma(r)tirem Katherinam opusculum per
Erhardum Reüwich de Trajecto inferiori impressum in ciuitate Moguntina Anno salutis, M. cccc.
lxxxvj. die. xj. Februarij.*

Au-dessous une figure sur bois, de 5 centim. de large sur 4 de
haut, représente une jeune femme coiffée à l'orientale, assise de
face et tenant devant elle un écu armorié, d'argent à l'aiglette
de sable. Sur la face du personnage sont placées deux courtes
épées (?) dont les pointes se réunissent entre les deux sourcils.
Cette figure, qui représente peut-être sainte Catherine d'A-
lexandrie, dont il est beaucoup parlé dans ce livre, serait-elle
la marque de l'imprimeur Erhard de Reüwich? C'est possible.
On la trouvera reproduite à la fin du catalogue.

In-fol. goth. à longues lignes, de 43 aux pp. pleines, 146 ff.,
en comptant chaque carte, dont le verso est imprimé (1), pour
2 ff. Le dernier est blanc. Le verso du premier est rempli par
une grande figure sur bois, représentant, nous le croyons du
moins, sainte Catherine d'Alexandrie. Placée au milieu de la
gravure, debout, sur un socle assez élevé, elle est richement
vêtue à l'allemande et drapée dans une longue robe dont l'extrémité repose sur le bras droit. La tête est coiffée d'un chapeau, de
forme conique, d'où s'échappent les cheveux qui, tressés avec
de longues bandelettes d'étoffe, se relient aux ornements du
corsage et de la jupe.

A droite de cette figure sont les armes de Bernhardus de
breidenbach (sic), *decanus et camerarius ecclesie moguntine.* A

---

(1) La carte représentant la cité de Jérusalem n'est pas imprimée au verso. Elle a un
mètre 30 centim. de longueur.

gauche se trouvent celles de Johannes Comes in Solms et Dominus in Mintzenberg. Au milieu et appliquées sur le socle, sont les armoiries de Philippus de Birken, miles. En tête de la dédicace, la place de la majuscule est occupée par une R capitale, gravée sur bois, dont le milieu est rempli par les armes de Bertholdus, archevêque de Mayence, à qui le livre est dédié.

Dans le courant du texte, on a gravé de petites figures sur bois représentant les habitants des contrées diverses qui se trouvent sur la route de Jérusalem. On y trouve aussi un grand nombre d'alphabets grecs, hébreux, syriaques, etc., etc.

Le livre ne renferme ni chiffres, ni réclames, ni signatures. Il est imprimé sur très beau papier, qui a pour filigranes différentes têtes de taureau et une espèce de chimère.

MILAN — MEDIOLANUM — MILANO

PROTOTYPOGRAPHE, Antonio ZAROTO ou ZAROT, 1471? 1472.

Leonardus PACHEL et Uldericus SCINZENZELER, 1487, 1494, 1498.

N° 65. — Virgilii Maronis opera cum Servii honorati grammatici commentariis.

Colophon : *Impressum Mediolani per Leonardum Pachel et Uldericum Scinzenzeler. M. cccc. lxxxvii.*

In-fol. lettre ronde, 232 ff. à 2 col., sans chiffr. ni réclam., 4 ff. prél. non signés. 228 ff. par quaternions et signés a-r. A-C.

Le livre est sans titre. Le recto du premier feuillet est blanc et la *Vie de Virgile* commence au verso de ce même feuillet. Le livre est bien imprimé. Les commentaires, en petits caractères, entourent complètement le texte. Le papier, de bonne qualité, n'a qu'un seul filigrane: c'est une tête de taureau, à museau effilé, ayant entre les cornes une tige fleuronnée. La place des lettres capitales est ornée de petites majuscules peintes en rouge ou en bleu.

N° 66. — Grégoire de RIMINI. Gregorii ariminensis ordinis heremitarum divi Augustini ac sacre pagine Magistri in secundo sententiarum admiranda expositio. Incipit.

Colophon : *Impressum mediolani ope ac impensa magnifici viri domini Petri Antonij d'Castelliono Mediolanensis per Magistrum Uldericum Scinzenzeler anno salutis dominice M. cccc, lxxxxiiij. die. xv. Martii.*

Au-dessous du registrum, la marque de l'imprimeur.

Le recto du dernier feuillet est rempli par la table des questions renfermées dans le second livre des *Sentences* de Gregorius. Ces diverses questions sont précédées de chiffres et de lettres chiffrées, correspondant à des chiffres et à des lettres chiffrées placées au haut des pages, sur les colonnes du texte. La première partie en est dépourvue.

Nous avons déjà signalé, dans un volume imprimé à Chivasso un système de table à peu près semblable, mais les chiffres et les lettres chiffrées au lieu d'être placés dans la marge supérieure, étaient imprimés sur les marges latérales du livre.

Ce système de table doit nécessairement se rencontrer dans beaucoup d'incunables, et il est probable que les bibliographes doivent l'avoir signalé dans leurs écrits.

In-fol. semi-goth., 496 ff. à 2 col. Celles de la première partie n'ont que 47 lignes aux pp. pleines et celles de la deuxième en ont 60. Sans chiffr. ni réclam. Le livre renferme trois alphabets de signat. Les cahiers sont de huit ff., mêlés de deux ou trois ternions, et le volume commence et finit par un quaternion.

Le papier de la première partie est solide, de bonne qualité; celui de la deuxième n'est pas aussi fort, il est un peu mou et plus mince. Le papier de la première partie renferme un grand nombre de filigranes. Les voici rangés par ordre de fréquence : 1° Le P oncial bifurqué avec tige trèflée; 2° la licorne; 3° la main vue de face et surmontée d'une tige trèflée; 4° l'ancre; 5° une étoile sur un cippe; 6° un chiffre entrelacé; 7° l'écu fleurdelisé; 8° un cœur couronné, supporté par un B et un P gothiques.

Le papier de la deuxième partie ne renferme qu'un seul filigrane ; c'est une roue à huit rayons. Elle se trouve dans la marge du dos, à la partie supérieure de la feuille. C'est la première et la seule fois, que nous avons vu le filigrane placé directement par l'ouvrier dans le milieu de la feuille in-fol.

N° 67. — Sidonius APPOLINARIS.
Sidonii Apollina
ris poema Au
reum eius
demque
episto
le.

Le titre est placé au milieu du recto du premier feuillet. Il est imprimé en lettres de forme. Au verso se trouve le privilège, ou plutôt la défense d'imprimer pendant cinq ans, sous peine d'une amende de cinq écus d'or par chaque volume (1).

Colophon : *Impressum Mediolani per magistrum Uldericum Scinzenzeler impensis venerabilium dominorum Presbyteri Hyeronimi de Asula necnon Joannis de abbatibus placentini. Sub anno domini. M. cccc. lxxxxyiii* (2).

Petit in-fol. imprimé en lettres romaines, sans chiffr. ni réclame, 144 ff., y compris 4 ff. limin., signés A. Les pages de prose, ou de vers complètes, ont 40 lignes et la justification des pages couvertes de prose ou de vers est à peu près la même (97 mill.). Le grand espace qu'occupe la marge extérieure a permis à l'imprimeur d'y placer les commentaires qui encadrent parfois le texte, soit de vers, soit de prose ; dans ce cas, la justification de la page a 150 milim. de largeur.

Le livre est orné d'un certain nombre de grandes et de petites majuscules gravées sur bois, d'un fort joli dessin.

Le papier d'une teinte fauve est fort et de très-belle qualité ; il ne renferme qu'un seul filigrane, c'est une tête de taureau à museau pointu, ayant entre les cornes une tige fleuronnée.
Ce livre est imprimé avec un caractère romain de 14 points ; le caractère des notes en a près de 11.

Le recto du dernier feuillet contient, en quatre lignes, la vie de Sidonius, par Jean Erithenenius. Elle est suivie d'une table, en onze lignes, dans laquelle on ne trouve que les premiers

(1) La défense d'imprimer est octroyée par Louis-Marie Sforza Angle (Anglus), duc de Milan, comte d'Angle, de Pavie et de Gênes et seigneur de Crémone. Elle est accordée, sur la demande et en faveur de Jean Passiranus de Asula, éditeur de plusieurs ouvrages mentionnés dans ce privilège, daté du mois de novembre 1497.

(2) Dans ce livre, le chiffre v a la forme d'un y.

mots des différents poëmes de Sydonius et ceux de sa première épître.

Le volume est terminé par le *Registrum* a–s. *Omnes sunt quaterni, preter a et b qui sunt terni, et A qui est duernus.*

Ce beau livre, lavé, réglé, doré sur tranche, est relié en veau fauve et couvert d'une large dentelle, encadrant les plats du volume, et d'un milieu du dix-septième siècle. Le dos est orné de petites fleurs.

N° 68. — PÉTRARQUE (*François*). De vita solitaria. Au verso de ce titre se trouve la dédicace de François Caymus, Divo Lodouico Mediolanensium Duci Invinctissimo.

En tête du premier chapitre, on lit : D. F. Pe. Poe. Lav. de uita solitaria opus : Incipit.

Colophon : *Francisci Petrarce Poete laureati, ad Philippum olim Episcopum cavalicensem dehinc patriarcham Jerosolomitanum et demum Cardinalem. Liber de vita solitaria explicit. Impressum Mediolani per Magistrum Uldericum Scinzenzeler Anno domini. M. cccc. lxxxx viii die.* XIII. *Augusti.*

In-fol. lettres rondes ; 62 ff. à longues lignes, 36 aux pp. pleines, s. chiff., ni réclam., signat. A-H. par quaternions, excepté le dernier cahier qui n'a que 6 ff. Les trois derniers sont remplis par la lettre suivante : « Francisci Petrarce, poete Laureati Epistola de dispositione uite sue ad Gubernatorem patriæ. »

A la fin de cette pièce, l'épitaphe de Petrarque écrite par lui-même.

> Frigida Francisci lapis hic tegit ossa Petrarce :
> Suscipe virgo parens animam : sate virgine parce.
> Fessaque iam terris requiescat in arce.

Au recto du dernier feuillet, le *Registrum*, indiquant les premiers mots de chaque cahier, et au-dessous la marque de l'imprimeur.

N° 69. — CORIO (*Bernardino*). Bernardini Corii viri clarissimi Mediolanensis Patria Historia. Ce titre sur cinq lignes, en gros caractères, se trouve placé au milieu du recto du premier feuillet.

Colophon : *Mediolani apud Alexandrum Minutianum M. D. III. idibus Iuliis. Cum privilegio et gratia.*

« Plusieurs années après l'ouvrage, dit Brunet (t. II, col. 273), on publia 6 ff. prélim. contenant ce titre : *Historia di Milano continente da l'origine di Milano, tutti li gesti, etc.*, infino al tempo di esso autore, l'avis au lecteur et le répertoire. Ces ff. doivent précéder 6 autres ff. prélim. »

Ces six premiers feuillets manquent à l'exemplaire de la Bibliothèque de Toulouse.

Grand in-fol. lettre ronde, à longues lignes, 52 aux pp. pleines. 428 ff., réunis dans 54 cahiers : 5 ternions, 47 quaternions, 1 quinternion et 1 cahier de 12 ff. Le 1er cahier de 6 ff. renferme les pièces limin.; il n'est pas signé. Les 53 derniers sont signés au moyen de trois alphabets : a-etc., suivis de deux cahiers supplémentaires, A-X ; aa-ff. Le livre n'a ni chiffr., ni réclam. Les mots coupés à la fin des lignes ne portent pas toujours des traits-d'union. Le point et les deux points sont les seuls signes qu'on y rencontre.

Ce beau livre est admirablement imprimé sur un papier très-blanc, très-épais, à surface grenue et bien encollé. Quoique renfermées dans leur seconde reliure, les feuilles ont 395 millim. (40 centim. environ) de hauteur et 260 de largeur. La justification donne 290 millim. de haut et 163 de large, aussi les lignes, en moyenne, renferment-elles 76 lettres. Les caractères ont la force d'un gros texte d'un peu plus de 14 points. L'encre est très-noire. Le papier n'est marqué que de deux filigranes que l'on rencontre dans tous les cahiers : ce sont la rose à huit pétales de deux dimensions, et un deuxième filigrane dont il ne nous a pas été possible de reconnaître la forme.

L'histoire de Milan est divisée en sept parties. En tête de chacune d'elles existe un large espace rectangulaire de 80 millimètres. Le premier de ces espaces seul contient une lettre directrice. Tous les espaces attendent encore les majuscules, plus ou moins richement ornées, pour lesquelles ils avaient été préparés.

Le livre est orné de deux grandes gravures sur bois qui remplissent le verso du deuxième, et celui du cinquième feuillet des liminaires. La première représente une femme debout sur une roche, en plate-forme, dont on n'aperçoit que le sommet. Cette femme porte des ailes ; sa tête, sa poitrine et ses bras sont nus ; ses mains soutiennent et maintiennent à la fois des cornes d'abondance qui s'élèvent au-dessus de ses épaules et des boucliers dont la pointe appuie sur le sol. Celui de droite a pour armoirie un écu coupé, d'un lion naissant en chef, et d'un A en pointe; ce sont les armoiries ou la marque de l'imprimeur Alexandre Minutianus. Le bouclier de gauche contient des grappes de raisin.

La figure est placée au centre d'un grand portique à colonnes carrées sur les faces antérieures desquelles courent, d'un côté des guirlandes de feuilles et de glands de chêne, et de l'autre des branches de vigne avec leurs feuilles et leurs fruits.

Sur le fronton du portique on lit :

PRECIUM NONVILE LABORUM.

Et tout à fait en bas :

SOLA VIRTUS ETERNA.

La seconde gravure représente l'auteur assis dans une espèce de chaise curule à claire-voie, devant une tablette fixée au mur et sur laquelle est posé, près d'une écritoire, un manuscrit sur lequel il écrit. Sur une autre tablette, placée à sa droite, sont des livres à fermoirs et boulonnés de cuivre. L'un d'eux est ouvert et sur les pages on lit : MEDIOLANUM A GALLIS CONDITUM. Le fronton du portique est couvert d'inscriptions et de pensées morales. L'on retrouve dans le socle des colonnes, mais d'une très-petite dimension, l'écu armorié de A. Minutianus d'un côté et sur l'écu parallèle on a dessiné une aigle éployée. Cette figure a été reproduite au verso du feuillet qui précède la *Vie de Jules César*, écrite, à la fin de l'histoire de Milan, par Bernardino Corio.

Au-dessous de la figure, sur la traverse, on lit ces deux vers en l'honneur de Corio :

Bernardino, tibi Insubres debere fatentur
Non minus, ac magno Roma superba, Tito.

Plus bas encore, et dans un autre compartiment on a gravé ces mots : S. DULCINI, qui nous intriguèrent un peu. En voici l'explication.

On a imprimé à la suite de la *Vie de Jules César* et avant la table, un certain nombre de poésies adressées à l'auteur par ses amis, et au nombre desquelles se trouve STEPHANUS DULCINUS.

Au bas du feuillet signé f f. — III, après la *Vie de Jules César*, l'écu ou la marque de l'imprimeur a été reproduite, mais dans de grandes proportions. Elle a 170 millim. de haut sur 70 de large. Elle est maintenue par un personnage richement vêtu et la banderolle, placée autour de sa tête, porte le nom de BER-NARDINUS.

La reliure en veau marbré, dont le livre est recouvert, porte, au dos, la couronne fermée des rois de France.

N° 70. — Liber conformitatum (vitæ S. Francisci ad vitam J. C., authore Fr. Bartholomæo degli Albizzi, ex recensione Fran. Zenonis).

Colophon : *Impressum Mediolani per Gotardum Ponticum : cuius officina libraria est apud templum sancti Satiri* (1). *Anno domini. M. cccccx. Die xviii. Mensis septembris.*

In-fol. lettres rondès, 260 ff. à 2 col., 4 ff. limin. pour le frontispice, au verso duquel se trouve l'arbre des conformités, la table des matières, un discours prélim., un avis de l'éditeur et 256 ff. chiffrés au recto en chiffres romains. Au haut des colonnes, se trouve le chiffre des livres et le numéro des conformités. Les colonnes pleines ont 58 lignes. On trouve à la fin le *Registrum hujus operis ;* il indique que le volume renferme 27 cahiers (non compris celui des limin.), 22 quinternions, 3 quaternions et 2 ternions ; ils sont signés A-Z. AA-DD. Au-dessous se trouve la marque de l'imprimeur.

Le livre est imprimé avec un joli caractère de 11 points, sur un bon papier, un peu gris, grenu et d'inégale épaisseur. Il est marqué de la petite tête de bœuf portant entre les cornes un style fleuronné, de la grande tête de bœuf avec style étoilé, d'un cercle surmonté d'une tige terminée en croix, d'une fleur globuleuse dont le calice est à peine entr'ouvert et dont la tige est terminée en croix, etc.

Une grande vignette, gravée sur bois, a été placée en tête de la première colonne. Elle représente la Vision de saint François. On ne s'est pas contenté de la reproduire plusieurs fois dans l'ouvrage et on la retrouve encore dans la majuscule S, l'une des jolies lettres grises qui ornent ce beau livre.

Le livre est relié en veau écaille, avec trois filets sur les plats ; son dos est orné de fleurons élégants. C'est encore une bonne reliure du dix-huitième siècle.

Malheureusement les quatre feuillets liminaires manquent à l'exemplaire que nous décrivons.

Brunet dit : « Edition originale, très-rare, d'un livre que les « absurdités qu'il contient ont rendu célèbre. »

Delandine, Art. Albizi, prétend que la première édition de cet ouvrage fut faite à Venise in-fol., sans date et sans nom d'imprimeur, sous ce titre : *Liber conformitatum Sancti Francisci cum Christo.* Qui se trompe ? Est-ce Delandine, est-ce Brunet ?

Delandine, en signalant comme la seconde édition, celle de 1510, que nous venons de décrire, la déclare imprimée *en ca-*

---

(1) Saint Satyre était le frère aîné de S. Ambroise.

ractères gothiques. Il s'est trompé ; c'est là une mauvaise note pour sa précédente assertion.

NAPLES — NEAPOLIS — NAPOLI

PROTOTYPOGRAPHE, SIXTUS KIESSENGER. Il imprime en 1471, le BARTOLVS DE SAXOFERRATO ICTUS : *Lectura super* I *et* II *parte codicis.*

Iodocus HAUENSTAIN, 1475.

N° 71. — Stephanus de Gaieta de Neapoli. Sacramentale Neapolitanum perutile.

Colophon : *Anno ab incarnatione domini saluatoris nostri M° cccc° lxxv° die uero xiiii mensis septembris ad. d. Io. baptistam de benteuoleis de Saxoferrato utriusque juris do. illustrissimum. invinctissimi Ferdinandi Regis Sicilie conciliarium : Sacramentale Neapolitanum perutile : per d. Stephanum de Gaieta de Neapoli excellentissimum utriusque iuris interpretem ad suam memoriam et aliorum profectum necnon ab ecclesie Romane stabilitum : quod doctoris illustrissimi iuris non modicis uigiliis : recollectum : atque per me Iudocum (sic) Hauenstain dyocesis spire Neapoli impressum feliciter explicit.*

In-fol. lettres romaines. 230 ff. (1) à deux col., 51 lign. aux col. pleines. Le volume est composé de 26 cahiers, 15 quaternions et 11 quinternions, indiqués, du reste, par le *registrum*, qui donne les premiers mots de chaque cahier. Le premier et le dernier feuillets sont blancs. Les marges sont vierges.

Le livre est admirablement imprimé, sur un très beau papier, qui renferme les filigranes suivants : 1° l'Arbalète dans un cercle ; 2° les Cisailles ; 3° l'Aigle impérial ; 4° l'M oncial surmonté d'une croisette.

(1) Brunet ne lui donne que 227 ff.

NUREMBERG — NORIMBERGA 1470

C'est la date dù Francisci de Retza comestorium vitiorum, premier livre imprimé à Nuremberg, avec date certaine.

Prototypographes, Jean SENSENSCHMIDT, H. KEFFER, 1472, 1473.

Antoine Coburger, 1476, 1477, 1481, 1492, 1493. — Gaspard Hochfeder, 1491.

N° 72. — Anicij. Manlij. Torquati. Seuerini. Boecij. Ordinarij. Patricij viri exconsulis de consolatione philosophie liber primus incipit metrum primum heroicum elegiacum.

Tel est le titre qu'on lit en tête du deuxième feuillet. Le premier et le dixième manquent à l'exemplaire de la Bibliothèque de Toulouse.

Colophon : *Anicij Torquati Seuerini Boecij viri nominis celebritate quammemorandi : textus de philosophie consolacione commentaria beati Thome de Aquino ordinis predicatorum. Anthonij Coburgers (sic) ciuis inclite Nurnbergensium (sic) urbis industria fabrefactus finit feliciter. Anno M ccccloxxvj. pridie Idus nouembris.*

Grand in-fol. semi-goth., de 140 ff. (1) ; composé de 16 cahiers de 6, 8, 10 et 12 ff. Le texte de Boèce, qui commence et finit par un feuillet blanc, occupe les 30 premiers. Il est imprimé en semi-goth. et à longues lignes, largement espacées ; la page pleine en renferme 36. La justification des pages est de 263 millim. de haut et de 155 de large.

Le commentaire de Thomas d'Aquin vient après. Il occupe près de deux cents pages pleines et il est imprimé sur deux col. de 47 lignes, avec un caractère différent de celui du texte. A la fin du commentaire, on trouve encore un feuillet blanc, que suit un dernier cahier de 6 ff., renfermant la table (2), et dont le premier feuillet est blanc aussi.

(1) Brunet n'en compte que 138.

(2) Dans quelques exemplaires, la table est placée au commencement, c'est-à-dire avant le texte de Boèce.

Cette édition de Coburger (1) est vraiment un beau livre, à grandes marges, bien imprimé avec une encre très-noire, qui rend plus éclatante la blancheur d'un papier grenu, fort épais et dont la feuille, non rognée, a 44 centimètres de hauteur et 292 millim. de largeur. Il a pour filigrane : 1° la rose de moyenne grandeur ; 2° le raisin ; 3° la tête de taureau ; 4° la scie à manche, etc.

N° 73. — BIBLIA SACRA.

Colophon : *Anno incarnationis dominice Millesimo quadringentesimo septuagesimo septimo. Augusti vero kalendas tercio. Quaminsigne veteris novique testamenti opus....... ad laudem et gloriam sancte ac indiuidue trinitatis. Intemerate virginisque marie impressum. In regia ciuitate nurnbergensis per Antonium coburger ciuitatis ejusdem incolam. Cujus etiam industria diligentissime fabrefactum.*

In-fol. goth. à 2 col. de 51 lignes, aux pages pleines, 468 ff. Les marges sont vierges.

Papier très-fort, très-sec, un peu roux et renfermant un grand nombre de filigranes : 1o la tête de nègre avec bandelettes ; 2o la tête de taureau ; 3o la scie à manche ; 4o le raisin, de grande dimension ; 5o la tour surmontée d'une couronne avec tige fleuronnée ; 6o une sorte de médaillon ou de sceau, marqué d'une croix couronnée et de lettres gothiques dont les formes sont confuses.

Voici encore un beau livre, imprimé par Coburger, un an après le Boèce ! Cette Bible est imprimée sur un papier semblable, avec un caractère gothique de près de 15 points. La justification des col. a 280 millim. de haut et 90 de large. Le point et les deux points sont les seuls signes de ponctuation qu'on y rencontre, et les mots coupés à la fin des lignes sont tantôt marqués et tantôt dépourvus de traits d'union. Nous signalerons dans cette Bible la présence des parenthèses.

Comme dans les beaux manuscrits du XVe siècle, on trouve en tête des chapitres et des alinéas de cette Bible des lettres tourneures, de diverses grandeurs, peintes en rouge ou en bleu. L'une d'elles, c'est un I, placé en tête des proverbes de Salomon, est en or bruni.

(1) Il en avait déjà donné une en 1473.

N° 74. — Guilhermus parisiensis. De sacramentis. Cur Deus homo. De penitentia, de Universo. s. l. a. et typ.

Pas de colophon. A la fin du de Universo, on lit ces mots : *Explicit secunda pars prime partis de Universo.*

Le livre est divisé en deux parties. La première contient : *De sacramentis, cur Deus homo* et *de Penitentia*. Elle a 132 ff. à 2 col., de 54 lignes, aux col. pleines ; elle est chiffrée au recto de 1 à 132 et porte un titre courant au haut des pages. Elle est signée A-V et n'a pas de titre.

La deuxième partie renferme le *De Universo.* Elle a 150 ff. chiffrés de 1 à 150, plus un feuillet pour le titre, qui ne compte pas dans la signature et qui probablement est collé sur onglet. Les cahiers sont des quaternions, signés de Aa-yy.

Ce livre, de format in-fol., est imprimé, sur un joli papier, de belle qualité, avec un petit caractère gothique de neuf points environ. Le papier est marqué du petit pot à anse, du P oncial bifurqué et d'une petite tête de taureau surmontée d'une croix.

Brunet le croit imprimé à Nuremberg par Antoine Coburger. Il ne signale pas la première partie du livre et ne mentionne que le *De Universo.*

N° 75. — HERP (*Henricus*). Speculum aureum decem preceptorum Dei.

Colophon : *Speculi aurei decem preceptorum dei clarissimi fratris Henrici Herp ordinis minorum de obseruantia opus preclarum : per Anthonium Koburger Nuremberge diligenter consummatum est. Anno salutis. M. &c. (1) lxxxj mensis marcij idus quarto. Laus et gloria Christo.*

Petit in-fol. goth., à deux col., 274 ff. (Le premier blanc et 9 ff. pour la table). 55 lignes aux col. pleines, sans chiff., réclam. ni signat.

Papier fort; pour seul filigrane, en grand nombre dans chaque cahier :

(1) Signe abréviatif de 400. (V. le n° 8.)

une espèce de palissade d'où s'élève une longue tige surmontée de la couronne impériale.

Ce livre n'est pas mentionné dans le *Manuel* qui n'indique que l'édition de Schoiffer, de Mayence 1474.

N° 76. — SAINT-ANSELME. Opera et tractatus beati Anselmi archiepiscopi cantuariensis ordinis sancti Benedicti.

Colophon : *Opera sancti Anselmi que is scripsit hoc libro quam salutari sidore* (sic) (1) *clauduntur. Anno Christi M. cccc. lxxxxj* (1491). *Die vero vicesimo septimo martii Nuremberge per Caspar hochfeder : opificem mirà arte ac diligentia impressa.*

Petit in-fol. goth., à 2 col., sans chiffr., ni réclam., 4 ff. prél. pour le titre, la table, la dédicace, etc.; 180 ff. de texte, le dernier est blanc; signat. a-z. ꝶ.

Papier fort; pour filigrane : 1° un Siphon recourbé en forme de trompette; 2° le Pot à anse; 3° une Tête de taureau; 4° un Tube bifurqué, semblable au long calice d'un œillet; 5° un Écu d'armoiries, avec un animal de forme indécise.

N° 77. — Publii Virgilii Maronis opera.

Colophon : *Publii Virgilii Maronis opera cum servii Mauri honorati Grammatici : Aelii Donati : Christophori Landini; atque Donitii calderini; commentariis : Nurnberge* (sic) *impressa impensis Anthonii Koburger. Anno Christi M. cccc. xcii* (1492). *Laus omnipotenti Deo.*

Petit in-fol. lettres rondes, de 356 ff., 345 chiffrés et le dernier blanc (il manque à l'exemplaire que nous décrivons); plus 10 ff. limin. non chiffrés, pour la table, la vie de Virgile, etc.

---

(1) Pour *sidere*, formule d'heureux présage, empruntée à l'astrologie judiciaire.

Les notes et les commentaires, en petits caractères, entourent ou plutôt encadrent le texte.

Papier mou, un peu roux; pour filigranes : 1° la Tête de taureau avec tige terminée en T gothique; 2° une Croix cléchée; 3° le pot à anse.

Cette édition renferme toutes les œuvres de Virgile, dont la table se trouve au verso du 345ᵉ feuillet.

N° 78. — Chronicorum liber (per hartman Schedel). Hunc librum..... *Anthonius Koberger Nuremberge impressit. Anno, 1493.*

In-fol. maximo goth., à longues lignes ; le nombre de lignes varie, dans les pages entières, de 59 à 64 ; 300 ff. chiffrés, sans signatures. Le 299 et le 300ᵐᵉ sont occupés par la carte de l'Europe et le chiffre 300 n'est pas marqué. Les feuillets 256, 260 et 261, quoique chiffrés, et portant le titre courant au haut des pages, sont blancs. Ils étaient ou sont destinés à recevoir les annotations du lecteur. La phrase qui les concerne, au verso du 268ᵉ feuillet, est curieuse, la voici : *Cartas aliquas sine scriptura pro sexta etate deinceps relinquere convenit iudicio posteriorum qui emendare addere (1). atque gesta principum succedentium prescribere possint. Non enim omnia possumus omnes. et quandoque bonus dormitat homerus. In terra enim aurum queritur, et.....*

Le livre est orné de plus de 2,000 figures sur bois. Il commence par une table de 20 feuillets, y compris le titre, en capitales gothiques, ainsi conçu : Registrum hujus operis libri chronicorum cum figuris et imaginibus ab initio mundi (2).

A la fin doivent se trouver huit feuillets pour la Sarmatie et le royaume de Pologne.... De ces huit feuillets, les deux premiers sont blancs, les cinq suivants sont imprimés et le huitième est blanc aussi. Il a été arraché dans l'exemplaire de la bibliothèque de Toulouse que nous décrivons ici ; ils ne sont pas chiffrés. Brunet dit que ces 6 (8) feuillets sont quelquefois placés entre les feuillets 266 et 267.

Le papier est très-fort, un peu roux. Il bruit quand on l'agite. Il a pour filigrane : 1° une Couronne à trois pointes, terminée en feuilles de trèfle ; 2° une petite Tour crénelée, surmontée d'un cône pointu, orné d'un bouquet de feuilles ; 3° le P oncial bifurqué; 4° une Croix à double traverse.

La bibliothèque de Toulouse possède un deuxième exemplaire de cet ouvrage, mais il est incomplet de plusieurs feuillets.

---

(1) Ne pas oublier qu'à la fin du XVᵉ siècle le point remplaçait encore la virgule.
(2) Ce livre est connu sous le nom de *Chronique de Nuremberg*.

PARISIVS — PARIS

PROTOTYPOGRAPHES, Ulrich GÉRING, Michel FRIBURGER, Martin CRANTS ou KRANTZ.

Ces trois imprimeurs, appelés à Paris à la requête de l'Université, par deux de ses membres, Jean de la Pierre et Guillaume Fichet, furent installés dans les bâtiments de la Sorbonne, où ils imprimèrent, vers la fin de l'année 1470, un recueil des épîtres de Gasparin de Bergame (1).

N° 79. — GASPARINI pergamensis, orthographiæ (*sic*) liber fœliciter incipit.

Colophon : *Orthographiæ Gasparini secunda pars feliciter finit.* In-4°, *Absque nota*, de 190 ff. ; les deux premiers et le dernier sont blancs. 23 lignes aux pages pleines.

Imprimé en lettres rondes de quatorze points et demi, sur un papier très-fort, très-épais et très-blanc, qui a pour filigranes : 1° une fleur de lys surmontée d'une couronne ; 2° le P oncial bifurqué ; 3° la licorne.

Ce livre qui, probablement, suivit de près les *Epistolæ* du même auteur fut, comme ce dernier ouvrage, imprimé à la Sorbonne, en 1470, par les trois imprimeurs que nous venons de nommer.

L'exemplaire de la Bibliothèque de Toulouse est incomplet de deux feuillets : le 1er du cahier 6 et le 8e du cahier 18. D'après la description qu'en donnent Brunet et Aug. Bernard, il manquerait aussi à la fin le : *De diphtongis libellus*, de Guarinus Veronensis.

La place des capitales est remplie par de petites majuscules peintes en rouge ou en bleu ; le premier alinéa est orné d'une grande majuscule nuancée de jaune, de rouge et d'azur et rehaussée par un joli feuillage qui s'étale sur la marge correspondante.

(1) *Gasparinvs Barzizivs Pergamensis epistolæ*, petit in-4°.

No 80. — Laurent VALLE. Quot universi operis elegantiarum Laurentii Vallæ sint libri ; quæ ut unicuique libro subjecta materia, et quis in singulis materiis pertractandis ordo servitur.

Universum hoc elegantiarum opus, sex libris distinctum est.

Petit in-fol. de 280 ff. (1) à longues lignes ; 32 aux pages pleines : lettres rondes ; s. l. a. et typ. A la fin se trouve une lettre de Jean de la Pierre à Pierre Senilis, secrétaire de Louis XI, homme fort habile, qui fut l'éditeur de ce livre. Cette lettre est ainsi datée : *Ædibus Sorbonæ scriptum anno uno et septuagesimo quadringentesimoque millesimo* (1471). Brunet signale ainsi la date : *Parisiis, Ulricus Gering, circa annum* 1471.

Papier fort, un peu roux. Pour filigrane : 1" le Pot à anse, surmonté d'une croisette ; 2o la Cloche ; 3o une Tête de Cerf bizarre avec une petite croix sur le front.

No 81. — Rodericus ZAMORENSIS. Speculum humane vite. (Typis Udalric Gering.) In-4o de 164 ff. à longues lignes, 30 aux pages pleines, *absque nota*. A la fin de l'ouvrage, au recto du 157e f., on lit les six vers suivants :

Edidit hoc lingue clarissima norma latine
Excelsi ingenii vir rodericus opus.
Qui norma angelica est custos bene fidus in arce.
Sub pauli veneti nomine pontificis.
Claret in italici Zamorensis episcopus ausis
Eloquii sit superos gloria parta viri.

Au verso du même feuillet se trouve une table qui occupe les quinze dernières pages et le dernier feuillet est blanc. Le volume, sans titre, débute par la dédicace de Rodericus au pape Paul II. Cette dédicace et la préface qui la suit remplissent huit pages et l'ouvrage commence au recto du 5e feuillet. Le premier livre finit au bas du recto du 84e feuillet par ces mots, en petites capitales : *Finit liber primus. De omni statu et vitæ temporalis.* Le verso de ce feuillet est blanc et le second livre

(1) Le dixième feuillet, qui est blanc, manque à l'exemplaire de la Bibliothèque de Toulouse.

commence en tête du 85e feuillet et finit au 157e par les vers
que nous venons de citer.

Le papier, comme celui de tous les ouvrages imprimés à la Sorbonne
par Gering et ses associés (1), est très-beau, très-fort, très-blanc, grenu et
bien collé. Il a pour filigrane : 1o le P oncial surmonté d'une croix tréflée ;
2o le Pot à anse ; 3o la Coquille surmontée d'une croix de Malte ; 4o l'Ancre,
avec croisette à l'anneau des bras ; 5o l'Y gothique, à queue boutonnée ;
6o une fleur de lis couronnée, portant deux lettres à la pointe.

C'est dans ce livre que nous avons constaté, pour la deuxième
fois, la singulière anomalie qu'offrent quelques incunables qui
sont imprimés sur des papiers de différents formats (2). C'est
entre les six premiers et les huit derniers cahiers du *Speculum*
que l'on rencontre deux cahiers, composés chacun de 12 ff.,
l'un formé de 6 ff. in-4o, au milieu desquels on a intercalé
6 ff. in-8o, et l'autre de 12 ff. in-8o sans mélange d'in-4o.

« Tous ces livres, imprimés à la Sorbonne, dit Chevillier (3),
sont imprimés de mêmes lettres, fondues dans les mêmes matri-
ces. C'est un caractère rond de gros romain..... Il se trouve en
quelques-uns des lettres à demi formées et des mots à moitié
imprimés, qu'on a achevés avec la main..... Il n'y a point de
lettres capitales (grandes lettres initiales). Les premières lettres
des livres et des chapitres sont omises ; on y a laissé de la place
pour y peindre une première lettre en or ou en azur. Il y a plusieurs mots abrégés. Toutes les anciennes impressions ont ce
défaut. Le papier n'est pas bien blanc, mais il est fort et bien
collé ; l'encre est d'un beau noir... Ils sont tous sans titre, sans
chiffres et sans signatures.... »

Nous joindrons à cette description les remarques suivantes :

Le gothique employé a 14 points et demi ; on y rencontre
deux sortes d'r et deux sortes d'v ; la diphtongue æ s'y trouve
imprimée de deux manières différentes ; les parenthèses y sont
nombreuses ; les signes de ponctuation variés, mais leur emploi mal défini : les mots coupés à la fin des lignes sont tantôt
pourvus et tantôt dépourvus de trait-d'union.

(1) Chevillier et Aug. Bernard en ont donné la liste dans leurs ouvrages. Nous y renverrons
le lecteur désireux de les connaître.
(2) Desbarreaux-Bernard. *Loc. cit.*
(3) *L'origine de l'imprimerie de Paris*, p. 38.

N° 82. — CICERO (*M. Tul.*). Opera philosophica quædam. Pas de colophon. (Parisiis, Udalric Gering, Michel Friburger et Martin Krantz.)

Petit in-fol. à longues lignes ; lettres rondes, 214 ff., 31 lignes aux pages pleines. Le volume renferme :

Lettre de Guillaume Fichet à Jean de la Pierre
Officiorum libri tres.................. 73 ff.
De Amicitia...................... 19
De Senectute..................... 17
De Somnio Scipionis................ 8 dont 2 blancs.
Paradoxa....................... 8
Quæst. Tusculanæ (1)............... 89
                                  ————
                                   214

La lettre de G. Fichet est datée de 1471, nonis Martii, 1472, n. s. (2).

Papier fort, moins épais pourtant que celui du *Gasparini*, un peu roux. Il a pour filigrane : 1° l'Ancre de grande dimension ; 2° l'Y à queue contournée ; 3° les deux clés adossées.

————

Pierre CÆSARIS et Jean STOLL,
A L'ENSEIGNE DU SOUFFLET-VERT.

N° 83. — OCKAM (*Guillaume*). Adversus hereticos. A la fin du premier volume (3) on lit : *Explicit liber septimus prime partis dialogorum de creditoribus fautoribus et receptoribus hereticorum.*

(1) Gering et ses associés ont imprimé à part une édition des *Quæstiones Tusculanæ*, de Cicéron. In-fol. de 87 feuillets de 31 lignes seulement à la page. « L'exemplaire unique de la Bibliothèque Nationale, dit Aug. Bernard (*a*), est incomplet de trois feuillets, le *premier* et deux autres, que Van Praet, pour satisfaire sa manie bien connue (*b*), a eu le courage d'arracher et de donner à M. Ant.-Aug. Renouard, en échange d'un exemplaire du *Mérite des Femmes*, in-32, en vélin. »

(2) Tous les exemplaires des *Opera philosophica* ne renferment pas les *Quæstiones Tusculanæ*. Aussi ceux, dans lesquels il se rencontre, ont-ils aujourd'hui une très-grande valeur. L'exemplaire de la Bibliothèque de Toulouse, relié en maroquin vert, aux armes du comte d'Hoym, n'a été payé à sa vente, en 1738, que 24 fr. 4 s., en compagnie même du n° 833 ; il se vendrait mille écus aujourd'hui. Il provient de l'ancienne bibliothèque de l'abbé d'Hélyot.

(3) L'exemplaire de la Bibliothèque de Toulouse est relié en 2 vol.

(*a*) *Origine de l'Imprimerie*, t. 2, p. 310.
(*b*) La manie des livres sur vélin.

Impressus Parisivs. *Anno 1476. die 5. Jullii. feliciter.*

In-fol. lettres rondes, à 2 col., 40 lignes aux pages pleines. Les marges sont vierges. « Cette édition a été imprimée avec les caractères de P. Cæsaris et de J. Stoll, imprimeurs de Paris. » (*Manuel.*)

Papier fort, bien collé ; il a pour filigranes : 1° le P gothique à queue fourchue ; 2° l'Y à queue recourbée ; 3° la Licorne ; 4° une Corbeille de fleurs ; 5° un Écusson losangé, surmonté de la croix de Malte ; 6° l'Ancre ; 7° l'Écu royal avec appendice ; 8° une Croix épiscopale ; 9° une Fleur de lis seule ou supportée par des lettres gothiques ; 10° la Sirène, etc.

N° 84. — Vocabularius sive expositio terminorum utriusque juris.

Colophon : *Finit vocabularius utriusque iuris. Impressus parisius ad intersignium follis viridis in vico sancti iacobi. anno domini millesimo quadringentesimo septuagesimo decimo sexto Die vero ultima mensis octobris per venerabiles operatores Ludouicum Symoneli, archiepiscopatus bituricensis, et ricardum blandin Episcopatus ebroycensis. Et Johanne Symon et multis aliis in eodem laborantibus.* DEO GRACIAS.

In-fol. lettres rondes, à longues lignes, 36 aux pages pleines, 260 ff., les deux derniers sont blancs. Les marges sont vierges.

Papier fort, un peu gris, bien collé, raboteux. Il a pour filigranes : 1° une Étoile ; 2° la Licorne ; 3° l'Écu royal, avec ou sans appendice ; 4° le P oncial fleuronné ; 5° le Pot à anse, surmonté d'une croisette ; 6° le Dauphin ; 7° une Coquille, surmontée d'une croix de Malte.

Quoique ce livre ne porte pas le nom de l'imprimeur, nous savons qu'il est sorti des presses de deux associés, Pierre de Cæsaris et Jean Stoll. Tous deux, selon Chevillier, avaient été employés à la Sorbonne, dans l'atelier de Gering, et fondèrent vers l'année 1474, rue Saint-Jacques, à l'enseigne du Soufflet-Vert (*follis viridis*), le second établissement typographique de Paris (1).

En relevant les filigranes de ce volume, composé de vingt-six cahiers, vingt-un quinternions et cinq quaternions, nous avons

(1) Aug. Bernard. *Loc. cit.* t. II, p. 323.

constaté une fois encore, — c'est la quatrième, — l'emploi des papiers de différents formats dans l'impression des livres du XVe siècle. Voici quelle est la disposition des feuillets in-fol. et in-4° dans les cahiers 10, 11 et 19 du *Vocabularius*.

Le cahier 10 est un quaternion, composé par conséquent de huit feuillets, quatre in-fol. et quatre in-4°. Les quatre feuillets in-4° sont placés au milieu du cahier, précédés et suivis de deux feuillets in-fol.

Dans le cahier 11, de huit feuillets aussi, la disposition n'est pas la même. Il y a six feuillets in-4° et deux feuillets in-fol. Les deux feuillets in-fol. se trouvent, au milieu du cahier, placés entre les six feuillets in-4°.

Enfin, dans le cahier 19, composé de dix feuillets, 8 in-fol. et deux in-4°, ces derniers sont encastrés au milieu des huit feuillets in-fol., quatre avant et quatre après.

Comme nous l'avons fait observer ailleurs (1), il a fallu, pour obtenir le résultat désiré, avoir sous la main un grand papier in-fol. qui, plié en deux, égalât la hauteur du petit papier in-fol., sur lequel on imprimait le volume. Le papier qui a fourni l'in-4° avait par conséquent 41 centim. de haut et 29 de large. Plié en deux, il avait donc 30 centim. de hauteur et 20 de largeur environ : c'était justement là les dimensions du livre.

Nous ferons remarquer que l'on n'a employé, dans le cahier 19, qu'une demi-feuille du grand papier qui a fourni les deux feuillets in-4° placés au milieu des feuillets in-fol.

L'exemplaire du *Vocabularius*, que nous étudions, va nous fournir encore une remarque intéressante concernant la manière dont les cahiers sont cousus ensemble.

Le milieu du feuillet central de chacun d'eux est doublé d'une bande étroite de parchemin ou de vélin, sur laquelle tous les feuillets du cahier sont cousus. Le papier se trouvant ainsi garanti du contact de la ligature, le livre en est bien plus solidement établi.

Peu de bibliographes, croyons-nous, se sont occupés de ce genre de reliure. Il en est un pourtant qui l'a décrit, c'est Orlandi (2), et voici la curieuse description qu'il en donne :

« .... Si legavano poi i libri in tavolette di legno coperte da pelle bollinate (3) di chiodi di ottone, e in vece di cordoni,

---

(1) V. la note du *Speculum*, n° 81.

(2) Orlandi Fr. Pellegrino Antonio. *Origine della Stampa*. Bononiæ, 1722, in-4°, p. 6 (*a*).

(3) *Boulonnées. Bollinare* ne se trouve ni dans Alberti, ni dans plusieurs autres dictionnaires italiens que nous avons consultés.

(*a*) Voici la manière dont Lesné a décrit, dans les notes qu'il a jointes à son poème, *La Reliure*, p. 188, cette façon de coudre les cahiers d'un livre : « J'ai vu des livres et des « manuscrits reliés dans les treizième et quatorzième siècles (*sic*), (le quinzième est proba- « blement resté au bout de la plume), pour lesquels on avait porté la précaution jusqu'à « garnir chaque cahier, à l'extérieur ou à l'intérieur, et quelquefois l'un et l'autre, d'une « bande de parchemin à peu près de la largeur d'un doigt, afin qu'à l'intérieur les fils ne « coupassent pas le papier, et qu'à l'extérieur le grattoir, le frottoir n'usassent pas les pre- « miers feuillets de chaque cahier... »

si servivano di bianco cuojo, che restava con chiodi affisso nelle suddette ; nel mezzo d'ogni quinternetto, dove deve passare la cucitura, eravi l'uso d'incolarvi una sottilissima striscia di carta pecorina, e tutto ciò perchè il punto non dannegiasse le pagini, ed avesse più forte consistenza, per ben tenere unito in corpo, come si vede in simile sorta di libri, che sembrano legati, e cuciti di fresco, quando averanno circa 260 anni che furono legati.... »

Outre l'avantage de la solidité, la présence de la petite bande de vélin, au milieu des cahiers, a encore celui de faciliter au bibliographe le moyen de compter les cahiers et le nombre de feuillets.

C'est ainsi qu'il nous a été permis de faire le dénombrement des cahiers et des feuillets du *Vocabularius,* ce qui évidemment eût été impossible avec l'ancienne et solide reliure dont ce livre est recouvert.

Dans les livres reliés ainsi, la petite bande de vélin peut permettre encore de constater la présence d'un carton sur onglet, dans un cahier dont les feuillets sont impairs.

GÉRING et ses Associés (1), RUE SAINT-JACQUES, AU SOLEIL D'OR.

N° 85. — PLATEA (*Franciscus de*). Tractatus Restitutionum eximii doctoris fratris francisci de platea ordinis fratrum minorum Bononiensis. Incipit feliciter.

Colophon : *Tractatus Restitutionum francisci de platea finit feliciter. Impressus parisius in sole aureo. s. d.*

In-4° goth., de 76 ff. à longues lignes, 40 aux pages pleines. Le livre renferme huit cahiers, sept quinternions et un ternion qui termine le volume ; il renferme la table. Les marges sont vierges.

— Le même volume renferme : 1° Tractatus de excommunicationibus eximii doctoris fratris

---

(1) « Désirant donner une grande extension à leurs travaux, Gering et ses associés quittèrent la Sorbonne en l'année 1473 et vinrent s'établir dans la rue Saint-Jacques, à l'enseigne du *Soleil d'or*..... » Aug. Bernard. *Loc. cit.*, t. II, p. 324,

Francisci de platea ordinis fratrum minorum Bononiensis. Incipit feliciter.

Colophon : *Tractatus excommunicationum fratris Francisci de platea finit feliciter. Impressus parisius in sole aureo per Martinum. Udalricum. et Michaelem, Anno. M. CCCC. LXXVJ. Quarta die mensis Januarij.*

In-4° goth., de 54 ff. à longues lignes, 40 aux pages pleines, composé de six cahiers, cinq quinternions et un cahier *duernus*. Sans chiffres ni réclames, mais signés f-l.

2° Tractatus de usuris eximii doctoris fratris Francisci de platea ordinis fratrum minorum bononiensis. Incipit feliciter.

Colophon : *Tractatus de usuris Francisci de platea finit feliciter.*

Impressus parisius in sole aureo.

In-4° goth. de 44 ff. à longues lignes, 40 aux pages pleines, composé de cinq cahiers, quatre quinternions et un cahier *duernus*. Sans chiffres ni réclames, signat. a-e (1).

Papier fort, très-épais, d'un blanc un peu fauve et fortement encollé. Il a pour filigrane : 1° le Pot à anse, surmonté d'une croisette ; 2° la Main vue par le dos, avec fleuron à l'extrémité du médius ; 3° l'Ancre. Le papier de garde a pour filigrane un Cheval passant.

Les cahiers sont garnis à l'intérieur d'une bandelette de parchemin, sur laquelle ils sont cousus. Cette manière de relier les livres avait pour but, autrefois, de garantir le papier du contact de la ligature.

Ces ouvrages, dans lesquels les abréviations abondent, sont imprimés avec un caractère gothique, très net, d'environ douze points et demi. Le seul signe de ponctuation qu'ils renferment est le point. Les mots coupés, à la fin des lignes, ne portent pas toujours le trait d'union. Quelques majuscules sont peintes en rouge et les alinéas sont rubriqués.

Le *Manuel* ne renferme pas la description de ces trois ouvrages sortis des presses des premiers imprimeurs de Paris.

Le rédacteur du catalogue Solar accuse Hain d'avoir donné une description fort incomplète de ces rares éditions, ce qui est un peu vrai ; mais le critique aurait dû ne pas oublier de nous dire que les signatures du *Tractatus de excommunicationibus*

(1) Dans ces deux derniers ouvrages, la table est placée avant le texte.

présentaient une anomalie singulière, puisque les signatures des six cahiers qui composent l'ouvrage, commencent par la lettre f, au lieu de commencer par la lettre a, ainsi que cela se voit dans le traité *De Usuris* qui vient après.

L'absence des signatures dans le premier traité, la signature f placée sur le premier cahier d'un livre portant la date de 1476, prouvent que les imprimeurs de Paris n'étaient pas encore bien familiarisés avec l'emploi des signatures, et que Chevillier avait parfaitement raison en déclarant, page 38, « que les imprimeurs « de Paris ne commencèrent à mettre des signatures au bas des « feuilles qu'en l'année 1476, au *Platea de Usuris.* »

Chevillier aurait dû ajouter l'épithète : *régulières* au mot *signatures*, car le *de Usuris* est régulièrement signé a-e ; tandis que le *de excommunicationibus* l'est irrégulièrement, puisques on premier cahier est signé f (1).

En interrogeant les marges de ces trois ouvrages, sachant surtout que le *de excommunicationibus* a été imprimé le 4 janvier 1476 (1477, n s.), il devient très-facile de déterminer la date de l'impression des deux autres traités.

La *Tractatus restitutionum*, qui n'est pas signé, a donc été imprimé en 1476, et le *de Usuris*, qui suivit de près le *de excommunicationibus*, l'a été dans le courant de l'année 1477.

N° 86. — MAGNUS (*Jacobus*). Sophologium.

En tête du quatrième feuillet, on lit : Doctissimi atque excellentissimi patris ! Sacrarum litterarum doctoris devotissimi ! Fratris Jacobi magni ! religionis fratrum Heremitarum ! sancti augustini : Sophologium incipit. Cujus principalis intentio est inducere legentis animam ad Sapientie amorem.

Le livre est dédié à D. Michaelis, évêque d'Auxerre et confesseur du roi de France Louis XII.

Colophon : *Anno domini Mille. cccc. lxxv. die prima mensis Junii. Impressum fuit istud sophologium Parisius per Martinum Crantz, Udalricum Gering et Michaelem Friburger.*

(1) On trouvera, dans la description d'un *Novum Testamentum*, n° 285 du catalogue l'explication de cette anomalie concernant les signatures.

Petit in-fol. goth. 218 ff. (1), 32 lignes aux pages pleines. La justification des pages est de 19 centimètres de haut, sur 11 de large. Les marges sont vierges. Le livre est composé de vingt quinternions et d'un quaternion qui termine le volume, et dont le dernier folio est blanc. Le livre est admirablement imprimé, avec un caractère de quatorze points environ. Les capitales ont 6 millimètres de hauteur.

Le papier est fort, bien collé, un peu roux. Il a pour filigrane : 1° une Ancre de petite dimension, avec croisette; 2° le Pot à anse, avec une petite croix sur le couvercle.

N° 87. — LOTHARIUS (*Innocent III*). De Viltate conditionis humane.

Sans titre. Le premier feuillet est blanc; le deuxième contient la table, sur 2 col.; elle occupe le recto et le verso du feuillet. L'ouvrage commence au troisième feuillet, signé a-iij, par ce titre : Incipit liber lotarii levite et cardinalis de Viltate conditionis humane qui lotarius postea innocentius papa tercius dictus est.

Colophon : *Explicit liber lotharii de Viltate conditionis humane. Impressus parisius Anno domini M. quadringentesimo octuagesimo. Die secundo augusti.*

Petit in-4° goth., 30 ff. à longues lignes, 34 aux pages pleines, sans chiffre ni réclame. Signature, a-d. (V. le n° 104.)

N° 88. — Le livre *De Viltate conditionis humane* est relié à la suite d'une édition de l'*Horologium sapientie,* imprimé avec des caractères et sur un papier identique.

Ces deux ouvrages sont sortis du même atelier typographique.

(1) Brunet a oublié de compter le feuillet blanc de la fin.

L'*Horologium* est un petit in-4° goth. de 96 ff., ayant 34 lignes aux pages pleines, sans chiffre ni réclame, signé A-N. Il est composé de quaternions, excepté N, qui contient 12 ff.; les deux derniers sont blancs. Le livre est sans titre et se termine par ces mots : *Explicit liber qui horologium sapientie intitulatur compositus a quodam de ordine predicatorum. Deo gracias.* Ce volume, qui renferme quatre pièces rares, porte au dos les chiffres suivants : 987 et 177.

Le papier de l'HOROLOGIUM est marqué, comme celui du DE VILTATE CONDITIONIS HUMANE, d'une Étoile à sept pointes, de moyenne grandeur, surmontée quelquefois d'une couronne.

N° 89. — Gilles de DELFT (1). De causis ortvs mortisque christi ad Pontificem Guzcencem caesareum oratorem Egidius Delphus.

Au-dessous de ce titre, une jolie vignette représentant Jésus livré aux soldats par Judas. Au bas de la page et sous la gravure, qui a 8 centimètres de haut, on lit : *Venale reperiuntur in edibus Radulphi Laliseau.* A la fin, le mot *finis*, suivi d'un distique latin en l'honneur de Delphus. In-4° de 4 ff. lettre ronde, sans chiffres, réclames ni signatures. s. l. et a., bien imprimé, sur un joli papier, sans filigrane.

Gilles de *Delft*, théologien italien, vivait en 1500. D'après Fabricius, il était docteur de Sorbonne et professait la théologie à Paris, en 1507 ; Giraldi loue sa merveilleuse facilité à faire des vers. La *Nouv. Biogr. générale,* où nous puisons ce renseignement, cite le poème *de causis ortus mortisque christi,* Paris, s. d. Est-ce l'édition que nous venons de décrire? Raoul Laliseau imprimait-il à Paris? Nous l'ignorons. Ce livret n'est pas mentionné dans le *Manuel.*

Le poème a 272 vers. On trouve, à la fin, l'épitaphe du légat George d'Amboise. V. les numéros 86, 87, 88 et 140, art. *Sotquand.*

N° 90. — Gregorius ARIMINIUS. (liber) Sententiarum.

Colophon : *Explicit lectura primi sententiarum fratris Gregorii de Ariminio : sacre ordinis here-*

(1) V. le n° 91.

mitarum sancti augustini. Theologie professoris
precellentissimi quam legit parisius. Anno domini
1344, per clarissimum universitatis parisiensis.
Magistrum Gugliermum Militis maxima diligen-
tia emendata : et parisius impressa anno do-
mini. 1482. 9. augusti.

In-fol. goth. 216 ff., à deux colonnes de 47 lignes. Le livre
est formé de deux quinternions, de trente-cinq quaternions et
de six ternions. Le premier feuillet, qui manque à notre exemplaire, était-il blanc ou portait-il un titre? Nous l'ignorons.
Sans chiffres ni réclames, signatures A-Z. Plus, deux signatures
supplémentaires, a-r, 2e alphabet.

Papier fort, grenu, ayant pour filigrane : 1º une Fleur de lis ; 2º le P
oncial fourchu; 3º un Cœur couronné, placé au-dessus d'un P et d'un J
gothiques; 4º l'Écu royal; 5º une M gothique; 6º la Main étendue, vue de
face; un Cercle à huit rayons; 8º la Rose à huit pétales; 9º la Licorne
courant; 10º deux C entrelacés.

VOLFGANG HOPYL

Nº 91. — BURIDAN (*Johannes*). Ethicorum (Buridani). Sans titre; le premier feuillet est blanc.
En tête du deuxième feuillet, signé a-ij, on lit :
Proemium Johannis Bvridani questiones super X
libros Aris. (Aristotelis) ad Nicomachvm.

Colophon : *Huc usque producte sunt questiones*
Buridani morales ; robustiori etati precipue perle-
gende. Quos Ægidius delfus socius sorbonicus :
atque in sacris litteris baccalarius formatus emen-
datius imprimi curavit. Impressore Vuolfango
hopyl. Anno incarnationis domini. M. cccc.
lxxxix. decima quarta Julii.

In-fol. lettres rondes; 276 ff. par quinternions mal chiffrés, à
2 col., le premier feuillet est blanc s. l. (Paris). Signat. a-etc.
A-H.

Papier fort, très-grenu; pour filigranes : 1' la Fleur de lis posée sur deux
lettres gothiques; 2º la Main, vue de face; 3º une Croix tréflée, sur une
longue tige; 4º le petit Pot à anse; 5º l'Y oncial; 6º une petite Croix.

N° 92. — FABER Stapulensis (*Jacobus*). In hoc libro continentur (Jacobi Fabri Stapulensis) Epitome compendiosaque introductio in libros arithmeticos diui Severini Boethii; Adjecto : Boneti (1) de latis hebrei medici prouenzalis anuli astronomici utilitatum libro ad Alexandrum sextum pontificem maximum. Et IV Libris Geometrie Euclidis.

Colophon : *Impressum Parisiis in pago diui Jacobi ad insigne sancti Georgii. Anno christi siderum conditionis 1,500 prima septembris per impressorem wolgangum* (sic) *hopylium cui hec sententia semper firma mente sedet : Non viribus aut velocitatibus aut celeritate corporum res magne geruntur : sed consilio, sententia, et auctoritate.*

Pet. in-fol., lettre ronde, avec fig. et planisphère dans le texte. 32 ff. à longues lignes, formant 4 cahiers : a, de 8 ff. b, de six, c, de dix et d, de 8. Sans chiff. ni réclam. Le titre manque à l'exemplaire que nous décrivons. Nous en avons emprunté la première partie à Brunet, qui a donné le titre de la deuxième édition de ce livre, imprimé aussi par Wolfgang Hopyl, et nous avons relevé, dans le livre même, les titres des deux opuscules joints aux commentaires de Faber sur l'ouvrage de Boèce.

A la fin de la Géométrie d'Euclide, on lit : *Geometrie Euclidis a boetio translate finis.*

Papier fort, de bonne qualité, marqué d'une Étoile et du Pot à anse.

Henri **ESTIENNE** et Jehan **PETIT.** 1510.

N° 93. — BOUELLES ou BOUILLES (*Charles* de). Caroli Bovilli-*Samarobrivi* opuscula.

---

(1) Bonet de Lates, médecin juif au XV⁰ siècle, inventa un anneau astronomique, par le moyen duquel il pouvait tous les jours découvrir la hauteur du soleil et des étoiles, et dire de jour, ainsi que de nuit, quelle heure il était. Il en a expliqué l'utilité dans le traité dont nous venons de donner le titre.

6

Le titre de ce livre est gravé sur bois. Au milieu d'un cercle, entouré de guirlandes de fleurs et de feuillages, sur lesquelles grimpent et voltigent des anges nus, on lit :

> *Que hoc volumine*
> *Continentur.*
> *Liber de intellectu.*
> *Liber de sensu.*
> *Liber de nichilo.*
> *Ars oppositorum.*
> *Liber de generatione.*
> *Liber de sapiente.*
> *Liber de duodecim numeris.*
> *Epistole complures.*

Au-dessus du cercle, les armes de l'Université entourées de festons, avec deux anges pour support; en haut, la marque de Henri Estienne premier du nom, une main sortant des nuages et tenant un livre fermé.

Les guirlandes ou festons, en s'épanouissant, vers le haut, dans le cercle, forment, de chaque côté, un encadrement au monogramme d'Henri Estienne : H. S. (Voir Sylv. *M. Typogr.* n. 900.)

Au dessous du cercle, des anges, vêtus de longues robes, réunis par des entrelacs, soutiennent un écusson vide.

Plus bas et en dehors du cadre, le titre continue :

Insuper mathematicum opus quadripartitum. De Numeris Perfectis. De Mathematicis Rosis. De Geometricis Corporibus. De Geometrie Supplementis.

Colophon : *Editvm est Universvm hoc volvmen Ambianis in edibvs reuerendi in Christo Patris Francisci De Hallewin Ejusdem Loci Pontificis ∴ Et emissum ex officina Henrici Stephani. Impensis ejusdem et Joannis parui (1) in Chalcotypa arte sociorvm. Anno Christi Saluatoris omnium 1510. Primo Cal. Februarii ∴* PARISIIS ∴

___

(1) Les biographes d'Henri Estienne nous disent que vers 1500 il était associé, à Paris, avec Wolfgang Hopil dans l'exercice de l'art d'imprimer avec des formes (*in formularia arte socios*); leur établissement, situé près de l'École de Droit, avait pour enseigne des lapins, *in officina cuniculorum*. Mais ils n'ont pas mentionné son association avec Jehan Petit.

En 1526, Robert Estienne reprit pour emblème l'olivier qui figurait dans l'écusson de la branche maternelle des Estienne. (A. F. Didot, *Les Étienne.*)

Au-dessous, le blason de Fr. Halewin, qui se trouve aussi à la page 20, accompagné du monogramme F. H. (1).

In-4°, lettre ronde, à longues lignes, 56 aux pp. pleines, 198 ff., 2 ff. limin. n. chiffrés, 196 chiffrés en chiffres arabes, signat. a-z et A-C.

Chaque partie de l'ouvrage renferme d'innombrables figures dans le texte. En tête du *Liber de sapiente*, au verso du fol. 116, se trouve une grande gravure sur bois, représentant la Fortune et la Sagesse. Elles sont assises en face l'une de l'autre et elles tiennent à la main les attributs qui les caractérisent. La Fortune, un bandeau sur les yeux, tient la roue de Fortune, au haut de laquelle est un roi. La Sagesse tient un miroir constellé qui reproduit son visage. A la partie supérieure, deux anges tiennent l'écusson royal, et l'on retrouve au-dessous le petit écu fleurdelisé avec la main sortant d'un nuage et tenant un livre fermé (2).

Charles Bouvelle ou Bovelle est l'auteur du plus ancien traité de géométrie qui ait été imprimé. Comme le livre que nous venons de décrire, il a été imprimé, en 1511, chez Henri Estienne, mais tout seul, cette fois. Le *Manuel*, qui le cite, ainsi que plusieurs autres traités de Bouvelle, ne fait pas mention des *Opuscula*.

De MARNEF (Engelbert), AU PELLICAN (*sic*); SEURRE (Jean).

N° 94. — GERSON (*Jean*). De vita spirituali anime magistri Joannis Gerson.

Au-dessus de ce titre, la marque d'Engelbert de Marnef (3).

---

(1) D'argent à deux lions de sable, armez, lampassez, couronnez d'or. (Le P. Anselme, t. III p. 912 c.) Dans le livre que nous décrivons, les armes de l'évêque d'Amiens portent aussi un petit écu, fascé, chargé de six billettes, trois en chef et trois en pointe.
« François de Hallwin fut abbé du Gard. Il n'avoit que vingt ans lorsque le pape Alexandre VI lui accorda, le 5 août 1502, des bulles pour l'évêché d'Amiens... Il mourut en 1537. » (*Ibid.*)

(2) Nous avons retrouvé la marque d'Henri Estienne, premier du nom, dans plusieurs blasons, mais associée à d'autres armoiries. Nous possédons une CARTOUCHE DE COMPAGNON IMPRIMEUR, sur vélin, de format in-folio (*a*), en tête de laquelle se trouve un écu où l'on a réuni la main, sortant d'un nuage et tenant un livre fermé, aux deux tours et à l'agneau passant des armes de Toulouse. La main, sortant du nuage, est entourée de trois fleurs de lis, deux sur les côtés, et une en pointe; le chef est fleurdelisé. L'écu, de forme ovale, est surmonté d'une couronne à douze pointes chargées d'une étoile. Aux côtés de l'écu sont les attributs des sciences et des beaux-arts.

(3) Sylvestre, *Marques typographiques*, n° 550.

(*a*) Cette cartouche a été délivrée au sieur..... par le *Syndic & Adjoints de la Librairie & Imprimerie de Toulouse* : « Pour lequel présent cartouche (*sic*) & premier enregistrement, il « nous a payé la somme de *trente sous*..... Fait à Toulouse, en notre Chambre Syndicale, le..... « jour du mois de..... de l'an mil sept cent..... »

Colophon : *Impressum ac finitum Parisijs per Engelbertho de Marnef anno domini millesimo qvadringentesimo nonagesimo tertio. die octava mensis novembris.*

In-8°, goth., 76 ff. à longues lignes, 31 aux pages pleines, s. chiffr. ni réclam., signat. a-k.

N° 95. — Confessionale seu libellus peroptimus Beati Thome de acquino de modo confitendi : et de puritate conscientie : cuilibet confessori et confiteri volenti perutilis et necessarius.

Au dessous de ce titre, la marque d'Engelbert de Marnef, et plus bas : *venales comperies sub Pelicano.* s. d. (vers 1500).

Colophon : *Tractatus peroptimus de confessione seu puritate cordis et munditia mentis nouiter impressus parisiis per magistrum Johannem Seurre finit feliciter.*

In-8°, goth., 24 ff., 35 lignes par page, les deux derniers ff. sont blancs. Caractères très-fins et très-nets.

Guy ou Guyot MARCHANT, a l'enseigne
DE LA FLEUR DE LIS.

N° 96. — Francisci arretini in Phalaridis tyranni agrigentini epistolas prohemium.

S. titre, le premier f. est blanc. Le titre que nous venons de transcrire est placé en tête du f. a-i. Au verso du dernier f. on trouve la marque de Guiot Marchant, et au-dessus, le Colophon que voici :

Expliciunt epistole phalaridis. impresse Parisius in Vico sancti Jacobi ad intersignium floris lilij per

Guidonem mercatoris (1). *Anno domini m. cccc. xciij. tertia die septembris.*

In-4°, goth., de 34 ff. de 39 lignes aux pages pleines, s. chiffr. ni réclam., signat. a-d.

Le livre est bien imprimé, sur très-beau papier, marqué des filigranes suivants : 1o une Étoile ; 2o l'Écu royal ; 3o la Main vue de face ; 4o un petit B gothique.

N° 97. — BRADWARDINUS seu BRAVARDINUS (*Thomas*). Geometria Speculativa Thome bravardini recoligens omnes conclusiones geometricas studentibus artium et philosophie aristotelis valde necessarias simul cum quodam tractatu de quadratura circuli nouiter edite.

Colophon : *Et sic explicit geometria Thome brauardini cum tractatulo de quadratura circuli bene reuisa a Petro Sanchez ciruelo : operaque Guidonis mercatoris diligentissime impressa parisius in campo gaillardi. Anno. domini. 1495. die. 20. maïj.*

Au-dessous du titre, la marque de l'imprimeur Marchant (Guyot) (2).

Pet. in-fol., semi-goth., 22 ff. à longues lignes ; 50 lignes aux pp. pleines. Imprimé avec un petit caractère de 10 points. Les figures géométriques sont placées sur les marges de droite et de gauche et sur celles d'en bas. Elles encadrent en quelque sorte le texte. s. chiffr. ni réclam., signat. A-D. Le dernier feuillet est blanc.

Le papier, un peu gris, est marqué de l'Y oncial.

Le *Manuel* de Brunet reproduit mal le nom de *ciruelo*, qu'il écrit *ciruleo*.

A la fin du volume on a relié, pour les conserver probablement, quatre ff. in-fol., débris d'un ancien poème latin sur la passion de N.-S. et dont l'auteur nous est inconnu. Le commencement

(1) Sylvestre, *Marques typogr.*, nᵒˢ 38, 39.
(2) *Ibid.*, n° 38.

et la fin n'existant pas, nous ne pouvons constater qu'une chose, c'est que le caractère rond, avec lequel il a été imprimé, appartient aux premiers temps de l'imprimerie; ce que confirme encore l'absence de chiffres, de réclames, de signatures et de ponctuation.

Le papier est fort, un peu raboteux, très-roux, et deux de ces feuillets sont marqués de la petite tête de taureau que l'on rencontre dans les premières éditions de Mayence et de Cologne.

Les majuscules, de forme bizarre, imprimées en tête de chaque vers, étant placées à une certaine distance des minuscules qui les suivent, frappent l'attention du lecteur, qui croit avoir sous les yeux un acrostiche dont il s'empresse de chercher les mots. La surprise, pourtant, dure peu, et l'on s'aperçoit bien vite que ce n'est là qu'une fantaisie de typographe.

Le poème est divisé par strophes plus ou moins longues, il y en a une de 48 vers, et comme chaque strophe a un titre, celle dont je viens de parler est intitulée : *Cristus ducitur ad pilatem.* La plus courte ne renferme que trois vers; elle a pour titre : *Judei petunt barrabam dimitti.*

· Dans ces huit pages, les abréviations sont très-peu nombreuses et faciles à rétablir. On y rencontre la parenthèse (six fois). Le seul signe de ponctuation que l'on y trouve, c'est la virgule, représentée par un petit trait oblique; j'en ai compté cinq dans la deuxième page; la première en renferme un plus grand nombre.

Les caractères ont environ 14 points typographiques. La lettre g a la forme d'un 8. Le livre est interligné, et la justification des pages a 180 millim. de hauteur et 110 de largeur.

Les vers que nous allons citer permettront aux érudits de reconnaître le poème auquel ils appartiennent.

La première strophe complète a pour titre *Consilium Scribarum et phariseorum.* Elle commence ainsi :

T   *unc varijs secum dictis et murmure ceco*
C   *onveniunt patres.....*

La dernière porte le titre suivant : *Christus sepelitur,* dont nous n'avons que les deux premiers vers :

T   *alibus infandum exactis vir sanguinem* (sic) *claro.*
D   *iues opum ioseph urbe arimathiaque cretus*

N° 98. — GERSON (*Jean.*) Regule mandatorum Joannis de gersonno cancellarij Parisiensis.

Au-dessous, la marque de Jean Petit (1).

Colophon : *Tractatus magistri Joannis de Gersonno..... de Regulis mandatorum...... finit feliciter. Parisiis in campo Gaillardo a magistro Guidone mercatore. Anno domini. m. cccc. xcvij.* Pour Jean Petit.

Pet. in-8° goth., de 40 ff., s. chiffr. ni réclam., signat. a-e.

———————

N° 99. — Artis bene moriendi perutilis tractatus feliciter incipit.

Ce titre se trouve en tête du feuillet 2 ; le premier manque.

Colophon : *De arte bene vivendi beneque moriendi tractatus finit feliciter. Impressus Parisius in campo gaillardi a magistro Guidone mercatore. Anno domini 1497. die. 10. aprilis. Laus Deo. Pour* JEAN PETIT.

In-8° goth., 44 ff., le dernier blanc, il manque à notre exemplaire. s. chiffr. ni réclam., 27 lignes aux pp. pleines. Signat. a-f.

Papier fort; pour filigrane un petit Pot à anse, et une Étoile surmontée d'une tige agrémentée.

———————

Anthoine VÉRARD, A L'ENSEIGNE DE SAINT-JEAN-BAPTISTE.

N° 100. — La Bible des poètes, metamorphoze.

(1) Voyez Sylvestre, *Marques typogr.*, n° 25.

Colophon : *Cy finist la bible des poetes de metamorphoze imprime à paris ce premier iour de mars
mil quatre cens quatre vings et treze par anthoine
Verard demourant a paris sur le pont de nostre
dame a lymaige sainct iehan leuangeliste ou au
palais au premier pillier ou on chante la messe
des presidens.*

Grand in-fol. goth. à 2 col., de 47 lignes aux col. pleines, fig.
s. bois dans le texte du premier livre ; et une grande gravure
s. bois en tête de chacun des 15 livres que renferme l'ouvrage.
24 ff. n. chiffrés, avec titre courant au haut des pp., pour la
description et ymaige des dieux, et pour la table du present liure.
clxxxjjjj ff. chiffrés au recto seulement, avec titre courant au
haut des col. pour la *Métamorphoze d'Ouide.* A la fin, la marque
d'Antoine Vérard (Voir Brunet, *Manuel*, t. IV, col. 282). Le livre
renferme 27 cahiers, 25 quaternions et 2 ternions. Ils sont signés
A-C. et a-z. et ne portent pas de réclames.

**Le papier, d'une teinte fauve, est très-épais et fortement encollé. Il est
sans filigranes.**

« Ce livre est la traduction de l'ouvrage de Thomas Walleys,
faite par Colard Mansion, et qui avait déjà été imprimé par lui,
en 1484, In-fol. On y a supprimé le nom du traducteur et changé
une partie du Prologue. » (*Manuel.*)

L'exemplaire de la Bibliothèque est très-grand. Le premier
feuillet a disparu et le livre aurait besoin de quelques répara-
tions. La reliure, en veau fauve, est solide mais fort éraillée.

N° 101. — BOCCACE (*Jean*). Bocace (*sic*) de la genealogie des dieux.

Colophon : *Cy finist Jehan bocace de la genealogie
des dieux imprime nouuellement à Paris lan mil
cccc. quatre vingts et dixhuit le neufuiesme iour
de feurier pour Anthoine Verard libraire demourant a Paris sur le pont nostre dame a lymage
Saint Jehan leuangeliste, ou au palais au premier
pilier deuant la chapelle ou lon chante la messe
pour les presidens.*

In-fol. goth., fig. s. bois, 226 ff. chiffrés, à 2 col. de 45 lignes aux col. pleines, plus dix ff. pour le registre et la table. Il porte un titre courant en haut des pp., il est signé a-&, plus un cahier supplémentaire, et A-D, second alphabet.

Imprimé sur très-beau papier, un peu roux, ayant pour seuls filigranes une toute petite fleur de lis et la main vue de face, sans appendice.

Les figures que ce livre renferme sont, à peu de chose près, les mêmes que celles de l'ouvrage précédent. Le 1er feuillet manque à l'exemplaire que nous décrivons. Etait-il blanc? Portait-il un titre? Nous l'ignorons. La reliure, en planches de bois recouvertes de veau estampé, est en fort mauvais état.

N° 102. — Tristan cheualier de la table ronde nouuellement imprime a Paris.

Colophon : *Cy finist le second et dernier volume fait et compile a lhonneur et memoire de tres vaillant, noble et excellent cheualier Tristan fils de noble roy meliadus de leonois imprime a paris pour anthoine Verard marchant libraire, demourant en la dicte ville de paris deuant la rue neufue nostre dame a lenseigne sainct Jehan leuangeliste. s. d.* vers 1500.

2 vol. in-fol. reliés en 1, goth., sur deux col. de 40 lignes, le 1er vol. a 184 ff., les 4 premiers ne sont ni chiffrés ni signés; un très-grand nombre de ff. sont mal chiffrés, le dernier entre autres est chiffré c.lxx.vij, au lieu de c.lxxx; les 22 cahiers sont signés a-z. et non a-y, comme le mentionne Brunet. Le 2e vol. a 152 ff. mal chiffrés, signés A-T.

C'est un magnifique volume, admirablement imprimé sur beau papier, d'une teinte un peu fauve. Il est sans filigranes.

N° 103. — La fleur de predicacion selon saint Effrem translatee de grec en latin et translatee de latin en francoys : a la requeste de tres reue-

rend pere en dieu monsseigneur Philippes cardinal de Luxembourg.

Au-dessus de ce titre, les armes du cardinal.

Colophon : *Cy fine le sermon de ioseph. Et sembla-
blement tout le liure contenant vingt sermons du
bon pere saint effrem : lequel liure a este translate
de latin en francoys : par le commandement de tres
reuerend pere en dieu monsieur Philippes cardinal
de luxembourg : euesque du Mans et de the-
rouenne imprime a Paris par Anthoine Verard :
libraire demourant a Paris : a lymaige saint Jehan
leuangeliste : aupres le carfourt saint Seuerin ou
au palais au premier pilier deuant la chapelle ou
len chante la messe de messeigneurs les presidens.*
s. d. vers 1500.

Pet. in-fol. goth. à longues lignes, 39 lignes aux pp. pleines.
88 ff. par cahiers de 6 ff., excepté le premier et le dernier qui
en ont 8. s. chiffr. ni réclam., signat. a-o.

Papier de bonne qualité, un peu roux, ayant pour filigranes : 1o la main
qui bénit ; 2o la croix de Malte ; 3o la licorne ; 4o l'écu fleurdelisé.

Pierre LEVET, a la Croix d'Or (*intersignio auree
crucis*). 1485-1499.

N° 104. — LOTHARIUS (*Innocent III*). Liber de
Vilitate (*sic*) conditionis humane a Lothario dya-
cono cardinali Sanctorum Sergi et Bachi qui
postea Innoc. papa appellatus est.

Colophon : *Explicit liber de Vilitate conditionis
humane Impressus suburbio Sancti Germani de
pratis per Petrum Levet. Anno domini mil. cccc.
nonagesimo quinto die vero ij Martij.*

In-8° goth., 36 ff. à longues lignes de 31 aux pp. pleines,
s. chiff. ni réclam., signat. A-D. Le dernier cahier a 12 ff. (1).

(1) Voir le n° 87.

N° 105. — Epistole francisci nigri.

Au-dessous de ce titre, la marque de Pierre Levet (1).

Colophon : *Opusculum hoc de Scribendis epistolis quam diligentissime emendatum : arte quoque et impensis Petri leuet. Commoranti suburbio Sancti Germani de pratis : in intersignio auree crucis.*

In-4° goth. s. chiffr. ni réclam., signat. a-e. 34 ff., deux qua-ternions et trois ternions. 40 lignes aux pp. pleines, s. l. & a. (Paris, 148 ?) (2).

Bon papier; pour filigrane : la licorne, le P bifurqué et la roue dentée sans appendice.

N° 106. — Eusèbe de Césarée. Historie ecclesias-tice eusebii Cesariensis.

Colophon : *Eusebii cesariensis ecclesiastica finit historia per magistrum Goffredum boussardum sacre pagine doctorem eximium exactissime cor-recta et emendata. diligentia petri leuet parisii impressa. expensis Johannis de combelens et pre-fati leuet. Anno. 1497. pridie Calendas Septem-bris.*

In-4° goth., 112 ff. dont le dernier est blanc, à 2 col. de 47 lignes aux pp. pleines, s. chiffr. ni réclam., signat. a-m. Le dernier feuillet du texte est blanc. La table qui vient après a 18 ff. signés A-B.

Papier ordinaire, sans filigrane.

Cette édition n'est pas signalée dans le *Manuel*.

(1) Voyez Sylvestre, *Marques typogr.*, n° 6.
(2) En 1489, Pierre Levet imprima à Paris, pour Antoine Vérard, le *Grand et le Petit Testament* de Villon.

Jehan TREPPEREL.

N° 107. — Les ordonnances Royaulx.

Colophon : *Cy finissent les rebriches* (sic) *des esta-
tus* (sic) *et ordonnances Royaulx de la court de
Parlement* (de Paris) *faictes aux motiez les tours
au mois dauril mil quatre cens cinquante et quatre.* &c.....

Au-dessous du titre, la marque de Jehan Trepperel.

In 4° goth. de 30 ff., s. chiffr. ni réclam., signat. a-d., par.
quaternions; le dernier cahier n'a que 6 ff.

Papier fort, un peu roux. Pour filigranes : 1o le P oncial; 2o un petit
écusson armorié; 3o l'écusson royal.

N° 108. — Les nouvelles ordonnances reaulx (*sic*) 1493. Pas de colophon.

In-4° goth. de 8 ff. signés a. Au dessous, la marque de Jehan
Trepperel.

Papier ordinaire, sans filigranes.

Au bas du titre, on lit écrit à la main : *Anathema ei qui hunc
librum furabitur, occultabit aut quo modo nunquam alienabit.*

Dans le même volume :

N° 109. — Ordonnances sur le fait des monnoies. 1493.

In-4° goth. 9 ff. incomplets, signat. a. s. l. et typ. (Paris).

Le papier est marqué de la roue dentée.

Nº 110. — Les nouvelles ordonnances reaulx (*sic*).

Au-dessous, la marque de Jehan Trepperel. Au verso du titre, en tête de la première page, on lit :

Ordonnances publiées en parlement. Le roy présent (Charles VIII) le vj. iour de iuillet mil quatre cens quatre vings treze.

In-4º goth. de 8 ff., s. chiffr. ni réclam., signat. a. (2e exempl. du nº 108).

Pas de filigranes.

Nº 111. — Les ordonnances royaulx.

Au-dessous la marque de Jean Trepperel.

On lit à la fin : ..... *donné au motiers les tours au mois d'auril. Lan de grace mil. cccc. liii. auant pasques et de nostre regne le xxi.* s. l. et a. (Paris, Jean Trepperel, vers 1495 ?).

In-4º goth. de 30 ff. n. chiffrés, signés a-d. (1) ; 36 lignes par page, composé de 3 quaternions et d'un ternion.
Ce livret est admirablement imprimé, avec un joli caract. goth. d'un peu plus de 13 points.

Le papier est fort, très-ferme, très-blanc, et marqué de l'Écu royal. avec une lettre en appendice. Il nous a été impossible de relever divers filigranes, dont nous n'avons pu que constater la présence.

Guillaume EUSTACE, aux deux Sagittaires.

Nº 112. — TURRECREMATA (*Joannes de*) Torquemada. Tractatus contra principales errores perfidi machometi et turchorum sive saracenorum festinanter copulatus per reuerendissimum dominum

(1) Dans le cahier b se trouve une transposition ; le f. b-i se trouve à la place du f. b-iiii.

Johannem de turre cremata romane ecclesie tituli sancte marie trans tyberim presbyterum cardinalem Sancti Sixti vulgariter nuncupatum.

Au-dessous de ce titre, imprimé en rouge et noir, la marque de Guillaume Eustace (1), au-dessous de laquelle on lit : *Venundatur Parisius in vico Judaico sub signo duorum Sagittariorum aut in palacio regio tertio pilari.*

Au verso du titre, une gravure représente l'auteur à genoux, remettant son livre au Pape.

Au recto du f. 56, 1ʳᵉ col., on lit : *Eplicit tractatus..... Impressus est Parisius expensis Guilllielmi eustace : commorantis.....* Au verso de ce dernier f., au bas de la table, on lit : *Finit tabula huius tractatus.*

On trouve à la suite un second traité, intitulé : *Dyalogus christiani contra sarracenos.* Le 1ᵉʳ f. manque à l'exemplaire que nous décrivons. Y avait-il un titre, ou un f. blanc, entre les deux ouvrages? Nous n'en savons rien. A la fin du volume, au recto du dernier f., on lit le colophon suivant :

Et a donné le roy nostre sire audit Guillaume eustace libraire et relieur de liures iure de luniuersite de Paris lettres de priuilege | et terme de deux ans pour vendre et distribuer sesdits liures : affin de soy rembourser de ses frais et mises. Et defend ledict seigneur a tous imprimeurs et libraires de ce royaulme de non imprimer ledict liure iusques au temps dessus dict : sur peine de confiscacion desdicts liures | et d'amende arbitraire. ainsi signe des Landes.

Un troisième traité porte le titre suivant, imprimé en noir : *Tractatus contra iudeos a quodam iudeo nomine samuel editus sermone arabico : translatus autem in latinum a fratre alfontio.*

Au-dessous la marque de Guillaume Eustace et son adresse.

A la fin, l'*explicit* et le privilége du roi, en français, indiqués ci-dessus.

Les trois traités constituent un volume in-8°goth. de 110 ff., à 2 col. de 41 lignes, chiffrés au recto. Le premier a 56 ff., le second 36 (le 1ᵉʳ et le dernier manquent à l'exemplaire), et le troisième 18, dont le dernier n'est pas chiffré. Les trois ouvrages ont des signat. et un titre courant au haut des pp.

A la fin du premier et du troisième traité, le verso du dernier f., qui porte au recto le privilége du Roi, est rempli par une

(1) Voir Sylvestre, *Marques typogr.*, n°.68.

gravure sur bois, au milieu de laquelle se trouve l'Ecusson royal fleurdelisé, surmonté de la couronne et entouré du collier de l'ordre de Saint-Michel, à l'extrémité duquel on voit l'archange terrassant le diable. L'écusson est soutenu par des cerfs ailés.

Dans le bas de la gravure, entre les jambes des cerfs, sont placés deux écussons jumeaux, séparés l'un de l'autre de quelques millimètres. Celui de gauche est vide et celui de droite porte le monogramme de Guillaume Eustace. Au-dessus des deux écussons, et les pattes posées sur chacun d'eux, se trouve le porc-épic, devise de Louis XII, dont ces mots étaient l'âme : Cominus et Eminus (1). Les armes de Louis XII ont quelquefois deux porcs-épics pour support. — Nous avons retrouvé cette gravure dans le livre qui suit.

N° 113. — Stilus parlamenti Curie domini nostri Regis francie per quem stilum omnes curie supreme parlamentorum totius regni reguntur et gubernantur | et ipso aduocati et procuratores in prefata suprema curia practicantes utuntur : quondam editus a perito viro domino Guillermo de brolio | olim predicte curie aduocato.

Au-dessous de ce titre, imprimé en rouge, la marque de Guillaume Eustace et son adresse. Le verso du dernier f. est rempli par la gravure décrite ci-dessus.

Colophon : *Datum Parisius in parlamento nostro sexta die decembris. Anno domini millesimo quingentesimo duodecimo. Et nostri regni decimo quinto.*

In-8° goth. de 68 ff. chiffrés, excepté les trois derniers. 33 ou 34 lignes aux pp. pleines. Signat. A.-J.

N° 114. — HUGO de SLETSTAT (2) (*Johannes*). Qua-

(1) De près et de loin.
(2) C'est ainsi que Brunet et un des anciens propriétaires de ce volume ont écrit le lieu de naissance de Jean Hugo, dont les biographies courantes ne parlent pas. Nous pensons que *Sletstat* est là pour *Schelestadt* (*Selestadium*), *autrefois* ville forte du département du Bas-Rhin.

drivium ecclesie quattuor (*sic*) prelatorum officium quibus omnis anima subjicitur.

Au-dessous de ce titre, imprimé sur trois lignes, une gravure
sur bois représente les quatre prélats *auxquels toute âme doit être
soumise :* le Pape, l'Empereur, l'Evêque et le Curé. Ils portent,
à l'aide des bâtons dont elle est pourvue, une espèce de caisse
carrée, avec entablement et corniche, une châsse peut-être ?
ayant deux centimètres d'épaisseur et environ le double d'étendue dans ses diamètres.

Chaque personnage, revêtu de son costume traditionnel, tient
à la main l'attribut de sa personnalité.

Le verso de ce titre est rempli par une autre gravure représentant une vaste salle, richement ornée. Sur le premier plan,
à droite, un personnage enveloppé d'une longue robe et coiffé
d'une toque est assis devant un pupitre sur lequel il écrit ; dans
le fond, à gauche, sous une vaste coupole, et posée sur un pié-
destal ornementé, se trouve une statue de femme, toute nue,
tenant de la main droite une longue flèche ; son bras gauche
est armé d'un bouclier.

Au recto du fol. 5, au verso du fol. 9, on a reproduit la première figure. Au recto du fol. 12, au verso du fol. 16, au verso
du fol. 25, se trouvent les figures des trois prélats, *trium prelatorum,* entourées : le Pape, des cardinaux ; l'Evêque et le Curé,
de leurs assesseurs. Les trois prélats tiennent, dans la main
droite, les clés de saint Pierre. La figure du Pape est reproduite
au recto du 35ᵉ et au recto du 70ᵉ f. Enfin, au verso du 74ᵉ, une
gravure, qui porte en tête : *de Laycis,* nous montre Noé, ivre,
étendu, presque nu, par terre, près d'une vigne, et surpris par
une troupe de *Laïcs.* Chaque individu porte en main l'instru-
ment caractéristique de sa profession.

On lit à la fin du volume : *Se* (sic) *présent liure a
este acheue de imprimer le premier iour daoust
Lan mil. v. c. & neuf pour Guillaume eustace
marchant de liures demourant a paris en la Rue
de la iuirie* (sic) *a lenseigne des deux Sagiteres* (sic)
ou aux palles (sic) *au troisieme piller* (sic) *du
cote de la chapelle ou on chante la messe de messieurs les presidens.*

Au-dessous la marque de Guillaume Eustace (1).

In-4°, lettre ronde, de 86 ff., 11 cahiers, 10 quaternions
et 1 ternion, chiffrés, au recto seulement, de 1 à 84. Les deux

_____

(1) Voir Sylvestre, *Marques typogr.,* n° 63.

ff. de table, *Registrum rubricarum,* ne sont pas chiffrés. A longues lignes, 29 aux pp. pleines.

Le livre est imprimé sur un bon papier corsé, à surface grenue, et ayant pour filigrane : 1° un petit B gothique ; 2° la Licorne ; 3° une Étoile à six rayons, surmontée d'une couronne ; 4° un Écu, dont nous n'avons pas pu reconnaître les armoiries.

Les caractères ont 14 points typographiques.
La première édition a été imprimée à Strasbourg, en 1504, in-fol., par Jean Gruninger. Toutes deux sont fort rares.

Jean BOUYER et Guillaume BOUCHET,
VERS 1499 (Voir le n° 148).

N° 115. — Stella clericorum. Liber Incipit feliciter.

Colophon : *Finit stella clericorum feliciter.*

In-4° de 10 ff., lettre ronde, 34 lignes aux pp. pleines, s. chiff. ni réclam. Signat. A.-B. (goth.). A, 6 ff. et B. 4, s. l. n. d. (Paris).
Au verso, la marque de Jean Bouyer et Guillaume Bouchet, dont nous reparlerons à l'article Poitiers.

Livret admirablement imprimé, avec un CICÉRO de douze points, sur un papier très-beau, très-blanc et très-fort ; sans filigrané.

Il est relié dans un volume qui renferme l'*Expositio hymnorum,* imprimée par André Bocard (voir le n° 118), et une édition très-ancienne de la *Confession générale d'Olivier Maillard,* dont nous nous occuperons plus tard. Ce volume précieux, admirablement conservé, a été relié au XVIII° siècle, en veau granité, peut-être par Derôme ou Padeloup. Il porte au dos les chiffres 583 et 159 de la Bibliothèque de Toulouse.

DURAND GERLIER (DE 1489 A 1529),
A L'ETRILLE.

N° 116. — Speculum saluationis humane modum ruine reparationisque generis humani complec-

7

tens cunctis verbi dei seminatoribus perquam
utile ac necessarium.

Au-dessous de ce titre, la marque de Durand Gerlier (1).
Pas de Colophon.
In-8° goth. à 2 col., 44 ff. chiffrés, et 4 ff. de table, n. chiffrés. Signat. a-f.
Au bas de la dernière colonne de la table, qui finit au verso
du dernier feuillet, après le mot *finis*, on lit : *Ex Parisiis
m. cccc. xcviii.*

**N° 117. — CASSIODORUS (*Magnus, Aurelius*). Cas-
siodori senatoris viri dei de regimine ecclesie
primitiue hystoria tripartita feliciter incipit.**

Au-dessous de ce titre, sur trois lignes, imprimé en lettres de
forme, la marque de Georges Wolf, qui imprima quelquefois
pour Durand Gerlier (2).
Le verso du 1er f. est blanc, et on lit en tête du 2e cet autre
titre :

In hoc corpore continentur hystorie ecclesiastice
ex Socrate. Sozomeno. et Theodorico in unum
collecte et nuper de greco in latinum translate
libri numero duodecimo.

A la fin du XIIe livre on trouve le Colophon suivant :

*Historie ecclesiastice explicit liber duodecimus ulti-
mus. Gloria indiuidue trinitati Pax legentibus.
Credulitas audientibus. Vita facientibus : Amen.*

In-4° goth., 96 ff. à 2 col. de 54 lignes aux pp. pleines. Au
haut des col., recto, le chiffre des livres. s. chiffr. ni réclame.
Signat. a-m . et A. B (goth.) pour les 10 ff. de table.

Le livre est imprimé avec un petit caractère gothique de neuf points
environ, sur un beau papier, dont il nous a été impossible de relever les
filigranes. Nous avons pu cependant y reconnaître une petite couronne
tréflée.

Le livre est sans lieu ni date; mais la marque de Wolf constate qu'il a été imprimé à Paris vers la fin du XVe siècle.

Ce volume se trouve relié à la suite de l'*Eusebii cesariensis ecclesiastica,* imprimé par Pierre Level, en 1497, à Paris. (Voir le n° 106.)

BOCARD ou BOUCARD (André), 1496-1531.

N° 118. — Expositio hymnorum per totum anni circulum.

Titre imprimé en noir avec capitales imprimées en rouge. Au-dessous, la marque d'André Bocard, en rouge (1).

Colophon : *Hymnorum totius anni perutilis atque quampluribus necessaria expositio una cum hymnis quibusdam particularibus et nondum impressis Parisiis per magistrum Andream bocard ad finem usque perducta. viii kalendas septembris M. cccc. xcvi. feliciter finit.*

In-4° goth. de 51 ff. chiffrés, plus 1 f. pour la table des hymnes. Signat. a-h.

Ce livre est très-bien imprimé, sur beau papier, ayant pour filigrane la Main vue de face, et le P oncial.

Autour de la marque d'André Bocard, on lit :

> Honneur au Roy et à la Court.
> Salut à luniuersite,
> Dont notre bien procure et sourt ;
> Dieu gart de Paris la cite (2).

N° 119. — AMPIGOLIUS (*Antonius*), alias de RAMPE-GOLIS. — Figure biblie clarissimi viri Anthonii de rampengolis ordinis sancti Augustini (3).

(1) Sylvestre, *Marques typogr.,* n° 5.

(2) La marque d'André Bocard, dont nous venons de donner la légende, se compose de trois écus : 1° des lis de France ; 2° du vaisseau de la ville de Paris ; 3° d'une main sortant d'un nuage et tenant un livre fermé au-dessus de trois fleurs de lis. Ce sont les armes de l'Université. En sa qualité de libraire, et par conséquent de suppôt de l'Université, Henri Estienne se les était appropriées (Voir n° 93). Il paraît, par l'*Almanach historique de la province de Languedoc pour* 1874, p. 190, et par le cartouche d'imprimeur que nous avons cité, que l'Université et les libraires de Toulouse les avaient aussi adoptées.

(3) La plus ancienne édition de ce livre est celle d'Ulm, par Jean Zeiner, 1475, in-fol.

Au-dessous de ce titre, la marque d'André Bocard.

Colophon : *Figurarum biblie opus perquam utile cura peruigili Parisii castigatum necnon per magistrum Andream bocard impressioni nouissime traditum feliciter finit. Ex Kalend. viii. Aprilis. m. cccc. xcvii.*

In-8° goth. à 2 col., 44 lignes aux pp. pleines. 16 ff. Pour le titre et la table, le 15° est blanc. 174 ff. chiffrés au recto, plus 2 ff. blancs à la fin. Signat. A-Q. goth.

Papier très-blanc, très-fort, bien collé, sans filigrane ; à moins qu'il n'ait été enlevé par le couteau du relieur.

N° 120. — Dictionarius Pauperum omnibus predicatoribus verbi diuini pernecessarius in quo multum succincte continentur materie singulis festiuitatibus totius anni tam de tempore quam de sanctis accomodande ut in tabula huius operis facile et lucide cognoscetur.

Au-dessous de ce titre, la marque de Jehan Petit, en rouge.

Colophon : *Explicit summula omnibus verbi diuini seminatoribus pernecessaria que est extracta a magno dictionario..... Impressa Parisiis per magistrum Andream bocard Anno m. cccc. xcviii. Idibus nouembris.*

La marque d'André Bocard, qui a imprimé ce livre pour le libraire Jehan Petit, se trouve au verso du dernier f., dont le recto est blanc.

In-8° goth. à 2 col., 118 ff. chiffrés en tête, plus 6 ff. de table, signat. A-Q. goth.

Antoine CAILLAUT, LIBR. ET IMP. A PARIS, 1483-1505.

N° 121. — SAINT-BERNARD. De contemptu mundi.

Au-dessous de ce titre, la marque d'Antoine Caillaut ou Cayllant (1).

Le verso du titre est rempli par une gravure sur bois représentant saint Bernard assis dans une chaire et conversant avec de jeunes hommes.

Colophon : *Expliciunt glosule de contemptu mundi.* s. l. et a. (Paris, vers la fin du XVe siècle).

In-4º goth. de 38 ff., sans chiff. ni réclame, signat. a-e.

Papier fort, ayant pour filigrane la Main vue de face.

Ce livre est bien imprimé. Le poème est imprimé avec un caractère goth. d'environ 12 points, et les gloses avec un petit caractère goth. d'environ 9 points. Les *glosulæ* sont intercalées dans le texte, sans ordre ni méthode. Elles ont pour but de faire comprendre la pensée de l'auteur et de faciliter la traduction, en faisant parfois la construction de la phrase.

En 1487, Antoine Cayllaut a imprimé, à Paris, *le livre de bonnes mœurs*, de Frère Jacques le Grant. — (Voir au *Manuel* l'art. *Magnus*).

BALIGAULT (Félix), AUX DEUX SINGES, 1493-1510.

N° 122. — PHILELPHE (*François*). Epistole Francisci philelfi nuper lima acriori castigate cum quibusdam orationibus videlicet divi Ambrosii vignati Sabaudie legati alanique aurige de bello gallico. Cum aliis ejusdemque epistola de miseria curialium et de egressu caroli regis ex urbe parrhisia superadditis.

Au-dessous, la marque de J. Petit, en rouge, avec cette légende, en noir :

Felix quem faciunt aliena pericula cautum.

Colophon : ..... *Impressus est a felice baligault. Opera et impensis Johannis petit in vico Sancti Jacobi ad intersignium leonis argentei commo-*

---

(1) Voir Sylvestre, *Marques typogr.*, n° 46.

*rantis. Anno domini M. cccc. nonagesimo octavo
die ultima mensis aprilis.*

Suit un dernier f., blanc au recto, et portant, au verso, la
marque de Félix Baligault (1).

In-4° goth., 236 ff. Le livre est chiffré, excepté le dernier
cahier, G, qui ne l'est pas. Signat. a-z. A-G.

Papier fort, ayant pour filigrane : 1° le petit Pot à anse; 2° deux petits
Écussons fleurdelisés; 3° la Main vue de face; 4° l'Étoile couronnée; 5° de
petites Cisailles, 6° le P oncial bifurqué.

Cette édition ne renferme que 16 livres; celle de Venise (1500)
en a 37.

PETIT (Jean), AU LION D'ARGENT, 1493-1541.

N° 123. — Minorica elucidatiua rationabilis separationis fratrum minorum de obseruantia ab aliis
fratribus eiusdem ordinis.

Au-dessous de ce titre, la marque de Jehan Petit (2), et à la
fin cette courte souscription :

Et sic est finis deo laus et gloria trinis (sic). *Ex
Parisiis. xxii martii. M. cccc. xcix.*

Pet. in-8° goth. 68 ff., ayant 33 lignes à la page pleine, s.
chiff. ni réclam. Signat. a-i.

N° 124. — Ortulus rosarum liber deuotus cunctis-
que deum querentibus valde necessarius | nuper
exactissime correctus et emendatus. Item utile
quoddam breue documentum his qui sepenumero
confitentur. Item oratio deuotissima beati bernardi ad filium Jesum et matrem eius. Item alia
oratio eiusdem bernardi ad solam matrem.

Au-dessous, la marque de Jehan Petit.

(1) Voir Sylvestre, *Marques typogr.*, n° 72.
(2) *Ibid.*, n°° 24, 25.

Colophon : *Explicit ortulus rosarum nouiter impressus pro Johanne petit commorante in vico Jacobi ad intersignium leonis argentei.* s. d. (vers 1500).

Pet. in-8° goth., 24 ff., le dernier blanc, 31 lignes aux pp. pleines, s. chiff. ni réclam. Signat. A-C.

Papier un peu gris, ayant pour filigrane la petite Roue dentée, surmontée d'un bouquet de fleurs.

Ce volume est cité par Panzer (t. VIII, p. 212).

N° 125. — Rosarium deuotissimum beate marie Virginis.

Colophon : *Impressum Parisiis pro Joanne petit commorante in vico diui iacobi sub leone argenteo.*

Pet. in-8° goth., 44 ff., s. chiff. ni réclam. Signat. a-f, s. d. (vers 1500).

Le titre manque à l'exemplaire de la Bibliothèque de Toulouse.

N° 126. — Diui Ambrosii Mediolanensis episcopi officiorum liber.

Colophon : *Diui Ambrosii Mediolanensis episcopi officia finiunt feliciter, impressa Parisiis in* BELLOUISU (1) *Anno domini M. ccccc. iiii. Die. xv. nouembris pro Joanne Petit commorante in vico sancti Jacobi ad intersignium Leonis Argentei.*

Pet. in-4°, en lettres rondes, avec des majuscules gothiques.

(1) *Bellovisu* est la traduction littérale et assez inattendue de Beauvois. Il s'agit du collège de Beauvais situé, comme on sait, entre la rue qui portait son nom, la rue des Noyers, et la rue Saint-Jacques. Il est probable que l'imprimeur, ou plutôt les imprimeurs des *Offices de saint Ambroise,* — on va voir tout à l'heure que c'étaient Guillaume Bouchet et Jehan Bouyer, — avaient pris à loyer quelque dépendance de ce collège. On n'était plus au temps où la Sorbonne se croyait intéressée à donner l'hospitalité à Géring et à ses associés.

96 ff. à longues lignes, 26 par pages, largement espacées ; aussi la justification, qui a 15 centimèt. en hauteur, en a-t-elle 9 en largeur.

Le livre est imprimé avec un caractère de quinze points, sur un bon papier, un peu gris, et sans filigrane.

Il est composé de 16 cahiers, 8 quaternions et 8 cahiers de 4 ff. placés régulièrement et alternativement les uns après les autres. Le livre commence par un cahier de 8 ff. et finit par un cahier de 4. Ils sont signés a-q. et ne portent ni chiffres ni réclames.

Le livre qui porte au-dessous du titre la marque de Jean Petit porte au verso du dernier feuillet celle de Jehan Bouyer et Guillaume Bouchet, qui ont souvent imprimé pour plusieurs libraires, et qui ont, comme nous le verrons plus tard, imprimé à Poitiers, en 1499, les poésies de Publius Faustus Andrelinus.

N° 127. — Charles de LOUVIERS (1)? Le Songe du Vergier lequel parle de la disputacion du clerc et du chevalier (2).

Au-dessous de ce titre, imprimé sur deux lignes, la marque de Jehan Petit, et au verso « une planche représentant Charles V « tenant son sceptre. Le roi est assis au milieu de deux femmes « qui se tiennent debout (3), les mains jointes. Celle de droite « a pour légende : CEST LA PUISSANCE ESPIRITUELLE, celle de « gauche, cette autre légende : CEST LA PUISSANCE SECULIERE. « En face de ce groupe est l'auteur endormi sous un arbre. »

Le texte commence en tête du feuillet suivant ; il porte ce titre : Cy commence le premier liure : intitule le Songe du Vergier : Du clerc et du cheualier. Ce livre finit au verso du 93ᵉ f., signé q-i, par ces mots : *Cy fine le premier liure du Songe du Vergier.* Un peu plus bas, et après des groupes de points ·.·.·.·.·.·

(1) Dans son analyse du *Songe du Vergier*, feu M. Léopold Marcel, de Louviers, qui s'est attaché à examiner impartialement les titres des douze écrivains désignés comme auteurs de ce livre, termine sa remarquable et savante dissertation en déclarant : « que Charles de « Louviers est le seul des prétendants qui ait un titre formel, titre reconnu par des autorités « respectables et qui trouve sa confirmation dans l'*explicit* même, dont la révélation est due « à M. Pâris. » (Paris, 1863, grand in-8° de 108 pp., tirage à part (a), à 175 exemplaires, qui ne se vendent pas.)

(2) « Cet ouvrage, composé par ordre du roi de France Charles V, traite principalement « des deux puissances ecclésiastique et séculière. Écrit presque en même temps en latin et « en français, il est connu sous le double titre de SOMNIUM VIRIDARII et de SONGE DU VER-« GIER. » (L. Marcel, *loc. cit.*, p. 1.)

(3) Celle à la gauche du roi est à genoux.

(a) Extrait de la *Revue critique de Législation et de Jurisprudence*, 1862-1863, tomes XXI et XXII.

on lit : *Cy encore commence le seond liure du Songe du Vergier.*
Ce second livre ne commence pourtant qu'en tête du f. suivant,
signé q-ii, car le verso du f. 93 est rempli en entier par la même
figure, placée au verso du titre, que nous avons déjà décrite. Le
second livre finit au bas de la dernière colonne du volume, au
recto du 140e f., par le mot : *Amen.*

Le bas de cette dernière colonne ayant été enlevé et remplacé
par un petit carré de papier proprement collé, nous ignorons si
l'exemplaire avait ou n'avait pas de souscription finale. Le verso
de ce dernier f. est occupé par une autre figure sur bois qui représente l'auteur à genoux offrant son livre au roi.

Pet. in-fol. goth. de 140 ff. à 2 col., ayant 50 lignes par page.
Il est constitué par 23 cahiers ; le premier, seul, renferme 8 ff.,
et les 22 autres n'en renferment que 6. Ils ne sont pas chiffrés,
mais ils sont signés a-z. Le volume est très-bien imprimé, avec
un petit caractère gothique de 11 points, et les alinéas et les
têtes de chapitres sont ornés de lettres grises de plusieurs dimensions.

Le papier, de bonne qualité, d'une teinte un peu fauve, a pour filigranes :
1° une Licorne à courtes jambes ; 2° une Étoile, dont l'une des pointes est
couronnée ; 3° la Roue dentée, etc.

Nous croyons cette édition tout à fait inconnue, et voici nos
raisons : 1° Celle décrite comme étant la 2e par M. Marcel a
144 ff. ; celle que nous étudions n'en a que 140, et nous venons
de le prouver ; 2° M. Marcel, p. 10 de sa dissertation, déclare
que c'est « au verso du 139e f. que se trouve la planche où l'auteur est représenté offrant son livre au roi ; » dans notre exemplaire, cette planche est au verso du 140e : 3° les signatures, toujours selon M. Marcel, « sont de A à Y ; » les nôtres sont de
a à z, en minuscules. 4° notre exemplaire ne renferme ni « *une
planche sur feuille séparée, qui paraît représenter un homme assis
lisant,* » ni les 2 cahiers « *signés de caractères que je ne saurais
désigner,* » ce sont les propres expressions de M. Marcel).

Suivant Brunet, moins explicite dans sa description, cette
2e édition a été imprimée par *Petit Laurent,* tantôt pour *Jehan
Petit,* tantôt pour *Jehan Alisot, libraire demourant à Angier.* Il
lui donne aussi 144 ff. « y compris, ajoute-t-il, le frontispice et
une gravure sur bois qui occupe le dernier f. »

Hors d'état de rechercher la solution définitive de ce petit
problème bibliographique, ignorant si l'édition que nous avons
sous les yeux portait une souscription finale, nous allons, pour
compléter notre article, reproduire ici le colophon qui se trouve
à la fin du texte du second livre de l'édition considérée par
M. Marcel comme la 2e. Il se trouve à la page 10 de son analyse :

*A lonneur et a la louenge de nostre Seigneur Jesu-
christ et de sa tres digne mere, et de toute la cour*

célestielle de paradis a este fait cestuy livre appelle le Songe du Vergier, qui parle de la disputacion du Clerc et du Chevalier, et imprime a Paris par le Petit Laurens pour venerable homme Jehan Petit, libraire, demourant a Paris en la rue Saint Jacques, a lenseigne du Lyon dargent. — « Ensuite une planche, sur feuille séparée, qui paraît représenter un homme assis lisant. »

C'est la planche dont nous avons déjà parlé, et qui n'appartenait peut-être pas à l'exemplaire décrit par M. Marcel, *puisqu'elle était sur une feuille séparée.*

Cette édition, s. d., a été publiée vers 1500.

LE DRU (Pierre), 1499.

N° 128. — SAINT BONAVENTURE. Dicta salutis a beato bonauentura | ultimate emendatum : ac Parisius nouiter impressum.

Au-dessous de ce titre, une figure sur bois représentant un crucifiement.

Colophon : *Sancti Bonauenture... de dieta salutis una cum tractatu de resurectione hominis a peccato et preparatione ad gratiam..... feliciter finit. Parisius impressus per magistrum Petrum le Dru | pro Johanne petit..... Anno domini Milesimo cccc. xcix. Undecima die mensis Nouembris.*

Pet. in-8° goth. cxx ff. chiffrés. 31 lignes aux pp. pleines. Les cahiers q. r. s. t, ne sont pas chiffrés (le f. p-6 manque).

PIGOUCHET (Philippe), 1486-1512.

N° 129. — PIGOUCHET (*Philippe*). *Les presentes heures a lusaige de Rome furent achevez lan mil.*

cccc. iiii. xx. et xviii. le xxii. iour de Aoust pour Symon vostre. libraire demourant a Paris a la rue neuue nostre Dame a lenseigne Sainct Jehan leuangeliste.

In-4°, fig. et bordures sur bois. 72 ff. Signat. a-i.

Exemplaire sur papier, et, probablement, du premier tirage.

A part quelques piqûres, dans les marges seulement, l'exemplaire est très-beau et mesure 203 millim. de haut. Il est doré sur tranche et recouvert d'une reliure de Du Seuil, bien conservée.

VOSTRE (Simon), A L'IMAGE JEAN L'ÉVANGELISTE, 1486-1520.

N° 130. — *Les presentes heures a lusaige de Rome furent acheve, le xvj iour de septembre. Lan mil. cccc. iiii. xx, et xviii. pour Simon vostre, libraire demourant a Paris a la rue neuue nostre Dame a lymage Jehan leuangeliste.*

Pet. in-4°, fig. et bordures sur bois. 96 ff. Les 11 premiers quaternions sont signés a-l. et le dernier A (goth.).

Très-bel exemplaire imprimé sur vélin fort, et dans une ancienne reliure en maroquin vert, portant au dos, et sur la tranche de la couverture, quelques-uns des fers de Padeloup. La tranche est peinte en rouge.

N° 131. — Regule ordinationes et constitutiones cancellarie sanctissimi domini nostri : domini Innocentii divina providentia pape. viii. Scripte et correcte in cancellaria apostolica.

Ce titre est en tête du f. A-ij, le 1er manquant à l'exemplaire que nous avons sous les yeux.

Colophon : *Opusculum perutile summa cura casti-*

gatum : ac Parisius impressum : feliciter finit Die ij martij Anno M. cccc. xcix.

In-8° goth. de 82 ff. à longues lignes, 49 aux pp. pleines, s. chiff. ni réclam. Signat. A-K (goth.). Par quaternions, excepté le cahier K, qui a 10 ff.

Le livre est en mauvais état ; il est couvert d'une reliure de Padeloup.

JAUMAR (Claude) et DENIDEL (Antoine), 1497-1501 (1).

N° 132. — MANCINEL (*Antoine*). Scribendi orandique modus per Ant. Mancinellum. Studiosis oratorii artis et eloquentie admodum necessarius nuperrime impressus emendatissime.

Au-dessous de ces lignes, la marque des imprimeurs.

Colophon : *Impressum parisiis per Claudio Jaumar et magistro Anthonio Denidel. s. a. (1499 ?)*

In-4° goth., 32 ff., s. chiff. ni réclame. Signat. A-E. — La 1re partie, renfermant les définitions, est imprimée à longues lignes; la 2e, qui contient les synonymes, etc., est à 2 col.

Le livre est bien imprimé, sur beau papier, ayant pour filigrane le petit Écusson fleurdelisé.

N° 133. — HYSPANUS (*Andrea*). Modus confitendi optimus et compendiosus : sive generalis confessio : edita per reverandum (*sic*) in christo patrem et dominum Andream Hyspanum sancte romane ecclesie penitentiarium episcopum civitatensem. que dici potest speculum confitentium eo quod quivis confiteri volens : si primitus hanc

(1) Sylvestre, *Marques typogr.*, n° 316.

confessionem generalem diligenter inspexerit :
quasi in speculo omnia sua peccata videbit.

Ce titre est imprimé en rouge et noir, et se termine par le
mot *finis*. — Les marges sont vierges. — In-8° de 8 ff.

Papier fort. Pour filigrane, la Licorne.

Au-dessous du titre, on trouve les 4 vers suivants, manuscrits, en langue romano-patoise :

> Remenbre te ton Creator
> En los jorns de ta iouentut
> Dauan lo temps de ta dolor
> Dauan los ans de senectut.

Cette plaquette se trouve reliée après l'*artis bene moriendi,*
imprimé par Guyot Marchant, pour Jean Petit (voir le n° 99).
On trouve à la suite, dans le même petit volume, le *Liber de
Vilitate conditionis humane,* d'Innocent III (voir le n° 104). Ce
petit volume, cartonné et à dos de basane, porte le n° 185 de la
bibliothèque.

Jean PETIT et Josse BADE (1501)-1535.

N° 134. — FIRMARA (*Henri de*). Insignis atque præ-
clarus de deliciis sensibilibus paradisi liber : cum
singulari tractatu de quattuor instinctibus.

Au-dessous de ce titre, une gravure sur bois au bas de laquelle
on lit : *Venundatur ab Joanne paruo et Iodoce Badio.*

Colophon : *Explicit tractatus magistri henrici de
Firmara..... diligentius recognitus : impensis
Joannis parvi et Iodoci badii ascencii (1).....
mdxiiii* (1514).

Pet. in-8° goth. à 2 col., 68 ff. chiffrés, précédés de 4 ff. limin.
n. chiffrés. s. l. (Paris).

---

(1) Ascum, Asca, *Assche.* Bourg et château de la Belgique. Josse Bade, dit-on, était né
dans ce château. De là le surnom d'*Ascensius* qu'on lui donna.

Jehan PETIT.

N° 135. — BEDA (venerab.). Venerabilis Bedae presbyteri de temporibus siue de sex ætatibus huius seculi Liber incipit.

Au-dessous de ce titre, la marque de Jehan Petit, et plus bas : *Venditur in vico diui Iacobi sub Leone Argenteo.*

Colophon : *Impressus Parisius in Bellouisu Anno domini 1507 Die. 5. Aprilis. Pro Johanne Petit commorante in Vico Diui Jacobi sub Leone Argenteo.*

Derrière le titre, une gravure sur bois qui remplit presque la page représente l'intérieur d'un cabinet d'étude (*studium*); un personnage, assis devant la table et dans l'attitude de la méditation, tient dans sa main plusieurs feuillets écrits (1).

Pet. in-4°, lettre ronde, 30 ff., 40 lignes par page, s. chiff. ni réclame, signat. a-e. 2 cahiers de 8 ff., 2 de 4 et un de 6. Les divers âges du monde, des patriarches, des hommes célèbres, etc., sont indiqués en note sur les marges du livre. On trouve à la fin du volume une énumération des différents quartiers (5) de Rome, tirée de *Publius* Victor.

Le papier est marqué d'une Étoile et du petit Écu fleurdelisé.

Jean PETIT

N° 136. — QUINZANO (*Jean-François* CONTI), connu sous le nom de *Quintianus Stoa* (2).

---

(1) Nous avons rencontré cette figure dans les débris d'un livre, imprimé vers la fin du XVᵉ siècle, chez Michel le Noir, et ayant pour titre : l'*Art d'Archerie*. Nous l'avons même reproduite en tête d'un petit mémoire, lu à la *Société Archéologique du Midi de la France.* (Voir *Un livre perdu et un mot retrouvé.* Toulouse, 1874, in-8°.)

(2) « Ses condisciples le surnommèrent *Stoa*, qui signifie *portique des Muses*, parce qu'il versifiait avec une telle facilité qu'il semblait ne pouvoir parler qu'en vers; et *Quintianus*, à cause de la ressemblance qu'à leur égard, en corrigeant leurs compositions poétiques, il avait avec ce *Quintien* par qui Martial dit que ses propres poésies étaient censurées (a). » (Michaud, *Biographie universelle.*) Voyez aussi Adrien Baillet, *Jugement des Savans*; Paris, 1722, t. IV, p. 314. Le *Manuel* de Brunet, art. *Stoa*, renferme aussi un excellent article sur l'auteur de la *Prosodie* que nous venons de décrire.

(a) Voir Val. Martialis *Epigrammatum*, lib. 1, LIII, *Ad Quintianum.*

Jo. Fr. Quint. Stoæ Brixiani Poetæ laureati (1) de Syllabarum quantitate Epographiæ (2) sex..

Ejusdem Ars brevissima : & aliquibus metrorum generibus ac de omnibus Heroici carminis speciebus.

En tête de ce titre on lit les deux vers suivants :

Cui sunt ora aquillæ (sic) : *cui stigmata quinque : Poetæ*
Bilbilis assertor : Porticus : Auctor adest (3).

Au-dessous l'on voit la marque de Jehan Petit (4), et au bas du feuillet se trouve un quatrain en vers grecs, dans lequel Clavisio chante la gloire de Phébus et celle de Jean François Conti.

Colophon : *Impressum est hoc opus in Parrhisiorum lutecia impensis Joannis parui. Anno domini. M. cccc. xi. Kalendas Martias.*

Pet. in-4°, lettre ronde, 160 ff. à longues lignes, 40 aux pp. pleines.. 22 ff. limin. n. chiffrés: 138 ff. chiffrés au recto, en chiff. arabes. Les 2 premiers ff. du texte, qui comptent dans la pagination, ne portent pas de chiffres. Les 2 derniers ff. du livre, qui ne comptent pas dans la pagination, ne sont pas chiffrés, et la pagination s'arrête au folio 136.

Le livre renferme 20 cahiers, 2 quaternions et 1 ternion pour les limin., signé A, B, C: 16 quaternions et 1 quinternion pour le texte, signé a–r.

Papier fort, marqué de la Licorne, d'un petit Écu fleurdelisé, et de quelques autres filigranes qu'il a été impossible de relever.

Dans ce livre, le chiffre 2 est représenté par un z, ce qui prouve que ce signe était encore employé par les typographes du XVIᵉ siècle.

La date de ce livre est imprimée de la manière suivante :
..... Anno domini. M. cccc.
     XI. Kalendas Martias.

Qui ne croirait que ce chiffre XI indique seulement le quantième du mois? Nous l'avions pensé tout d'abord; mais en par-

---

(1) « Quinzano, accueilli avec distinction par le cardinal d'Amboise, fut présenté par lui à Louis XII, qui le nomma instituteur du jeune duc d'Angoulême..... Louis XII, qu'il enchantait par la facilité avec laquelle il improvisait et dictait jusqu'à huit cents et même mille vers latins, le prit avec lui lorsqu'il passa en Italie; et à peine entré en vainqueur dans Milan, il l'y couronna lui-même comme poëte. » (*Id.*)

(2) Ce mot, inventé par Quinzano, ne se trouve pas dans les dictionnaires. On pourrait le traduire par : *Traité de versification.*

(3) Voici la traduction intelligible de ce rébus : Prenez celui qui a l'aigle (saint Jean) ; celui qui a les cinq stigmates (saint François) ; le défenseur du poëte de Bilbilis (Quintianus, ami de Martial) ; un portique (Stoa) : vous aurez le nom de l'auteur, *Jean François* Conti dit *Quintianus Stoa.*

(4) Voir Sylvestre, *Marques typogr.*, n° 24.

courant le volume, nous avons trouvé à la fin de la lettre : *aa spectatissimos adulescentes* (sic), et au bas du f. ciiii, verso, la date que voici : *Datum Ticini* (à Pavie), *a Parthenopeo partu unam cum dimidia annorum chiliada anno vndecimo vltimo iunii*, 30 juin 1511.

Jean PETIT, VERS 1500?

N° 137. — Le grant proufit et merite utile que lon acquiert de ouyr Messe selon les saincts docteurs de saincte Eglise. — A la fin : *finis laus deo.*

In-8° semi-goth. de 6 ff., le dernier blanc.

Au-dessous du titre un Calvaire, et au verso du f. une figure sur bois qui remplit la page. Au milieu d'un vaste portique, et dans une chaire dont le sommet atteint la voûte, se trouve une figure : c'est celle de Notre Dame-du-Puy. Elle porte une couronne et un vêtement richement brodé. La Vierge est assise, et sa robe entr'ouverte laisse apercevoir la tête et le buste de l'Enfant Jésus, couronné, vêtu de même et tenant les mains jointes. Aux deux côtés de cette espèce de châsse sont des anges à genoux et tenant un flambeau allumé ; on lit au bas : NOSTRE DAME DU PUY. Au verso de l'avant-dernier feuillet est un saint Sébastien lié à une colonne, les mains attachées derrière le dos, et percé de flèches. Ces feuillets sont signés A-ii. Cette pièce est en vers ; voici les quatre derniers :

> Nul homme tant soit grant maistre
> Ne doibt tenir place ne lieu
> En leglise au dessus du prestre
> Quant il sacre le corps de Dieu.

Jacques NYVERD.

N° 138. — Le grant herbier En francoys Contenant les Qualitez vertus et proprietez des Herbes Arbres Gommes et Semences. Extraict de plusieurs traictez de medecine comme de auicenne de Rasis de Constantin de Isaac de Plataire selon

le commun usaige. Et a este nouuellement Imprime a Paris par Jaques Nyuerd.

Au-dessous de ce titre, en rouge et noir, la marque de l'imprimeur (1).

Colophon : *Cy finist le grant Herbier translate de latin en francoys. Auquel sont contenues les qualitez..... imprime a Paris par Jacques Niuerd demourant en la rue de la Huyfrie* (Juiverie) *a lymaige sainct Pierre Et a la premiere porte du Palays. Lan mil cinq cens et vingt et ung.*

Au verso du dernier f. la marque de Jehan Petit (2).

Pet. in-fol. goth. à 2 col., 47 lignes aux col. entières, avec notes marginales et figures des plantes dans le texte. 220 ff. chiffrés en lettres gothiques de 1 à 108 et 12 ff. de table n. chiffrés. Signat. a-s. A-B. s. réclam.

Livre bien imprimé sur beau papier marqué de la Licorne.

La première édition de ce livre porte le nom d'ARBOLAYRE. « Mais on ignore la date précise et le lieu d'impression de ce « volume précieux. » Voyez le *Manuel*, qui cite un grand nombre d'éditions du *Grant Herbier* imprimées à Paris, avec ou sans date. Parmi ces dernières, il en est une *imprimée pour Guille* (sic) *Nyuerd* (vers 1520) et à peu près semblable à l'édition de la Bibliothèque de Toulouse. Elle est signée de la même manière, elle a le même nombre de feuillets, mais les colonnes n'ont que 46 lignes et elle ne porte pas la marque de Jehan Petit au verso du dernier feuillet. Cette marque prouve évidemment que Jehan Petit fut l'éditeur du livre que nous venons de décrire.

Gilles de GOURMONT, 1507-1533.

N° 139. — P. Ovidii Nasonis Fastorum libri diligentti (*sic*) emendatione parisius impressi aptissimisque figuris ornati commentatoribus Antonio Constantino Fanensi : Paulo Marso piscinati viris

(1) Voir Sylvestre, *Marques typogr.*, n° 95.
(2) *Ibid.*, n° 24.

clarissimis additis quibusdam versibus qui deerant in aliis codicibus : insuper græcis characteribus vbi deerant in aliis impressionibus appo-
sitis rebus notabilibus in margine vna cum tabula
in ordine alphabetiquo nullo in alio codice impressa reperies.

Au-dessous la marque de Gilles de Gourmont, libraire et imprimeur à Paris de 1507 à 1533 (1). Sans colophon.

Pet. in-fol., lettre ronde, avec des figures en tête de chaque
livre. 14 ff. limin. n. chiffrés, signat. AA-BB, et 262 ff. chiffrés
au recto en chiffres romains et signés de a à &, suivis de deux
quaternions supplémentaires et d'un 2ᵉ alphabet de A à G. Les
commentaires encadrent complétement le texte. Le volume ne
renferme que six livres des *fastes*. Y a-t-il un 2ᵉ volume ? c'est
probable.

Papier fin, un peu roux, marqué de nombreux filigranes : 1° un Écu
fleurdelisé, surmonté d'une croix; 2° la Licorne; 3° un B; 4° le Gant;
5° petite Roue dentée, surmontée d'une fleur; 6° une Étoile couronnée, etc.

SOTQUAND (Guichard), 1520-1532,
A L'ECU DE FRANCE.

Nº 140. — BEROALDE (*Philippe*). Carmen lugubre
Philippi Beroaldi in dominica passionis dei.

Au-dessous de ce titre, la marque de l'imprimeur Sotquand (2),
au bas de laquelle on lit :

*Venundantur parrhisijs in claustro Brunelli sub
intersignio scuti Franciæ a magistro Guichardo
Sotquando.*

A la fin, le seul mot *finis*.

In-4° de 6 ff., lettre ronde, s. chiff. ni réclam., signat. a 11.

Papier fort, un peu gris, sans filigrane.

Le *Carmen lugubre* est accompagné de commentaires intercalés dans le texte.

(1) Voir Sylvestre. *Marques typogr.*, nº 82.
(2) *Ibid.*, nº 409.

Claude CHEVALLON, 1520, *sub solis aurei intersignio.*

N° 141. — A la fin du JULII SOLINI DE SITU ORBIS, *Venetiis Nic. Jenson,* 1473, on a relié un vol. pet. in-fol. goth. à 2 col., de 36 ff. (1). 6 ff. limin., n. chiffrés, pour le titre et la table, signés A ; 30 ff. chiffrés de 1 à 29, en chiffres romains ; le 36ᵉ est blanc. Ils sont signés a-e.

Le titre manque au volume, et nous ignorons complétement le nom de l'auteur et le titre exact de cet ouvrage bizarre.

En voici le colophon : *Imprimebat Parrhisijs sub solis aurei intersignio : in via ad divum Jacobum Claudius Cheuallus : Anno a natali christiano : Millesimo quingentesimo vigesimo : decimoquarto Calendas Augustas.*

Au-dessous, la marque de l'imprimeur (2).

Il est divisé en trois livres : le premier contient xvii chapitres, intitulés : *de Fide, de Charitate, de Spe, de Religione, de Equitate,* etc. A la fin de ce livre, on lit : *Descriptionum Justicie liber primus finitur.* Le second contient xvi chapitres. La préface de ce deuxième livre a pour titre : *Libri secundi preludium; Descriptionum Justicie atque injusticie.* Voici l'intitulé de quelques-uns de ses chapitres : MEUM ET TUUM *unde provenerunt. De innocentibus ab injusticia oppressis. De populo sine lege. De Episcopo negligente. De Principe iniquo. De femina sine pudicitia,* etc., etc. A la fin du livre : *Descriptionum libri secundi finis.*

Le troisième renferme dix chapitres. Le premier est intitulé : *Justicie atque injusticie descriptionum.* C'est même là peut-être le titre de l'ouvrage. Voici celui de quelques-uns des chapitres contenus dans ce troisième livre : *De consiliariis. De judice. De notario. De precone. De servientibus. De executore criminalium.*

Cette courte analyse démontre que cet ouvrage traite tout à la fois de morale, de théologie et de jurisprudence. Il a été écrit, croyons-nous, par un docteur *in utroque*, avocat ou magistrat à Alençon, car le nom d'*Alinconium* revient souvent sous sa plume, ainsi que celui de Charles III, duc d'Alençon, qu'il appelle *noster Karolus,* lequel épousa Marguerite d'Angoulème, sœur de François Iᵉʳ.

(1) Le folio 22, signé d iiii, manque à l'exemplaire.
(2) Voir Sylvestre, *Marques typogr.,* n° 295.

Ce livre, sans importance, sans valeur aujourd'hui, et dont nous avons longtemps hésité à faire la description, a pourtant un côté curieux, piquant même, c'est la présence des figures dont il est orné. Nous allons essayer d'en donner une idée. Elles sont au nombre de six et elles remplissent entièrement les pages qu'elles occupent.

La 1re est placée au verso du dernier feuillet des liminaires. La partie supérieure est remplie par trois écussons fleurdelisés, surmontés de couronnes ducales. Ils sont entourés par une banderole, soutenue par des ailes, et sur laquelle on lit, imprimé en rouge : *Vocabo et requiescam* (Psalm. LIIII).

Le bas de la gravure est occupé par un lion à figure humaine, qui tient entre ses dents un rameau chargé de fruits. La banderole ailée, qui court au-dessus, porte ce verset de la Bible : *De comedente exiuit cibus : et de forti egressa est dulcedo.* (Judicum xiiij).

Au-dessous du lion, on lit encore : *Leo fortissimus bestiarum ad nullius pavebit accursum* (Prov. 30, 30).

La 2e se trouve au verso du fol. 1. Elle représente une immense forteresse, de forme triangulaire, dont les angles sont occupés par de grandes tours crénelées. Au sommet de l'édifice, on lit : TURRIS JUSTITIE TYPUS. Sur les murailles, depuis la base jusqu'au faîte, on a gravé des mots, des sentences, etc., en rapport avec les différents chapitres du premier livre de l'ouvrage.

La 3e, placée sur le recto du fol. VIII, a pour titre : INJUSTITIE TYPUS. L'injustice y est représentée sous la forme d'un monstre fantastique. Sa tête, *emmanchée d'un long cou* replié sur le dos, porte des cornes de bœuf et des oreilles d'âne ; son œil ressemble à celui d'un homme ; sa gueule est béante, le mot *Innocentes* la remplit : sur les cornes et sur le front, on lit ces contre-vérités : MEUM, TUUM ; FAC ALIIS QUOD TIBI NON VELLES FIERI.

Le monstre a douze jambes, terminées en pieds de cochon. Les deux premières et les deux dernières sont armées de griffes. On a inscrit sur ces douze jambes la liste des injustices *majeures*. La voici, nous l'avons cherchée vainement ailleurs : *Sapiens sine operibus. Senex sine religione. Adolescens sine obedientia. Dives sine elemosyna. Femina sine pudicitia. Dominus sine virtute. Christianus contentiosus. Pauper superbus. Princeps iniquus. Episcopus negligens. Plebs sine disciplina. Populus sine lege.*

Sur la queue du monstre, le mot : MORS.

La 4me est placée au verso du fol. XVII. Elle représente le prince (*princeps*) ; il est assis sur son trône, tenant ouvert, sur ses genoux, le livre de la loi. Dans sa dextre, il tient la main de justice. Il a pour acolytes deux ministres (*consiliarii*).

La 5me occupe le recto du fol. XXI, mal chiffré XIX. Elle représente l'enceinte d'un prétoire. Le Juge (*Judex*) est assis sur son siége ; il tient dans ses mains le glaive et la balance. Les Avocats et les Procureurs (*Advocati et Procuratores*) sont à leurs bancs, et le Greffier (*Notarius*), devant sa table, ayant encore la plume à la main, est en train de lire un acte d'accusation ou de prononcer un arrêt.

La 6ᵉ, placée au verso du fol. xxvi, a pour titre : *De preconibus, commentariensibus, servientibus, et criminalium sententiarum executoribus.*

Au milieu d'une place publique, un criminel, les épaules et les jambes nues, subit le supplice du fouet ou plutôt des verges ; il a les bras liés derrière le dos, au moyen d'une corde dont le bourreau tient de la main gauche les deux bouts, pendant que de la droite il fustige le patient. Le Crieur public (*preco*), les joues enflées, et montrant la sentence, fait retentir sa trompette. Le Sergent (*serviens*), élevant sa baguette fleurdelisée, assiste à l'exécution, ainsi que le Geôlier (*commentariensis*), appuyé sur sa hallebarde, et tenant à la main les clefs de la prison.

Nº 142. — MELIADUS DE LEONNOYS.

Ou present volume sont contenus les nobles faicts
darmes du vaillant roy Meliadus de Leonnoys :
Ensemble plusieurs autres nobles proesses de
Chevalerie | faictes tant par le Roy Artus |
Palamedes | le Morhouth dirlande | le
bon cheualier sans paour | Galehault
le brun | Segurades | Galaad que
autres bons cheualiers estans au
temps dudit roy Meliadus
histoire singuliere et re »
creatiue | nouuelle »
ment Imprimee
a Paris.
Auec priuilege du Roy nostre Sire.

On les vend a paris en la grand salle du Palais, au premier pillier en la boutique de Galliot du Pre marchant Libraire iure de luniuersite.

Ce titre, rouge et noir, est encadré dans un immense et lourd portique, au fronton duquel se trouve la marque de l'Université,

Colophon : *Ce present vollume des faitz et gestes du noble roy Meliadus de Lyonnois fut acheue d'imprimer a Paris le 25me iour du Moys de Nouembre. Lan Mil. cinq cens. xxxviii.*

In-fol. goth. à 2 col. de 53 lignes, 200 ff., 6 ff. limin. Pour le titre, le privilége du roi, le prologue et la table, ils ne sont pas chiffrés, mais ils sont signés d'une petite rose à cinq pétales. Les autres ff. sont chiffrés de 1 à 199 en chiffres goth., au recto seulement. La marque de Galliot du Pré se trouve au verso de l'avant-dernier feuillet (1) et le dernier est blanc. Le livre est sans réclame et porte un titre courant au haut des pages. Il renferme 34 cahiers, 33 ternions et 1 quaternion.

Au verso du dernier f. de la table, une grande gravure sur bois représente le chevalier Meliadus l'épée au poing, la visière levée, et lâchant la bride à son coursier lancé à fond de train.

Le premier f. du livre est encadré de bordures de plusieurs dimensions. Sur les fleurs et sur les rinceaux qui couvrent l'encadrement, des enfants voltigent, s'amusent, jouent entre eux, tirent de l'arc, etc. En bas et au milieu de la traverse est un écusson vide.

Le volume, relié en maroquin vert et orné de trois filets sur les plats, porte aux quatre angles deux LL entrelacées et couronnées. C'est encore une reliure de Padeloup ou de Derôme.

N° 143. — COMMINES (*Philippe de*). Chronique et Hystoire faicte et composee par feu messire Philippe de Commines cheualier | seigneur Dargenton | contenant les choses aduenues durant le regne du Roy Loys Unziesme | tant en France Bourgogne | Flandres | Arthois Angleterre que Espaigne et lieux circonuoisins. Nouuellement reueue et corrigee auec plusieurs notables mis au marge. Imprime en Januier lan mil cinq cens xxv.

Il se vend en la grant salle du Palais au premier pillier en la boutique de Galliot du pre Libraire iure de Luniuersite de Paris. Auec Priuilege.

(1) Voyez Sylvestre, *Marques typogr.*, n° 47.

Ce titre, en noir, est placé dans un grand portique à colonnes. Sous la voûte, pratiquée dans l'entablement, on voit la marque de l'Université : la main sortant d'un nuage et tenant un livre fermé.

Aux quatre angles du portique, on a placé des médaillons antiques, deux têtes d'homme et deux têtes de femme. Les têtes d'homme sont couronnées. Au milieu du soubassement, on a gravé, dans un cartouche, un cheval nu passant.

Colophon : *Fin de Lhystoire et Chronique du feu roy Loys Unziesme de ce nom..... Et fut acheuee dimprimer le onziesme iour du moys de Septembre Lan Mil cinq cens xxv. par Anthoine Couteau pour Galliot du pre libraire iure de Luniuersite de Paris.*

Au verso du titre, l'*Extrait des registres du Parlement accordant à Galliot du Pré le permis d'imprimer ledit Abrégé de chronique jusques a deux ans a pris (sic) competant et raisonnable.*

Ce privilége accordé par le Parlement est daté du troisiesme iour de fevrier lan Mil cinq cens vingt et trois, « ce qui a fait annoncer sous cette date, dit Brunet, une édition très-problématique. »

Pet. in-fol. goth. à longues lignes, 44 aux pp. pleines, titre courant au haut des pages et notes dans les marges. 4 ff. limin. pour le titre et la table sur 2 col. Ils ne sont pas chiffrés, mais ils sont signés A, et l'alphabet des signatures continue sur les cahiers suivants jusqu'à la lettre T. Le 1er feuillet est chiffré en toutes lettres et la pagination est chiffrée en lettres gothiques jusqu'à cvi. Au verso de ce dernier feuillet se trouve la marque de Galliot du Pré.

Le livre est relié en v. marbr.

Anthoine COUTEAU — GALLIOT du PRÉ

N° 144. — Les faitz et dictz de feu de bonne memoire Maistre Allain Chartier en son uiuant Secretaire du feu roy Charles Septiesme du nom. Nouuellement imprime | reueu et corrige oultre les precedentes impressions | et diuise par chapitres

pour plus facillement comprendre le contenu en
iceulx Adiouste le Debat du gras et du maigre |
que nauroit encores este imprime | auec le reper-
toire des matieres contenues au present volume
le tout nouuellement imprime a Paris.

On les vend a Paris en la grant salle du Palais au
premier pillier en la bouticque de Galliot du pre
libraire iure en Luniuersite. Mil cinq cens vingt
et six. Auec Priuilege.

Colophon : *Fin du present volume contenant les
faitz..... Imprime a Paris par Anthoine Couteau
imprimeur pour Galliot du pre libraire demourant
audit lieu | et fut acheue le dixiesme iour de Juillet
Mil cinq cens xxxvi.*

Pet. in-fol. goth. à 2 col., 44 lignes à la col., prose ou vers.
133 ff. disposés en 22 cahiers, 20 ternions, 1 quaternion et
1 cahier de 4 ff. suivi d'un f. supplémentaire qui ne compte pas
dans la pagination, et sur le recto duquel on a gravé sur bois
la généalogie des Roys de France depuis le roy sainct Loys.
Le cahier de 4 ff. est signé K, mais cette lettre manquant à
l'imprimeur il en a improvisé une en accolant à une L une r
gothique de bas de casse ℟ (1). 6 ff. limin. n. chiffr., signés
a-iiii, pour le titre, le préambule et la table. Il y a une erreur
dans la pagination. Le f. v-i est chiffré 114 pour 113, puis la
pagination continue, et le dernier f., qui devrait être fautive-
ment chiffré 125, est chiffré c. xxiiii. Les ff. sont signés A-X en
majuscules gothiques. Le livre porte un titre courant au haut
des pages, et il renferme deux figures sur bois. La 1re en tête du
Curial représente Alain Chartier écrivant son livre. Elle occupe
presque toute la page. La 2e, plus petite, est placée en tête du
Libelle de paix. Le professeur, en robe, revêtu de l'épitoge, est
en chaire, debout, et dicte sa leçon à des élèves assis sur des
bancs en face de lui. Le *famulus,* assis sur le premier plan, est
armé de sa masse à tête d'argent. Au commencement de l'ouvrage se trouve une L majuscule ornée d'une tête de profil.
L'exemplaire est bien conservé. Il est recouvert en maroquin
vert, avec trois filets sur les plats, et orné d'une palme aux

(1) « Jacques Le Grant, en parlant de l'invention de l'alphabet, dit « que ce fut le maître
« d'école Salluste qui introduisit la consonne K. Dans le *Sophologium*, cette lettre manquait
« au compositeur, qui en improvisa une de cette façon : il prit un l et un i, il évida le milieu
« de l'i. supprima le point, et de ces deux signes rapprochés forma son ℟ tant bien que mal. »
(Voir M. Madden, *loc. cit.,* 4e série, p. 72-73.)
  « La première page du *Catholicon* de Jean de Balbis nous offre deux K. L'un d'eux a été
« obtenu d'une manière singulière : c'est un R dont on a évidé la tête : ℟. » (*Id.,* 4e série,
p. 114.)

quatre angles de la reliure. C'est évidemment une reliure de Padeloup ou de Derôme.

Jehan PETIT.

N° 145. — LORRIS (*Guillaume de*).

Cy est le Rommant de la Rose
Ou tout lart damour est enclose
Hystoires et auctoritez
Et maintz beaulx propos vsitez
Qui a este nouuellement
Corrige suffisantement
Et cotte bien a lauantaige
Comme on voit en chascune paige.

On les vend a Paris en la rue Sainct Jaques en la boutique de Jehan petit libraire iure de luniuersite a lenseigne de la fleur de lys dor.
Mil. v. c. xxxi.

Ce titre, imprimé en rouge et noir, est encadré dans une espèce de portique sur le fronton duquel on voit : au milieu, les armes royales soutenues par deux anges ; à droite, celles de l'Université, la main sortant d'un nuage et tenant un livre fermé ; à gauche, celles de la ville de Paris, que quelques-uns ont prises pour la marque de Galliot du Pré, — le navire avec trois fleurs de lis en chef (1) ; au bas du portique, celles de Jean Petit, la fleur de lis d'or, avec deux lions pour supports. Le nom de Petit, en majuscules, se trouve répété cinq fois sur différentes parties de l'encadrement.

Colophon : *Fin du Rommant de la rose veu et corrige et nouuellement imprime a Paris le ix.* *iour de Juing Lan mil v.* *xxxi.*

Pet. in-fol. goth. à 2 col., 45 vers aux col. pleines. Vignettes sur bois en tête des chapitres. 136 ff., 4 ff. limin. n. chiff. pour le titre, le préambule et la table ; 131 ff. chiff. au recto, et un f. non chiffré, sur le recto duquel se trouve la marque de J. Petit.

---

(1) Voyez le n° 118, où Bocard donne, dans un quatrain, la description de ces armes.

Sur les parties latérales de cette marque, le nom de Petit est précédé d'un A. Cet A majuscule précède et suit aussi le nom de Petit, placé au bas du frontispice.

Le livre est bien imprimé, sur un papier un peu roux, qui est marqué d'un petit Écusson fleurdelisé, de la petite Licorne, de la Main vue de face, et surmontée d'une Étoile, etc.

Ce *Roman de la Rose*, dont l'imprimeur ne s'est pas fait connaître, porte, sur certains exemplaires, la marque de Galliot du Pré. Le nôtre est au nom de Jehan Petit. Ceci confirme l'observation de Brunet, t. III, col. 1175 : « Il y a, dit-il, des exemplaires dont le cartouche du frontispice est différent, et porte, au lieu du nom de Galliot du Pré, celui de Jehan Petit, avec la marque de ce dernier à la fin. »

Les ANGELIERS.

N° 146. — LE PREMIER VOLUME DES

Catholiques œuures et Actes des Apostres redigez en escript
par Sainct Luc Euangeliste et Hystoriographe | depute par le
Sainct Esperit | Icelui Sainct Luc escripuant a Theophi-
le | Auecques plusieurs Hystoires en icelluy inserez
des gestes des Cesars. Et les demonstrances
des figures de Lapocalipse veues par Sainct
Jehan Zebedee en lisle de Pathmos soubs
Domician Cesar | auecques les cruaultez
tant de Neron que dicelluy Domi-
cian. Le tout veu et corrige bien
et deuement selon la Vraye Ve-
rite | Et ioue par personna-
ges a Paris en lhostel
de flandres Lan
Mil cinq
cens. xli.
Auec priuilege du Roy.

Ce titre, imprimé en rouge et noir, est placé au milieu d'un grand portique gravé sur bois, et sous la voûte duquel se trouve l'écu royal soutenu par deux anges à genoux ; sur une banderolle qui court au-dessous d'eux on lit : *Vng Dieu, vne Loy, vng Roy.* Sur les colonnes, on a gravé la date de 1537. Au bas et au-dessous du portique se trouve la souscription suivante : *On les vend en la grand salle du Palais | par Arnould et Charles les Angeliers frères tenans leurs bouticques au premier et deuxiesme pilliers deuant la chappelle de messeigneurs les presidens.*

A la fin du 2e vol. on trouve ce colophon :

Fin du IVe et dernier liure du second volume des Actes des Apostres | imprime nouuellement ainsi que le mistere est ioue a Paris mil cinq cens quarante vng.

Au recto du dernier f. la marque des Angeliers (1).

Pet. in-fol. goth. à 2 col., renfermant les 2 vol., avec titre courant au haut des pages. Tome Ier, 4 ff. prélim. pour le titre, le privilége et le nom des interlocuteurs. Ils ne sont pas chiffrés, mais ils sont signés d'une petite rose. ccx. ff. chiffrés, le dernier mal chiffré ccxx. Signat. a-mm. Tome II, 2 ff. prélim. pour le titre et une ballade ; ils ne sont ni chiffrés, ni signés. Le vol. renferme clxxij ff. L'avant-dernier est mal coté clxxv, et le dernier, qui porte aussi la marque des Angeliers, n'est pas chiffré. Signat. A-X. Aa-Ii. Les deux volumes sont imprimés par cahiers de 6 ff., excepté le dernier cahier du deuxième, qui en a 8.

Le titre du 2e vol. est imprimé en noir, et l'on n'y trouve pas la souscription que porte le 1er vol.

Tous deux sont imprimés sur un papier corsé, bien encollé et d'une teinte grise. Il a pour filigranes : 1° un petit P gothique ; 2° une Fleur de lis ; 3° un petit Ecu fleurdelisé ; 4° un nœud de ruban, etc.

Le verso du 1er titre est rempli par une grande gravure sur bois représentant l'apothéose de la Vierge.

Le volume, doré sur tranche, est recouvert d'une belle reliure en maroquin rouge, de Derôme ou de Padeloup, admirablement conservée.

L'Apocalypse, qui complète cette œuvre, manque à la Bibliothèque de Toulouse.

(1) Marque de Sylvestre, n°s 155-156.

PAVIE (Ticinum) — PAPIA — PAVIA

1471, Typographe inconnu.

On cite parmi les imprimeurs de Pavie, au XVe siècle, Antonius de Carcano ou Carchano (1476) ; Damianus de Confaloneriis de Binascho (1477) ; Zanino Ripa, son associé, etc.

Antonius CARCHANUS, 1494.

N° 147. — BARZIZIUS (*Christophorus*) (1). Cristofori Barzizii medici singularis introductorium practice ejusdem.

Colophon : ... *Impressit Papie impressorie artis peritissimus magister Antonius de Carchano. Anno salutifere natiuitatis m. cccc. lxxxxiiij die xx Augusti ad laudem dei et eius pie genitricis.*

Pet. in-fol. goth. de 254 ff. à 2 col., 60 lignes aux col. pleines.

Le titre, sur deux lignes, occupe le milieu de la page du premier f., dont le verso est rempli par la dédicace de l'auteur : *Magnifico Ambrosio Vasirio Rosato Ducali phisico, etc.* Ce f. n'est pas chiffré, mais les ff. suivants sont chiffrés en chiffres arabes de 1 à 252 (2). Excepté sur le premier f. où le chiffre 1 est placé au milieu de la page, tous les autres ff. sont chiffrés à droite et au recto seulement. Un f. blanc termine le volume.

Ce volume est probablement le premier livre imprimé à Pavie avec des réclames, car toutes les pages n'en ont pas, et celles qu'on y trouve sont disposées d'une façon toute particulière. Les bibliographes étant muets à ce sujet, nous allons en donner une description succincte.

Ce livre, comme nous venons de le dire, porte des réclames, mais beaucoup de pages en sont dépourvues. Les 26 premiers ff. n'en ont pas, et la première se trouve au recto du fol. 27, au bas de la 2e col. Elle est placée au-dessous de la dernière ligne, mais à un centimètre de distance de la marge intérieure, comme toutes celles que renferme le volume.

(1) Eloy le nomme *de Barzizits.*
(2) Il existe de nombreuses fautes de pagination.

Cette première réclame renferme les trois mots *abréviés* (1) que voici : *secundo in comparatione,* et que l'on retrouve en tête de la colonne suivante.

La deuxième se trouve au verso du fol. 36, signé g. Elle consiste tout simplement dans la conjonction ET *abréviée.*

La troisième, que l'on remarque trois ff. plus loin, est formée du mot *quia,* sans abréviation, quoique le mot qui commence la colonne suivante soit fortement syncopé.

Jusqu'à la fin du volume, tous les cahiers, sans exception aucune, renferment deux ou trois pages sans réclame.

Un seul feuillet, p. 177, porte au bas de la 2e col., RECTO, la réclame *aqua.*

Le volume renferme 39 cahiers, 13 quaternions, 24 ternions, et 2 cahiers de 4 ff. (*duerni*).

Comme dans tous les incunables, le 1er f. n'est pas chiffré et le 2e porte le chiffre a-2. Il existe deux alphabets de signat. a-z, suivi de trois cahiers supplémentaires, et A-N pour seconde signature.

Le papier est fin, grenu, un peu gris, et rempli de taches d'eau ; les pontuseaux sont à peine visibles. Dans le 246e f. et dans le f. blanc de la fin, on aperçoit difficilement un filigrane : c'est une tête de bœuf singulière.

L'*Explicit,* qui se trouve à la fin de l'introduction de cet ouvrage, est assez curieux : « *Explicit introductorium siue ianua ad opus praticum medicine compilatum per eximium et medicine monarcham Magistrum Cristoforum de barziziis de pergamo alterum Ipocratem.*

La description de ce volume dans le *Manuel,* t. I, col. 685, est entachée de deux erreurs. Le nombre de ff. est côté 257, et le format est indiqué comme étant in-4°.

POITIERS — LIMONUM — Pictonum Metropolis.

1479, Typographe inconnu.

Le premier livre, imprimé à Poitiers en 1479, est le *Breviarium historiale* de Landulphus Sagax de Columna (2).

---

(1) Le mot *abrégés* ne rendant pas exactement notre pensée, nous nous sommes servi du mot *abréviés,* hors d'usage aujourd'hui.

(2) Brunet a donné, dans son *Manuel,* une bonne description de cet ouvrage. On trouvera aussi, dans le *Dictionnaire géographique* de M. P. Deschamps, un article très-curieux et très-intéressant sur l'établissement et l'histoire de l'imprimerie à Poitiers.

JEAN BOUYER et GUILLAUME BOUCHET, 1499.

N° 148. — ANDRELINUS (*Publius, Faustus*). Publii Fausti Andrelini foroliviensis Regii poete laureati :

De obitu Caroli octavi deploratio

Ejusdem de eodem ad Guidonem Rupifortem epistola

Ejusdem de eodem varia epitaphia

Ejusdem carmen de parrhisie urbis congratulatione in Petri coardi primi francie presidis electione.

Ejusdem carmen ad Laurentium Burellum Carmelitam : theologum et confessorem regium.

Colophon : *Pictauis impressum Anno a natali christiano M. cccc. xcix. decimo sexto calendas nouembris Lodouico duodecimo regnante : et philippo griuelli parrihisiensis* (sic) *gymnasii rectore faustissimo.*

Suit un errata d'une forme singulière, qui prouve le soin avec lequel ces imprimeurs corrigeaient leurs fautes.

RECOGNITA.

In epitaphio primo in regem Carolum :
Prostrata in francos. lege prostrato.
Duo duce iacta fuit : lege recta fuit.
Magnanimo tantum : decentius inuicto, etc.
In carmine ad Laurentium Burellum
Totum Venerale per orbem : lege Venerate.

In-4° goth. de 12 ff., deux ternions, 20 vers aux pp. pleines, s. chiffr. ni réclam., signat. A-B (goth.).

Imprimé par Jean Bouyer et Guillaume Bouchet, dont la marque se trouve au verso du dernier f., quoique le recto soit blanc (1), où cette marque est indiquée comme appartenant à J. Bouyer et G. Bouchet, de Paris.

Cette rarissime plaquette présente une particularité assez bizarre : c'est la présence d'une main vue de face, imprimée au verso du titre, dont elle remplit la page entière.

Cette main, dont les doigts sont couverts de signes cabalis-

(1) Voir Sylvestre, *Marques typogr.*, n° 160.

tiques, nous a fort intrigué. En voici une explication. Est-ce la bonne?

La MAIN OUVERTE étant considérée comme l'emblême de l'éloquence, l'éditeur ou les imprimeurs n'ont-ils pas cru honorer ainsi le professeur de rhétorique et de poésie de l'Université de Paris, qui, dès l'âge de 22 ans, avait obtenu les honneurs de la couronne poétique et qui devint plus tard le *poeta regius et regineus* que Charles VIII, Louis XII, Anne de Bretagne, comblèrent d'honneurs et de richesses ?

Ce livret est admirablement imprimé sur un très-beau papier, sans filigrane.

La Serna, Brunet, M. P. Deschamps, etc., ne l'ont pas connu. Le *Manuel*, t. I, col. 273, signale une édition de Nicolas Dupré, 1505, dont le titre est exactement le même que celui de l'édition de Poitiers. Il serait curieux de savoir, si elle porte, au verso de son titre, la figure de la *main ouverte*.

Le livre de poésies d'Andrelinus, qui porte les n°s 892 et 162 de la Bibliothèque de Toulouse, renferme aussi plusieurs opuscules latins qui ont été imprimés au XVᵉ siècle et que, vu leur rareté, nous allons décrire ici, quoique très-certainement ils n'aient pas été imprimés à Poitiers.

Nᵒ 149. — Le premier est un livret d'écolier, un abrégé de prosodie latine, renfermant la définition de tous les éléments qui entrent dans la composition du vers latin, depuis la *syllabe* jusqu'au *vers* complet.

C'est une plaquette pet. in-4° de 6 ff. goth., ayant 27 ou 28 lignes aux pp. pleines, s. chiffr. ni réclam., signée A-m. Elle est sans titre et commence ainsi : *Quoniam omne metrum constat ex pedibus pes autem ex sillabis*... Elle se termine par ces mots : *Expliciunt regulete* (1).

Ces six feuillets sont imprimés sur un beau papier ayant pour filigrane la Licorne. En tête du deuxième feuillet se trouve une jolie lettre grise de 28 millimètres de hauteur. Les caractères gothiques sont absolument semblables à ceux employés par les imprimeurs lyonnais et que nous avons décrits sous les n°s 25 et 26.

La présence de *la licorne* dans la pâte du papier nous ferait croire cependant que ce mince volume a été imprimé à Paris. S'il en était ainsi, cela prouverait que les imprimeurs parisiens comme les imprimeurs toulousains avaient adopté, vers la fin du XVᵉ siècle, le *caractère gothique lyonnais*.

(1) *Reguletæ*. Ce mot, qui ne se trouve ni dans les dictionnaires latins usuels, ni dans celui de Freund, ni dans Du Cange, n'a certainement pas été inventé par l'éditeur de ce petit livret. Nous ne serions donc pas éloigné de penser que ce mot, tombé depuis longtemps en désuétude, était appliqué jadis par les écoliers aux abrégés classiques de poésie latine, comme l'est encore de nos jours le mot *selectæ* aux recueils classiques de maximes et d'histoire ancienne.

N° 150. — Le second ouvrage est encore un livre de classe. Il n'a pas de titre, mais voici ce qu'on lit en tête du 5ᵉ feuillet :

M. Tullii. C. Synonimorum libellus incipit. Cicero Lutio veturio suo salutem.

Au bas du recto du dernier f. on trouve, sur quatre lignes, ces mots :

> *Ciceronis*
> *Synonima ad*
> *Lucium Veturium*
> *Feliciter finiunt.*

Le verso de ce dernier f. contient la liste des dix-sept manières dont se terminent les adverbes, et plus bas le mot : *finis.*

Ce mince volume, *absque nota*, comme le précédent, n'a que 16 ff. in-4°. Il est composé de 2 quaternions, signés a-b. Les synonymes y sont rangés par ordre alphabétique et forment 4 col. de mots superposés ; chaque col. en compte 41. D'après ce tableau, on voit que *Abditum* a 16 synonymes, *Alvus* 14, *Adjuvat* 22, etc.

Le papier, de même qualité que celui du volume précédent, a pour filigrane le Pot à anse, autre filigrane que l'on rencontre fréquemment dans les livres sortis, au XVᵉ siècle, des presses parisiennes.

N° 151. — La troisième et dernière plaquette renferme deux traités sur l'art de la mémoire.

Le premier est intitulé : Liber de arte memorie.

Ce titre, sur deux lignes, est imprimé en lettres de forme, au milieu du recto du 1ᵉʳ f., dont le verso est blanc.

En tête du 2ᵉ f. on lit : Incipit ars memorie venerabilis Baldouini Sobodiensis (sic) medice artis doctoris eximii.

Ce petit traité n'a que 7 pages et se termine, au recto du 5ᵉ f., par cette courte souscription :

> *Ars memorie Baldouini Sobordiensis (sic) (1)*
> *Medice artis doctoris eximii explicit.*

Elle est suivie des quatre vers suivants qui terminent l'opuscule :

> *Si cupis esse memor bis quatuor accipe claues*
> *Esto vacans mitis sis sobrius atque benignus*
> *Ordo sit et numerus tibi constituatur ymago*
> *Et quod concepit tua mens meditare frequenter.*

_____

(1) Probablement pour *Sabaudiensis*, de Savoie, qu'on nomme en italien *Sabogia.*

Le *Liber de arte memorie* occupe les cinq premiers ff. du volume que nous examinons, et il est suivi d'un second ouvrage sur le même sujet, dont le titre est placé au recto du 6e f.

Le docteur Balduinus a divisé son traité en neuf chapitres, séparés les uns des autres par des gloses, fort obscures du reste, formulées en distiques, en quatrains, ou en sixains, qui résument, pour ainsi dire, la leçon du maître.

Voici, pour en citer un seul exemple, le sixain qui se trouve en tête du premier chapitre :

Sedibus humanis trita stans filia Celsis
Inexculta cibo mens graue tenet in aluo
Sed si concipiat semen area volutum
In varias formas parit similia monstra.
Qui igitur volet perfectam gignere prolem
Promptam facetam natam in ordine membri
De multis tractum subiectum sorbeat haustum (1).

Ces espèces de centons, imprimés en grosses lettres de forme et alternant dans toutes les pages avec le texte, imprimé en petits caractères gothiques de sept à huit points, reposent un peu la vue fatiguée, soit par la petitesse des types, soit par l'abondance des abréviations dont le texte est surchargé. Les signes de ponctuation qu'on y rencontre sont le point, les deux points, le point d'interrogation, et au milieu d'un vers du f. a-iii, deux virgules, — *subiectis, propriis,* — les deux seules que renferme le livret. Un très-petit nombre de mots coupés à la fin des lignes sont pourvus de traits-d'union. Ces traits-d'union sont géminés.

Comme nous l'avons dit, le prologue du second traité se trouve au recto du 6e f., en tête duquel on lit : JACOBI PUBLICII IN ARTE MEMORIE PROLOGUS FELICITER INCIPIT. Le traité commence au verso du même f. et se termine, au verso de l'avant-dernier, par ces simples mots, sur deux lignes : *Ars memorativa Jacobi Publicii finit feliciter.* L'ouvrage, qui occupe les 16 dernières pages, est divisé en 31 paragraphes plus ou moins étendus. Chacun d'eux est précédé d'un titre qui en indique et qui en résume, en quelque sorte, le sujet; par exemple : *De ordine, De preceptione, Ratio inveniendorum locorum, De impressione loci,* etc., etc. Tous ces titres sont imprimés en lettres de forme et ils séparent entre eux les différents paragraphes dont se compose le traité de Publicius. Les signes de ponctuation sont abso-

(1) Cela veut dire, ou à peu près :
Dans la haute demeure où elle séjourne chez l'homme, l'âme est comme une fille dont le sein ne renferme que des germes sans aliments. Si la semence qui le féconde ressemble au grain qui a trainé sur l'aire, elle engendre des enfants difformes comme cette semence même. Donc, celui qui voudra donner naissance à un être dispos, agréable et bien constitué, devra s'assimiler ce traité puisé à différentes sources.

9

lument les mêmes que ceux de l'ouvrage précédent, mais nous y avons vainement cherché les virgules.

Voici la formule bibliographique des deux opuscules :

In-4° goth. de 14 ff., dont le dernier est blanc : 2 cahiers, un de 8 et l'autre de 6 ff., s. chiffr. ni réclam., signés a-b.

Le papier est de même qualité que celui des livrets précédents ; il n'est marqué que d'un seul filigrane difficile à relever, dans la marge du dos, à cause de son exiguité : c'est, croyons-nous, une petite Fleur entourée de son feuillage.

Ces deux opuscules offrent encore une particularité qui mérite d'être notée : c'est que l'espace rectangulaire, en tête des alinéas, est non-seulement dépourvu de lettre directrice, mais aussi de la majuscule que le vide fait pressentir : de sorte que tous les alinéas, sans exception, manquent de leur lettre initiale.

Tous les biographes, tous les bibliographes, ceux que nous avons feuilletés du moins, sont muets sur le nom, et, par conséquent, sur les faits et gestes du vénérable docteur *Baldouinus Sobordiensis*. Il nous est donc impossible de rien ajouter au petit article que nous avons consacré à son mince bagage scientifique.

Quant à Jacobus Publicius, quoique nous n'ayons que peu de détails sur sa personne (1), nous savons qu'Erhard Ratdolt a publié plusieurs fois, en 1482, en 1485 et en 1490, soit à Venise, soit à Augsbourg, un ouvrage de lui, cité par les bibliographes, et qui renferme son curieux *Traité de mnémonique*, accompagné de figures sur bois.

Le petit livre dont je viens de m'occuper renferme-t-il le traité complet : *Ars memoriæ*, de Publicius ? N'en contient-il que l'abrégé ? Nous l'ignorons.

REGGIO (Negli stati Estensi) REGIUM LEPIDI.

PROTOTYPOGRAPHES, les frères Bartholomæus et Laurentius de BRUSCHIS, 1480.

Le premier livre qu'ils imprimèrent fut le PEROTI NICOLAI *Rudimenta grammatices*.

---

(1) Il était de Florence, où il professa, au XVe siècle, les belles-lettres avec succès.

Dionysius Bertochus, 1496.

N° 152. — Opera agricolationum Columellæ :
Varronis : Catonisque : nec non
Palladii cum exscriptio
nibus. D. Philip
pi Bero
aldi.

Colophon : *Opera agricolationum..... impressa Regii
impensis Dionysii Bertochi Regiensis. Imperante
divo hercule Estense. M. cccc. lxxxxvi. xiiii. Kalendas octobris.*

In-fol., lettres rondes, 274 ff. à longues lignes, 41 aux pp.
pleines, s. chiffr. ni réclam., signat. a-r̸ A-M.

Ce livre est imprimé sur un très-beau papier, ayant pour filigrane une
Fleur dans un double cercle.

Le *registrum* est placé au verso de l'avant-dernier feuillet, et
on trouve, au recto du dernier, 20 vers de *D. Vgerii Pontremu-
lensis* (1) *legum scholastici ad lectorem.* La marque de l'imprimeur est gravée au-dessous.

C'est à la suite de cet ouvrage que se trouve le livre de Jean
Mercure, imprimé à Lyon en 1501, et dont nous avons donné
la description sous le n° 58.

ROMA — ROME

Prototypographes, Conradus SWEYNHEYM,
Arnoldus PANNARTZ, et bientôt après Ulrich
HAHN (*Udalrichus Gallus,* en français *Ulrich le Coq*),
1467.

Le premier livre, imprimé à Rome par Conrad Sweynheym et
Arnold Pannartz, est le : M. Tvlli Ciceronis epistolarum ad
familiares. *Libri* vi. *in domo petri de Maximo,* 1467. — In-4° de
246 ff.

(1) De *Pontremoli,* dans le nord de la Toscane.

Conrad Sweÿnheym et Arnold Pannartz, 1470. — Udalric Gallus et Simon Nicolai de Lucques, 1474. — Et François de Cinquinis, 1479.

N° 153. — Diui Thome aquinatis continuum in librum euangelii secundum Mattheum.

Colophon :

> *Aspicis illustris lector quicunque libellos.*
> *Si cupis artificum nomina nosse lege.*
> *Aspera ridebis cognomina Teutona : forsan*
> *Mitiget ars musis inscia verba virum.*
> *Conradus Suueynheym : Arnoldus Pannartzque magistri.*
> *Rome impresserunt talia multa simul.*
> *Petrus cum fratre Francisco Maximus ambo*
> *Huic operi aptatam contribuere domum.* 1470.

In-fol., lettres romaines, 326 ff. à longues lignes, 46 aux pp. pleines. Le volume est composé de quinternions et de quaternions.

Brunet ne lui donne que 324 ff. C'est une erreur. Le cinquième cahier de l'évangile de saint Matthieu est composé de 10 ff., dont le premier est blanc, et le premier cahier de l'évangile de saint Marc offre la même disposition. Le f. blanc du saint Matthieu manque à l'exemplaire de la Bibliothèque de Toulouse ; aussi le 1er quinternion n'a-t-il que 9 ff. La bibliothèque ne possédant que le 1er vol. de cet ouvrage, il serait curieux de savoir si chacune des deux parties que renferme le 2e est précédée d'un feuillet blanc? C'est fort probable. Les marges sont vierges.

Ce livre est admirablement imprimé sur un beau papier, très-blanc, très-fort, bien encollé; sa surface est grenue (*minus polita*). Il a pour filigrane la Balance et l'Arbalète, dans un cercle.

Les caractères sont très-beaux, très-nets, un peu raides peut-être? C'est à ces types que l'on a appliqué, pour la première fois, l'épithète de *romains*. Ils ont 15 points typographiques. Les majuscules, de fortes dimensions, ornent et rehaussent, en quelque sorte, les longues lignes du texte, qui *renferment jusqu'à* 73 *lettres*. La justification donne 170 millim. de long et 265 de haut. Les marges de ce beau livre sont très-larges; mensurées avec précision, elles occupent, à 1 ou 2 millim. près, la moitié de la surface occupée par les caractères d'imprimerie.

L'encre est très-noire, et sa teinte foncée tranche vigoureusement sur le blanc mat du papier.

N° 154. — Aurelii Augustini hipponensis Episcopi de civitate dei primi libri incipiunt rubrice, etc.

Colophon : *Presens Aurelii Augustini hipponensis Episcopi de ciuitate dei preclarum opus. Alma in urbe Roma totius mundi regina et dignissima imperatrice : que sicut ceteris urbibus dignitate preest : ita ingeniosis uiris est referta : non atramento plumali calamo neque stilo ereo : sed artificiosa quadam adinuentione seu caracterizandi sic effigiatum ad dei laudem industrieque est consumatum. Per Vdalricum Gallum Almanum et Symonem Nicolai de Luca. Anno domini M. cccc. lxxiiii. die vero. iiii. mensis Februarii. Pontificale uero Sixti diuinina prouidentia Pape quarti anno eius tertio. s. l. (Rome).*

In-fol., lettres romaines, 264 ff. Le 1er, le 14° et le dernier sont blancs. Imprimé à longues lignes, 52 aux pp. pleines.

Papier fort, un peu roux. Il a pour filigranes : 1° une M onciale, avec une tige terminée en croix; 2° deux Flèches en croix; 3° les Cisailles; 4° une Couronne dans un cercle; 5° l'Arbalète dans un cercle; 6° l'Oliphant; 7° un Cercle traversé par deux Flèches en croix.

Ce volume est rare et n'est point passé dans les ventes depuis longtemps. A la vente Brienne-Laire, en 1801, il fut vendu 43 francs.

N° 155. — Fratris Augustini de Ancona (1) summa ecclesiasticæ potestatis ex editione Pauli VImii cum ejus præfatione ad Patrem Ambrosium de Cora Romanum Priorem ex ordine S. Augustini.

Le volume ne portant pas de titre, nous l'avons emprunté à Laire.

Colophon : *Explicit summa de ecclesia potestate*

(1) AUGUSTINUS TRIUMPHUS ex Ancona ordinis S. Augustini variis cumulatus honoribus ab utriusque Siciliæ Regibus obiit anno 1328. Ætatis suæ, 85 (Laire).

edita a fratre Augustino de Ancona Ordinis fra-
trum heremitarum Sancti Augustini impressa
Rome in domo nobilis viri Francisci de Cinquinis
apud Sanctam Mariam de populo. Anno domini
M. cccc. lxxviiii (1479). *Die. xx. Decembris.*

Pet. in-4° goth., **328 ff.** à 2 col., **50** lignes aux col. pleines.
Le volume renferme 40 cahiers, 38 quaternions, 1 ternion et
1 quinternion. Le colophon se trouve au bas de la dernière
colonne du 118ᵉ f. ; viennent ensuite 9 ff. de table, puis on
trouve, sur le recto du 10ᵉ et dernier f., dont le verso est blanc,
les premiers mots de chaque cahier et les premiers mots du
3ᵉ f. de ces mêmes cahiers, rangés sur deux colonnes.

Le 1ᵉʳ f. du 1ᵉʳ cahier étant blanc, l'indication fournie par
cette espèce de *Registrum*, qui n'a pas de titre, porte : *Primum
vacat;* puis il donne les deux premiers mots du 3ᵉ f. qui, par le
fait, n'est réellement que le deuxième de l'ouvrage.

L'exemplaire de la Bibliothèque de Toulouse étant très-soli-
dement relié et ayant perdu son premier f. blanc, il nous eût
été impossible de le reconnaître et de donner une description
exacte de ce volume sans le secours de ce registre ; aussi Laire,
qui n'a pas pris la peine de bien chercher, ne lui donne-t-il que
324 feuillets.

Le livre a été imprimé avec un petit caractère gothique de la force d'une
gaillarde de huit points et demi. Le papier est fort, bien collé, grenu. Il
nous a été impossible de relever les filigranes dont il est marqué ; toutefois, nous avons pu y constater la présence des Cisailles. Les marges sont
vierges. Le seul signe de ponctuation qu'on y rencontre est le point. Les
mots coupés à la fin des lignes n'ont pas de traits-d'union.

Cette édition n'a pas été signalée dans le *Manuel*, qui ne cite
que la première édition de l'ouvrage imprimée « *Augustæ (per
Schuszler)*, 1473, in-folio. »

STRASBOURG — ARGENTORATUM

Prototypographe, Jean MENTELIN, 1466 ?

« Henry Eggesteyn, presque en même temps, fonde un éta-
« blissement rival de celui de Mentelin (1). L'un des livres
« incontestablement les plus anciens qui soient sortis des

(1) P. Deschamps. *Loc. cit.*, art. *Argentoratum*.

« presses de Mentelin, l'un de ceux qui révèle une antiquité
« reculée, est certainement la Bible allemande (*Biblia sacra*
« *Germanica*). »

Sans nom d'imprimeur, 1491. — Vuendelinus Rihelius, 1536.

N° 156. — VILLENEUVE (*Arnaud de*). Regimen sanitatis cum expositione magistri Arnaldi de Villanova.

Colophon : *Tractatus qui de regimine sanitatis nuncupatur : finit feliciter. Impressus argentorati. Anno domini. M. cccc. xci. In die Sancti Thome Cantuariensis.*

In-4° goth. de 64 ff., 37 lignes aux pp. pleines, s. chiffr. ni réclam., signat. a-h.

Papier mince, un peu gris, ayant pour filigrane le Gant et le Raisin.

N° 157. — ZIEGLER (*Jacob*), VUOLFFGANGUS VUEISSEMBURGIUS. Terrae Sanctæ, quam Palæstinam nominant, Siriæ, Arabiæ, Ægypti & Schondiæ doctissima descriptio..... authore Jacobo Zieglero Landauo Bauaro.

Terrae Sanctae altera descriptio... authore Vuolffgango Vueissemburgio.

Argentorati, apud Vuendelinum Rihelium. Anno.
M. D. XXXVI.

In-fol., lettre ronde, 144 ff. chiffrés, 14 ff. de table, ou d'*Elenchus* n. chiff., 8 cartes signées A, B, C, plus 2 ff. intitulés : *In castigationem mendarum.*

Ce livre est très-bien imprimé, sur beau papier, d'une teinte un peu fauve. Il a pour filigrane : 1° un double W; 2° le Dragon volant; 3° le P oncial à tige fleuronnée; 4° un large écusson couronné avec un D gothique pour appendice; 5° un serpent enroulé sur un arbre.

Ce livre se trouve relié à la suite du *Peregrinatio in montem*

Syon., de Bernard de Breydenbach. (V. l'art. *Mayence*, n° 60.)

N. B. — Sous le n° 38, on trouvera la description d'un ouvrage de Guillaume Ockam, imprimé à Strasbourg en 1491.

TOULOUSE — TOLOSA TECTOSAGUM

PROTOTYPOGRAPHES. S. typ. 1476. — Jean PARIX, 1479. Estevan CLÉBAT ou CLEBLAT, 1480. — Henry MAYER, 1488. — Jean de GUER- LINS, 1491.

Le premier livre imprimé à Toulouse avec date certaine est le suivant :

N° 158. — BARBATIA (*André*). Repetitio solemnis rubrice de fide instrumentorum, edita per excellentissimum virum et juris utriusque monarcham divum dominum Andream Barbatiam, Siculum Messanensem.

Colophon : *Clarissimi juris utriusque monarce ac serenissimi regis Aragonum, etc., nobilis consiliarii. Do. Andree Barbatie Siculi. De fide instrumentorum solemnis repeticio Tholose est impressa. xii Calendas julii M. cccc. lxxvi (1476), finit feliciter.*

In-4° goth. de 110 ff., dont 2 blancs, un au commencement et un à la fin, 27 lignes aux pp. entières, s. chiffr., réclam., ni signat.

Papier fort, un peu fauve, ayant pour filigrane la Main qui bénit et la Roue dentée.

Le sujet de ce livre, comme nous l'avons dit ailleurs (1), est une exposition, en forme de leçon, d'un des livres du Digeste, *De fide instrumentorum*, « De la foi due aux actes. »

Nous ne connaissons que deux exemplaires de ce livre. Celui

(1) Desbarreaux-Bernard. *Loc. cit.*, p. 339.

de la Bibliothèque de Toulouse est très-beau et parfaitement conservé. Il est relié en maroquin rouge et doré sur tranche.

Le deuxième exemplaire fait partie de notre bibliothèque.

N° 159. — CESSOLLES (*Jacques de*) (1). Incipit libellus de ludo scachorum et de dictis factisque nobilium virorum philosophorum et antiquorum prologus libelli.

Colophon : *Explicit doctrina vel morum informatio accepta de modo et ordine ludi scachorum, Deo gratias, finit feliciter.*

Au-dessous de ces derniers mots sont placées ces quatre majuscules, M H D B, qui ne se trouvent pas dans le *Barbatia*.

In-4° goth. de 72 ff., dont 2 blancs, l'un au commencement et l'autre à la fin; les pp. entières ont 29 lignes, s. l. et a°. Sans chiffr.; réclam., ni signat.

Même papier, mêmes filigranes que ceux du BARBATIA.

N° 160. — ANTONIN de FORCIGLIONI (*saint*). — Incipit titulus de sponsalibus et matrimonio extractus de tertia parte summe venerabilis patris fratris Antonini, archiepiscopi florentini, ordinis Fratrum predicatorum.

Le titre se trouve en tête du 2e f.

Colophon : *Finis horum vitiorum et per consequens huius tractatus seu tituli de matrimonio et sponsalibus.*

Et après la table, les capitales suivantes : H A D B M H O (2).

Pet. in-4° goth. de 126 ff., dont le 1er est blanc, 27 lignes aux pp. entières, s. l. et a., s. chiffr., réclam., ni signat.

---

(1) Voir, à propos du nom de Cessolles, l'explication que *La Serna*, t. II, p. 293, donne de l'épithète de *Thessalonia*, accolée au nom de *Jacobus*, dans la 1re édit. de son livre.

(2) Nous avons vainement cherché la signification de ces majuscules, véritables sigles dont les mots nous sont inconnus.

Papier fort, ayant pour filigrane la Main qui bénit, la Roue dentée et le Croissant.

Ce livre a été imprimé à Toulouse vers 1476 ; les caractères, le papier et les filigranes sont ceux du *Barbatia* et du *J. de Cessolles;* l'identité est parfaite. Quoique le titre porte : *Extractus de tertia parte summe venerabilis patris fratris Antonini*, nous croyons qu'il a été imprimé d'après un manuscrit et non d'après l'édition de la Somme de saint Antonin, imprimée à Venise, par Jenson, en 1477.

N° 161. — Incipit expositio terminorum seu vocabulorum difficilium in therentio (*sic*) et in aliis comicis positorum explanantibus ipsos valde utilis et necessaria.

Colophon : *Explicit expositio terminorum difficilium Therencii* (sic).

In-4° goth. de 10 ff., 35 lignes aux pp. pleines, s. chiffr., réclam., ni signat., s. l. ni d. (Toulouse, vers 1479).

Les caractères et le papier sont exactement semblables à ceux de l'ARRESTUM QUERELE, de 1479, imprimé par Jean Parix (1).

Ce petit traité est peut-être extrait du *Commentarius Donati in Terentii Comedias.*

N° 162. — ARÉTIN (*Ange*), jurisconsulte du quinzième siècle, originaire d'Arezzo (d'où le nom d'Arétin) et d'une famille du nom de *Gambiglioni.*

Sacratissimarum legum famosissimi interpretis atque professoris eximii domini Angeli de Gambiglionibus de Aretio, exactissima super civilium institutionum libro lectura. Cupide que legalium

(1) Voir Desbarreaux-Bernard. *Loc. cit.*, p. 82.

sanctionum juventuti longe accomodatissima feliciter incipit.

Colophon : *Et sic est finis operis quod ego Angelus
de Gambiglionibus de Aretio, legum doctor per-
feci, die ultima mensis decembris M. cccc. xlix.
dum publice legerem jus civile in civitate Ferrarie
sub inclito et excelso domino Lionello Marchione
existente. Deo gratias.*

In-fol. magno goth. de 316 ff., à 2 col., de 65 lignes aux pp.
entières, s. chiffr. ni réclam., signat. A DD. Les cahiers sont
de 6, 8 ou 10 ff. — s. l. et a° (Toulouse, 1479).

L'ouvrage est divisé en deux parties et chaque partie en deux
livres. Le premier livre occupe 76 ff., dont le premier est blanc ;
il est signé des *minuscules* a-i 10. Le deuxième livre occupe
118 ff., signés des *majuscules* A-P 6. Le troisième livre (deuxième
partie) occupe 46 ff., signés Q-X 6 ; et le quatrième, 40 ff., signés
Y-D.D 6. Le dernier f. est blanc. Enfin, 36 ff. de table, sans
signat., et dont le 1er est blanc, terminent le volume.

N° 163. — On trouve, à la suite, l'ouvrage sui- vant :

Incipit solennis et aurea lectura famosissimi legum
doctoris Domini Angeli de Gambiglionibus de
Aretio, super titulo de actionibus institutionum
in almo studio Bononiensi edita (1).

Colophon :

*Nunc breuis et facilis feliciter explicit ordo :
Et modus et forma : que bene quenque docent.
Qualiter hoc toto memorabilis Angelus orbe,
Magna dedit pleno pectore. Vulgus ades.
Quid referam? dociles nunc (nunc) (sic) aduertere mentes
Cura sit. et nullum tempus abibit iners.
Nam bene querenti quasi cuncta preparata dabuntur.
Nam bene querenti multa petenda patent.
Hec igitur quicunque leges cum remige scripta :
Hic nuper posito dicere pigeat.*

Au-dessous de ces vers : *finit Tholose, anno M. cccc.
lxxx (1480), die xxix mensis aprilis.*

(1) M. Brunet l'a cité dans son *Manuel*, en renvoyant le lecteur au *Répertoire* de Hain
pour les autres ouvrages du même auteur.

In-fol. magno de 128 ff. (le 1er blanc), à 2 col. de 65 lignes aux pp. entières. La table occupe les 11 derniers ff., sur lesquels la signature continue, contrairement à ce que nous avons observé dans le volume précédent.

Le papier est fort, légèrement fauve et très-sonore. Il a pour filigrane la Tête de Nègre, avec bandelettes, surmontée d'une Étoile en forme d'aigrette. A part un seul f., marqué de la Tête de Taureau, la Tête de Nègre se rencontre dans tout le volume et chaque cahier en renferme deux ou trois spécimens.

Nº 164. — BOETIUS. De consolatione philosophie.

Colophon : *Finit Tholose, anno Christi. M. cccc. lxxx* (1). *M. Johanne Parix, feliciter imprimente.*

In-fol. goth. de 144 ff., s. chiffr. ni réclam., signat. a-q iiii.

Les cahiers sont de 6, de 8 ou de 10 ff. — Le volume commence par 6 ff. de table, non signés. Le 1er, qui est blanc, manque souvent. — Dans le 1er cahier (il est de 10 ff.), le 1er f. est blanc, le 2e est sans signat., et le 3e porte la signat. a-ii.

En tête du 2e f. se trouve le titre suivant : *Sancti Thome de Acquino super libris Boetii de consolatione philosophie comentum cum expositione feliciter incipit* (2).

Le Commentaire occupe les marges du volume et encadre en quelque sorte le texte de Boëce.

Les caractères sont de deux grandeurs : le plus petit a neuf points typographiques et le plus grand en a vingt-deux.

Le papier est fort, un peu fauve, ayant pour filigrane la Tête de Bœuf.

Nº 165. — Incipit libellus de vita et moribus philosophorum et poetarum.

(1) Cette édition de Boëce, malgré l'histoire du grattoir, racontée par M. J.-Ch. Brunet, est bien réellement de 1480. L'exemplaire de la Bibliothèque de Toulouse, que nous avons sous les yeux, est pur de tout grattage, et le point final, placé après le 3e x, est parfaitement imprimé. Le catalogue Mac-Carthy porte donc, avec raison, la date de 1480.

(2) « Plusieurs éditions de Boëce ont été publiées dans le quinzième siècle, *cum commen- « tario Thome de Aquino.* Il paraîtrait, d'après Ch. Nodier (*Bibliot. sacrée, grecque-latine*), « que ces Commentaires ne sont pas de saint Thomas d'Aquin, mais d'un cardinal nommé « Thomas. » (Note de M. Ch. Sénémaud. Voir la *bibliothèque de Charles d'Orléans, comte d'Angoulême.*)

Colophon : *Explicit vita philosophorum.*

Pet. in-4°, s. l. et a°, de 102 ff., dont le 1er est blanc (1). 32 lignes aux pp. entières, s. chiff., réclam., ni signat.

Moins le format, ce volume est en tout semblable au Boëcc de 1480. Papier, filigranes, caractères, tout est identique.

On retrouve dans ce livre les deux sortes de caractères employés par Jean Parix pour l'impression du Boëce de 1480, et de plus, la série des mêmes majuscules, reconnaissables surtout à la forme particulière de l'A et du M.

N° 166. — BONAVENTURE (*saint*). Laiguillon damour divine.

Le titre sur une seule ligne. En tête du prologue, fol. 1, on lit :

Cy commence le prologue de laiguillon damour divine fait par le docteur Seraphic Sainct Bonnaventure, & translate de latin en françois par de bonne memoire maistre iehan ierson a linstruction de sa sœur, ou de sa fille de confession a laquelle est adresce (*sic*) ce prologue & la dicte translation.

In-4° goth. de 126 ou 128 ff., un pour le titre; 123 chiffrés au recto seulement; 2 pour la table, plus 2 ff. blancs. Signat. a-q. Les cahiers sont de 8 ff.; à part le 1er cahier, dont les 2e et 3e ff. sont signés a-i, a-ij, la signature, dans les autres cahiers, est invariablement placée sur le 1er et le 3e f. 30 lignes aux pp. pleines; figures sur bois dans le texte. A la fin de la table, au recto du f. q-v, la marque des imprimeurs (2). Sans lieu ni date. (Toulouse, J. Paris et Estevan Cléblat, 1489, au plus tard.) Cette date confirme l'assertion de Brunet, qui pense « que cette édition, — dont il ignorait la date et la provenance, — est probablement antérieure à celles qui ont un moins grand nombre de feuillets. » — En effet, des deux éditions signalées dans le *Manuel*, celle de 1494 n'a que 103 (104) ff., et celle de 1499, 100 seulement.

Le papier de **LAIGUILLON DAMOUR DIVINE** a pour filigrane : 1° la Main qui bénit, avec la petite Lyre, ou le Cœur percé d'une flèche, dans la

---

(1) Ce f. portait-il le titre du livre? Nous l'ignorons, car il manque à l'exemplaire de la Bibliothèque de Toulouse, le seul que nous ayons vu.

(2) Voir Sylvestre, *Marques typogr.*, n 302.

manchette; 2° la roue dentée; et 3° une espèce d'R gothique, que nous avons rencontrée dans le **FORTALICIUM FIDEI** et dans le **BOECIO**, imprimé à **THOLOSA DI FRANCIA**.

Le livre est bien imprimé ; les caractères sont très-nets ; ils ont 12 points et demi et se rapprochent beaucoup de ceux dont Mayer s'est servi pour le texte de l'*Imitation* (1).

N° 167. — MISSEL de l'église Saint-Étienne de Toulouse.

La bibliothèque du Grand-Séminaire de Toulouse possède un incunable toulousain fort remarquable. Nous avons cru devoir en donner ici la description, afin d'enrichir la collection d'incunables dont nous publions le catalogue.

Ce Missel, de format in-4° goth. à 2 col., porte un titre courant au haut des pages. Il est imprimé en rouge et noir, sur vélin fort ; les tables seules sont imprimées en noir. Il renferme 308 ff. (2), rassemblés dans 39 cahiers, 2 quinternions, 33 quaternions et 4 ternions. Il manque malheureusement deux feuillets à l'exemplaire, et il n'en a maintenant que 306.

Quoique le livre ne soit pas dans sa première reliure, il a encore 315 millimètres de haut et 190 de large. La justification des colonnes est de 235 millimètres de hauteur sur 70 de largeur. Chaque colonne a 34 lignes, et ce nombre ne varie jamais.

Il est imprimé en lettres de forme de 16 points, et les alinéas sont ornés de majuscules manuscrites alternativement rouges et bleues. Chaque partie du Missel a une pagination particulière en chiffres romains : les chiffres sont placés au recto seulement et à l'est des folios (3).

Les signatures appartiennent à plusieurs alphabets, composés de minuscules (4), de doubles lettres et de majuscules romaines ou gothiques. Il est sans réclames. Les abréviations sont nombreuses, mais faciles à rétablir. Il n'existe que deux signes de ponctuation : le point et les deux points. Les mots coupés à la fin des lignes sont marqués de deux petits traits obliques ; beaucoup de mots en sont dépourvus.

Les liminaires contiennent une longue préface qui occupe le

---

(1) Voir Desbarreaux-Bernard, *loc. cit.*, p. 105, et la Lettre à M. Taschereau, concernant *Laiguillon damour divine*, de saint Bonaventure, imprimé à Toulouse par Jean Parix et Estevan Cléblat.

(2) Sans compter plusieurs feuillets de garde, en vélin, qui ont été ajoutés lorsqu'on a relié le volume.

(3) Le folio clIII a été chiffré cxlv.

(4) b-ii et h-ij ont été rejetés sur la marge et imprimés verticalement.

verso du 1ᵉʳ f., dont le recto est blanc. Cette préface, que feu l'abbé Salvan a reproduite *in extenso* (1), se termine ainsi : *Datum Tholose Anno Christi m. cccc. xc.* (1490). *Die vero xxiiii. mensis Julij.*

Elle constate « que Pierre du Lyon, archevêque de Toulouse, « ordonna la composition et l'impression de ce Missel ; que le « chapitre de l'église métropolitaine, représenté par Pierre du « Rosier, prévôt du chapitre et abbé de Montoulieu, y donna « son consentement ; que Bazelius, chanoine et archidiacre de « ladite église, composa ce Missel d'après d'autres plus anciens « qui tombaient de vétusté, et qu'il fut imprimé par Étienne « Cléblat. » (Salvan, *loc. cit.*, p. 130.)

Après la préface, on trouve la liste des fêtes qui portent vigile dans tout le cours de l'année. Vient ensuite le calendrier des fêtes de l'année : celles qui portent vigile sont marquées en lettres rouges, et à chaque fête est indiqué le nombre des leçons qu'il fallait dire à l'office. En tête de cette liste se trouve une planche gravée sur bois, dans laquelle l'artiste a gracieusement groupé quatre écus d'armoiries :

À droite, celui de l'église Saint-Étienne : parti, au 1ᵉʳ chargé d'une croix florencée cantonée de quatre tiercefeuilles ; au 2ᵉ chargé d'une demi-croix de Toulouse partie en pal, issante de la partition ;

Au milieu et au-dessus celui de Pierre du Lyon, archevêque de Toulouse : écartelé au 1ᵉʳ et 4ᵉ chargé d'un lion rampant, au 2ᵉ et 3ᵉ fascé de sept pièces ;

À gauche, les armes parlantes de du Rosier : bordées et bandées, la bordure et la bande chargée de neuf roses quintefeuilles ;

Et en bas, celles de l'archidiacre Bazelius : chargées de trois colonnes rangées en pal sur une terrasse fascée.

Le calendrier des fêtes de l'année termine les liminaires qui remplissent le 1ᵉʳ quaternion, dont les ff. ne sont pas chiffrés, et qui portent pour signature une petite croix grecque imprimée en rouge.

En tête du premier feuillet du Missel, qui commence par le premier dimanche de l'Avent, on lit ces mots : *Incipit liber missalis secundum usum ecclesiæ metropolitanæ S. Stephani Tolosæ.* Viennent ensuite : l'ordre du propre, la messe quotidienne avec le chant des préfaces, suivi du *te igitur*, imprimé en gros canon, à longues lignes (dix-sept à la page), et qui occupe 6 ff. non chiffrés ; puis les messes votives, le propre des saints et le commun des saints. Après la messe votive, à l'usage de l'église de Toulouse, on trouve, au verso du feuillet qui suit, les oraisons *in commemoratione sancti Stephani prothomartiris per totum annum,* et au-dessous de ce titre une gravure sur bois représentant le martyre de saint Étienne. L'abbé Salvan pense que l'évêque

_____

1) *Recherches sur la liturgie...* Toulouse, Douladoure, 1850. — In-8°.

mitré, portant la croix primatiale, et que l'on voit à genoux près du saint, n'est autre que Pierre du Lyon, sous le pontificat duquel le Missel fut exécuté.

A la fin du commun des saints se trouve le colophon, au-dessous duquel on voit la marque de l'imprimeur. 4 ff. de table terminent le volume (1).

La reliure, en veau brun, quoique éraillée et fendillée, est fort solide. Les cartons qui ont été mis en œuvre ont dix millimètres d'épaisseur. Le titre, au dos du livre, porte : MESSEL ROMAIN. Cette reliure est donc fort ancienne et date probablement du XVe siècle.

La découverte de ce beau livre atteste les progrès rapides que les premiers typographes qui vinrent se fixer à Toulouse avaient fait faire en peu d'années à l'imprimerie.

Dans l'histoire de l'*Etablissement de l'imprimerie dans la province de Languedoc* (2), nous avions en quelque sorte pressenti le mérite de l'habile ouvrier auquel nous devons le Missel de Saint-Etienne. Nous disions à ce sujet (p. 103), après avoir constaté l'association de Jean Parix et d'Estevan Cléblat : « Estevan Cléblat avait-il imprimé seul pour son compte à Toulouse? Avait-il, de son côté, apporté quelques perfectionnements à son art? Il n'y aurait à cela rien d'impossible. »

Nous constaterons, en terminant la description de ce Missel, qu'il nous a été impossible, faute de documents, de fixer la durée de l'association de J. Parix et d'Estevan Cléblat. Avait-elle commencé en 1480, après la publication du Boèce? Cela peut être. Toutefois, nous ferons observer que les deux associés ayant publié, vers la fin de l'année 1489, trois ouvrages fort importants, il est à peu près certain que leur association cessa par la mort de Jean Parix, puisque le *Missel de Saint-Etienne*, terminé le 23 juillet 1490, a été imprimé par Estevan Cléblat seul.

Les historiens de la gravure sur bois, en France, n'ont pas signalé les curieuses figures du Missel de l'église Saint-Etienne de Toulouse que nous reproduisons ici. Celle qui représente le martyre du saint porte seule le monogramme I. D. Nous l'avons inutilement cherché dans les dictionnaires renfermant les marques des graveurs.

Selon Jansen (3), « le plus ancien livre français orné de gravures en bois est la traduction du *Speculum humanæ Salvationis*, imprimé à Lyon en 1478, et le deuxième la traduction du *Bélial*, qui parut en 1482. » Jansen ne nous dit pas si ces gravures sont signées. Quoi qu'il en soit, il serait, croyons-nous, fort curieux

---

(1) Il manque au dernier cahier, signé L, qui renferme la *tabula sancturalis*, un feuillet qui contenait les mois d'octobre, de novembre et de décembre.

(2) Toulouse, Paul Privat, 1875.

(3) *Origine de la gravure*, t. I, p. 223.

de les comparer avec celles du Missel de Saint-Etienne. Les rapports intimes qui existèrent, à la fin du XVe siècle, entre les imprimeurs et les libraires de Lyon et de Toulouse, nous portent à croire qu'on trouverait peut-être dans cet examen des détails et des rapprochements intéressants pour l'histoire locale de la gravure sur bois dans les provinces du midi de la France.

N. B. — Les Biographes et les Iconographes n'étant pas d'accord sur la naissance de Jean Duvet, que les uns font naître VERS 1485, et les autres VERS 1510, y aurait-il de la témérité à lui attribuer les gravures du Missel de Saint-Etienne ?

Nous ne le pensons pas; car, pour les lui refuser, il faudrait nécessairement admettre l'existence, à la même époque, d'un graveur, tout à fait inconnu, portant, en tête de son nom et de son prénom, les initiales I. D. renfermées dans un monogramme identique à celui de Jean Duvet.

Nous appuyant sur ces preuves, nous croyons que la naissance de Jean Duvet est antérieure à 1485.

No 168. — Stilus curie parlamenti domini nostri regis per quem stiluz omnes curie supreme parlamenti tocius regni Francie reguntur et gubernantur ac domini officiarii et curiales ejusdem.

Ce titre, composé de quatre lignes, se trouve au recto du 1er f., dont le verso est blanc. On a rejeté la signature a-j au bas du 2e f. — En tête de ce f. on a reproduit le titre ci-dessus en ajoutant ces mots : *Editus a magistro Guillermo de Brolio. Feliciter incipit.*

Colophon : *Opus stili parlamenti curie finit feliciter.*

In-4o goth., s. l. et a. (Toulouse, H. Mayer, 148?), de 98 ff. chiffrés en tête au milieu du recto, 26 lignes aux pp. entières. 12 cahiers de 8 ff. chaque, excepté le dernier qui en a dix; ils sont signés a-m. Les deux ff. qui complètent le cahier *m* ne sont pas chiffrés; l'un contient la fin de la table et l'autre est blanc.

Le papier est fort, un peu fauve et bruit quand on l'agite. Il a pour filigrane la Main qui bénit, avec une petite lyre dans la manchette. Cette petite lyre isolée se rencontre dans plusieurs ff. du volume.

Cet ouvrage, que nous croyons fort rare, nous a été indiqué par M. Vésy, bibliothécaire de la ville de Rodez. Si, dans notre mémoire sur l'*Histoire de l'imprimerie à Toulouse*, nous l'avons placé à la suite de la *Ymitacion*, c'est que les éléments qui le constituent sont en tout semblables à ceux de ce dernier ouvrage : papier, caractères, justification, provenance, rien ne manque à l'identité. Nous n'hésitons donc pas à en attribuer l'impression à Henri Mayer (1).

(1) La Bibliothèque de Toulouse en possède maintenant un exemplaire.

Nº 169. — Tractatus de modo vacandi beneficiorum. Tractatus de modo acceptandi beneficia. Modus seruandus in executione seu prose Cutione gracie expectative.

In-4º goth., s. l. et a., 10 ff. s. chiffr. ni réclam., signat. a.

Papier et caractères semblables à ceux du STILUS PARLAMENTI, ayant pour filigrane la petite **Lyre.**

Imprimé par H. Mayer ; appartient à la Bibliothèque de Toulouse. Il était relié à la suite d'un exemplaire du *Stilus parlamenti* récemment découvert.

Nº 170. — BARTHOLUS ou BARTOLUS de SAXO-FERRATO. Tractatus judiciorum. Processus Sathane contra genus humanum.

In-4º goth. — Ces deux traités de Barthole se trouvaient reliés avec les nᵒˢ 168 et 169 ; malheureusement, le Barthole est incomplet et il n'en reste que deux cahiers de 8 ff. signés A-B, et dont la signature est placée sur le 2ᵉ.

Nº 171. — Les ordonnances faictes par le Roy nostre Sire touchant le fait de la iustice du pais de Languedoc leues publiees et enregistrees en la court de parlement de Tholose.

Colophon : *Cy finissent les ordonnances Royaulx. Impressus Tholose per Magistrum Johannem de Guerlins.*

In-8º goth. de 32 ff., 32 lignes aux pp. entières. Les caractères sont très-nets, forts petits, et ont à peine neuf points typographiques :

Quoique sans date, nous pensons que ces ordonnances ont été imprimées à Toulouse dans les premiers mois de l'année 1491, car on lit, à la fin du 106ᵉ article : « Donné à Moulins

« xxviij (*sic*) jour de décembre lan de grâce mil quatre cens
« quatre vingts et dix et de nostre regne le huictiesme. » Au-
dessous du titre se trouve l'écusson royal.

C'est, jusqu'à présent, le premier incunable toulousain de
format in-8° que nous ayons rencontré.

N° 172. — Les ordonnances faictes par le Roy
nostre Syre touchant le fait de la iustice des pais
de Languedoc leues publieez et enregistreez en
la court de parlement de Tholose.

Colophon : *Cy achevent les ordonnances faictes par
le Roy nostre Syre touchant le fait de la iustice
du pais de Languedoc leues publieez et enregistreez en la court de parlement de Tholose le
xxviij. iour dauril lan mil. cccc. lxxxxi. (1491).*

In-4° goth. de 30 ff., ayant 30 lignes aux pp. entières ; quelques-unes n'en ont que 29. Sans chiffr. ni réclam., signat. A-D.
Les cahiers sont de 8 ff., excepté la lettre D, qui n'en a que 6.

Le papier est roux, d'une épaisseur variable; il a pour filigrane le B,
déjà mentionné.

Sur le recto du 1er f., au-dessous des cinq lignes dont le titre
est composé, se trouve une gravure sur bois représentant le roi
assis sur son trône et s'entretenant avec des hommes de loi. Le
verso de ce même f. est rempli en entier par une autre gravure
sur bois représentant un juge portant l'épitoge herminée, assis
dans une *chaire*, et tenant un livre ouvert sur ses genoux. Cette
gravure se trouve reproduite au verso du dernier f.

Ces deux éditions des *Ordonnances touchant le fait de la justice
du pays de Languedoc*, datées de Moulins le 28 décembre 1490,
furent très-certainement imprimées à Toulouse peu de temps
après leur promulgation.

N° 173. — Les Ordonnances Royalles faictes par le
Roy nostre Sire auec les princes et gens de son
sang et son grand conseil sur le faict de la iustice

tant de marchandises apressiemens de vivres et pris de monnoyes Auec la table et plusieurs autres choses. lesquelles ne sont point es autres imprimees leues publieés et enregistrees au parlement de Thoulouse. Present monseigneur dAlby commissaire depputé par le Roy.

Au recto du 55ᵉ f. on lit :

Donne a Thoulouse le xxi jour du moys daoust lan de grace 1499 et de nostre regne le second.

In-4° goth. de 10-58 ff., sans chiffr. ni réclam., signat. A-a-g. Sur le recto du 1ᵉʳ f., une gravure sur bois représente le roi remettant ses ordonnances aux magistrats.

Papier ayant pour filigrane la lettre B. — Provenance : Bibliothèque de Toulouse, n° 129 (1).

Nᵒ 174. — ANDRÉ ou ANDREA (*Jean*). Ista est summa Johannis Andree, brevis et utilis ordinata super secundum decretalium antequam dicant aliquid de processu judicii.

In-4° goth., s. l. et a., de 28 ff.: le premier et le dernier sont blancs. 23, 25 ou 26 lignes aux pp. entières, sans chiffr., réclam. ni signat. Le livre est constitué par 4 cahiers de 6 ff. et 1 de 4. La 1ʳᵉ partie occupe les 12 premiers ff. et se termine par ces mots : *Explicit summa Johannis andree, super secundo (libro) decretalium.* En tête de la 2ᵉ partie, qui commence au f. 13, se trouve le titre suivant : *Incipit summa Johannis andree, super quarto libro decretalium.* — S. l. et a. (Toulouse ?).

Le papier, épais et grisâtre, a pour filigrane un Croissant.

Nᵒ 175. — In nomine domini nostri Ihesu Christi. Incipit doctrinale florum artis notarie.

---

(1) Cet exemplaire est celui de Secousse. Le nom et les armes du célèbre historien se trouvent sur la garde du volume.

En tête du 126e et dernier f. on lit :

VERSUS

Accipe primevas decapentha quoque thetras
Primorum litteras capitulorum et illas
Ordine conjunge debito sic inde liquebit.
Actoris (sic) *hujus tibi nomen libelli quod erit.*

In-4° goth. de 126 ff., ayant 28½ lignes aux pp. entières, chiffré en tête, au recto seulement, s. l. (Toulouse?) et a., signat. a-q.

Papier fort, ayant pour filigrane une petite Cloche et la Roue dentée.

Ce livre faisait partie d'un volume de *Mélanges* renfermant plusieurs incunables toulousains.

Quant au nom de l'auteur, il nous a été facile de le découvrir en suivant les indications contenues dans les quatre vers qui terminent son livre, c'est-à-dire en prenant les quinze premières lettres, — *Primevas decapentha quoque thetras litteras*, — des premiers chapitres et en les plaçant dans un ordre convenable; ce qui donne pour résultat : STEPHANUS MARCIL, ou MARCILLOTI, si le mot *tetra*(s) signifie quatre au lieu de *noir*(es).

N° 176. — LAUDIVIO (*Zachias* ou *Zacharias*). Laudiuii equitis hierosolimitani ad Francinum Beltrandum (1) in epistolas magni thurci prefatio feliciter incipit.

Ce titre est placé en tête du 2e f.; le premier est blanc. Pas de colophon. *Absque nota.* Le livre se termine au recto du 24e f., qui ne contient que 14 lignes.

Pet. in-4° goth. composé de trois quaternions. La seule page complète a 27 lignes, s. l., a. et typ. Les marges sont vierges.

Papier très-fort, un peu roux, à vergeures profondes, ayant pour seul filigrane la Main qui bénit. Chaque cahier renferme deux feuillets marqués de ce filigrane, qu'il est très-facile d'apercevoir dans les marges du dos.

(1) Laudivio a dédié deux de ses ouvrages à Francinus Beltrandus. Ces ouvrages sont : 1° Le *De vita beati hieronymi*, et 2°, comme on vient de le voir, les *Epistolæ magni Thurci*.
Les biographes sont muets sur ce Francinus Beltrandus, et nous n'avons, sur son compte, d'autres renseignements que ceux qui nous sont fournis par les ouvrages de Laudivio. La dédicace du *De vita beati hieronymi*, nous apprend, de la manière suivante, qu'il était de Barcelone : *Ad Francinum Beltrandum Barchinonensem*, et plusieurs des éditions des *Epistolæ*, citées par Hain, accompagnent son nom du titre de comte. *Ad Francinum Beltrandum comitem*. V. les n°s 10495, 10496, 10498, etc., de son *Repertorium*.

Le livre est imprimé avec un petit caractère gothique de onze points environ. Quoiqu'il soit interligné, il existe des imperfections nombreuses dans les proportions et dans l'alignement des lignes. Les capitales abondent dans le texte, sans que leur présence y soit motivée. Sa hauteur est de 197 millimètres, et sa largeur de 120. La justification en a 120 de haut et 68 de large; enfin, la feuille in-fol. qui a donné cet in-4° n'a que 260 millimètres de hauteur.

Le seul signe de ponctuation qu'on y trouve, c'est le point (1). On l'a même employé avec une telle sobriété (2) que, parmi les 90 lettres que renferme le volume, le plus grand nombre d'entre elles en est entièrement dépourvue. Ce qu'il y a de singulier, c'est que si l'on rencontre, plus ou moins fréquemment, le point dans le courant d'une épître, on ne le trouve presque jamais après le mot de la fin. Le dernier mot du livre n'est pas même ponctué. Après avoir scrupuleusement cherché, nous n'avons trouvé que six lettres terminées par le point.

La première page, nous devons le dire, fait exception à la règle générale, le typographe y a même mis du luxe, puisqu'après le titre, après la dédicace, et après l'*argumentum epistolarum*, on trouve, non pas un point, mais trois points réunis en triangle ∴ (3).

N'oublions pas, pour être exact, de signaler, dans le courant du livre, deux ou trois exemples des deux points.

Un très petit nombre d'i sont pointés, quelques-uns le sont avec un accent aïgu.

Une chose digne de remarque, et que nous n'avons rencontrée dans aucun incunable, c'est que sur plusieurs pages de ce livre (4), — probablement par défaut de pression, — la lettre i, mal venue, dont les deux extrémités seules ont marqué, ressemble tellement aux deux points que l'on se demande si l'imprimeur, manquant d'i, ne leur aurait pas substitué ce signe de ponctuation.

Le livre renferme deux espèces d'r, l'une de forme ordinaire, l'autre en forme de 2. Les mots coupés, à la fin des lignes, n'ont pas de traits-d'union. Les abréviations y sont très nombreuses. On n'y trouve qu'une seule lettre directrice (5), c'est une *m* minuscule, placée en tête de l'*argumentum epistolarum*. Toutes les majuscules sont peintes en rouge dans ce volume.

Où ce livre a-t-il été imprimé? Question fort difficile à résoudre. Nous ne la trancherons pas d'une manière absolue, mais

(1) Au xvᵉ siècle, on a souvent employé le point à la place de la virgule.
(2) « Dans les premiers incunables, comme dans quelques impressions xylographiques, on ne trouve aucun autre signe de ponctuation que le point qui n'est pas même très fréquent. » (A. Bernard, *Hist. de l'Imprim.*, t. I, p. 18).
(3) On connaît des inscriptions où les syllabes même sont séparées par des points en triangle.
(4) Notamment, sur le fol. 9, recto : *Rex cyprorum turco*, ligne 5, *incredib:lis*; fol. 16, verso : *Thurcus Dalmatis*, ligne 6, *v:detur*; fol. id., ligne 5, *am:cos*, etc.
(5) Lettre imprimée en petits caractères dans l'espace rectangulaire laissé en blanc pour y peindre des majuscules et des lettres ornées. (M. Madden, *loc. cit.*).

nous allons indiquer les motifs qui nous ont engagé à classer cette édition des *Lettres du grand Turc* parmi les incunables toulousains.

Il existe un livre, imprimé à Toulouse en 1476, qui offre quelques traits de ressemblance avec les *Epistolæ magni Thurci* de Laudivio, c'est le *De fide instrumentorum* de Barbatia. Ces points de ressemblance, les voici :

Tous deux sont de format pet. in-4°. Le papier est absolument de même qualité. La feuille in-fol. dont on s'est servi a la même hauteur (260 millim.), et elle est marquée des mêmes vergeures et du même filigrane, *la main qui bénit avec large manchette.*

Quoique les caractères ne soient point les mêmes, — celui du *Barbatia* a 14 points, et celui du *Laudivio* 11, — ils ont tous deux le même nombre de lignes, 27 par page. Nous ferons, du reste, remarquer que la justification du *Barbatia* a quelques millimètres de plus que celle du *Laudivio*. Dans les deux ouvrages, les traits-d'union des mots coupés à la fin des lignes, n'existent pas, et l'on retrouve dans les proportions et dans l'alignement des caractères la même irrégularité.

La main qui bénit est sans contredit le filigrane que l'on rencontre le plus fréquemment, au xve siècle, dans les papiers du Midi de la France (1) ; voilà pourquoi l'on trouve ce filigrane dans les livres imprimés à cette époque à Lyon et à Toulouse. Lyon et Toulouse étant les deux villes du Midi qui, les premières, accueillirent l'imprimerie, l'une en 1473, et l'autre en 1476, il est donc évident que c'est dans l'une de ces deux villes que les *Epistolæ magni Thurci* ont été imprimées. Nous ajouterons, pour conclure, que ce livre, portant tous les indices d'une édition fort ancienne, nous n'aurions pas hésité à l'attribuer aux presses lyonnaises, si l'identité des papiers du *Barbatia* et du *Laudivio* n'était pas venue modifier notre première appréciation.

Mais que ce livre ait été imprimé avant 1473, à Lyon, ou avant 1476, à Toulouse, le petit nombre de ses pages, l'exiguïté de son format, l'insuffisance des signes typographiques, les imperfections dont il est entaché, etc., etc., prouvent qu'il est l'œuvre de l'un de ces ouvriers nomades qui, pendant très-peu d'années du reste, et avant de poser leur tente, se répandirent en France et imprimèrent en passant, comme le disait l'un d'entre eux, « des manuscrits menus et de menu coût (2). »

Les *Epistolæ magni Thurci* eurent une grande vogue lors de leur apparition, et elles furent souvent imprimées pendant les dernières années du xve siècle. Hain, dans son *Repertorium*, vol. 11, pars. 1, n° 10499 et suivants, art. MAHOMET, en signale seize éditions, la dernière datée de 1498.

(1) Ce n'est que fortuitement que l'on rencontre la main qui bénit en dehors de cette région.

(2) V. *l'établissement de l'imprim. dans la province de Languedoc*, p. 65.

Voici la description qu'il donne de l'édition que nous étudions
ici : *Epistolæ* (sic) *Magni Thurci a Landivio* (sic) *editæ.* — 3 ff.
(feuilles), s. l., a. et typ., 4. g. ch., 23 ff. (Esselingue, Conrad
Fyner).

Nous ferons remarquer d'abord que c'est là un titre de fantaisie, puisque le titre n'existe pas dans cette édition, et que le
livre commence, en tête du 2ᵉ feuillet, par la dédicace de Laudivio à son ami Francinus Beltrandus. Hain a oublié, en outre,
de compter le feuillet blanc qui précède et qui complète le premier des trois quaternions dont se compose le volume.

Il est donc à peu près certain que Hain n'avait pas le livre
sous les yeux lorsqu'il l'a décrit, car s'il l'avait parcouru, s'il
l'avait feuilleté, il y eût regardé à deux fois avant d'attribuer à
Conrad Finer de Gerhuszen (1), l'un des imprimeurs les plus
distingués du xvᵉ siècle, un livre dans lequel les incorrections
fourmillent, et dont l'exécution typographique atteste, à chaque pas, l'impéritie de l'ouvrier. D'après cela, l'assertion de
Hain demeure sans portée, et nos arguments en faveur des
presses lyonnaises et toulousaines n'ont, par conséquent, rien
perdu de leur valeur.

L'édition des *Epistolæ magni Thurci*, qui fait le sujet de cette
étude, ne figure pas parmi celles citées dans le *Manuel* (2).

On trouve à la suite des *Lettres du grand Turc*, deux lettres
d'Æneas Sylvius (Pie II), évidemment ajoutées par l'imprimeur
afin de grossir le volume (3).

L'exemplaire de la bibliothèque de Toulouse est admirablement conservé. Quoique imprimé depuis plus de 400 ans, on
dirait qu'il sort de la presse et des mains de l'enlumineur. Il est
dans sa seconde reliure, mais comme il a été très-peu rogné,
ses marges sont fort grandes. Il a été relié, vers le milieu de
xviiiᵉ siècle, en veau fauve et orné de trois filets sur les plats.
Les gardes en papier peigne à larges rinceaux, et bordées d'une

(1) Suivant plusieurs bibliographes, Conrad Fyner n'aurait imprimé que des livres de format in-fol.

(2) Nous nous permettrons de signaler, aux futurs éditeurs du *Manuel du Libraire*, deux
petites erreurs qu'il faudra relever. Dans l'édition que nous examinons, Laudivio a dédié son
livre *ad Francinum* (a) *Beltrandum*, et le mot *Francinum* se trouve deux fois dans la dédicace. Brunet, qui a tout simplement copié le catalogue de la Vallière, a mis *Franciscum* au
lieu de *Francinum*, dans deux articles différents. Il n'est pas le seul, du reste, et plusieurs
bibliographes, Laire entre autres, ont fait de même. Aucune des seize éditions décrites par
Hain, ne porte *Franciscum*. L'autre erreur est plus grave. En copiant, Brunet a reproduit, au
lieu de la corriger, la faute d'orthographe qui se trouve dans le nᵒ 4742 du même catalogue, où, à propos de la nationalité de *Beltrandus*, on a imprimé *Bachinonensem*, qui ne veut
rien dire, au lieu de *Barchinonensem* qui signifie, *de Barcelone*. Laire, à cet égard, ne s'est pas
trompé.

(3) Les différents éditeurs ou imprimeurs des *Epistolæ magni Thurci*, ont varié leur manière
de grossir leur livre. L'édition de Rome (*forte Vlrich Han*) est suivie de l'*Hermafrodita carmen dicasticon* de Panormita, et Hain cite une édition in-4ᵒ, sans date et sans nom d'imprimeur, qui renferme les *Epistolæ Diogenis Cynici*, les *Epistolæ Bruti* et les *Epistolæ Hippo-
cratis chai.*

(a) L'édition des Epistolæ Magni Thvrci editæ a Lavdivio, *Rome impresse in domo Johan,
Philippi de lignamine anno domini* 1473, in-fol. porte *ad Francinum...* (Panzer II, p. 442),
ainsi que celle de Naples, 1473, in-4ᵒ, *impressæ per Arnaldum de Bruxella.* (Maittaire, t. I,
p. 329).

petite dentelle, bien connue des bibliophiles, attestent que ce bijou est sorti des ateliers d'un Padeloup ou d'un Derôme.

TURIN — AUGUSTA TAURINORUM — TORINO

PROTOTYPOGRAPHES, Johannes Faber LINGO-NENSIS (de Langres) et Jovanino di Pietro GALLICI, qui imprimèrent, à Turin, en 1474, un *Breviarium Romanum.*

JOHANNES ANGELUS ET BERNARDINUS FRATRES DE SYLVA.

N° 177. — GALEOTTUS MARTIUS (*de Narni*). — De homine libri duo. Suivi de la critique suivante : Georgii Alexandrini Merulæ in librvm de Homine Galeotti Narniensis opvs. A laquelle Galeotti a répondu par : Galeotti Martii Narniensis Refv-tatio obiectorum in librvm de Homine a Georgio Merula inchoat.

Colophon : *Impressum taurini per Johannem An-gelum et Bernardinum fratres de Sylva, anno domini* M. CCCCCXV. *Mense Februario.*

Au-dessous, le *registrum*, et plus bas la marque des impri-meurs.

In-4°, lettres rondes, à longues lignes, de 136 ff., 127 chif-frés au recto, suivi d'un feuillet blanc et 8 ff. de table non chiffrés, mais signés A. Les ff. chiffrés sont signés A.-R. Les pp. pleines ont 38 lignes. En tête du 1er f. une gravure sur bois représente un professeur en chaire, entouré de ses auditeurs. Le livre renferme de grandes lettres grises d'un joli dessin.

La première édition de ce livre *(absque nota)* aurait été imprimée, en lettres romaines, vers 1475, suivant Brunet.

« L'auteur de la lettre à M. *Fréron*, publiée en 1771, au sujet « de l'*Histoire de l'Anatomie et de la Chirurgie*, par M. Portal, « dit que *Galeotti Martio* enseigna à Bologne depuis 1462 jus-« qu'en 1477, et qu'il mourut en 1478. Le même Georges Mat-« thias ajoute qu'il était si chargé de graisse qu'il en fut suffo-« qué en descendant de cheval. »

VENETIA — Portus Venetus — VENEZIA — VENISE

PROTOTYPOGRAPHE, Jean de SPIRE (1).

Il imprima à Venise, en 1469, les *M. Tullii Ciceronis epistole ad familiares.*

Nicolas JENSON GALLICUS, 1473, 1479, 1480.

N° 178. — Julii Solini de sitv orbis terrarum et memorabilibus quae mvndi ambitu continentur liber.

Colophon : ..... *Impressus venetiis per Nicolaum Jenson Gallicum. M. cccc. lxxiii.*

In-4°, lettres rondes, 68 ff. à longues lignes, 32 aux pp. pleines. Le 1ᵉʳ, le 4ᵉ et le dernier ff. sont blancs ; les marges sont vierges.

Le livre est très-bien imprimé, avec un caractère de 15 points et sur un papier fort, grenu, et fortement encollé. Il a pour filigranes : 1° l'Arbalète dans un cercle ; 2° la Balance ; 3° dans un seul feuillet, un Cheval aux pieds de griffon, etc.

Le titre se trouve en tête du 5ᵉ f. Dans l'exemplaire que nous décrivons, le recto de ce f., qui contient la préface, a été encadré de feuillages et de rinceaux enluminés et dorés du meilleur goût. Le volume est orné de petites lettres tourneures, et les majuscules, dans le texte, sont toutes peintes en jaune. C'est la première édition de ce livre avec date.

Albertus de STENDAEL, 1474.

N° 179. — SCOTUS (*Johannes* DUNS). Scriptum super secundum sententiarum.

---

(1)   *Primus in Adriaca formis impressit aeneis*
Vrbe libros spira genitus de gente Johannes
In reliquis sit quanta, vides, spes lector habenda
Quom labor *hic* primus *calami superaverit artem.*

Ces quatre vers se trouvent à la fin des *Epistolæ* de Cicéron.

Colophon : *Expliciunt questiones Johannis Scoti theologi acutissimi sacri minorum ordinis super secundo sententiarum ab excellentissimo sacre theologie professore Thoma penket anglico ex heremitarum ordine ingenti diligentia emendate & per magistrum Albertum de Stendael* (venetiis) *impresse. Anno Domini M. cccc. lxxiiii.*

In-fol., lettres rondes, 158 ff. à 2 col., 41 lignes aux col. pleines. Les marges sont vierges.

Papier fort, un peu roux, ayant pour filigrane : 1o l'Oie; 2o une Croix sur une borne; 3o un Style rayonné sur une pierre à trois pointes obtuses.

Antonius BARTHOLOMÆI, Bononiensis, 1476.

N° 180. — S. Hieronymi Epistolæ.

Colophon : *Elegantissimas divi hieronymi Epistolas : Antonius Bartholomei Venetiis feliciter impressit M. cccc. lxxvi. Die xxii Mensis Januarii.*

2 vol. gr. in-fol. goth. de 150 et 250 ff. à 2 col. de 68 lignes aux col. pleines. Les marges sont vierges.

Très-beau livre, imprimé sur un papier superbe, très-épais, d'un blanc légèrement fauve, bruissant quand on l'agite; il est marqué des filigranes suivants : 1o deux petites Faux croisées dans un cercle; 2o l'ancre dans un cercle; 3o deux Flèches croisées dans un cercle; 4o l'Echelle; 5o l'Arbalète dans un cercle de plusieurs dimensions.

En tête de l'exemplaire se trouvent deux lettres onciales peintes et rehaussées d'or.

Nicolaus de FRANCFORDIA et Franciscus (Renner) de HAILBRUN, 1476-1480.

N° 181. — Biblia Sacra.

Colophon : *Explicit biblia impressa venetiis per*

Franciscum de hailbrun et Nicolaum de Frank-fordia (sic) *socios. M. cccc. lxxvi.*

Pet. in-fol. goth. de 456 ff., par cahiers de 10 et de 12 ff., à
2 col. de 51 lignes, s. chiffr., mais avec le titre des livres de la
Bible en tête des ff. Le livre a plusieurs alphabets de signat. :
1° de a. à y.; 2° de 1 à 18 ; 3° de A. à C. Ces signat. nous offrent
encore un exemple du chiffre 2, ayant la forme du z.

Cette Bible est très-bien imprimée, avec un joli caractère de près de
10 points, sur un très-beau papier, d'une teinte un peu fauve, et qui est
marqué de la Balance, dans un cercle de plusieurs dimensions, de la Borne
à trois pointes, et de la Tête de Bœuf à tige couronnée.

Brunet, qui l'a signalée dans son *Manuel,* déclare « qu'elle est
« une copie littérale de l'édition de 1475, et qu'elle renferme le
« même nombre de ff., y compris les *Interpretationes nominum*
« *hebraïcorum,* qui occupent les 33 derniers ff. »

L'exemplaire de la Bibliothèque de Toulouse est très-beau et
relié en veau fauve par un relieur du XVIIIᵉ siècle, mais il est
incomplet des trois premiers et des quinze derniers ff.

N° 182. — Biblia Sacra.

Colophon : *Explicit biblia impressa Venetijs per
franciscum de hailbrun. M. cccc. lxxx.*

In-8° et in-4° goth. de 418 ff. à 2 col., 51 lignes par page,
s. chiffr. ni réclam. En tête, au-dessus des col., le titre des
livres de la Bible, imprimé en lettres de forme. On y trouve
deux alphabets de signatures : le 1ᵉʳ en minuscules goth. de
a à y ; le 2ᵉ en chiffres arabes de 1 à 18. Le livre est formé de
40 cahiers, 31 quinternions et 9 cahiers de 12 ff. Il est imprimé
sur un joli papier, d'épaisseur moyenne, et avec de petits caractères gothiques, fort bien gravés, qui ont près de 9 points typographiques. L'encre est brillante et très-noire. Les abréviations
y sont nombreuses. Tous les mots coupés, à la fin des lignes,
n'ont pas de traits-d'union. Le point et les deux points sont les
seuls signes de ponctuation qu'on y rencontre.

Si vers le commencement de notre description nous avons
caractérisé le format de ce livre en le déclarant in-8° et in-4°,
c'est que depuis la signat. P, c'est-à-dire depuis le 15ᵉ cahier
jusqu'au 40ᵉ, il est imprimé sur des ff. de l'un ou de l'autre de
ces formats.

C'est le cinquième exemple d'incunables imprimés ainsi que nous ayons rencontré. C'est aussi le plus remarquable de tous.

Pour faire bien comprendre l'agencement de ces cahiers et de ces feuillets de différents formats, nous allons faire ici le dénombrement de quelques-uns d'entre eux :

1ᵉʳ ALPHABET
- Cahier p, 10 ff., 8 in-8° et 2 in-4°, placés au milieu du cahier, et, par conséquent, pouvant se chiffrer 5 et 6.
- Cahier q, 10 ff. in-4° ;
- Cahier r, 10 ff. 6 in-8° et 4 in-4° placés au mil. du cahier ;
- Cahier t, 10 ff. in-4° ;
- Cahier v, 10 ff. in-4° ;
- Cahier x, 10 ff. in-4° ;
- Cahier y, 10 ff. in-4° ;

2ᵉ ALPHABET
- Cahier 1, 10 ff., 6 in-4° et 4 in-8°, placés au milieu du cahier.
- Cahier 2, 10 ff., 4 in-4° et 6 in-8°, de même.
- Cahier 3, 10 ff., 2 in-8°, 2 in-4°, 2 in-8°, etc.

Les deux derniers cahiers sont signés 17 et 18 : l'un a 10 ff. et l'autre 12. Tous deux sont in-8°, comme les 14 premiers cahiers, signés a-o ; ce qui prouve clairement que le typographe avait bien réellement l'intention d'imprimer sa Bible dans ce format. Mais manquant de papier, il chercha et trouva un petit papier in-fol., dont la hauteur était égale à la largeur de la feuille in-fol., qui lui avait donné le format in-8°, et avec lequel il avait commencé son livre (1).

Cette feuille in-fol. devait avoir 44 centim. de haut. et 31 de large. L'imprimeur employa donc une feuille in-fol. de 31 centim. de hauteur, qui, pliée en deux, lui donna un in-4° de 22 centim., hauteur exacte de son livre.

Le papier qui a fourni le format in-8° est marqué, dans un très-petit nombre de feuillets, de l'ARC ARMÉ D'UNE FLÈCHE. Ce filigrane est placé à droite et un peu bas, près de la marge extérieure, sur laquelle il déborde parfois. A l'angle inférieur de cette marge on trouve, dans les feuillets b-9, c-i, d-3, n-2, p-4, etc., les traces d'un filigrane enlevé par le couteau du relieur. La présence de ce filigrane, dans cette partie du livre ainsi que dans la marge du haut, prouverait au besoin le format du feuillet si l'on pouvait le mettre en doute.

Le papier qui a fourni le format in-4° est dépourvu de filigrane, mais en revanche ses vergeures sont profondes et bien autrement accusées que celles du papier qui a fourni les feuillets in-8°. C'est à la présence de ces vergeures et à la teinte un peu plus foncée du papier, qu'en cherchant les filigranes dans les feuilles de cette Bible, nous avons reconnu la différence des formats dans les papiers sur lesquels elle a été imprimée.

L'exemplaire que nous venons de décrire est admirablement conservé et n'a subi aucune altération. Il est recouvert d'une forte et solide reliure en veau granité, qui l'a probablement mis à l'abri de tout accident.

En tête du prologue on trouve un petit portrait de saint Jérôme, peint en miniature, rehaussé et encadré d'or bruni. Le

(1) Voir Desbarreaux-Bernard. Loc. cit.

saint, dont on n'a représenté que le buste, tient à la main un gros livre à fermoirs, la Bible sans doute.

Des capitales, des majuscules de diverses grandeurs, de petites lettres tourneures agrémentées, peintes alternativement en rouge et en bleu, ont été dessinées au commencement des livres et des chapitres de la Bible ; elles couvrent les espaces rectangulaires réservés à l'enlumineur et dans lesquels on trouve fort souvent des lettres directrices. Cette Bible en est dépourvue.

Ce rare volume a appartenu au monastère de la Congrégation de Saint-Maur, dit de la Daurade. Il porte au bas de la première page ces mots : *Ex dono Antonii d'Aydie*.

La Bibliothèque nationale possède un exemplaire de cette Bible, imprimé sur vélin. Selon Brunet, qui n'a fait que signaler cette édition, cet exemplaire serait de format Grand in-4°. La justification des pages de cette Bible n'ayant que 166 millim., cela doit faire un beau livre.

Johannes de COLONIA et Johannes MON-THEN de SHERRETZEM, 1477.

N° 183. — SCOTUS *(Johannes* Duns). Questiones quodlibetice purgate per thomas panlreth (penketh).

Le livre commence par ces mots : *Cuncie res difficiles....* Le Manuel a mis *cuncta*.

Colophon : *Et sic est finis horum colibetorum* (sic) *a Johanne duns ordinis fratrum minorum doctore subtilissimo.... Impressa fuere venetiis impensis Johannis de colonia : sociique ejus Johannis manthen de sherretzem. Anno M. cccc. lxxvij. die vero vii mensis octobris.*

Pet. in-fol. goth. de 106 ff. à 2 col. de 51 lignes. Le 1er et le dernier f. sont blancs. Le livre se termine par un index de 5 ff. et par le *registrum,* qui se trouve sur le recto de l'avant-dernier f. ; s. chiffr. ni réclam., signat. A-M.

Papier fort, un peu gris ; il a pour filigrane : 1° la Balance dans un cercle ; 2° la grande Tête de Bœuf à tige fleuronnée, surmontée d'une Croix.

N° 184. — SCOTUS *(Johannes Duns)* super 3° Sententiarum editum a....

Colophon : *Per excellentissimum sacre theologie doctorem magistrum Thomas penlreth.... Impressum venetijs ad expensas et mandatum Johannis de colonia : Sociique ejus Johannis manthen de sherretzem. Anno domini M. cccc. lxxvij.*

Pet. in-fol. goth. de 114 ff. à 2 col. de 51 lignes. Le 1er f. est blanc, s. chiffr. ni réclam., signat. A.-M.

Même papier et mêmes filigranes que ceux du volume précédent.

Gabriel di PIETRO, de Trévise. 1478.

N° 185. — Nicolai Peroti ad Pyrrhum perottum nepotem ex fratre svavissimvm Rvdimenta grammatices.

Colophon : *Nicolai Perotti sypontini* (1) *ad pyrrhum Perottum Nepotem ex fratre svavissimvm Rudimentorum Grammatices Finis. Impressum quidem est hoc opus mira arte & diligentia Petri Tarvisiani. Inclyto venetiarvm duce Andrea Vendramino. M. cccc. lxxviii. Qvinto Idvs aprilis.*

Grand in-4°, lettre ronde, 112 ff., composé de quaternions, excepté *a* qui renferme 10 ff. et *o* qui n'en a que 6, s. chiffr. ni réclam., signat. a-o.

Papier fort, il a pour filigrane une espèce de Dragon fantastique. Le premier feuillet manque à l'exemplaire de la Bibliothèque de Toulouse.

Est-ce bien à Venise que ce livre a été imprimé? Gabriel Petri changea souvent de domicile ; il a imprimé à Brescia, qui faisait partie des Etats de Venise, et il se pourrait bien que le *Rudiment* de Perotti eût été imprimé dans la première de ces villes.

(1) Siponte, ville d'Apulie.

Léonardus WILD, de Ratisbonne, 1478.

N° 186. — Biblia sacra.

Colophon : *Explicit biblia impressa Venetijs per Leonardum Vvild* (sic) *de Ratisbona expensis Nicolai de Franckfordia* (sic). *M. cccc. lxxviii.*

In-fol. semi-goth., 452 ff. à 2 col. de 52 lignes, s. chiffr. ni réclam., mais avec des signatures.

Bon papier, très-blanc. Il a pour filigrane, comme tous les papiers de Venise, la Balance dans un cercle, surmontée d'une Étoile; la Tête de Bœuf surmontée d'une longue tige tréflée; ce filigrane a 13 centimètres de hauteur; enfin, une autre Tête de Bœuf sans appendice.

N° 187. — MARCHESINO ou MARCHESINUS *(Johannes).* Mamotractus *(sic)* (1).

Le volume, sans titre, commence par le prologue : Prologus AUTORIS IN MAMOTRECTUM.

Colophon : *Actum hoc opus venetiis anno domini, 1479, nonas Kalendas octobris per inclytum virum Nicolaum Jenson Gallicum.*

In-4°, lettre ronde, à 2 col. de 38 lignes aux pp. pleines, 272 ff. Le 1er f. de la table est blanc, s. chiffr. ni réclam., signat. a-y, 1-7, A-C (goth.).

Bon papier, marqué des filigranes suivants : la Balance dans un cercle; la Tête de Bœuf ornée; l'Ancre dans un cercle ; etc., etc.

N° 188. — SAINT-ANTONIN. Summa clarissimi viri fratris Antonini archiepiscopi florentini ordinis predicatorum.

Colophon : *Actum hoc opus inclyta atque famosa*

---

(1) « Sive expositio in singulos libros bibliorum, per singula capitula. »

officina Nicolai Jenson Gallici olympiadibus dominicis Anno videlicet M. cccc. lxxx. Quarto calendas Julii.

Le 2ᵉ vol. seulement. In-fol. semi-goth., 322 ff. à 2 col. de 56 lignes, avec le titre des livres et des chapitres en tête des colonnes.

Comme tous les papiers de Venise au xvᵉ siècle, celui de la **SUMMA** renferme un grand nombre de filigranes : 1° la Balance dans un cercle; 2° un Écu en losange couronné; 3° un Écu portant la croix de Malte; 4° un Écusson surmonté d'une Croix; 5° une Croix; 6° la Tête de Bœuf avec longue tige fleuronnée; 7° l'Agneau, dit de Jenson; 8° une Main qui bénit, etc.

Nº 189. — M. MARTIAL (*Valerius*). — Martialis opus (cum commentario domitii calderini).

Au verso du 220ᵉ f. on lit : *M. Valerii Martialis opus : Impressum Venetiis. Anno M. cccc. lxxx. feliciter explicit.*

In-fol., lettre ronde, 224 ff. Le texte est en quelque sorte encadré par les commentaires. s. chiffr. ni réclam., signat. a-&. A-E.

Très-beau papier, ayant pour filigranes : 1° la Balance dans un cercle; 2° la Tête de Bœuf à tige tréflée; 3° la triple Borne avec tige terminée en rosace; 4° l'Agneau nimbé et tenant une croix; 5° plusieurs filigranes de formes indécises.

Baptista de TORTIS, 1481, 1482, 1483, 1485.

Nº 190. — JUVENALIS SATIRÆ cum commentariis Domitii Calderini.

Colophon : *Domitii Calderini Veronensis. commentarii in Juvenalem cum defensione commentariorum Martialis adversus Brotheum grammaticum. Venetiis per Baptistam de Tortis M. cccc. lxxxi. die vltimo octobris.*

In-fol., lettre ronde, 98 ff., le texte encadré par les commentaires, s. chiffr. ni réclam., signat. a-m. Le cahier *m* est un quinternion dont le dernier feuillet est blanc.

L'apologie des commentaires de Calderini termine le volume ; elle occupe 8 ff. On lit à la fin que ces commentaires ont été *Editi Romæ k. septembris m. cccc. lxxiiii*. Brunet pense que cette date a rapport à la composition de l'ouvrage, mais elle est si précise que nous croyons plutôt qu'elle indique une première édition.

Le papier porte pour filigrane : la Balance dans un cercle, surmontée d'une croix.

N° 191. — Publius Terentius.

Colophon : *Venetijs M. cccc. lxxx. die vi Martii.*

In-fol., lettre ronde, 148 ff., 38 vers p. page, lorsque les commentaires n'entourent pas le texte, s. chiffr. ni réclam., signat. a-&, plus un cahier supplément. Le 1er f. est blanc.

Le papier est très-fort, très-beau, il a pour filigrane : 1° la Balance dans un cercle ; les appendices du fléau varient, tantôt il se termine en Croix, tantôt en Étoile ou en Fer de lance, etc.

N° 192. — Avli flacci Persii poetae satirarvm opvs.

Colophon : *Venetiis per Baptistam de Tortis M. cccc. lxxxii. die xiiii Martii.*

In-fol. de 28 ff., s. chiffr. ni réclam., signat. a-e. La lettre *e* n'a que 4 ff.

Même papier, mêmes caractères, mêmes filigranes que le JUVÉNAL du même imprimeur, v. n° 190.

BARTHOLOMÆUS de ZANIS, de Portesio
1482-1497.

N° 193. — Lucanus cum commento.

Colophon : *Impressum Venetiis impensis Octaviani scoti necnon arte Bertolomei de Zanis de Portesio. Anno domini M. cccc. lxxxii. die ultimo mensis martii.*

Après le mot *Finis* on trouve la marque de l'imprimeur.

In-fol., lettre ronde, 150 ff., dont le dernier est blanc, le texte encadré par les commentaires, s. chiffr. ni réclam. signat. a-t.

Le papier a pour filigrane : la Balance dans un cercle; la Tête de Bœuf surmontée d'une longue tige tréflée.

Johannes de FORLIVIO et Jacobus BRIXIENSIS socii, 1482, 1487.

N° 194. — Valerii Maximi dictorum & factorum memorabilium rubrice.

Colophon : *Opus Valerii Maximi cum Omniboni Leoniceni viri prestantissimi examinata interpretatione feliciter explicit. Impressum per Johannem de Forlivio & socios regnante inclito domino Joanne Mozenico principe Venetiarum. Anno domini M. cccc. lxxxii et die xviii Junii.*

Pet. in-fol., lettre ronde, 214 ff., 4 ff. prélim., dont le 1er est blanc, n. signés, s. chiffr. ni réclam., signat. A-&, A-D, suivis de 2 cahiers supplémentaires, deuxième alphabet. Les cahiers sont composés de quaternions et de ternions.

Le papier a pour filigrane : 1° La Balance dans un cercle, petite dimension; 2° l'Ancre de même; 3° une triple Borne surmontée d'une longue tige fleuronnée; 4° la Tête de Bœuf avec tige terminée par une Croix; 5° Autre Tête de Bœuf, avec fleuron et Croix; 6° une N gothique.

N° 195. — Silius Italicus. Punicorum libri xvij cum commento Petri Marsi.

Colophon : *Venetiis per Baptistam de Tortis, M. cccc. lxxxiii. die vi Maij.*

In-fol., lettre ronde, 178 ff., s. chiffr. ni réclam., signat. a-y.
11 cahiers de 8 ff. et 15 de 6.

Papier de moyenne épaisseur; il a pour filigrane : 1° la Balance dans un
cercle de moyenne grandeur; 2° la grande Tête de Bœuf avec une tige terminée en Croix; 3° la grande Tête de Bœuf avec Couronne au milieu de la
tige; 4° un A.

N° 196. — M. Tullii Ciceronis orationes (titre ma-nuscrit ajouté).

En tête du 1er f. :

Pro Cn. Pompeio Oratio.
M. T. C. pro lege manilia : sive de laudibus Cn. Pompeii :
De imperatore diligendo.

Colophon : *Expliciunt orationes Marci Tullii Cice-ronis cum verrinis et Philippicis. fœliciter : im-pressæ Venetiis per Johannem Forliviensem et Jacobum Brixiensem socios. Anno domini M. cccc. lxxxiii. Die vero viii. Novembris. Xisto. iiii. pon-tifico maximo. Et Joannes Mocenico Venetorum Duce.*

In-fol., lettre ronde, à longues lignes, 250 ff., 55 lignes aux
pp. pleines, s. chiffr. ni réclam., s. initiales, signat. a-y. A-H.

Papier de moyenne épaisseur, ayant pour filigranes : 1° une petite Tiare;
2° les Cisailles de petite dimension; 3° un Pavillon; 4° le Gant, avec style
fleuronné; 5° une Tête d'homme; 6° la Cloche, etc.

Cet exemplaire est celui de Brossette. Le titre manuscrit est
écrit de sa main; il est encadré. Au milieu se trouve une rosace
à cercles concentriques d'une grande finesse de dessin; au bas,
on lit ces mots : *Claudius Brossette, Advocatus scripsit titulum.*
1700.

N° 197. — Horatii opera omnia.

On lit en tête du Proemium : *Cristophori Landini florentini in*
q. Horatii flacci libros omnes.

Colophon : *Impressum Venetiis per Johannem de*

Forlivio & socios. Anno salutis M. cccc. lxxxiii.

Pet. in-fol., lettre ronde, 206 ff. ; le texte est encadré par les commentaires. 25 quaternions et 1 ternion pour les liminaires, s. chiffr. ni réclam., signat. a-z, suivi de 3 cahiers supplémentaires.

Le livre est admirablement imprimé sur un beau papier de moyenne épaisseur. Il a pour filigranes : 1° la grande Croix tréflée ; 2° la Balance dans un cercle de plusieurs dimensions ; 3° la Tête de Bœuf à longue tige entourée d'un Serpent, etc.

Bernardinus de CORIS, 1483.

N° 198. — M. Tul. Ciceronis Epistolarvm Familiarivm liber.

Colophon : ..... *Impressus Venetijs per Bernardinum de Coris cremonensem Anno domini M. cccc. lxxxiii. die v Decembris.*

C'est le commentaire d'*Hubertus clericus Crescentinus.*

In-fol., lettre ronde. Les commentaires encadrent en quelque sorte le texte. 220 ff., s. chiffr. ni réclam., signés a-z., plusieurs cahiers supplément., et A-D, 2e alphabet.

Papier assez fort, ayant pour filigranes : 1° la Balance dans un cercle de plusieurs dimensions ; 2° une Croix sur une triple borne ; 3° deux Flèches en croix ; 4° la Tête de Bœuf à longue tige, terminée par une croix et entourée par un serpent ; 5° le Chapeau de cardinal.

Le 1er f. manque à l'exemplaire, qui, en outre, est affreusement ment piqué. — Cette édition n'est pas signalée dans le *Manuel.*

Erhard RATDOLT, 1483, 1484.

N° 199. — Eusebii Caesariensis Episcopi chronicon.

Colophon : *Erhardus Ratdolt Augustensis solerti vir ingenio maxima cura plurimis vndique comparatis exemplaribus Eusebii libros chronicos ac reliquas in hoc volumine de temporibus additiones : non paruo studio impensisque emendatissime*

impressit Venetijs Duce inclyto Joanne Monce-
nico Romanorum imperatore Phrederico (sic)
iij. anno Imperij sui. 44. Anno Salutis 1483.
Idibus Septembris. Gloria Deo.

Pet. in-4°, lettre ronde, de 162 ff., s. chiffr. ni réclam., signat.
a-x. Le livre est composé de 19 quaternions et se termine par
un quinternion : le dernier f. est blanc. Il manque à l'exemplaire
que nous décrivons, ainsi que le 1er f. des liminaires qui était
blanc aussi. Le f. a-i manque encore. Portait-il un titre ? Nous
l'ignorons.

Le titre placé en tête du f. a-ÿ est imprimé en rouge, ainsi
que le colophon et une certaine partie des dates et des noms
cités dans cette espèce d'almanach historique du monde, qui
commence à Adam et qui finit à l'année 1481.

Le livre est bien imprimé, avec des caractères de diverses
grandeurs. On trouve, en tête du premier alinéa, une grande
lettre grise d'un très-joli dessin, et au-dessous, mais d'une moins
grande dimension, un E majuscule fort gracieux.

Édition de peu de valeur, selon le *Manuel* de Brunet, qui lui
donne 180 ff. Nous n'en avons trouvé, nous, que 162.

Elle est imprimée sur un papier très-épais, qui a pour filigranes : l'Arbalète, l'Échelle, la Tour crénelée à deux étages, etc.

Le livre est couvert d'une bonne et solide reliure en veau
marbré, datant de la fin du xviie ou du commencement du xviiie
siècle ; il porte au dos, en lettres d'or, le titre que voici : Balv-
sivs Tutelensi (*sic*). Nous ne comprîmes pas d'abord ; mais en
feuilletant le volume pour en faire la description, le mystère
s'éclaircit, car nous trouvâmes écrits, au bas du 3e f. des liminaires, ces trois mots : *Stephanus Baluzius Tutelensis.*

Est-ce le relieur, est-ce le propriétaire de ce livre qui a cru
que Baluze en était l'auteur ? Nous ne chercherons pas à résoudre
la question, mais nous rendrons ces deux personnages solidaires
l'un et l'autre de cette bévue. Le relieur n'a pas signé son œuvre.
Quant au propriétaire, les C et les L, entrelacés et couronnés,
gravés au dos du volume, ainsi que l'écu chargé de trois léopards
d'or, couronnez, lampacez et armez de gueules l'un sur l'autre,
nous disent assez qu'il a appartenu à un de Caumont la Force.

Là s'arrêtent nos renseignements, car le maréchal de France,
Jacques Nompar de Caumont, duc de la Force, mort en 1572,
a laissé une postérité masculine tellement nombreuse, — il eut
dix garçons de son premier mariage, — qu'il est impossible de
savoir aujourd'hui auquel de ses nombreux descendants a appartenu cet exemplaire de la chronique d'Eusèbe.

Baluze, nous disent ses biographes, vint à Paris en 1655, et y
mourut en 1718. S'il avait joint à son nom la date de l'époque à
laquelle il l'écrivit, cette date aurait peut-être pu fixer notre
indécision.

Le livre a appartenu depuis à l'abbé d'Héliot. Le docte professeur des libertés de l'Eglise gallicane avait eu, de fort bonne heure, la passion des livres, et il est très-probable qu'il avait acquis son Eusèbe à la vente de Baluze, qui eut lieu à Paris en 1719, un an après la mort du savant bibliothécaire de Colbert (1). On trouve sur la garde l'étiquette de la bibliothèque du clergé, que M. d'Héliot fonda à Toulouse, qu'il dirigea pendant les dernières années de sa vie, et qu'il enrichit de son importante et curieuse collection de livres.

Les archives de la Haute-Garonne renferment une lettre de Baluze qui a été publiée dans la *Bibliothèque de l'école des Chartes*, par M. de Rozière, inspecteur général des archives. Elle lui avait été communiquée par M. Baudouin, archiviste de ce département. Nous avons pu comparer la signature de Baluze avec son autographe, et nous assurer ainsi de l'identité parfaite des deux écritures.

Ces archives contiennent aussi une pièce fort curieuse, c'est la *Réception d'Estienne Baluze, de Tulle, au collége Saint-Martial* (2).

(1) Voir le catalogue de Baluze (*a*), t. I, p. 240, n° 3102. Le livre fut vendu 3 livres 2 soulz.

(2) Cette pièce renfermant des détails intéressants et tout à fait inconnus sur l'entrée du jeune Baluze au collége Saint-Martial, de Toulouse, nous avons cru devoir la publier *in extenso*.

« L'an mil six cent quarante-six et le vingtiesme d'avril, après mydi, à Tholose, dans le « vénérable collège Saint-Martial, et à la grande salle d'icelluy, se sont collégialement assem- « blés messieurs Jean Bessière et Guilhaume Perès, prieurs, messieurs de Laurency, de Puntis, « Du Solier, presbstres perpétuels, Jambert, Coustalier, d'Hérain, Supplici, Reynaut, David, « Lortic, Brionne, Noiret, Laboreys, et autres collégiats, à laquelle assemblée se seroit pré- « senté Me François Gorce, aussi escolier et collégiat, qui a dict que M. Jean Baptiste Melon, « collégiat aussi dud. collège, a faict démission de sa place puis le mois de may dernier, « entre les mains de Messieurs·les Collégiats dud. collège, pour estre pourveu à sa place selon « leur bon plaisir, ainsin qu'apert de lad. démission et procuration à luy faicte, rettenue par « moy, notaire, laquelle il a présentement deslivrée aud. sieur Bessière, prieur ; — de laquelle « ayant esté faict lecture par led. sieur prieur, il a dict et representé que la place dud. Melon « est vacante depuis led. mois de may, laquelle est affectée au diocese de Limoges, comme « apert du statut qui veut que telles places ne pourront estre occupées que par les escoliers « dud. diocèze de Limoges, et de tant que depuis l'absence dud. Melon, ils ont faict mettre « des cartels aux portes et collèges de ceste ville pour faire assavoir que lad. place est vacante, « et que personne ne s'est présanté pour la remplir que seullement M. Estienne Baluze, esco- « lier, qui a faict prier led. collège de vouloir recevoir a lad. place, attendu qu'il s'est pré- « santé aud. collège despuis trois mois, et que comme dict, aucun autre escolier ne s'est « présanté despuis l'absence dud. Melon, il importe de remplir la place suivant la volonté du « fondateur, requerant l'assemblée de délibérer ce qu'il appartiendra :

« Et à l'instant l'affaire mis en délibération et les voix recueillies, par la pluralité d'icelles « a esté arresté, résoleu et délibéré pour les raisons susdites, que, sans conséquance, pour « ceste fois seullement, et quoyque led. Baluze ne soit pas dud. diocèze de Limoges, qu'il « sera receu à la place dud. sieur Melon, afin que des places soint remplies, à la charge par « iceluy de payer les droicts d'entrée. Et de tant que led. Baluze est en bas aage, a esté aussi « délibéré qu'il n'aura voix deliberactive, active ny passive, dans led. collège, de trois ans à « compter du jour de sa réception. De quoy par exprès tous lesd. sieurs Collégiats ont pro- « testé, sans laquelle protestation et déclaration, ils n'auroint receu led. Baluze : ce que led. « Baluze, présant, a stipulé et accepté.

« En foy de quoy lesd. sieurs prieurs, collégiats et Baluze se sont signés à la cède, et moy « D. Guizot, notaire, ainsin signé. »

« Collationné sur l'expédié trouvé dans un livre couvert de bazane verte par moy notaire « royal de Tholosé soubsigné, exibé et rettiré pour la partie requérante.

« Signé : CASSANEA, n. r. »

Archives de la Haute-Garonne (série D, fonds du collège Saint-Martial).

(*a*) Bibliotheca Baluziana. — *Parisiis, G. Martin*, 1712. — 2 vol. in-8°.

N° 200. — **PTOLEMÆUS.** Liber quadripartiti Ptolomæi id est quattuor (*sic*) tractatuum : in radicanti discretione per stellas de futuris et in hoc mundo constructionis et destructionis contingentibus cujus in primo tractatu sunt 24 capita.

Ce titre est imprimé en rouge.

Colophon : *Liber Ptholomei quattuor tractatuum : cum centiloquio eiusdem Ptholomei : et commento haly : feliciter finit.*
Impressum in Venetijs per Erhardum ratdolt de Augusta. Die. 15. mensis Januarij. 1484.

In-4° goth., 68 ff. à 2 col., 41 lignes par page, 7 cahiers de 8 ff. et un de 12. Le premier f., blanc au recto, porte au verso la figure du ciel astrolabique, s. chiffr., signat. a-h. En tête des chapitres, on trouve de grandes et de petites majuscules ornées d'un dessin très-gracieux qui atteste que la Renaissance arrivait à grands pas.

Ce livre est très-bien imprimé, sur un beau papier, ayant pour filigranes : 1° l'Arbalète; 2° une Tour crénelée à deux étages.

Cet exemplaire offre une particularité assez singulière. La moitié inférieure du verso du dernier f., qui est blanc, porte, imprimé en rouge, le titre suivant, placé en travers et dans le sens de la marge du dos, qu'il longe dans une certaine étendue :

Œ *Decretalium : super quinque libris : sexto et Clementinis Breues casus siue summarij : commentum Nicolai siculi alias abbatis : vna cum utriusque iuris regulis contexti feliciter incipiunt.*
De Summa trinitate et fide catholica.

Six centimètres au-dessous, on lit, imprimé en rouge :

Œ *De Constitutionibus.*

Il est probable qu'on avait commencé d'imprimer sur cette demi-feuille in-fol., devenue in-4°, le livre de format in-8° dont nous venons de donner le titre. La pénurie de papier en changea probablement la destination.

Ce livre est relié à la suite de l'*Astrolabium*, imprimé à Augsbourg par E. Ratdolt. (V. le n° 1 du catalogue.)

Hermanus LICHTENSTEIN,
1484, 1487, 1494.

N° 201. — TORTELLIUS (*Johannes*). Johannis Tortelii Arretini commentariorum grammaticorum de orthographia dictionum e graecis tractarum prooemium incipit ad Sanctissimum patrem Nicolaum quintum pontificem maximum.

Au bas du recto du dernier f., le colophon suivant :

Joannis Tortellii..... per Hermanum Lichtenstein coloniensem : Venetiis pridie Idus Nouembris accuratissime impressum : Anno salutis M. cccc. lxxxiii.

In-fol., lettre ronde, 198 ff. à longues lignes (160 millim. de justification), 57 lignes par page, s. chiffr. ni réclam., 2 alphabets de signat., le 1er de A-M, le second de a-u ; 32 cahiers, 3 quaternions et 29 ternions.

Impression lourde et compacte. Le livre est imprimé avec un Saint-Augustin de 12 points. Les espaces rectangulaires, en tête des chapitres, sont vides.

Le papier, de bonne qualité, est marqué de la Balance dans un cercle.

Le 1er f. et le f. blanc de la fin manquent à l'exemplaire de la Bibliothèque de Toulouse.

Dionysius (1) & Pelegrinus BONONIENSIS
1485.

N° 202. — Valerii Maximi factorum et dictorum memorabilium.

Colophon : *Opus Valerii Ma. cum omniboni Leoniceni prestantissimi examinata interpretatione explicit. Impraessum* (sic) *Venetijs per Diony-*

(1) Le nom de Denis ne se trouve pas dans le *Dictionnaire bibliographique* de La Serna Santander.

sium : & Pelegrinum Bononiensis. anno domini M. cccc. lxxxxv. die vero. xx Aprilis.

In-fol., lettre ronde, 206 ff., s. chiffr. ni réclam., signat. a-ꝶ. En tête, 2 ff. non signés : au verso du dernier, la marque des imprimeurs. Les commentaires de Leonicenus entourent le texte.

Papier assez fort, très-beau, de couleur fauve, ayant pour filigranes : 1° la Balance dans un cercle de petite dimension; 2° la grande Tête de Bœuf à tige tréflée; 3° la Tiare; 4° une Croix au bout d'une longue tige fixée sur une borne, ou plutôt sur une espèce de palissade; 5° une Fleur, etc.

N° 203. — Martialis opus (cum comment. domit. Calderini).

Colophon : *Venetijs per Baptistam de tortis M. cccc. lxxxxv. die xvii Julii.*

In-fol., lettre ronde, 172 ff. en 22 cahiers, 20 quaternions et 2 ternions; les notes encadrent le texte, signat. a-y, s. chiffr. ni réclam.

Bon papier, ayant pour filigranes : 1° un Cheval nu, marchant; 2° la Tête de Bœuf avec le Serpent enroulé sur une tige dont l'extrémité est tréflée; 3° une espèce de Portique; 4° une autre Tête de Bœuf de grande dimension.

Nicolaus de BACTIBOVIS, 1486.

N° 204. — LUCANUS (*M. Annœus*). Pharsalia.

Colophon : *Finit opus Lucani cum commentariis Omniboni Vicentini impressum Venetiis a Nicolao battiboue (sic) alexandrino anno domini M. cccc. lxxxxvi. tertio idus maii.*

In-fol., lettre ronde, 180 ff. de 57 lignes par page, s. chiffr. ni réclam., signat. a-&.

Bon papier, ayant pour filigranes : 1° une petite Main qui bénit; 2° la Tête de Nègre avec bandeaux; 3° une Étoile; 4° un cercle de moyenne grandeur, surmontée d'une tige rayonnée et renfermant une lettre dont il est difficile de caractériser la forme.

Adam d'AMBERGAU ? (en Bavière) 1486.

N° 205. — Fasciculus temporum (auctore Wernero Robwinck Carthusiense).

Colophon : *Adam alamanus impressioni paravit. anno salutis M. cccc. lxxxvj. die secunda mensis Decembris.*

In-fol. goth. de 74 ff., 8 ff. pour la table, dont le premier est blanc, et 66 ff. à longues lignes, chiffrés en chiffres arabes, placés en tête au milieu de la marge, au recto seulement, 64 lignes aux pp. pleines. Le volume renferme un grand nombre de figures et de tableaux historiques intercalés dans le texte, signat. a-i.

Sans nom de lieu. Celui du typographe est douteux. Si nous avons attribué ce livre à Adam d'Ambergau, c'est d'abord parce qu'Adam Rot, imprimeur à Rome, n'a imprimé que jusqu'en 1475, et ensuite, parce que Adam de Polonia (Johannes) a toujours imprimé à Naples, en société, avec Jacques de Luciferis. Nous n'affirmons rien cependant, car, si nous nous en rapportons à la Serna Santander, il y aurait eu à Venise, au xvᵉ siècle, deux imprimeurs du nom d'Adam.

Le livre, composé de huit quaternions et d'un quinternion, est bien imprimé, sur papier fort de bonne qualité, et qui est marqué : 1° du Raisin de grande dimension ; 2° du petit Bœuf passant. Le livre n'est pas rogné.

Le *Fasciculus temporum* renferme un passage très-intéressant sur l'invention de l'imprimerie. En voici la traduction ; nous l'empruntons à M. Madden, dont les curieuses et intéressantes découvertes ont éclairé d'un jour tout nouveau plusieurs points très-obscurs de la science des vieux livres :

« La typographie est l'art des arts et la science des sciences. Par sa rapidité, les trésors de la science, dont l'homme apporte l'amour en naissant, se sont dégagés pour ainsi dire de l'abîme des ténèbres et se sont répandus sur ce monde, en proie à l'ignorance, afin de l'inonder à la fois de richesses et de lumières. En effet, la divine vertu des livres, qui ne s'était révélée que dans les cités d'Athènes et de Paris, et dans les universités, ou qu'on ne rencontrait que chez de rares amants de la science, grâce à l'imprimerie, cette vertu se propage dans toute tribu, chez tous les peuples, parmi toutes les nations, dans toutes les langues...»

(MADDEN, *Typol. Tucker*, 2 avril 1876, p. 60).

Joannes FORLIVIENSIS Gregoriusque fratres, 1487, 1497 (v. le n° 50).

N° 206. — Valerii Maximi factorum ac dictorum memorabilium ad Tiberium Caesarem.

Ce titre est placé en tête du f. chiffré IV.

Colophon : *Opus Valerii maximi cum noua ac præclara Oliverii Arzignanensis* (1) *viri præstantissimi....*
Impressum Venetiis arte et impensis Joannis forliviensi Gregoriique fratrum : Anno salutis M. cccc. lxxxvij. die viii Marcii : feliciter finis.

In-fol., lettre ronde, 248 ff., 4 ff. prélim. ni signés, ni chiffrés, et dont le 1er est blanc. 243 ff. chiffrés en chiffres romains ; le dernier f., non chiffré, porte au recto le *Registrum cartharum,* au-dessous duquel se trouve la marque de l'imprimeur.

Le livre est composé de 29 quaternions et de 3 ternions, qui sont signés a-&. A-F. Le livre est très-bien imprimé. Les commentaires encadrent le texte.

Le papier est marqué des filigranes suivants : 1° la Balance dans un cercle de dimensions diverses ; 2° le Chapeau de Cardinal avec ou sans fleur de lis ; 3° la Tête de Taureau avec tige terminée en croix ; 4° la Tête de Taureau avec le Serpent enroulé sur la tige ; 5° une triple Borne, celle du milieu surmontée d'une croix.

Jacobinus SUIGUS Sangermanus, 1487.

N° 207. — FERRARIS (*Jean-Pierre de*) (2). Pratica domini Joannispetri de ferraris civis papiensis.

Colophon : *Clarissimum utriusque iuris consulto et comiti Domino. Petro care ducali senatori. et in iudicijs pro iustitia administranda quotidie summa cum laude versanti Jacobinus Suicus* (sic) *Sanger-*

(1) Arsignanum, *Arzignano,* près Vicence.
(2) Docteur en droit du XIVe siècle.

*manus se ipsum et auream hanc et pretiosam
Joannis petri ferraris papiensis praticam paruo
volumine suo magno labore correctam et impres-
sam Venetijs dicauit. Anno domini M. cccc.
lxxxvii. die. xx. martij.*

In-4° goth., 268 ff. à 2 col. de 55 lignes, caractères très-
menus, s. chiffr. ni réclam., signat. a-z. A-F.

**Papier fort, un peu gris, ayant pour seul filigrane, dans tous les cahiers,
la Tête de Nègre avec bandeau.**

La date de l'impression de ce volume contredit l'assertion de
la Serna Santander, qui prétend que Jacobinus Suigus « ne
passa à Venise qu'en 1498 (1). »

N° 208. — ROSELLIS (*Antonius de*). In hoc libro
feliciter incipit tractatus de potestate imperato-
ris : ac pape. Et an apud papam sit potestas
vtriusque gladii. Et de materia consiliorum : qui
appellatur monarchia : Editus per excellentissimum vtriusque iuris doctorem dominum Antonium de rosellis de aretio.

Colophon : *Finit tractatus..... Impensisque et arte
hermanni Lichtenstein Coloniensis et impressum
anno salutis millesimo quadringentesimo octuagesimo septimo. Novemb. calendas Julii Venetijs.*

In-fol. goth., 116 ff. à 2 col. de 67 lignes ; 4 ff. de limin.,
dont un blanc, 111 chiffrés en chiffres arabes et le dernier blanc,
signat. a-o.

**Papier fort, ayant pour filigranes : 1° un Pigeon? 2° les Cisailles ; 3° la
Balance dans un cercle de petite dimension.**

Le 1er f., qui portait peut-être un titre, manque à l'exemplaire
que nous décrivons. En tête du 2e, et au-dessous du titre que
nous avons cité, on trouve une grande lettre ornée, ayant six
centimètres en carré. C'est un D, dans la boucle duquel on a
peint en miniature le pape assis dans la chaire pontificale et

(1) *Dictionn. bibliogr.*, t. I, p. 208.

tenant de la main gauche un livre ouvert sur ses genoux ; il est coiffé de la tiare et couvert de vêtements de couleur bleue. A sa gauche, assis de profil, dans une chaire plus petite et presque aux pieds du saint Père, on voit l'empereur, couronne en tête, et tenant dans sa main gauche la boule du monde, surmontée d'une croix. Il est vêtu de rouge. La lettre est dessinée et peinte en rouge et en bleu, et l'encadrement est recouvert de larges plaques d'or bruni.

Andreas de **PALTASICHIS**, 1488 (DE CATTARO).

N° 209. — TORTELLIUS (*Johannes*). Commentariorum grammaticorum de orthographia.

Colophon : *Johannis tortellii Arretini commentariorum grammaticorum de orthographia dictionum e græcis tractatum opus per magistrum Andream de paltasichis catharensem : Venetijs. xviii. calendas Januarias acuratissime impressum. Anno salutis. M. cccc. lxxxviii.*

In-fol., lettre ronde, 186 ff., 62 lignes aux pp. pleines, s. chiffr. ni réclam., signat. A-K. a-2.

Papier de consistance ordinaire, un peu gris, ayant pour filigranes : 1° la grande Tête de Taureau avec tige tréflée ; 2° la Balance dans un cercle de plusieurs dimensions ; 3° une Tête de Taureau, moins ornementée que la précédente ; 4° la Tête de Taureau avec le serpent enroulé sur la tige ; 5° la Croix de Malte, surmontée d'une étoile ; 6° deux Flèches en croix ; 7° le Chapeau de cardinal.

Le livre de Tortellius, imprimé par maître André de Paltasichis, de Cattaro, et imprimé à Venise le dix-huitième jour des calendes de janvier 1488, répond à la question de M. P. Deschamps, qui, dans l'article *Cattarus* de son dictionnaire, se demande : « Qu'est-ce que Andrea de Paltasich Stampat. di Cattaro (1460-1490) ? »

Octavianus **SCOTUS**, 1490, 1498.

N° 210. — AVICENNA. Liber canonis primus quem princeps Aboali ab insceni (Abinsceni) de medicina edidit : translatus a magistro Gerardo cremonensi in toleto ab arabico in latinum.

Colophon : *Regis aboali hassem filii hali abinsceni liber totus finitus est una cum tractatu de viribus cordis translato ab Arnaldo de villanova. Impressus et diligentissime correctus mandato et impensis nobilis viri Octaviani Scoti civis modoetiensis. Venetiis, anno salutis M. cccc. xc. die 24 Martii.*

In-4° goth., 442 ff. à 2 col., 60 lignes aux pp. pleines, s. chiffr. ni réclam., signat.

« Octavien Scot, de Monza (Modoetiensis), exerça l'imprimerie à Venise depuis 1480 jusqu'à la fin du xvᵉ siècle. Il eut pour ouvriers imprimeurs : Christ. Pensi, Bonetus Locatellus et Barth. de Zanis. » (La Serna Santander, *loc. cit.*, t. I, p. 190.) Cette note nous explique pourquoi la marque de l'imprimeur Bonetius Locatellus porte les initiales O. S. M.

Bernardinus RASINIUS novocomensis ? Bernardinum de BENALIIS, 1490.

Nº 211. — Justini et flori epithome.

In-fol., lettre ronde, à longues lignes, 59 par page, 58 ff. chiffrés, excepté celui du titre et celui du 58ᵉ f. s. l. et a. (Venise, 1490?) s. chiffr. ni réclam., signat. a-i.

« C'est, dit Brunet, la plus ancienne édition que l'on con-« naisse, où soient réunies l'épître de Beroaldus et celle de « Sabellicus : c'est aussi la première édition critique de Justin. » (V. le *Manuel*, t. III, col. 620.)

Dans son épître à Matthieu Conlaunes, Sabellicus en nomme l'imprimeur. Il s'appelait Bernardinus Rasinius novocomensis (de Côme).

Nº 212. — Dans le même volume : Hoc volumine hæc continentur ;
Pomponii Epistole ad Augustinum Maphæum.

C. Crispi Sallustii bellum catilinarium cum commento Laurentii Vallensis.

Portii Latronis declamatio contra L. catilinam.

C. Crispi Salustii (*sic*) bellum iugurthinum.

C. Crispi Salustii uariæ orationes ex libris eiusdem.

C. Crispi Salustii uita.

*Romæ per pomponium emendata. ac Venetiis dili-
gentissime impressa.*

Colophon : *Laus omnipotente Deo. Impressum per
Bernardinum Benalium. s. d.*

Suivant la Serna, — qui ne nomme pas l'imprimeur du Justin
cité par Fabellicus, Bernardinus Rasinius, — Bernardinus Bena-
lius, ou *de Benaliis*, Bergomensis, imprima à Venise, seul ou en
société, avec Matthæus de Codeca ou *Capsaca*, depuis l'an 1484
jusqu'en 1500.

In-fol., lettre ronde, 46 ff. à longues lignes. Les notes de
Pomponius encadrent le texte. S. chiffr. ni réclam., signat. a-g.
Dans la *Declamatio* du Portius Latro, les pages contiennent
61 lignes.

Le papier du **JUSTIN** a pour filigranes : 1° la Couronne impériale; 2° la
Tête de Bœuf avec la tige sur laquelle s'enroule le serpent; 3° la Cloche;
4° la Balance dans un cercle.
Le papier du **SALLUSTE** est marqué : 1° de la Balance dans un cercle,
petite et moyenne grandeur, et 2° dans la marge extérieure, du P. oncial.

Les caractères, dans les deux ouvrages, sont, comme les
papiers, à peu près identiques. Les caractères du *Salluste* ont
cependant quelques points de plus que ceux du *Justin*.

De REGASONIBUS de Asula, 1491.

N° 213. — Juvenalis et Persice, satiræ. Cum commento Joannis Britannicis Brixiani et G. Vallæ.

Colophon : *Impressum Venetiis per magistrum de
Regazonibus de Asula : Anno domini M. cccc.
lxxxxi. die xvi. Junii.*

In-fol., lettre ronde, 124 ff., s. chiffr. ni réclam., signat. a-v.
Les commentaires entourent le texte.

Bon papier, un peu gris, ayant pour filigranes : 1° la Balance dans un cercle ; 2° le Chapeau de cardinal; 3° un Cercle rayonné avec un long style; 4° deux petits Cercles à double trait réunis en forme de pince-nez; 5° un Croissant orné de pendeloques. '

Brunet, t. III, col. 628, cite cette édition de *Theod. de Raga-zonibus* (sic), mais il ne lui donne que 119 ff. (le 1er blanc). Parmi les commentateurs, il n'a pas cité Jean Britannicus de Brescia.

Bernardinus RICIUS de Novaris, 1492
(v. le n° 215).

N° 214. — BERGOMENSIS (*Jo. Philippi Foresti*). Supplementum chronicarum.

Colophon : *Ac sic demum deo auxiliante et favente supplementi chronicarum iam tertio terminum ponam; quod me semel et bis ac ter promisi cum omni diligentia et veritate facturum : quo in loco et nunc et semper nixus fui sine errore conscribere successiones regum ac principum omnium et actus eorum : ac virorum in disciplinis excellentium et religionum origines : necnon et pontificum omnium precursus : sicut ex libro historie descriptio continetur. hoc quippe in exordio huius operis me facere compromisi. perfectum autem est et denuo castigatum atque auctum per me opus fuit idibus octobris anno a natali christiano. 1486. in ciuitate nostra Bergomi : mihi vero a nativitate 52°. Impressum autem Venetijs per Magistrum Bernardinum ricium de Nouaria : anno a natiuitate domini M. cccc. lxxxxij. die decimoquinto Februarij : regnante inclyto duce Augustino barbadico.*

Suit le *Registrum*, et au-dessous la marque de l'imprimeur.

In-fol. goth., fig. sur bois, 268 ff. à longues lignes, 2 ff. prélim. n. chiffrés, 260 chiffrés et 10 ff. n. chiffrés pour la table, signat.

a-&, 3 cahiers supplément. A-F, 3e signat., 60 lignes aux pp. pleines.

Papier fin, ayant pour seul filigrane la Balance dans un cercle de grandeur moyenne.

La première édition de ce livre est de Venise (1481).

Nicolaus FERRARIS de Pralormis (1), 1492

N° 215. — Nonivs Marcellvs (2). Festvs Pompeivs. Varro.

Colophon : *Impressum Venetiis per Nicolaum de Ferraris de Pralormis. M. cccc. lxxxxii. die viij. Junii.*

Pet. in-fol., lettres rondes, 102 ff. à 2 col. ou à très-longues lignes de 62 à la page. Le *Nonius* a 4 ff. de table n. chiffrés et 52 ff. chiffrés. Le *Festus*, à 2 col., n'est pas chiffré. Le *M. Varron*, à longues lignes, a 19 ff. chiffrés, 2 ff. de table n. chiffrés et un f. blanc ; le volume est signé de a à s.

Papier fin, ayant pour filigranes : 1° une Couronne ducale avec aigrette ; 2° la Balance dans un cercle de moyenne et petite grandeur ; 3° la grande Tête de Bœuf à longue tige, terminée en croix, avec le serpent enroulé autour.

LOCATELLUS (Bonetus), 1492, 1493, 1498.

N° 216. — Silivs Italicvs. Punicorum libri xvii. Cum commento petri Marsi.

Colophon : *Venetiis opera ingenioque Boneti Locatelli. instinctu vero ac sumptibus Nobilis uiri Octauiani Scoti Modoetiensis anno salutiferæ incarnationis nonagesimo secundo supra millesi-*

---

(1) N. de Ferraris n'est pas mentionné par La Serna.
(2) Le *Nonnius*, etc., est relié à la suite du *César*, de 1494. (V. le n° 44.)

mum quadringentesimum. quinto decimo Kalendas junii (18 juin 1492).

In-fol., lettres rondes, 154 ff. (Hain avait raison contre Ebert qui en compte 166), 2 ff. blancs, un au commencement et un à la fin, s. chiffr. ni réclam., signat. a-v; 18 quaternions et 2 ternions.

Papier fin, un peu roux, ayant pour filigranes : 1° la grande Tête de Bœuf avec ou sans le serpent enroulé autour de la tige; 2° la Balance dans un cercle, moyenne grandeur; 3° le Chapeau de cardinal; 4° la Couronne avec aigrette; 5° dans la marge extérieure un A.

Bernardinus RICIUS de Novaris, 1492
(V. ci-dessus le n° 214).

N° 217. — HALY, Abatis filius. Liber Regalis.

Colophon : *Impressum Venetijs. die. 25. septembris. 1492. opera bernardini ricij de nouaria. impensa vero excellentissimi artium et medicine doctoris domini magistri Joannis dominici de nigra. Qui obtinuit ex speciali gratia ab illustrissimo ducali dominio Venetorum quod nemini quicunque fuerit liceat tam venetijs quam in universa ditione veneta dominio subjecta imprimere seu imprimi facere hunc librum aut alibi impressum in predicta ditione vendere per. x. annos sub pena immediate. et irremissibilis amissionis omnium librorum. et librarum quinquaginta pro quolibet volumine. que quidem pena applicetur recuperationi montis novi.*

Au recto du dernier f., qui n'est pas chiffré, on trouve le *Registrum*, et au-dessous, la marque de l'imprimeur.

In-fol. goth., 192 ff. à 2 col. de 79 lignes. Les ff. sont chiffrés de 1 à 186. La table commence au verso du 1er f. et finit au recto du 4e. Le livre est composé de 22 quaternions et de 2 ternions. Le 1er f. du 1er cahier est blanc. Les 22 premiers cahiers sont signés a-y, et les deux derniers z-&. Brunet ne fait mention que des 186 ff. chiffrés.

Nº 218. — Dans le même volume se trouve l'Opus de Venenis, de Santes.

La souscription finale manquant à l'exemplaire de la Bibliothèque de Toulouse, et Brunet n'ayant pas donné le titre de l'ouvrage, — il n'en a peut-être pas, — nous allons reproduire celui qui se trouve en tête de la table, f. A-ii :

Incipit liber de Venenis quem magister Santes de Ardoynis (1) de pensaura (*sic*) phisicus Saluatoris nostri confisus auxilio edere cepit Venetijs die octauo nouembris 1. 4. 2. 4. et ipsum ibidem diuino mediante fauore finiuit die. 14º madii 1. 4. 2. 6.

Nous compléterons notre description en empruntant au *Manuel* le colophon de l'*Opus de Venenis :*

Opera Bernardini ricii de Novaria... impensa vero Joan. Dominici de Nigro (sic) (2). *M. cccc. lxxxxii. die xix. mensis Julii.*

In-fol. goth. de 106 ff. à 2 col., 79 lignes par page. Le 1er f. est blanc, ce qui prouve que le livre ne porte pas de titre; ce 1er f. est suivi de 3 ff. de table non chiffrés. Le volume a des chiffres de 1 à 101, plus un dernier f. non chiffré; il est formé de 12 quaternions et d'un quinternion, ce qui fait bien 106 ff. Le *Manuel* ne lui en donne que 102.

Ces deux ouvrages sont très-bien exécutés; papier, caractères, encre, tout concourt à la beauté de l'impression. Les filigranes abondent dans les papiers, surtout dans le **LIBER REGALIS**; on y trouve : 1º la Balance; 2º l'Ancre dans un cercle; 3º les Cisailles; 4º l'Échelle isolée; 5º l'Échelle dans un cercle; 6º une espèce de Trophée, etc.

Nous croyons devoir appeler l'attention des bibliographes sur la souscription finale. Elle renferme le privilége accordé à

---

(1) Les biographes ne sont pas d'accord sur le surnom de *Santes*. Plusieurs d'entr'eux, et Brunet est de ce nombre, pensent que *Santes*, qu'ils écrivent *Santis* (*Manuel*, t. I, col. 390), serait, au contraire, le surnom du personnage dont le nom patronymique serait *Ardoyni*, suivant Brunet, ou *Arduini*, suivant la *Nouv. Biogr. générale (a)*.
Nous avons suivi la leçon qui se trouve dans le titre placé en tête de la table de l'*Opus de Venenis*, f. A-ij, leçon suivie, du reste, par Eloy (*Dictionn. histor. de la Médecine*) et par Peignot (*Dictionn. histor. et bibliogr.*), et qui prouve que *Santes* était né à Pesaro, dans la Basilicate, tout proche d'Arnona, qui confine au duché d'Urbin.
(2) Il y a *Nigra* dans le *Liber Regalis*.
(a) Dans l'article *Arduini*, qui suit l'article consacré à l'auteur du *Traité des poisons*, imprimé à Venise en 1492, la *Nouv. Biogr. générale* a commis une grosse erreur en signalant comme le fils de *Santes de Ardoynis* « Louis Arduini, agronome, qu'elle fait naître à Padoue « en 1759, et qui aurait été nommé, au concours, professeur d'économie rurale, après avoir « suppléé son père pendant quelque temps. »

maître Jean Dominique de Nigra, docteur en médecine, qui, par grâce spéciale, obtint la permission d'imprimer et de vendre, pendant dix ans, le livre qu'il avait édité.

N° 219. — JUVENALIS (*Decius Junius*). Juvenalis cum duobus commentariis uidelicet Domitii Calderini. & Georgii Vallæ.
Colophon : *Per Bonetum Locatellum Octauo Idus Martii. M. cccc. xcii.*

Au-dessous, la marque d'Octavianus Scot.

In-fol. de 102 ff., lettres rondes. Les commentaires encadrent le texte, s. chiffr. ni réclam., 13 cahiers, 12 quaternions et 1 ternion, signés AA-NN.

Imprimé sur bon papier, ayant pour filigrane la Balance dans un cercle.

Le *Manuel* ne cite pas cette édition, mais il donne la description de celle d'Antoine Mancinelli, imprimée au mois de décembre de la même année, par J. de Cereto, de Tridino.

Johannes de CERETO, de Tridino, 1492.

N° 220. — Juvenalis cum tribus commentariis videlicet Ant. Mancinelli. Domitii Calderini. Georgii Vallæ.

Au-dessous de ce titre, on trouve une pièce de seize vers ayant pour titre : *Argumentum Satyrarum Juvenalis per Antonium Mancinellum.* Les deux derniers ff. manquant à l'exemplaire de la Bibliothèque de Toulouse, nous emprunterons la souscription finale au *Manuel* :

Venet., J. de Cereto, de Tridino. 2 Dec. 1492.

In-fol., lettres rondes, 200 ff., 8 ff. limin., 188 ff. avec titre courant et chiffrés en chiffres romains, plus 4 ff. non chiffrés à la fin. Brunet n'en indique que 3, mais il faut qu'il y en ait 4, puisque le dernier cahier est un quaternion dont le 4e f. est

signé &-iiii. Les commentaires encadrent le texte. Le livre a
des signat. de a à &.

« C'est dans cette édition que parut pour la première fois le
« Commentaire de Mancinelli. » (Brunet.)

Le papier, un peu mou, a pour filigrane la Balance dans un cercle.

N° 221. — Valerius maximus cum commento Oliverii Arzignanensis Vicentini.

Colophon : ...... *Impressum Venetijs arte Boneti
Locatelli. Sumptibus nobilis viri Octaviani Scoti
Modotiensis Anno Salutiferæ Incarnationis do-
mini nostri. M. cccc. lxxxxiii. pridie Kalendas
Maii.*

In-fol., lettres rondes, 210 ff. mal chiffrés, le dernier est blanc ;
26 cahiers, 25 quaternions et un quinternion, signés a-&, plus
2 cahiers supplémentaires. Les 3 premiers ff. ne sont pas chiffrés, ils renferment les liminaires.

Le papier, de bonne qualité, a pour filigranes : 1° la Balance dans un
cercle ; 2° une petite Croix horizontalement placée sur le bord et au milieu
de la marge, et dont le couteau du relieur a emporté une partie du socle ;
3° la Tête de Bœuf surmontée d'une longue tige terminée en croix.

N° 222. — Syllivs italicvs cvm commentariis Petri Marsi.

Colophon : *Venetijs anno salutifere incarnationis
nonagesimo tertio supra millesimum et quadra-
gentesimum dvodecimo Kalendis Octobris.*

In-fol., lettres rondes, 156 ff., 25 cahiers, 3 quaternions et
22 ternions, 46 vers aux pp. pleines, s. chiffr. ni réclam.,
signat. a-&. Le dernier f. est blanc.

Le papier renferme de nombreux filigranes : 1° la Balance de plusieurs
dimensions ; 2° une Tête de Bœuf avec tige et couronne ; 3° l'Ancre ; 4° le
Chapeau de cardinal ; 5° un Cercle ailé.

N° 223. — PERSIUS (*Aulus Flaccus*). Pauli (*sic*) Flacci Persii poetæ Satyrarum opus. Joannis Britannici Brixiani commentarii in Persium ad Senatum populumque Brixianum. Bartolomeii (*sic*) Foncii in persio commentarii.

Au-dessus de ce titre, en tête du recto de ce 1ᵉʳ f., on trouve une gravure sur bois de 150 millim. de largeur sur 80 millim. de hauteur, dans laquelle Perse est représenté assis dans une chaire, ayant à sa droite et à sa gauche ses deux commentateurs assis devant leurs pupitres et occupés à écrire.

Colophon : *Impressum Venetiis sumptu diligentissimi viri Joannis de Tridino. Recognitum vero ac castigatum ab eruditissimo viro Bartholomæo Merula Mantuano. Anno a natali Christiano. M. cccc. xciiii. die xiiii. Februarii. Regnante inclyto ac fœlicissimo principe Augustino Barbadico.*

s. n. typogr. Au-dessous le *Registrum*, et plus bas la marque de l'imprimeur en noir portant les lettres Z. T.

In-fol., lettres rondes, 50 ff. Les commentaires encadrent le texte. s. chiffr. ni réclam., signat. a-i.

Le papier a pour filigranes : 1° la Balance dans un cercle ; 2° la Tête de Bœuf surmontée d'une tige tréflée ; 3° la Tête de Bœuf avec le Serpent enroulé autour d'une tige qui se termine en croix, etc.

Cette édition n'est pas signalée dans le *Manuel*.
L'exemplaire a été relié à la suite du Juvénal de 1492, n° 219 du catalogue. Le volume porte au dos les chiffres 100 et 120.

N° 224. — BEAUVAIS (*Vincent de*). Speculum naturale Vincentii.

Colophon : *Operis preclari speculi communis speculum naturale ab eximio doctore Vincentio almeque beluacensis ecclesie presule et scientie dominice professore editum feliciter finit. Impensisque non mediocribus et cura solertissimi Hermanni liech-*

tenstein coloniensis agrippine colonie. Necnon emendatione diligentissima est impressum Anno salutis. M. cccc. xciiij. Idibus maij Venetiis sedente divo Alexandro vj pontifice maximo regnanteque maximiliano primo Romanorum rege invictissimo faustissimoque semper Augusto.

In-fol. goth.; 438 ff. chiffrés, à 2 col. de 74 lignes; les 14 premiers ff. signés a-b, les derniers ne sont pas chiffrés, signat. a-z, suivis de 3 cahiers supplémentaires, et enfin AA, 2e alphabet.

Les signatures sont toutes précédées de cette espèce de rubrique ℂ que l'on plaçait autrefois en tête des alinéas, mais dont nous ne nous expliquions ni la présence ni la signification au bas de la page et en avant des signatures. Nous aurions probablement cherché longtemps, — car personne, que nous sachions, n'a constaté cette singularité dans les incunables, — si, au bas des pages du *Speculum historiale*, sorti du même atelier typographique, nous n'avions pas trouvé au-devant des signatures deux de ces signes au lieu d'un. Il nous fut alors facile de comprendre que leur présence indiquait l'ordre de publication des différentes parties de l'œuvre de Vincent de Beauvais.

Le privilége que renferme le colophon du *Speculum historiale*, et que nous citerons tout-à-l'heure, nous ayant appris que Herman Liechtenstein avait imprimé les quatre parties de l'Encyclopédie de Vincent de Beauvais, nous sommes sûr de ne pas nous tromper en affirmant que, dans les deux dernières parties de l'ouvrage, le *Speculum doctrinale* est marqué de trois rubriques et le *Speculum morale* de quatre.

N° 225. — Speculum historiale Vincentii.

Cette deuxième partie du *Speculum quadruplex* porte la même souscription que la première, avec cette différence qu'elle est datée du mois de septembre de la même année, et qu'elle renferme le privilége accordé à l'imprimeur et qui ne se trouve pas dans le *Speculum naturale*. Voici le texte de ce privilége :

..... Cujus hermanni bone memorie heredibus (e vita enim paulo ante absolutionem operis discesserat) Illustrissimum Dominium Venetorum ex gratia speciali concessit ut nemo alius per Decennium id quoad ejus quattuor ..... videlicet Naturale doc-

*trinale morale et historiale imprimere aut imprimi
facere audeat sub pena pro unoquoque libro ita
impresso invento decem ducatorum ad mulctan-
dum in terris ipsi Dominio subjacentibus sicut in
eorum. gratia clarius continetur anno et die uti
supra data sedente divo Alexandro VI pontifici
maximo regnanteque maximiliano primo Romanorum rege etc. Invictissimo faustissimoque semper augusto.*

In-fol. goth. à 2 col. de 74 lignes, 488 ff. Les 22 premiers et
les 6 derniers ne sont pas chiffrés. Les signatures, comme nous
l'avons dit plus haut, sont précédées des deux rubriques Ꝑ Ꝑ.

Le papier de ces deux SPECULUM est un peu gris, de moyenne épaisseur, et a pour filigranes : 1° la Chouette, que l'on rencontre presque dans
chaque feuille ; 2° la Rose à cinq pétales de petite dimension.

Philippus PINZI ou PINCIUS de Caneto.
Mantuanus, 1494.

N° 226. — Commentarivs Caesaris.

Colophon : *Impressum Venetiis per Philippum de
Pinciis Mantuanum Anno ab incarnatione domini. M. cccc. lxxxxiiii. Die vero. xxv. Octobris.*

Pet. in-fol., lettres rondes, 134 ff. à longues lignes, 45 aux
pp. pleines, s. chiffr. ni réclam., signat. a-r. Au recto du dernier f. le *Registrum*, au-dessous duquel se trouve une gravure
sur bois de 12 centim. de haut sur 6 de large, représentant un
Saint-Antoine debout. Aux deux côtés de la figure on lit ces
mots : *Defende nos — beate pater Antoni.*

Le livre est imprimé sur beau papier, marqué des filigranes suivants :
1° la Tête de Bœuf avec couronne tréflée ; 2° le Chapeau de cardinal ; 3° la
Balance dans un cercle de plusieurs dimensions ; 4° une grande Croix, à
l'extrémité de laquelle se trouve une petite rose à six pétales ; 5° une Cloche,
avec le cordon pour la faire sonner.

Le même volume renferme :

N° 227. — Hoc in volumine continentur Bernardi
Justiniani oratoris clarissimi orationes. Ejusdem

nonnulæ epistolæ. Ejusdem traductio in Isocratis libellum ad Nicoclem Regem. Leonardi Justiniani Epistolæ.

Colophon : *Impressum Venetiis per Bernardum Benalium*. s. d.

Pet. in-fol., lettres rondes, 66 ff. de 39, 40 ou 41 lignes aux pp. pleines, s. chiffr. ni réclam., signat. a-l, composé de 9 cahiers, 6 ternions, 2 quaternions, et 1 de 4 ff.

Les caractères et le papier sont absolument semblables à ceux du COMMENTARIUS CAESARIS. Le papier renferme pourtant des filigranes qui ne se rencontrent pas dans celui du César; ce sont : 1° la Tête de Bœuf avec le serpent enroulé sur la tige qui se termine en croix; 2° la Couronne impériale; 3° une espèce de Fleur dans un cercle; 4° plusieurs petits Cercles groupés ensemble, avec appendices variés, etc.

Matthæus de CODECA, alias CAPCASA, 1494.

N° 228. — FERRARE (*Jean de*).

Liber noviter editus.
De celesti vita.
In quo infrascripta continentur.
In primis.
De natura anime rationalis.
De immortalitate anime.
De inferno et cruciatu Anime.
De paradyso et felicitate anime.

Au-dessous de ce titre, en rouge, se trouve une espèce d'oiseau aux ailes éployées, portant une longue plume derrière la tête et ayant des flammes pour support. Il est peint en rouge. C'est l'emblème du phénix.

Colophon : *Liber de cœlesti vita Sacræ Theologiæ doctoris clarissimi magistri Joannis ferariensis ordinis Minorum nuper in lucem editus per eximium artium & Medicinæ doctorem magistrum de Cauchorio : qui dum esset pro illustrissimo et excelso pandulfo Malatesta ariminensium Principe apud hoc serenissimum Venetorum dominium orator. ex singulari gracia obtinuit ne aliquis per decennium eum librum imprimere posset præterque a prudenti viro Hieronymo blangio. cive florentino qui omni studio cura & diligentia suaque impensa curavit ut emendatissime imprimeretur per egregium uirum Matheum (sic) Capcasam (1) Parmensem. qui etiam correctissime impressit. Anno domini M. cccc. lxxxxiiii. die xix. decembris : Regnante serenissimo principe Augustino inclyto duce Venetiarum.*

In-fol., caract. romains, 72 ff. chiffrés, excepté le dernier qui porte au recto le *Registrum*.

Le papier a pour filigrane une Balance dans un cercle, mais elle a une forme toute particulière.

Aldus MANUTIUS, 1495, 1496, 1497, 1498, 1499.

N° 229. — THEOCRITUS. Hæc insunt in hoc libro. Theocriti Eclogæ triginta. Genus theocriti & de inventione bucolicorum. Catonis Romani sententiæ paræneticæ disthichi. Sententiæ septem sapientum. De Inuidia. Theognidis megarensis siculi sententiæ elegiacæ. Sententiæ monostichi per capita ex variis poetis. Aurea carmina Pythagoræ. Phocilidæ poema admonitorium. Carmina Sibyllæ erythrææ de Christo jesu domino nostro. Differentiæ vocis. Hesiodis theogonia. ejusdem scutum herculis. Ejusdem georgicon libri duo. *Græce.*

Colophon : *Impressum Venetiis characteribus ac*

(1) Le *Manuel* porte : *Chauchorio* et *Capeasam.*

*studio Aldi Manucii Romani cum gratia, &.
M. cccc. xcv. mense februario.*

In-fol., 140 ff. non chiffrés avec signatures. « La préface
« d'Alde est adressée à Baptiste Guarini. Cette édition est très-
« rare et la première de la plupart des ouvrages qu'elle con-
« tient. » (Renouard, *Annales des Aldes*, t. I, p. 10 et 11.)

Papier d'inégale épaisseur, mais très-blanc, ayant pour filigranes : 1° le
Chapeau de cardinal; 2° la Tête de Bœuf avec le serpent enroulé sur la tige
terminée en croix; 3° dans la marge extérieure, et dans celle du haut ou
du bas, une lettre, un D ou un p.

N° 230. — MARTIALIS (*Valerius*). Cum duobus commentis.

Colophon : *Impressum Venetiis* (s. n. d'imprimeur)
Calendas Augusti. M. cccc. lxxxxv.

In-fol., lettres rondes, 160 ff. chiffrés, le texte encadré par le
commentaire. Le dernier f. est blanc, signat. a-&, plus deux
cahiers supplémentaires.

Papier ordinaire, ayant pour filigranes : 1° la Balance dans un cercle et
surmontée d'une tige rayonnée; 2° la Tête de Bœuf avec le serpent; 3° le
Chapeau de cardinal; 4° l'Oie; 5° la Couronne impériale; 6° un Anneau à
chaton pointu.

N° 231. — VALERIUS (*Maximus*). Cum commento
Oliverii Arzignanensis Vicentini.

Colophon : *Explicit opus Valerii Maximi cum commento Oliuerii..... Impressum Venetiis* (s. n.
d'imprimeur) *M. cccc. lxxxxvj. die xxvj. Martii.*

In-fol., lettres rondes, 209 ff. chiffrés, signat. a-&, plus deux
cahiers supplémentaires, 25 quaternions et 1 quinternion. Les
commentaires entourent le texte. Le dernier f. est blanc, il
manque à l'exemplaire que nous décrivons. En tête de tous les
alinéas, soit dans le texte, soit dans les commentaires, on trouve
de jolies petites lettres grises gothiques de 10 millim. de surface.

Le volume est imprimé sur très-beau papier, ayant pour seul filigrane la
Tête de Bœuf à museau pointu et surmontée d'une tige fleuronnée.

Georgius ARRIVABENUS
ou de RIVABENIS, 1496.

N° 232. — Summa Joannis Valensis de regimine vite humane seu Margarita doctorum : ad omne propositum prout patet in tabula.

Colophon : *Exactum insigne hoc atque preclarum opus : ordinarium sive alphabetum vite religiose a fratre Joanne Valensi editum. Impressum Venetiis per Georgium de Arrivabenis Mantuanum. Anno domini M. cccc. xcvi. die penultima julii.*

In-8° goth. de 305 ff. à 2 col., chiffrés en chiffres arabes. Les col. ont 38 lignes. Le livre renferme 64 ff. de liminaires pour le titre, la dédicace et la table, dont le verso du dernier f. est blanc. Les deux premiers ff. sont imprimés en lettres rondes ; ils ne sont pas signés, et les signatures ne commencent qu'au troisième f. signé A. Les signatures du texte commencent avec le chiffre 1. Au-dessous de la souscription on trouve le *Registrum*, qui constate la présence de deux alphabets de signatures : 1° a-z, suivi de trois cahiers supplémentaires, et 2° A-M, en capitales gothiques.

Le livre est très-bien imprimé, avec un joli caractère de huit points typographiques. L'encre est très-noire. Le papier, de bonne qualité, de moyenne épaisseur et un peu roux, a pour filigrane : la Balance dans un cercle de plusieurs dimensions, comme dans tous les livres de format in-8°. On le trouve dans la marge du haut, mais inévitablement mutilé par le couteau du relieur.

N° 233. — Thesaurus cornucopiæ. & horti Adonidis.

Suit l'indication des pièces contenues dans le volume. Cette indication est en grec, et on en trouve la traduction latine au verso du f. : *Hæc insunt in hoc libro.*

Colophon : *Venetiis in domo aldi Romani summa cura : laboreque præmagno. Mense Augusti M. iiii. D.* (1496).

« In-fol., 10 f. n. chiffr., contenant le titre et quatre préfaces,

« deux latines, d'Alde et d'Ange Politien, et deux grecques, de
« Scipion Carteromaco et de Guarinus Camero ; quatre épi-
« grammes grecques de Politien, Aristobule, Carteromaco et
« Alde, etc. Ensuite, le texte sur 270 ff. chiffrés d'un côté. »
(Renouard, *Annales des Aldes*, t. I, p. 20.) — *N. B.* Dans le
millésime, M. Renouard a oublié un *I.*

Le papier a pour seul filigrane le Chapeau de cardinal, que l'on rencontre
dans presque toutes les feuilles du livre.

N° 234. — ARISTOTELIS VOLUMEN TERTIUM. De. historia libri novem. De partibus libri quatuor. De
incessu liber unus. De motu liber unus. De gene-
ratione animalium libri quinque. De anima libri
tres. Parva naturalia, &c. Græce.

Colophon : *Venetiis in domo Aldi mense Januario
M. iii. D.* (1497).

In-fol. à longues lignes, 30 aux pp. pleines. « 457 ff. chiffrés
« d'un côté, sur les deux derniers desquels sont le registre et la
« souscription. Ensuite, un f. blanc finissant le cahier, et huit
« autres non chiffrés, qui manquent dans une partie des exem-
« plaires. Ils contiennent des fragments du livre X, *De historia
« animalium,* desquels Alde n'eut connaissance qu'après l'im-
« pression du volume. Entre les ff. 400 et 401, on en doit trouver
« un non chiffré, imprimé d'un seul côté, répétant la signature
« pp, et contenant une page de texte qu'on a été obligé d'inter-
« caler parce que, sans doute, elle avait été oubliée lors de l'im-
« position des pages. » (Renouard, *loc. cit.*, t. I, p. 25.)

Renouard a mal compté le nombre des feuillets : il y en a 467.
Les registres sont au nombre de 47.

45 quinternions.	450 ff.	
2 quaternions	16·	467 ff.
1 ajouté	1	

Le papier est très-beau, de moyenne épaisseur, un peu roux, ayant pour
filigranes : 1° la Balance dans un cercle de plusieurs dimensions ; 2° un
Cercle avec tige étoilée et renfermant un A et une M ; 3° dans la marge
extérieure, en haut et en bas, un grand A, un A plus petit, une espèce de
Crochet, une Accolade, une M, un D, etc.

Jacobinus SUIGUS, Nicholaus de BENEDICTIS.

N° 235. M. T. C. Rhetoricorum
Libri cum tribus commentis.

Colophon : *M. T. C. Rhetoricorum cum Commen-*
tariis eruditissimorum Fabii Victorini. Franscici
Maturantii & Anthonii Mancinelli. Impressum
per Jacobinum Suigum & Nicholaum de bene-
dictis socios. Anno domini M. cccc. xcvij. die
xiii. Maii. s. l. (Venise).

In-4°, lettres rondes, 278 ff., 35 cahiers, 34 quaternions et
1 ternion, s. chiffr. ni réclam., signat. a-z, A-M.

Papier fort, sans filigranes.

La Bibliothèque de Toulouse en possède deux exemplaires.
Contrairement à l'opinion de La Serna Santander, ce livre
prouve que Jacques Suigus a imprimé à Venise avant 1498.

N° 236. — Petrarca. Sonetti, Canzoni e triomphi.

Colophon : *Finisse li Sonetti di Misser Petrarcha*
coreti (sic) *& castigati per me hieronymo Centoni*
Padovano. Impressi in Venetia per Bartholomio
de Zani da Portesa Nel 1497 A di 30 Agosto
Regnante lo inclyto & glorioso principe Augustino
Barbadico.

In-fol., lettres rondes, fig. sur bois, 234 ff., y compris 8 ff.
non chiffrés. La 1re partie est chiffrée jusqu'à 128 et la 2me jusqu'à 97. Le dernier f. est blanc.

**Papier ordinaire, un peu gris, ayant pour filigranes : 1° la Balance dans
un cercle; 2° la Tête de Bœuf avec une croix à l'extrémité d'une tige; 3° la
petite Rose à cinq pétales; 4° un P dans la marge extérieure; 5° dans la
marge du bas, un A, une M, etc.**

Hieronymus de PAGANINIS, 1497.

N° 237. — Biblia latina..... correcta ac studiosis-
sime emendata per Petrum Angelum de monte
Vlmi ordinis minorum seraphici francisci.

Colophon : *Impressa vero in felici Venetorum civitate : sumptibus et arte hieronymi de Paganinis
Brixiensis : Anno gratie millesimo quadringentesimo nonagesimo septimo. Septimo idus septembris.*

In-8° (plutôt petit que grand, et non *petit in-4°*, comme l'indique le *Manuel*, t. I, col. 874) (1) goth. à 2 col., 53 lignes aux
col. pleines, 482 ff. Celui qui précède les *Interpretationes nominum hebraïcorum* est blanc. Le dernier ne porte au recto que le
Registrum prescripti operis. S. chiffr. ni réclam., signat. a-z,
aa-zz, A-F. 1 à S, 4 alphabets.

Le livre est bien imprimé, avec un très-petit caractère (mignonne gothique
de sept points), sur un papier fort, ayant pour filigranes la Balance et une
espèce de feuillage qu'il ne nous a pas été possible de relever.

Le 1er f. manque à l'exemplaire que nous venons de décrire.

Piero de ZUANNE di QUARENGII
da PALAZAGO BERGAMASCO, 1497.

N° 238. — Danthe (*sic*) alighieri fiorentino.

Colophon : *Fine del comento di christoforo Lan-
dino Fiorentino sopra la comedia di Danthe poeta
excellentissimo revista & emendata diligentemente
per et reuerendo Piero da Figino maestro in theologia et excellente predicatore del ordine de minori
& ha posto molte cose in diuersi luoghi che ha
trouato mancare si in lo texto come nella giosa
(sic) impressa in Venetia per Piero de Zuanne di*

(1) Il ne peut y avoir de doute. La direction des pontusaux est perpendiculaire, et la position des filigranes, dans la marge du haut ou du bas, tranchent matériellement la question.

quarengii da palazago Bergamasco. Del M. cccc. lxxxxvii. A di xi. octubrio.

In-fol., lettres rondes, de 308 ff. chiffrés en chiffres romains de 1 à 217. Les 10 premiers ff. de liminaires et le dernier, qui porte *il Registro*, ne sont pas chiffrés ; fig. sur bois. Le commentaire accompagne le texte et l'encadre souvent ; signat. a-& et A.-N. Le titre qui précède le texte ne porte, au recto, que le nom de *Danthe Alighieri fiorentino*, comme le titre placé en tête des liminaires ; mais le verso de ce second titre est rempli par une grande gravure sur bois ayant pour sujet la rencontre de Virgile et de Dante, *nella selva oscura*. Cet exemplaire est celui du poète Maynard, dont il porte la signature en tête du 1er f.

Le papier a pour filigranes : 1° la Balance de plusieurs dimensions ; 2° la Couronne en forme de tiare ; 3° le Chapeau de cardinal ; 4° la Tête de Bœuf avec tige terminée en croix ; 5° la Tête de Bœuf avec le serpent enroulé sur la tige ; 6° l'Oie ; 7° un P dans la marge ; 8° la Main qui bénit, avec ornement dans la manchette et une couronne à l'extrémité des doigts.

Johannes et Gregorius de GREGORIIS
fratres, 1497 (V. le n° 206).

N° 239. — MESUA. Mesue cum expositione mondini super canones uniuersales ac etiam cum expositione Christophori de honestis in antidotarium ejusdem. Additiones petri apponi, Additiones francisci de pedemontium. Antidotarium nicolai cum expositione platearii. Tractatus quid pro quo. Tractatus de Sinonimis (*sic*). Libellus bulcasis (*sic*) sive servitoris. Compendium aromatariorum Saladini. Joannes de Sancto amando super antidotarium nicolai.

Colophon : Après la répétition du titre..... *que omnia supradicta hic finem habent ad laudem dei. Impressa Venetijs per Johannem et Gregorium de gregoriis fratres. 1497. die. 14. Octobris.*

Pet. in-fol. goth. à 2 col. de 69 lignes, 360 ff. chiffrés en chiffres arabes. Le *Registrum*, qui se trouve au recto du dernier f.,

nous apprend que le livre est composé de 47 cahiers : 2 ternions, a, vv, 1 quinternion e, 43 quaternions, et 1 cahier de
2 ff., placé entre l et m, et signé d'un double li. Au-dessous du
registre se trouve la marque des imprimeurs, signée z g, indiquant l'association des deux frères Jean et Grégoire de Gregoriis. Le chiffre 2, sous forme d'un z, était fort à la mode à la fin
du xvᵉ siècle, et on le trouve souvent dans les livres imprimés à
cette époque.

Papier fin, ayant pour filigranes : 1º la Balance de plusieurs dimensions,
avec plateaux de diverses formes; 2º l'Arbalète; 3º la Tiare, surmontée
d'une croix; 4º un petit quadrupède de forme indéterminée; 5º un Cercle
renfermant deux lettres et surmonté d'un style étoilé.

Cette édition n'est pas mentionnée dans le *Manuel*, mais on y
signale les éditions de Venise de 1502 et 1508.

Nº 240. — THOMAS de Aquino. Scriptum Sancti Thome de Aquino super secundo (libro) sententiarum.

Colophon : *Impressi Venetijs mandato et expensis Nobilis viri domini Octaviani Scoti civis modoetiensis per Bonetum Locatellum Bergomensem Anno Salutis Nonagesimo octavo supra millesimum quaterquecentesimum. Undecimo Kalendas Januarias. Regnante Augustino Barbadico Inclyto venetiarum duce.*

In-fol. goth. à 2 col. de 65 lignes, 158 ff. chiffrés en chiffres
arabes et signés a-v. Au-dessous du *Registrum*, le monogramme
de l'éditeur Octavien Scot Modoetiensis dans un cercle.

Beau papier, un peu mince, ayant pour filigranes : 1º le Chapeau de
cardinal; 2º la Balance dans un cercle, avec plateaux triangulaires, et
surmontée d'une étoile, etc. On trouve en tête des alinéas un alphabet de
jolies capitales grises sur fond noir.

Nº 241. — BENCIUS ou de BENCIIS (*Hugues*), autrement HUGUES de Sienne. Expositio Vgonis senensis super aphorismos hypocratis et super Commentum Galieni eius interpretis.

Colophon : *Venetiis impressus mandato et sump-
tibus Nobilis viri domini Octauiani Scoti civis
Modoetiensis. Decimo Kalendas Junias 1498.
Per Bonetum Locatellum Bergomensem.*

In-fol. goth. à 2 col., 66 lignes aux pp. pleines, 160 ff. chiffrés, excepté le dernier, et signés A-V. Au-dessous du *Registrum*, la marque de Scot.

**Papier fin, un peu gris, ayant pour filigranes : 1° la Balance; 2° le Cha-
peau de Cardinal, etc.**

Bencius fut un des plus célèbres médecins du xv⁰ siècle.
Trithème parle de lui avec éloges, et ses *Commentaires sur les
Aphorismes d'Hippocrate* lui méritèrent l'estime des médecins de
son temps.

Eloy nous a conservé l'inscription que les fils de Bencius placèrent sur le monument qu'ils firent élever à leur père dans la
ville de Ferrare; la voici :

DEO IMMORTALI MAXIMO.
Hugoni Bencio Senensi.
Philosophorum ac Medicorum suæ ætatis facile Principi,
Parenti optimo;
Ob doctrinam excellentem de universo hominum genere,
B. M.
Filii posuerunt xi *Kalendas decembris. Anno 1448.*

N° 242. — ARISTOPHANIS COMOEDIAE NOVEM. Plutus
Nebulæ Ranæ Equites Acharnes Vespæ Aues
Pax Contionantes (*graece cum Scholiis graecis,
et praefatione graeca Marci Musuri*).

Colophon : *Venetiis apud Aldum. M. IID. (1498)
Idibus quintilis. In hoc idem quod in aliis nostris
impetrauimus.*

In-fol., 339 ff. n. chiffr., mais avec réclam. et signat., dont le
registre est à la fin. Le 340⁰ f. est blanc. Première et belle édition
d'Aristophane (1).

L'exemplaire de la Bibliothèque de Toulouse est superbe; on
le dirait sorti tout récemment de la presse.

(1) Voir Renouard. *Loc. cit.*, t. I, p. 38.

Le papier est d'une blancheur remarquable, que la teinte foncée de l'encre rend plus éclatante encore. Parmi les nombreux filigranes dont il est marqué se trouvent : 1° la Balance ; 2° la Tête de Taureau à tige tréflée ; 3° le Chapeau de cardinal, etc., etc. Il a été relié en maroquin rouge fileté, avec des fleurons dans les angles des plats, et doré sur tranches par Derôme ou Padeloup.

Simon de LUERE, 1499.

N° 243. — GUY de CHAULIAC. Cyrurgie Guidonis de Cauliaco. De balneis porectanis. Cyrurgia Bruni. Theodorici. Rolandi. Rogerii. Lanfranci. Bertapalie. Jesu halie de oculis. Lanamusali de Baldac de oculis.

Colophon : *Explicit liber de curis passionum oculorum quem fecit et composuit Lanamusali philosophi de Baldach. Venetiis impressus (impensis domini Andree torresani de Asula) per Simonem de Luere 23. mensis decembris 1499. feliciter.*

In-fol. goth. à 2 col., 270 ff. chiffrés, 69 lignes aux pp. pleines, sans réclam., et signé A-Z et AA-MM.

Le papier a pour filigranes la Balance et la Tiare.

N° 244. — COLUMNA (*Franciscus*). Hypnerotomachia Poliphili, ubi hvmana omnia non nisi somnivm esse docet. atque obiter plvrima scitv sane qvam digna commemorat. Cavtvm est, ne qvis in dominio Ill. S. V. impvne hvnc librvm qveat imprimere.

Colophon : *Venetiis Mense decembris. M. ID. (1499) in Ædibus Aldi Manutii, accuratissime.*

In-fol., lettres rondes, fig. sur bois, 234 ff. à longues lignes, 39 aux pp. pleines, s. chiffr. mais avec réclames ; quelques feuillets en sont dépourvus. La première partie est signée a-z et la seconde A-F.

Le livre est imprimé sur un très-beau papier, ayant pour filigranes : 1° la Balance dans un cercle, surmontée d'une croix; 2° la Tête de Bœuf avec la tige tréflée, etc.

Il est composé de 30 cahiers. Le 1er n'a que 4 ff., qui contiennent le titre, une épître de Léonardo Crasso, une analyse de l'ouvrage, en prose, et un long remerciement de l'auteur à Léonardo Crasso. Des vers latins à la louange de Poliphile terminent ces liminaires. Les cahiers de a à y sont des quaternions, et le cahier z, qui termine la 1re partie, a 10 ff. Les cinq premiers cahiers de la seconde partie sont des quaternions, et le dernier cahier n'a que 4 ff.

« On prétend que quelques gens de mauvaise foi ont cherché « à faire passer ce livre pour avoir été imprimé à Trévise (1467), « en arrachant le feuillet d'errata, au bas duquel est la sous- « cription avec la date, de manière qu'alors le volume finit par « la page précédente, où est ainsi indiquée la date de la compo- « sition de cet ouvrage : *Taruisii, cum decorissimis Poliæ amore* « *lorulis distineretur* (sic) *misellus Poliphilus.* M. CCCC. LXVII. « *Kalendis Maii.* » (*Annal. des Aldes*, Paris, 1825, t. I, p. 53.)

Le livre que nous décrivons est malheureusement un exemple qui vient confirmer l'acte de vandalisme dubitativement annoncé par Renouard. Le dernier feuillet a été enlevé et remplacé par un feuillet blanc.

Ce crime, car c'en est un ! est d'autant plus grand que cet exemplaire du Songe de Poliphile est non-seulement remarquable par sa belle conservation, par la belle reliure de Grolier qui le recouvre, mais surtout parce qu'il est l'exemplaire de Grolier lui-même !

Voici les différentes inscriptions manuscrites qui se trouvent sur le 1er f., et que nous croyons écrites de la main de Grolier.

1° Au-dessus du titre :

Medesimo sempre.

2° au-dessous du titre :

Dominus mihi adiutor, non timebo
Quid faciat mihi
homo.

Et un peu plus bas :

Dono Jo. grolierij thesaurarij mediolanen :
Anno à x̅p̅o passo quadrag°
Quarto supra Sesquimilesimum
Die decima decembris.

Le même f. porte encore les inscriptions suivantes : *ex libris Stephani Trapas canonici & officialis Albiens.* et enfin, cette signature d'une écriture très-ancienne : Sabatier de la Bour-gade de Narbonne.

La reliure, en maroquin vert avec filets entrelacés ornés de feuillages et portant la devise bien connue de Grolier, est un peu écorchée, râpée, écornée, les tranchefiles ont été arrachées, etc.: mais malgré ces défectuosités le livre est très-beau et se vendrait fort cher dans une vente publique.

Nicolaus BLASTUS, 1499.

N° 245. — Etymologicum magnum graecum. gr. (cum gr. præfatione M. Musuri). *Venet., sumptibus Nic Blasti, opera Zachariæ Calliergi, 1499.*

Gr. in-fol., s. chiffr. ni réclam.

« Très-belle édition, rare et recherchée. L'intitulé et la sous-
« cription que nous donnons ici en latin sont en grec. Le vol.
« contient 223 ff. (224), à 2 col. de 50 lignes, sous les signat.
« A-ΔΔ, y compris le titre, l'avant-dernier f. sur lequel est le
« registre, et *le dernier f. qui est blanc.* » (Brunet).

Les entêtes des chapitres, les titres et les capitales, grandes ou petites, sont rouges et ornementés en blanc. Le monogramme de l'imprimeur, Νικολαος Βλαστος, ainsi que l'aigle de l'empire, sont aussi imprimés en rouge.

Le papier, de moyenne épaisseur, est un peu roux, mais d'un grain très-fin ; il n'est marqué que d'un seul filigrane : c'est une espèce de fleur de lis surmontée d'un ornement en forme de croix.

C'est un très-beau livre. Malheureusement, l'exemplaire de la Bibliothèque de Toulouse a été mouillé, et les deux premiers ff. ont été fort maladroitement réparés.

Jean-Baptiste SESSA, 1501.

N° 246. — ALBUBATHER. Et centiloquium Divi hermetis.

Au-dessous de ce titre, les douze signes du Zodiaque, en noir, et rangés sur une seule ligne. Un peu plus bas, une grande gravure sur bois représente PTHOLEMEUS assis sur un trône, tenant d'une main une espèce de cadran, et de l'autre une sphère. Au-devant du trône, sur le premier plan, se tiennent debout, à peine voilées, d'un côté, l'Astronomie; elle porte tout ouvert, sur le bras gauche, le livre de la Science; au côté opposé, le dos tourné, on voit *Vrania musa cœlestis;* elle contemple, en abritant ses yeux avec la main, les signes du zodiaque et les étoiles qui, sous forme de guirlande, forment en quelque sorte le ciel de ce petit tableau.

Plus bas encore, au milieu de la marge, on voit une marque d'imprimeur fort bizarre, de 4 centim. de haut sur 3 centim. et demi de large. Dans le cadre de cette petite gravure est figuré un anneau, dont une couronne comtale forme le chaton, et dans l'anneau se trouve un quadrupède moucheté qui tient un rat dans sa gueule. Aux angles supérieurs et en dehors de l'anneau sont gravées les lettres I et B, et au-dessous de l'animal, dans une brisure de l'anneau, la lettre S. C'est une des marques de Jean-Baptiste Sessa, l'imprimeur de ce livre.

A la page 22 on lit : *Explicit feliciter liber nativitatum Albubathris magni Alkassili filii cum laude omnipotentis Dei.*
Padue de Arabico in Latinum translatus. 1218.

A la fin du *Registrum super propositiones Almansoris,* f° 26, on lit : *Almansoris Judicia seu propositiones Incipiunt Capitula Stellarum oblata regi Magno Saracenorum ab Almansore Astrologo : a Platone Tyburtino translata.* Cette table occupe les six dernières colonnes.

Colophon : Au verso du 28ᵉ et dernier f. : *Impressum Venetijs per Jo. Baptistam Sessa anno domini. 1501. die. 23. februarij.*

Au-dessous se trouve une autre marque de J.-B. Sessa.

Pet. in-fol. goth. de 28 ff. à 2 col., 72 lignes aux pp. pleines, chiffrés au recto seulement, en chiffres arabes. Constitué par 7 cahiers de 4 ff., signés A-G.

Papier assez fort, d'une teinte un peu grise, ayant pour filigranes les marques des papiers de Venise, la Balance et le Chapeau de cardinal.

Nous avons cherché en vain, dans les biographies courantes, le nom d'Albubather.

Provenance : *Bibliothecæ Minimo-Spandanæ Conventus S. Rochi ad Tholosam.*
Tout au bas de la marge on trouve écrit ce nom :
Cynæbrix clamentis.

Pierre LIECHTENSTEIN, 1515.

Nº 247. — PTOLÉMÉE (*Claude*). Almagestum (1) Cl. Ptolemei Pheludiensis (2) Alexandrini Astronomorum principis : Opus ingens ac nobile omnes Celorum motus continens. felicibus Astris eat in lucem : Ductu Petri Liechtenstein Coloniensis Germani. Anno Virginei Partus. 1515. Die. 10. Ja. Venetijs ex officina eiusdem litteraria. Cum Priuilegio.

Colophon : Au bas du recto du 152ᵉ f. : *Expleta est dictio tertiadecima et vltima libri Almagesti Ptolemei Pheludiensis Alexandrini : et ita ingens ac nobile opus totius Almagesti seu Magne constructionis absolutum est : Ingenio labore et Sumptibus Petri Liechtenstein Coloniensis. Anno Virginei partus. 1515. Die. 10. Januaa. Venetijs.*

Le verso de ce dernier f. est rempli par un grand écusson mi-partie rouge et noir ; le côté rouge porte une sphère noire et le côté noir une sphère rouge. Une troisième sphère plus grande, placée au-dessus du lambrequin, surmonte l'écu ; on lit en tête du folio :

Laus Deo optimo maximoque.

et en bas, ces deux vers :

Contigimus portum : quo modo cursus erat.
Hic teneat nostras : ancora iacta rates.

In-fol. goth. à longues lignes, 61 ou 62 lignes aux pp. pleines, 154. ff., 2 ff. non chiffrés pour le titre, la lettre de l'imprimeur à ceux qui se livrent à l'étude de l'astronomie, et la table. Ils sont signés d'une étoile ; 152 ff. chiffrés au recto en chiffres arabes.

(1) « Almageste, nom hybride composé de l'article arabe *al* et du superlatif grec μέγιστος « très-grand, c'est donc, en style oriental, le livre *très-grand* par excellence. »

(2) C'est par erreur que l'on a donné à Ptolémée le surnom de *Pelusiota*..... Avec un manuscrit arabe, rien n'était plus facile que de se tromper pour peu qu'il fût écrit négligemment. Il suffit de l'absence seule d'un point diacritique pour lire *Feloudieh*, un mot qui doit se lire et qui se lit effectivement chez les Arabes *Keloudich*. Ce n'est pas autre chose que le prénom romain de Claudius. On peut consulter à ce sujet une note que M. Caussin a placée à la suite de son *Mémoire sur l'optique de Ptolémée (Nouveaux Mémoires de l'Académie des Inscriptions*, t. VI, p. 40-43. » *Biogr. univers.*, édit. nouvelle, art. Ptolémée (*Claude*), note 1.)

Le *Registrum* constate la présence de 26 cahiers, un de 2 ff., 24 ternions et un quaternion; ils sont signés a-z A-B. Le chiffre des entretiens est indiqué au haut des pages.

Ce livre est admirablement imprimé, avec un joli petit caractère semi-goth. de 10 points. Les alinéas sont ornés de lettres grises agrémentées de fleurs et de feuillages, et les grandes divisions, ou plutôt chaque entretien, porte en tête une grande majuscule de 5 centim. carrés, dont le milieu représente un astronome étudiant et contemplant les astres. Les marges latérales ont plus de 7 centim. de largeur, elles sont couvertes de figures géométriques et de problèmes astronomiques.

Le papier est très-beau, un peu roux, solide et bien collé. Il a pour filigranes : 1° un A dans la marge de l'un des premiers feuillets; 2° le Chapeau de cardinal; 3° la Balance; 4° l'Ancre dans un cercle.

S'il faut en croire M. F. Hoffer, « les exemplaires de ce livre « sont aujourd'hui très-rares, et Lalande n'en avait vu qu'un « seul, qui appartenait à M. Fouchy. » (*Nouv. Biogr. génér.*, art. *Ptolémée* (Claude).

Ce livre n'est pas signalé dans le *Manuel*.

L'*Albubather* que nous avons décrit sous le numéro précédent est relié à la suite de l'*Almagestum* de Claude Ptolémée.

La Bibliothèque de Toulouse possède un deuxième exemplaire de l'Albubather, mais le dernier f. manque et l'ouvrage n'est pas relié.

VICENTIA — VICENZA — VICENCE

PROTOTYPOGRAPHE, Léonard ACHATES, qui, en 1474, imprima dans cette ville « une sorte d'encyclopédie historique intitulée : VITA MUNDI. » (P. Deschamps, *loc. cit.*)

Henricus LIBRARIUS ou LIBERARIUS de Sancto Ursio, 1480-1483. — Dionysius BERTOCHUS, 1483. — Leonardus ACHATES DE BASILEA et Guillelmus de PAPIA, socios, 1491.

N° 248. — Junij Juvenalis Aquinatis Satyrarum.

Colophon : *Junii Juvenalis Aquinatis Satyrarum libri Impressi Vicentie diligentissime per magistrum henricum liberarium Anno Christi M. cccc. lxxxx.*

Pet. in-fol., lettres rondes, 96 ff. Les notes entourent le texte. s. chiffr. ni réclam., signat. a-l.

La défense de Calderinus contre Brotheus, adressée à Julien de Médicis, est datée de septembre 1474. Elle occupe les 10 derniers ff. signés l.

Le livre est composé de 13 cahiers, 3 quinternions, 3 quaternions et 7 ternions. Le 1er f. est blanc.

Bon papier, marqué d'un grand nombre de filigranes, entre autres de la Tête de Bœuf avec couronne sur la tige, de l'Arbalète de petite dimension, etc., etc.

Le texte de Juvénal présente une particularité que nous avons déjà signalée dans les débris d'un ancien poème latin sur la passion de Jésus-Christ (v. le no 86).

Les capitales, en tête de chaque vers, sont toutes imprimées à une distance de 5 à 6 millim. des minuscules qui les suivent, ce qui ressemble à la disposition toute particulière des lettres dans l'acrostiche.

Cette édition n'est pas mentionnée dans le *Manuel*.

No 249. — CRASTON (*Johannes*). Aliàs Creston placentinus Carmelitanus. — Lexicon græco-latinum (ex recens. et præfat. Boni Accursii pisani). *Impressum Vicentiæ per Dionysium Berthocum (1) de Bononia die x mensis novembris M. cccc. lxxxiii.*

In-fol. Le texte latin en lettres rondes. 264 ff., 44 lignes à la page. Le livre est formé de 32 cahiers, et non de 33, comme l'indique le *Manuel*; 30 quaternions, 1 quinternion en tête, dont le 1er f. est blanc, — Brunet ne l'a pas compté, — et 1 ternion qui termine le volume. Ils sont signés A-&, puis 2 cahiers supplémentaires, et A-G, 2e alphabet de signatures. Le livre n'a ni chiffres ni réclames.

Le papier est très-épais, grenu et fortement encollé, ayant pour filigranes : 1o le Croissant; 2o un Oiseau, dont il n'est pas facile d'indiquer le nom; 3o plusieurs Lettres de formes indécises.

C'est la première édition de cet ouvrage avec date.

---

(1) Parmi les noms des villes dans lesquelles Denis Berthocus a imprimé, La Serna a oublié celui de Vicence.

N° 250. — NATALIBUS (*Petrus de*). Catalogus sanctorum et gestorum eorum ex diversis voluminibus collectus.

Colophon : *Catalogi sanctorum per reuerendissimum dominum petrum de natalibus Venetum episcopum equilinum editi opus finit : Vicentiæ per henricum de Sancto ursio librarium solerti cura impressum : Augustino Barbadico inclyto Venetiarum Duce. Anno Salutis M. cccc. lxxxiii.*

In-fol. de 332 ff., lettres rondes, à 2 col. de 59 lignes, avec un titre courant au haut des pages indiquant le chiffre des livres que renferme l'ouvrage. A la fin du XIIᵉ livre qui se trouve au verso du fol. R-8, et au bas de la colonne, se trouve la souscription et le *Registrum* qui indique que le volume est composé de 44 cahiers, 10 ternions et 34 quaternions signés a-&, 2 cahiers supplémentaires, et A-S, 2ᵉ alphabet de signatures. La 2ᵉ col. est vide, et le volume se termine par le cahier S de 6 ff., dont le dernier est blanc, et que Brunet n'a pas compté. La marque de l'imprimeur se trouve au-dessous du *Registrum*.

Le livre est imprimé sur un bon papier, ayant pour filigranes : 1° le Chapeau de cardinal ; 2° une petite Rosace à cinq pétales.

Le 1ᵉʳ cahier manque à l'exemplaire que nous décrivons.

N° 251. — EUCLIDES. Præclarissimus liber elementorum Euclidis perspicacissimi : in artem Geometrie incipit quam fœlicissime.

Colophon : *Opus elementorum euclidis megarensis in geometriam artem. In idem quoque Campani perspicacissimi commentationes finiunt. Impressum Vicentiæ per Magistrum Leonardum de Basilea & Gulielmum de Papia socios. Anno Salutis. M. cccc. lxxxxi. Vigesimo Calendas Junii. Lector. Vale.*

In-fol. avec fig. sur les marges, 138 ff. et non 136, comme l'indique le *Manuel*, lettres rondes, sans chiffr. ni réclam., signat.

a-r. Les cahiers sont de 8 ff., excepté b qui en a 10, 50 lignes aux pp. pleines. Le 1ᵉʳ et le dernier f. du livre sont blancs ; c'est ce qui a trompé Brunet.

Le papier est fort, un peu fauve, ayant pour filigranes : 1° la Balance dans un cercle ; 2° l'Oie ; 3° le Croissant ; 4° un Animal dont il a été impossible de reconnaître la forme.

WEIDENBACH — LE RUISSEAU DES SAULES

PROTOTYPOGRAPHES, Les Frères de la Vie commune, monastère en face de l'abbaye de Saint-Pantaléon, à Cologne. C'est là, suivant M. J.-P.-A. Madden, qu'Ulrich Zel se retira après le siége de Mayence, en 1462, et où il imprima la *Lettre de Pie II à Mahomet*.

N° 252. — BEAUVAIS (*Vincent de*). Vincentius Bellovacensis speculum naturale.

In-fol. semi-goth., divisé en deux parties : la première de 318 ff., et la seconde de 328, à 2 col. de 66 lignes ; les marges sont vierges : s. l. a. et typ.

Papier fort, d'un blanc un peu fauve, ayant parfois la densité d'un mince carton. Il a pour filigranes : 1° la Scie à manche ; 2° le Croissant, surmonté d'un style rayonné ; 3° le Pélican ; 4° une petite Tour à cône tréflé ; 5° la Rose à huit ou neuf pétales de moyenne grandeur.

La justification donne aux colonnes 332 millim. de hauteur et 95 de largeur ; les caractères ont 14 points typographiques. Les majuscules appartiennent au caractère romain ; l'Ⱥ, surtout, a une forme toute particulière, qui n'a été signalée par aucun bibliographe.

L'exemplaire de la Bibliothèque de Toulouse offre cette particularité qu'il est divisé en quatre tomes et que le premier de ces tomes, — il renferme le prologue et les huits premiers livres de l'ouvrage, — appartient à une deuxième édition du *Speculum naturale*, sortie évidemment du même atelier typographique, mais dont les colonnes ont 67 lignes, une de plus que les colonnes de la première.

Cette édition de 67 lignes est remarquable par la présence d'une majuscule ℞ de forme toute particulière et qui, depuis plus d'un siècle, a été le sujet de nombreuses contestations.

M. Madden, dans ses *Lettres d'un bibliographe*, a démontré, avec cette méthode « et cette logique impitoyable » qui caractérisent ses savantes recherches, que tous les livres dans lesquels on rencontre cette lettre bizarre avaient été imprimés au monastère de Weidenbach, chez les Frères de la Vie commune.

Pourtant, et contrairement à l'opinion que nous avons émise dans un Mémoire publié en 1872 (1), M. Madden ne croit pas que ces typographes aient imprimé deux éditions complètes de l'œuvre de Vincent de Beauvais, c'est-à-dire des trois miroirs dont il est vraiment l'auteur. Suivant M. Madden, ils n'auraient imprimé que le *Speculum naturale* de 66 lignes, le *Speculum historiale* de 67 lignes, et deux éditions du *Speculum doctrinale*, l'une de 66 et l'autre de 67 lignes.

M. Madden croit aussi que Mentelin n'a imprimé que deux des miroirs du *Speculum quadruplex*, le *Speculum historiale*, en 1473, et le *Speculum morale*, en 1476.

Quelque pressante que soit, à ce sujet, l'argumentation de l'éminent bibliographe, nous ne sommes pas convaincu et nous croyons toujours à l'existence des trois éditions de 66, 67 et 62 lignes.

Voici les motifs qui nous font persister dans ce sentiment :

« Les anciens catalogues, nous dit M. Madden, et notamment « celui de Mentelin, ne mentionnent ni le *Speculum naturale*, « ni le *Speculum doctrinale* de 62 lignes, donc..... » Nous répondrons que c'est là une présomption et non pas une preuve, car, de ce que ces catalogues anciens ne renferment pas le titre d'un livre il ne s'ensuit pas nécessairement que ce livre n'existe pas. Les anciens catalogues, y compris le catalogue de Mentelin, ne mentionnent pas le *Speculum naturale* de 67 lignes, et pourtant il existe, puisque nous en avons découvert le prologue et les huit premiers livres.

C'est surtout contre ce quart de volume qui est, pour ainsi dire, la clé de voûte de notre système, que M. Madden a dirigé l'effort de sa dialectique.

« Tout nous porte à croire, dit-il, que ce quart (de l'ouvrage) « est la seule partie de ce *Speculum* qui ait été imprimée. « D'abord, pour quelle raison en aurait-on détruit les trois-« quarts? »

Rien ne prouve, d'abord, qu'on en ait détruit les trois-quarts, et puis, de ce que l'on aurait eu des raisons pour détruire ces trois-quarts, il ne s'ensuit pas logiquement que ce *quart* soit la seule partie de ce *Speculum* qu'on ait imprimée.

« Ensuite, ajoute M. Madden, n'est-il pas probable qu'on a « commencé une seconde édition, celle de 66 lignes étant la « première, sans pouvoir la finir. »

Pourquoi cela est-il probable? et pourquoi l'aurait-on com-

(1) Étude bibliographique sur l'édition du *Speculum quadruplex* de Vincent de Beauvais, attribuée à Jean Mentelin, de Strasbourg. — Paris, *Léon Techener*, 1872. In-8° de 25 pages.

mencée sans pouvoir la finir? Nous l'ignorons, et M. Madden
aurait dû nous le dire. C'est encore là une supposition gratuite
qui ne démontre nullement que ce *quart* soit la seule partie de
ce *Speculum* qu'on ait imprimée.

« Enfin, ajoute encore M. Madden, des ouvrages du plus
« grand format, et pouvant se relier en quatre volumes consi-
« dérables, ne disparaissent pas facilement, et si on les détruit,
« il n'en doit rien rester. »

Ils ne disparaissent pas facilement, et si on les détruit il n'en
doit rien rester, tout cela est trop vrai; mais de ce qu'ils ne disparaissent pas facilement et qu'il n'en reste rien quand on les
détruit, s'ensuit-il logiquement que ce *quart* soit la seule partie
de ce *Speculum* qu'on ait imprimée?

Quant au *Speculum naturale* de Mentelin (ou de 62 lignes),
que Maittaire a cité dans sa note, t. I, p. 324, M. Madden ne
croit pas à son existence, parce que Maittaire n'en a pas indiqué
le nombre de lignes.

Mais comme Maittaire, en citant à la suite l'un de l'autre, —
et dans la même phrase, — le *Speculum naturale* et le *Speculum
historiale*, n'a pas fait de différence entre eux et n'a pas indiqué
non plus le nombre de lignes que renferme ce dernier ouvrage,
QUI EST SIGNÉ PAR MENTELIN, l'objection reste sans valeur.

Et puis, est-il possible d'admettre, si ces deux *Speculum* n'ap-
partenaient pas à la même édition, que Maittaire n'en ait rien
dit et qu'il ait appliqué, à des impressions aussi disparates
que celles de Weidenbach et de Strasbourg, l'épithète de *satis
venustus*.

Nous croyons devoir rappeler ici le passage de de Bure dans
lequel il affirme : « que les cinq (quatre) volumes des deux
« *Speculum naturale* et *historiale*, rapportés par M. Maittaire *et*
« *ceux qui l'ont précédé*, existent bien réellement imprimés par
« Jean Mentelin en 1473, CE DONT NOUS AVONS EU NOUS-MÊME
« LA PREUVE ENTRE LES MAINS, APRÈS AVOIR COMPULSÉ PLU-
« SIEURS VOLUMES DE CETTE PREMIÈRE ÉDITION. » (*Bibliogr.
instruct.*, t. I, pp. 250-251.)

« Si Mentelin, ajoute M. Madden, avait imprimé ces deux der-
« niers *Specula*, on en rencontrerait des traces dans les cata-
« logues, où elles font complétement défaut. Dans celui de
« Mentelin lui-même, que l'on conserve à la Bibliothèque natio-
« nale, on ne trouve annoncé que le *Speculum historiale*.

« Cette mention prouve que ce catalogue a été imprimé entre
« 1473 et 1476, années de la publication des deux seuls *Specula*
« de Mentelin. » (*Id.*, p. 45.)

Nous en demanderons encore bien pardon à M. Madden, mais
sa conséquence est mal tirée. Le catalogue de Mentelin N'ÉTANT
PAS DATÉ, il ne prouve qu'une chose : c'est que le *Speculum historiale* de 1473 était imprimé quand ce catalogue parut.

Rien ne prouve donc que Mentelin n'a pas imprimé les deux
Specula que je lui attribue; rien ne démontre, enfin, s'il mettait

un an pour imprimer chaque partie du *Speculum quadruplex*, qu'il n'ait pas imprimé le *naturale* en 1474 et le *doctrinale* en 1475.

Selon M. Madden, le *Speculum historiale* de 66 lignes n'existe pas à la Bibliothèque nationale. L'a-t-on bien cherché ? En 1869, M. Paul Billard, dont la complaisance pour nous fut sans bornes, le mit sous nos yeux, et nous constatâmes, dans nos notes, sa présence à la *réserve* de la bibliothèque de la rue de Richelieu.

WURTZBOURG — WIRCEBURGUM — Herbipolis.

PROTOTYPOGRAPHE, George RYSER, 1475? Le premier livre imprimé dans cette ville avec date certaine est le BREVIARIUM DIŒCESIS HERBIPOLENSIS, 1479.

George RYSER, vers 1475?

N° 253. — Psalterium latinum. — S. Brunonis episcopi Herbipolensis Psalterium latinum cum expositionibus patrum antiquorum ab eodem collectis.

In-fol. goth. à 2 col., d'un côté le texte et de l'autre les commentaires. Le texte est imprimé en caractères de missel et les commentaires en petits caractères gothiques. Le livre est *absque nota*, ses marges sont vierges, ce qui prouve son ancienneté. Il n'existe pas de traits-d'union aux mots coupés à la fin des lignes. Le point et une espèce de point d'exclamation, dont on ne comprend guère la valeur, sont les seuls signes de ponctuation que renferme ce volume, fort bien imprimé d'ailleurs.

Le *Manuel* ne lui donne que 278 ff. Il en a 280, comme l'exemplaire mentionné dans un catalogue d'Edwin Tross, décrit par Brunet lui-même, t. IV, fol. 935. Celui que nous décrivons n'a que 278 ff. Les deux avant-derniers manquent. On les a remplacés par deux feuillets de papier moderne, tout en ayant soin de conserver le dernier feuillet blanc de l'exemplaire qui existait encore.

A la simple inspection du feuillet, l'œil aperçoit le P oncial bifurqué et fleuronné que l'on retrouve en grand nombre dans le volume, ainsi que le Pot à anse, la Tête de Taureau et quelques autres marques noyées dans les caractères d'imprimerie.

« Dans le catalogue d'Edwin Tross, Paris, 1861, art. 2073,

« on l'annonce comme le premier livre imprimé à Wurzbourg
« par George Ryser (vers 1475), en ajoutant : que si quelques
« bibliographes l'ont attribué aux presses de Michel Reyser,
« imprimeur à Eichstadt, c'est l'analogie de nom qui a fait com-
« mettre cette erreur. » (Voir le *Manuel, loc cit.*)

La Bibliothèque nationale possède un exemplaire de ce livre,
imprimé sur vélin.

INCUNABLES

SANS LIEU NI DATE, SANS NOM D'IMPRIMEUR, ETC.

I

Incunables ABSQUE NOTA, de format in-folio, rangés par ordre alphabétique.

N° 254. — AILLY (*Pierre d'*) (1). Petrus de Alliaco. Ymago mundi.

Sans colophon, sans titre, sans lieu ni date.

In-fol. semi-goth., 172 ff. à longues lignes, 41 aux pp. pleines,
s. chiffr. ni réclam., 22 cahiers, 19 quaternions, un cahier de
4 ff., un ternion et un quinternion. Les 6 premiers ff. ne sont
pas signés, le 1er est blanc. Au verso du 2e se trouve la description des figures qui remplissent les 4 ff. suivants. Au verso du
f. a-i se trouve une note biographique sur Pierre d'Ailly, laquelle
est suivie du titre, des divisions de l'ouvrage et du titre de quelques traités de Gerson afférents à la matière et qui terminent le
volume.

Les 3 premiers cahiers, signés a, b, c, et le 1er f. de d, ont
leurs signatures placées sur la marge et imprimées perpendiculairement de cette manière : . Le livre renferme deux alphabets de signat. : a-k, aa-kk.

L'ouvrage commence en tête du f. a z, par ce titre : INCIPIT
YMAGO MUNDI, et débute ainsi : *Ymago mundi seu eius ymaginaria*

(1) Voy. Arthur-Martin Dinaux. *Notice historique et littéraire sur le cardinal P. d'Ailly.* — Cambrai, 1824, in-8°.

descriptio ipsum velut in materiali quodam speculo representans non parum utilis esse videtur ad diuinarum elucidationem scripturarum. Suit la table des chapitres.

A la fin des différentes parties de l'ouvrage, on lit : *Explicit..... tractatus compendii cosmographie. A domino Petro de aylliaco Episcopo Cameracense compositus.*

On trouve, à la fin des opuscules de Gerson, cette courte souscription : *Joannis gerson Cancellarii parisiensis Opusculum contra supersticiosos dierum observatores. finit feliciter.*

Le papier est épais, un peu mou, et marqué d'un seul filigrane : le **P** oncial fourchu, surmonté d'une croix tréflée.

Le livre, relié en maroquin vert fileté, a été relié par Derôme ou plutôt par Padeloup. Il provient d'une bibliothèque royale et porte aux quatre angles des plats les deux LL surmontées d'une couronne royale.

N° 255. — AILLY (*Pierre d'*). Magister Petrus de Aillyaco. Super lecturam sententiarum.....

Les 2 premiers ff. manquent.

Colophon : *Explicit questio de resumpta deo gracias.*

In-fol. goth., 260 ff. à 2 col., 39 lignes aux col. entières, s. l., aº et typogr., s. chiffr. ni réclam., signat. a-est (*sic*) et A-L.

Papier fort, ayant pour filigranes la Tête de Bœuf et le **P** oncial bifurqué de diverses grandeurs. Le dernier f. est blanc.

N° 256. — Biblia sacra.

In fine : *Fontibus ex grecis hebreorum quoque libris Emendata...... (1) M. cccc. lxxix.*

s. l., s. n. de typographe.

In-fol. goth., 522 ff. à 2 col., s. chiffr. ni réclam., et renfermant trois alphabets de signatures : a-A-1.

Papier de bonne qualité, ayant pour filigranes : 1º différents dessins de Tête de Taureau; devant le mufle de l'un d'eux on a placé une boule;

---

(1) Voyez le n° 30, dans lequel se trouvent mentionnés, en quatorze vers latins, les différentes parties de la Bible.

2º une **M** surmontée d'une croix ; 3º un Cercle à double trait, dans lequel se trouve une croix et plusieurs lettres gothiques, etc.

Nº 257. — BOETIUS (*Annicius torq. Severinus*). Sancti Thome de Aquino super libris Boetii de consolatione philosophie commentum cum expositione feliciter incipit.

A la suite se trouve l'ouvrage suivant, qui a paru sous le nom de Boèce, et que l'on attribue généralement à Thomas de Cantimpré, savant jacobin du xiiiᵉ siècle.

In diui Seuerini Boetii de Scolarium disciplina | commentarium feliciter incipit.

Colophon : *Finit Boetius de disciplina scolarium cum commento. Anno M. cccc. lxxxv.*

s. l., s. n. d'imprimeur.

In-fol. goth. de 120 ff., pour la *Consolation*, qui sont signés a-x. Le 1ᵉʳ et le dernier sont blancs. Le texte des deux ouvrages est imprimé en lettres de forme, et les commentaires qui l'entourent sont imprimés en petits caractères gothiques. Le livre n'a ni chiffr. ni réclam.

Il est imprimé sur un très-beau papier, qui a pour seul filigrane une Fleur de lis placée tout au bord de la marge extérieure et si près de la tranche que le couteau du relieur l'a presque partout entièrement mutilée. Il nous eût été même impossible d'en reconnaître la forme si, par le hasard le plus singulier, l'angle d'un feuillet replié (fol. f-2 de LA CONSOLATION) n'avait soustrait à la décapitation générale l'une de ces petites fleurs.

Huit vers précèdent la souscription finale ; les voici :

> *Consiliabar item gnatorum soluere carmen.*
> *Obliqua facie surdus ab arce vehor.*
> *Non pudeat struxisse dolos ex aggere sato*
> *Rumi feros sonitus dum movet ampla seges.*
> *Aderat interdum rabies contermina ponto.*
> *Dum loquor ex quarto capite confer opus.*
> *Vos precor o iuuenes quibus est celebranda inuentus*
> *Suggerat innocuos hunc mea lira modos.*

Ces huit vers sont presque aussi obscurs que les *Centuries* de Nostradamus. Nous disons *presque*, parce que nous croyons en avoir pénétré le sens mystérieux.

C'est une énigme qui donne en acrostiche le nom de l'imprimeur.

« On me conseillait d'imprimer aussi (mot à mot *de payer*) le Poème des Enfants. Mais je sortis du château (où la chose m'avait été proposée) en tournant la tête et en faisant la sourde oreille.

Qu'on ne me fasse pas honte de cette défaite (*dolos*) : maintenant qu'après avoir semé mon tas (*ex aggere sato*), je vois une ample moisson rendre pour moi des sons assez doux (*rumiferos*); (si la moisson a mûri) ce n'a pas été quelquefois sans bourrasque (*rabies contermina ponto*).

Pendant que je parle, reportez-vous au quatrième chapitre de ce livre (où l'on recommande la modération en toutes choses).

Et vous jeunes gens, qui vous plaisez à célébrer la jeunesse, que ces accents de ma lyre ne vous inspirent rien que d'inoffensif. »

On voit clairement, par les initiales de ses vers, que l'imprimeur se nommait CONRADUS ; mais on ne voit pas aussi bien ce qu'il a voulu dire. Il semble annoncer « qu'il se retire après fortune faite, » en d'autres termes, qu'il ne veut plus rien imprimer, satisfait d'avoir récolté, — non sans peine, — ce qu'il avait semé, et jaloux de se montrer docile aux conseils du sage, qui recommande la modération.

Pourtant, nous n'affirmons pas que ce soit là réellement le sens précis du huitain de l'imprimeur Conradus, car il serait peut-être possible de lui en trouver un autre.

A ce point de vue, l'énigme qu'il renferme ressemble fort à l'ÉNIGME DE PROPHÉTIE de Rabelais, dans laquelle Gargantua trouvait « le decours et maintien de vérité divine, » tandis que frère Ian des Entomeures n'y voyait « qu'une description du jeu de paulme soubz obscures parolles (1). »

Sachant que beaucoup d'auteurs, et que des imprimeurs même, ont souvent caché leur nom dans des anagrammes ou dans des acrostiches, nous avons depuis longtemps pris la précaution de rechercher si les vers imprimés à la fin de leurs ouvrages ne renfermaient pas quelque énigme de ce genre.

Cette précaution nous a fait découvrir tout de suite le nom de *Conradus,* placé en acrostiche dans les vers que nous venons de citer.

Malheureusement, ils ne nous ont donné que le nom propre de l'imprimeur, nom propre qui a appartenu à des typographes de nationalités diverses.

Un Conradus de Bopordia imprimait à Cologne en 1486 ; un Conradus Dinckmul imprima à Ulm de 1482 à 1496 ; un Conradus Hist imprima à Spire depuis 1483 jusqu'à la fin du siècle ; un Conradus Kacheloven, Gallicus, imprima à Leipsick depuis 1485 jusqu'en 1499, etc.

Privé des éléments de comparaison propres à reconnaître à quel Conrad on pourrait attribuer l'impression de ce Boèce,

_____

(1) *Gargantua,* liv. I, chap. LVIII.

n'ayant d'ailleurs trouvé en France, au xve siècle, aucun typo-graphe de ce nom, nous laisserons de côté les suppositions que la présence de la petite fleur de lis avait fait naître dans notre esprit.

Hain, dans son *Repertorium*, et Brunet, dans son *Manuel*, ont gardé le silence sur cette édition de Boèce.

N° 258. — Du Guesclin (Bertrand).

Colophon : *Cy finist le liure des faiz de messire Bertrand du guesclin cheualier jadiz connestable de france et seigneur de longueuille.*

s. l. et a°.

In-fol. goth. à 2 col., 88 ff., fig. sur bois dans le texte, 35 ou 36 lignes aux pp. pleines, s. chiffr. ni réclam., signat. a-o, composé de 14 cahiers, 12 ternions et 2 quaternions.

Le papier a pour filigranes la Roue dentée, la Licorne et la Fleur de lis.

Selon Brunet, les caractères « paraissent appartenir à l'imprimerie de Lyon du xve siècle, après 1480. » M. Péricaud s'est contenté de citer le *Manuel*. La présence des trois filigranes signalés ci-dessus nous ferait pencher pour Paris.

L'exemplaire de la Bibliothèque de Toulouse est très-beau. Il est relié en maroquin vert par Padeloup, mais il y manque 2 ff. a-vi, et le dernier f. au recto duquel se trouve le portrait en pied de Du Guesclin.

Suivant la description donnée par Brunet, « le 1er f. est blanc au recto et porte au verso la figure d'un chevalier armé de toutes pièces, avec ces deux mots en guise d'intitulé : *Bertrand Du Guesclin.*

Ce 1er f. manquant à l'exemplaire que je décris, on lui a substitué le f. de la fin, qui n'a fait que changer de place.

Dans un vol. pet. in-fol., qui porte le n° 34 de la Bibliothèque de Toulouse, on trouve les trois ouvrages suivants :

1° N° 259. — L'exemplaire de Confession.

s. l. et a°.

Pet. in fol. goth. de 48 ff. et 35 lignes par page, s. titre, s. chiffr. ni réclam., composé de 8 ternions signés A-H.

Le papier est marqué des filigranes suivants : 1° la Tête de Taureau avec style étoilé; 2° le Pot à anse; 3° la Licorne et quelques autres qui, noyés dans les caractères d'imprimerie, n'ont pas pu être relevés.

L'exemplaire de Confession n'est pas mentionné dans le *Manuel.*

2°　N° 260. — LE MIREUR (sic) DE LAME PECHERESSE.

s. l. et a°. — Au verso du 32ᵉ f. on lit :

Cy finist le traicte nomme le Mireur dor de lame pecheresse translate a Paris de latin en françois : et corrige audit lieu par ung notable docteur en theologie ainsy qu'il apert au commencement dice-luy traitee.

A la fin de la dernière ligne on trouve ces deux majuscules : T. L.

Les deux derniers ff. sont remplis par des strophes en vers de dix syllabes, et qui renferment en quelque sorte l'analyse de l'ouvrage en prose. Voici les quatre premiers vers de la première strophe :

> *Vous qui mirez par orgueil vostre face.*
> *Pour regarder le corps et la vesture.*
> *Affin que Dieu plus tost mercy vous face.*
> *Tournez ycy de vos yeux louverture.*

Pet. in-fol. goth., 34 ff. de 35 lignes par page, s. titre, s. chiffr. ni réclam., composé de 6 cahiers, 5 ternions et 1 cahier de 4 ff., signés A-F.

Mêmes caractères et même papier que ceux de l'ouvrage précédent. Les filigranes qu'on y rencontre sont : 1° le P oncial; 2° la Licorne; 3° l'Étoile couronnée.

Cette édition n'est pas signalée dans le *Manuel.*

3°　N° 261. — L'INSTRUCTION ET DOCTRINE DE BIEN MOURIR.

s. l. et a°. — Au bas du verso du 35ᵉ f., on lit :

Cy fine le liure de la doctrine de bien mourir.

Pet. in-fol. goth. de 36 ff., le dernier blanc, 35 lignes aux pp. pleines, s. titre, s. chiffr. ni réclam., signat. A-F.

Mêmes caractères, même papier que les ouvrages précédents. Le papier est marqué de la Tête de Taureau, du P oncial, etc.

Cet ouvrage n'est pas mentionné dans le *Manuel.*

Nous ferons remarquer que ces trois ouvrages sont sans titre, que le recto du 1er f. est blanc, et qu'il porte au verso la table de l'ouvrage.

Les trois parties sont admirablement imprimées en lettres de forme de près de treize points, sur un papier de belle qualité. L'exemplaire est très-beau; il a été relié en veau marbré par Derôme ou Padeloup.

N° 262. — EYB (*Albertus* ab). Margarita poetica.

Colophon : *Summa oratorum omnium : Poetarum : hystoricorum : ac philosophorum Auctoritates in unum collectæ per clarissimum virum Albertum ab Eyb..... feliciter finem adepta est. M. cccc. lxxxvii. Kalen. Februarii.*

Sans nom de lieu et sans nom d'imprimeur.

In-fol., lettres rondes, 220 ff. à longues lignes, 53 par page, s. chiffr. ni réclam., signat. A-Z, AA-EE. Tous les cahiers sont de 8 ff., sauf les 2 derniers qui n'en ont que 6.

Papier fort, bien collé, un peu roux. Il est marqué des filigranes suivants : 1° la Main ou le Gant surmonté d'un fleuron étoilé; 2° la Tête de More avec bandelettes, etc. Le livre est bien imprimé.

Le 1er f. manque à l'exemplaire que nous décrivons.

La première édition, qui est très-rare, a été imprimée à Nuremberg, en 1472, par Jean Sensenschmid.

N° 263. — FERNAND de CORDOUE. Fernandi Cordubensis sedis apostolice svbdiaconi et in orbe terrarvm famosissimi magistri de jure medios exigendi frvctvs vvlgo Annatas dicvnt et romani pontificis in temporalibvs potestate ad Sixtvm qvartvm Pontificem maximvm prologvs incipit foeliciter.

Le volume se termine par les lignes suivantes :

Secundam huius operis partem de potestate pape in

*temporalibus ab eo in alterum transtulimus uolu-
men quod altissima materia sit. & speciale desi-
derans opus. & quod principaliter de mediis fruc-
tibus tractatus in maius uolumen surrexerit.*
LAUS DEO. *Absque nota.*

In-fol. lettres rondes, à longues lignes, 34 par page, 92 ff.
Le premier, blanc au recto, porte au verso une préface de 18 lignes ; le dernier, blanc au verso, porte au recto le *Registrum*.
Le titre, en tête du 2ᵉ f., est imprimé en petites capitales. Le
texte qui suit commence par une grande majuscule peinte en or
et en couleur. Ce 2ᵉ f. est entouré de jolis dessins enluminés,
dans lesquels courent des rinceaux en or et en couleur, chargés
de fleurs, de feuilles et de fruits de couleurs diverses et de formes
variées. Plusieurs petits canards, au plumage doré, animent ce
gracieux encadrement. Dans la marge du bas, et au milieu des
feuillages, on voit un écu d'armoirie : échiqueté d'or et d'azur,
à 4, 3 et 2 tires, au chef de sable chargé d'un lion passant d'or.
En tête des grandes divisions de l'ouvrage, on trouve de grandes
majuscules peintes en rouge et en bleu. Dans beaucoup de pages,
toutes les phrases sont rubriquées de rouge et de bleu.

Ce livre est bien imprimé, sur un joli papier de moyenne épaisseur. Il
est marqué de plusieurs filigranes : 1° la Balance ; 2° la Fleur de lis ; 3° les
Cisailles de petite dimension ; 4° un Cercle renfermant une espèce d'ancre.

Il est imprimé avec un joli caractère rond de 13 points, qui
ressemble beaucoup aux premiers caractères ronds de Jenson.
Les mots coupés à la fin des lignes n'ont pas de traits-d'union.
Le point, les deux points et une espèce de petit point d'exclamation sont les signes de ponctuation qu'on y rencontre. La
justification des pages donne 18 centim. de hauteur sur 13 de
largeur. Les marges sont vierges.

Nº 264. — GALIEN. Galieni principis medicorum liber de elementis feliciter incipit.

Le titre placé en tête du 1ᵉʳ f. est imprimé en rouge. Plusieurs
chapitres ont leurs titres imprimés de même. Pas de colophon.

In-fol. magno, semi-goth. à 2 col., 73 lignes aux col. entières,
s. chiffr. ni réclam. ; 32 cahiers de 4, 6, 8 ou 10 ff. signés a-r.
et A-R.

Le livre est admirablement imprimé, sur un très-beau papier, ayant pour
filigranes : 1° un Ane ; 2° les Clefs en croix dans un cercle ; 3° un T oncial
dans un cercle surmonté d'une petite croix.

Voici les principaux chapitres que renferme ce beau livre,

dont Hain ni Panzer n'ont parlé : *De elementis. De simplicibus. De alimentis. De interioribus. :De regimen sanitatis. De ingenio sanitatis. De differentiis febrium. De febribus ad Glauconem.*

A la fin du livre *De alimentis,* on lit : *Explicit liber Galeni de virtute alimentorum translatus a fratre Guielmo de marberla ordinis predicatorum archiepiscopo corenthiensi ex greco in latinum.*

N° 265. — HOLKOT (*Robert*) (1). Opus preclarissimum eximii magistri roperti (*sic*) holkot sacre theologie moralissimi atque doctissimi professoris ordinis fratrum predicatorum super sapientia Salomonis. quam philodissertissimum collegit (*sic*) continens postillam accurate ac Summa enucliatione (*sic*) elaboratam cum singularibus questionibus ad omnem materiam tam scolasticam atque disputabilem ; quam ad populum predicabilem : Utilissimum. Atque solemnes non modo divinarum litterarum verum et philosophorum atque famosorum poetarum ad easdem materias congruenter applicatas : allegationes incipit feliciter.

Sans colophon, s. l. et a°.

Pet. in-fol. goth. de 428 ff. Le 18e et le dernier sont blancs. A 2 col. de 42 lignes, s. chiffr. ni réclam., signat. A-X. a-x.

Papier épais, un peu mou. Il a pour filigranes : 1° une Croix plantée sur une triple borne; 2° une Tour à créneaux; 3° une Tête de Taureau avec style terminé par trois boules; 4° une autre avec style rayonné; 5° le P oncial à queue recourbée; 6° la Roue dentée à double cercle; 7° un Écu surmonté d'une fleur de lis; 8° une Étoile couronnée.

N° 266. — MAGISTRIS (*Johannes*). Incipiunt questiones perutiles super tota philosophia magistri Johannis Magistri (*sic*) doctoris parisiensis cum

---

(1) Théologien anglais du XIVe siècle. Il fut l'un des plus libres interprètes de l'Écriture sainte et de la philosophie thomiste. Il a beaucoup écrit, et les bibliographes de l'ordre de Saint-Dominique nous ont donné la liste de ses ouvrages. « En théologie, dit un de ses biographes, il fait volontiers des concessions à l'autorité de l'Église; mais en philosophie, c'est un péripatéticien intraitable. » (*Nouv. Biogr. générale.*)

explanatione totius Aristotelis secundum mentem doctoris subtilis Scoti.

A la fin : *Questiones perutiles super tota philosophia naturali magistri Joannis de Magistris* (sic)..... *feliciter finiunt.*

Suit le *Registrum*, qui nous apprend que le livre est constitué par 21 cahiers de 8 ff., excepté le cahier x, *qui est ternus;* ils sont signés a-x. La table occupe les 2 derniers feuillets.

In-fol. goth. *(absque nota)* de 166 ff. à 2 col. ayant 51 lignes aux col. pleines, s. chiffr. ni réclam. Le 1er f. manque à l'exemplaire que nous décrivons. Etait-il blanc? Portait-il un titre? Nous l'ignorons.

Papier gris, avec nombreuses taches d'eau, marqué de la Main qui bénit, d'une R gothique et de la Roue dentée. Ces trois filigranes, qui se trouvent en grand nombre dans les cahiers de ce livre, appartiennent aux papiers de Lyon et de Toulouse.

N° 267. — MAIDSTON *(Richard).* Sermones dominicales cum expositionibus euangeliorum per annum satis notabiles et utiles ovibus sacerdotibus pastoribus et capellanis. qui alio nomine dormi secure, vel dormi sine cura sunt nuncupati eo quod absque magno studio faciliter possint incorporari et populo predicari : incipiunt fœliciter. (Auctore Ricardo Maidston? V. Barbier.)

A la fin, avant la table : *Expliciunt sermones dormi secure fœliciter.*

s. l. et a°.

In-fol. goth., 134 ff. à 2 col. de 41 lignes, s. chiffr. ni réclam., signat. a-s. Le 1er cahier a 10 ff. ; les suivants en ont tantôt 8, tantôt 6. Le 1er f., sans titre, est blanc.

Papier fort, un peu roux; il est marqué de plusieurs P, dont les appendices varient, et de la petite Tête de Taureau avec style étoilé.

N° 268. — Novum Testamentum.

Le livre sur le dos duquel on lit ce titre est un grand in-fol. goth. de 46 centim. de hauteur, renfermant 294 ff. réunis dans 37 cahiers; 30 quaternions, 3 quinternions et 4 ternions. Ils n'ont ni chiffr., ni réclam., mais ils portent un titre courant au haut des pages. La manière bizarre dont les cahiers sont signés prouve qu'à l'époque où ce livre a été imprimé, l'emploi des *signatures* n'avait pas encore été régularisé. Les exemples de ce genre d'anomalies étant très-rares, nous allons en donner, en peu de mots, une indication précise.

Les minuscules gothiques, servant de *signatures*, ont été empruntées au caractère le plus généralement employé dans le texte de l'ouvrage.

Les 14 premiers cahiers sont signés de la lettre *f*, suivie d'un chiffre arabe indiquant le rang des feuillets (1);

Les cahiers 15, 16 et 17 sont signés *b* (2);

Les 13 cahiers suivants sont signés *a* (3);

Le 31ᵉ est signé *b;* {

Le 32ᵉ est signé *c;* } (4) le premier f. de *c* n'est pas signé.

Et les cinq derniers sont signés *a* (5).

Cet incunable, sans titre, sans souscription finale, *absque nota*, est imprimé sur deux colonnes, avec des caractères semi-gothiques de différentes forces de corps.

Les colonnes sont complétement encadrées par les commentaires, elles n'ont que 7 centim. de largeur. Mais si cette largeur, comme celle de la place occupée par les commmentaires sur les marges latérales du volume, ne varie jamais, il n'en est pas ainsi de la hauteur des colonnes qui varie à chaque page. L'abondance des commentaires est même quelquefois si grande, dans la partie inférieure de la page, que la colonne, extrêmement réduite, renferme à peine deux ou trois versets du livre saint.

Ajoutons, enfin, que les versets sont grandement espacés; ce qui a permis de placer dans les interlignes des annotations ou des gloses plus ou moins étendues, imprimées en très-petits caractères. Il résulte de cette disposition, toute particulière, que les colonnes, dont la justification a 32 centim. environ de hauteur, ne renferment, quand elles sont pleines, que 35 à 36 lignes.

Comme dans tous les incunables, le 1ᵉʳ f. n'est pas signé. Il porte le titre suivant : PROLOGI IN EUANGELISTAS et, en tête de

---

(1) Ils renferment les évangiles de saint Matthieu, de saint Marc et de saint Luc.
(2) Ils renferment l'évangile de saint Jean.
(3) Ils renferment les épîtres de saint Paul et le commencement des Actes des Apôtres. (Depuis le concile de Trente, les *Actes des Apôtres* sont placés après les Évangiles.)
(4) Ils renferment la fin des Actes des Apôtres.
(5) Ils renferment les épîtres canoniques de Jacques, de Pierre et l'Apocalypse.

la première colonne on lit : *Incipit epistola beati Hieronimi ad Damasum Papam in quatuor euangelistas.* Le 2ᵉ est signé f-2. Le volume se termine brusquement, au verso du 292ᵉ f., par la fin du 22ᵉ et dernier livre de l'Apocalypse : *Gratia Domini nostri Ihesu Christi cum omnibus vobis Amen.*

Les deux derniers ff. sont blancs.

Le papier sur lequel le livre est imprimé est très-beau, très-épais (1), fortement encollé, grenu (minus polita charta), et il a pour filigranes : 1º Différentes Têtes de Taureau; 2º le Croissant, avec tige étoilée; 3º la Scie à manche; 4º la Tour, surmontée d'un clocher pointu; 5º la Rose à six ou huit pétales; 6º le Canard, etc. (2).

Le texte est surchargé d'abréviations. Le point, les deux points et le point d'interrogation sont les seuls signes de ponctuation qu'on y rencontre. Tous les mots coupés à la fin des lignes ne sont pas accompagnés du trait-d'union, mais lorsqu'il existe, le trait est tantôt simple et tantôt géminé. L'encre est très-noire, et sa teinte, dans les différentes parties de l'ouvrage, est toujours uniforme.

Ce magnifique spécimen de la typographie allemande au xvᵉ siècle se recommande encore à l'attention des artistes par les miniatures et les enluminures dont plusieurs de ses pages sont recouvertes. En voici la description sommaire :

Les marges de la première page sont entièrement couvertes de rameaux chargés de feuillages, peints en or et en couleur. En tête des alinéas on trouve des majuscules gothiques coloriées de différentes grandeurs, et dont l'or bruni rehausse l'éclat.

En bas, au milieu de la marge, et faisant corps avec les ornements que nous venons de décrire, on voit un écu versé, d'argent, à la demi-fasce de sable denchée, en chef, de cinq pièces, accompagnée de trois têtes de lévriers de sable colletées d'or, posées deux et une, à l'orle denché de gueules. Le heaume, taré de profil, au tortil de sinople et de gueules, ayant pour cimier un griffon essorant d'or.

Supports : à dextre un lion, à senestre un griffon. Le tout posé sur une terrasse de sinople.

Pour devise : EN ATTENDANT.

L'évangile selon saint Mathieu commence au recto du fᵗ. f-2 du premier cahier. La page est divisée en trois compartiments, occupés par l'analyse de l'évangile, l'*argumentum in evangelio*, et le commentaire sur l'évangile. Le texte, placé en tête du commentaire, est encadré par les notes et la colonne qui le renferme n'a, dans cette page, que huit centimètres de hauteur. Dans les vides qui séparent ces divers compartiments, courent des rinceaux ornés de feuilles et de fleurs gracieusement groupées.

(1) Les 294 ff. ont près de 7 centim. d'épaisseur.
(2) Tous ces filigranes appartiennent aux papiers allemands, et nous les avons fréquemment rencontrés dans les livres imprimés à Cologne, Strasbourg, Nuremberg, etc.

Au milieu de la marge inférieure, une miniature de 7 centim. de large sur 6 de haut représente saint Mathieu. Il est assis, écrivant sur son genou, et trempant sa plume dans une écritoire que lui présente un ange prosterné à ses pieds. L'ange a des ailes vertes et il est vêtu d'une robe de lin parsemée de petits bouquets dorés. De chaque côté se déroulent les banderoles qui portent la devise : EN ATTENDANT.

Ce charmant petit tableau, d'une grande finesse de dessin, a été reproduit au verso du feuillet f-v, du cinquième cahier, sur lequel commence l'évangile de saint Marc. Le saint, la plume à la main, ayant son manuscrit posé sur les genoux, tient ses yeux fixés sur le lion de la légende placé devant lui. Le lion a des ailes de pourpre.

Le miniateur n'a fait qu'ébaucher le dessin destiné à l'évangéliste saint Luc, et son travail s'est borné à peindre, en tête de la page, une lettre onciale, en or et en couleur, dont les ornements et les appendices s'étalent sur la marge correspondante.

L'évangile de saint Jean occupe 24 ff. signés b. La première page, disposée comme celle des évangiles de saint Mathieu et de saint Marc, nous montre le disciple bien-aimé de Jésus, écrivant aussi son évangile et ayant, en face de lui, l'aigle symbolique portant l'écritoire et le cornet suspendus à son bec par des cordons de soie.

La première page des épîtres de saint Paul, celle des Actes des apôtres, celle des épîtres canoniques de Jacques, de Pierre et celle de l'Apocalypse, sont occupées par des peintures du même genre. Elles complètent cette suite de gracieux petits chefs-d'œuvre, dus au pinceau d'un artiste français (1) de la fin du XVe ou du commencement du XVIe siècle, mais dont malheureusement nous ignorons le nom.

Après avoir attentivement examiné ce livre, dans lequel toutes les parties de l'œuvre et la disposition des pages ont été si ingénieusement combinées, on ne s'explique guère le désordre et l'irrégularité des signatures qu'il renferme.

Nous ne connaissons, jusqu'à présent, qu'un très-petit nombre d'incunables portant des signatures plus ou moins irrégulières (2). M. Madden est le seul, croyons-nous, qui en ait signalé deux ou trois dans ses Lettres d'un Bibliographe.

Nous en avons trouvé deux dans la bibliothèque de Toulouse, et feu M. Aug. Bernard nous a mis sur la piste d'un autre exemple de cette sorte d'anomalie.

Voici la liste des ouvrages sur lesquels on a constaté ces irrégularités : 1° L'Astexanus de Mentelin ; 2° les deux éditions

_____

(1) La devise de l'écu : En attendant, et l'inscription française : Saint Jacques le mineur, placée sur le mur dans la miniature consacrée à l'apôtre, confirment notre assertion.
(2) Nous ne comprenons pas dans cette catégorie les signatures rejetées sur les marges hors de leur place habituelle.

du même ouvrage imprimées par Quentel (1) ; 3° le *Preceptorium divinæ legis* de Nider (2) ; 4° le *Novum Testamentum* dont nous nous occupons ; 5° le *Tractatus de excommunicationibus* de Franciscus de Platea.

Après avoir constaté l'absence des signatures dans plusieurs cahiers, leur désordre et leur irrégularité dans les différents ouvrages que nous venons de citer, on hésite vraiment à croire qu'à l'époque où ils furent imprimés, les signatures avaient pour but d'indiquer l'ordre successif des cahiers dans la constitution des livres.

L'idée la plus simple était évidemment de numéroter les cahiers comme on numérote les feuilles aujourd'hui. Pourquoi ne l'a-t-on pas suivie ?

Pourquoi tous les cahiers du *Preceptorium divinæ legis* ne sont-ils pas signés ? Pourquoi l'*Astexanus* de Mentelin, dont tous les cahiers ne sont pas signés non plus, ne renferme-t-il que quelques cahiers signés *f*, et quelques cahiers signés *a* ? Pourquoi, enfin, les quatorze premiers cahiers du *Novum Testamentum* sont-ils signés *f* ?

Ce n'est certes pas pour fixer le rang que doivent occuper les cahiers dans ces divers ouvrages, où rien ne l'indique, ni les réclames, ni les chiffres qui sont absents, ni les signatures éparses dont nous venons de parler.

Supposons, un instant, le *Novum Testamentum* entre les mains du relieur. Comment l'ouvrier ou l'artiste s'y prendrait-il, afin de rassembler correctement les trente-sept cahiers dont on aurait éparpillé les feuilles pour les laver ou pour les raccommoder ? Nous défierions le plus habile, et Trautz, lui-même, ne s'y reconnaîtrait pas !

Voici la solution de ce problème, elle est aussi simple que celle du problème de l'œuf proposé par Christophe Colomb.

ON A COMMENCÉ PAR SIGNER LES FEUILLETS AVANT DE SIGNER LES CAHIERS.

Les imprimeurs furent logiques sans s'en douter évidemment, et l'idée simple enfanta l'idée complexe. Ils signèrent d'abord les feuillets, et après les hésitations et les tâtonnements, toujours inséparables d'une nouvelle découverte, ils trouvèrent facilement le moyen de signer en même temps les cahiers et les feuillets, en ajoutant après la signature un chiffre qui fixe le rang de ces derniers (3).

---

(1) Relativement aux deux éditions de l'*Astexanus* de Quentel, voici la note que M. Madden a bien voulu nous adresser : « L'*Astexanus* de Quentel a des signatures, mais employées de la « manière la plus désordonnée. Elles manquent sur plusieurs feuillets, et même sur certains « cahiers. Elles s'arrêtent brusquement au milieu d'un alphabet (de *a* à *o*), pour en com « mencer un second qu'elles n'achèvent pas (de *a* à *i*) ; le dernier alphabet seul est complet. « Les deux éditions de Quentel sont de 1479. Ainsi, à cette époque, l'emploi des signatures « n'était pas encore arrivé à la perfection. »

(2) Voir Aug. Bernard. *Origine de l'imprimerie*, t. II, p. 115.

(3) Nous ne connaissons qu'un incunable dont le premier feuillet de chaque cahier soit seul signé. C'est dans le *De Imitatione Christi absque nota*, de format petit in-8°, et imprimé peut-être à Lyon, vers l'année 1480, que se trouve cette disposition exceptionnelle.

L'absence des signatures dans quelques cahiers du *Precepto-rium divinæ legis*, leur anomalie constatée dans l'*Astexanus* par M. Madden, le désordre qu'elles présentent dans les nombreux cahiers du *Novum Testamentum*, suffiraient à la démontration, si le choix de la lettre *f*, pour signer les feuillets, ne venait affirmer virtuellement l'intention des imprimeurs.

La lettre *f* étant l'abréviation du mot *folium, feuille, feuillet*, ils signèrent les premiers feuillets des cahiers de la manière suivante : f. 1, f. 2, f. 3, f. 4, ainsi que cela se voit dans les quatorze premiers cahiers du *Novum Testamentum*, et dans le second des quatre groupes de l'*Astexanus*, cité par M. Madden. Voici la description que l'éminent bibliographe a donnée des irrégularités que présentent les signatures de ce livre :

« ... Dans le second groupe (des cahiers), je n'en vois qu'aux « ff. 163 à 167, et ce ne sont plus des *a,* mais des *f.* Je n'en « vois plus au troisième, et le dernier groupe binaire n'a que « quelques *a*. Les signatures sont souvent mal venues. Comme « elles sont très-bas, le relieur en a fait disparaître ; mais le « troisième groupe n'en a pas reçu, car on en verrait des traces, « comme dans les autres. »

Plus loin, M. Madden ajoute : « ... Les signatures abondent « seulement dans le premier groupe. Dans le second, il n'y a « plus d'*a*, mais des *f*, le troisième n'en a pas et le quatrième « en a peu. » (*Loc. cit.*, 2ᵉ série, pag. 69 et 70.)

Un volume, imprimé à Paris par Géring et ses associés, va nous fournir un nouvel exemple à l'appui de notre thèse. Ce volume renferme : 1° Le *Tractatus restitutionum ;* 2° le *Tractatus de excommunicationibus*, que nous venons de citer, et 3° le *Tractatus de usuris* de Franciscus de Platea.

Ces trois traités, — vrais jumeaux typographiques, du reste, — portent sur leurs marges l'indice des diverses phases qu'a suc-cessivement traversées l'invention des signatures. Dans le pre-mier les marges sont vierges ; dans le deuxième, le premier cahier est irrégulièrement signé *f* (1), et le troisième est régu-lièrement signé *a, b, c, d, e* (2).

Chevillier et les bibliographes sous les yeux desquels ces ouvrages ont passé n'ont pas pris garde aux anomalies que présentent les signatures de l'un d'eux. Cela est d'autant plus extraordinaire que Chevillier signale le *De usuris* de Platea

---

(1) Les cahiers suivants sont régulièrement signés *g, h, i, k, l.*

(2) On a quelquefois changé l'ordre logique dans lequel, selon nous, ces trois ouvrages ont été imprimés et publiés. C'est ainsi que, dans l'exemplaire du *Catalogue Solar*, n° 176, le *Tractatus restitutionum* « forme dans le volume la troisième partie. »

Le rédacteur de ce catalogue, — catalogue fort bien rédigé, d'ailleurs, — n'a pas tenu compte de sa remarque, puisqu'en donnant le titre des trois ouvrages, il a placé à la fin celui du *Tractatus de excommunicationibus*, probablement parce qu'il est le seul daté.

Dans la même note, l'auteur du Catalogue, en parlant de Hain, qu'il vient de citer (t. IV, p. 114), ajoute la réflexion suivante : « Bien que la description qu'il fait de ces rares éditions soit fort incomplète. »

Rien n'étant contagieux comme l'exemple, nous ajouterons, nous aussi, qu'en constatant l'existence des signatures dans le *De usuris* et dans le *De excommunicationibus*, le critique ne s'est pas aperçu de l'anomalie que présentent les signatures de ce dernier ouvrage.

comme le premier ouvrage au bas duquel, en 1476, les imprimeurs de Paris placèrent des signatures. Or, le *De usuris*, régulièrement signé, n'est pas daté, et c'est précisément au *De excommunicationibus*, irrégulièrement signé *f*, que Chevillier a emprunté la date de 1476.

Désormais avertis, les bibliographes sérieux ne sauteront plus à pieds joints par dessus la difficulté que nous avons tâché de résoudre. Les directeurs et les conservateurs de nos grands dépôts de livres s'empresseront même, nous n'en doutons pas, de rechercher les incunables imparfaitement ou irrégulièrement signés, ce qui leur permettra, croyons-nous, d'ajouter de nombreux exemples de ce genre d'anomalie à la toute petite liste de ceux que nous avons rencontrés dans une modeste bibliothèque de province.

Certain, comme nous le sommes maintenant, que l'on a signé les feuillets avant de signer les cahiers, nous ne pousserons pas plus loin une démonstration que l'irrégularité et le désordre des signatures, placées sur les feuillets du *Novum Testamentum*, rend évidente et rigoureuse.

Malheureusement, plusieurs typographes s'étant trop hâtés de mettre en œuvre un procédé encore défectueux, ils commirent les erreurs et les irrégularités que nous constatons aujourd'hui.

Tout cela démontre, une fois de plus, que dans les découvertes on n'atteint pas toujours le but du premier coup, et qu'il faut quelquefois beaucoup de temps pour que l'idée la plus simple fasse son chemin.

Les éléments de recherches nous ont manqué pour tâcher de découvrir si ce *Nouveau Testament* n'appartenait pas à l'une des nombreuses éditions de la Bible, imprimées en Allemagne vers 1471 ou 1472. Hain, Panzer, l'abbé Rive, de Bure, Brunet et les nombreux catalogues du xviie et du xviiie siècles que nous avons consultés ne nous ont rien appris à ce sujet; peut-être avons-nous mal cherché.

C'est là ce qui nous a engagé à décrire minutieusement cet incunable, espérant que tôt ou tard, et à l'aide des renseignements que nous venons de fournir, on pourra retrouver l'extrait de naissance d'un livre dont on ne saurait trop louer la belle exécution.

N° 269. — THOMAS d'Aquin (*saint*). Prima (et secunda) pars Summe Sancti Thome de aquino doctoris angelici de ordine predicatorum.

. On lit à la fin de la 2ᵉ partie :

Prima pars secunde (sic) *partis sacre theologie doctoris eximii et luminis ecclesie perclarissimi Sancti Thome de Aquino ordinis fratrum predicatorum finit feliciter.*

In-fol. goth., 380 ff. à 2 col. de 62 lignes. La 1ʳᵉ partie est composée de 28 cahiers, 10 quaternions et 18 ternions, signés A-Z. Aa-Ee ; le dernier f. blanc. La 2ᵉ, de 28 cahiers, 13 quaternions et 15 ternions, signés a-z. Aa-Ee ; le dernier f. est blanc, s. chiffr. ni réclam. (*Absque nota*).

Le livre est imprimé sur un beau papier, marqué de la petite Tête de Taureau surmontée d'une croix et d'une petite croix sur un cippe.

II

Incunables ABSQUE NOTA, de format in-4°, rangés par ordre alphabétique.

N° 270. — Albertus MAGNUS. De secretis mulierum et virorum.

Colophon : *Finis hujus Tractatuli venerabilis Alberti Magni.*

s. l. et aᵒ.

In-4° goth. de 42 ff. ; le 1ᵉʳ et le dernier sont blancs (1). 34 lignes aux pp. pleines, s. chiffr., réclam. ni signat.

Papier fort, un peu roux. Il est marqué du P. oncial fourchu.

Le 1ᵉʳ f. est blanc. La préface occupe le recto et 22 lignes du verso du 2ᵉ f. En tête de cette préface se trouve une S capitale, ornée, au milieu de laquelle on a peint le portrait en pied d'Aristote. *Philosophorum princeps.* Au-dessous de la préface, on lit le mot *Titulus*, et plus bas : *Incipiunt secreta mulierum et virorum ab Alberto magno composita.*

Suivant Brunet, cette édition, la plus ancienne que l'on connaisse de ce traité, aurait été exécutée à Eichstadt, avec les caractères de Reyser. Michel et Georges Reyser ayant imprimé

(1) Le *Manuel* ne donne que 40 ff. à ce livre ; on a oublié les ff. blancs.

dans cette ville, l'auteur du *Manuel* aurait dû nous indiquer lequel des deux est celui qui aurait imprimé ce livre.

Nº 271. — Liber de doctrina dicendi et tacendi.

Au-dessous de ce titre, une marque d'imprimeur de 12 centim. de haut et de 78 millim. de large. Au milieu, une croix posée sur un cippe, sur lequel on lit en grosses lettres gothiques le mot : COR.

Colophon : *Explicit liber de doctrina dicendi et tacendi ab Albertano causidico briciensi editus. feliciter.*

s. l. et aº.

In-4º goth. de 12 ff., le dernier blanc, s. chiffr. ni réclam., signat. a-b.; 2 cahiers de 6 ff., 26 lignes aux pp. pleines.

Bon papier, sans filigranes.

Cité dans la *Bibliographie lyonnaise du* xvᵉ *siècle*, parmi les livres sans date.

Dans le même volume :

Nº 272. — Tractatus de matrimonio : et legitimatione : Editus a Reverendo d. Joanne lupi de hyspaniæ Segobiense decano : ac sedis appl'ice (apostolicæ) protonotario : necnon Juris utriusque doctoris eximio.

Ce traité, sous forme de lettre, est adressé à l'évêque de Preneste (Prenestrino), Marc, vulgairement appelé cardinal de Saint-Marc. Cette lettre est ainsi datée à la fin du volume :

Ex Castro sancti angeli anno a nativitate domini milessimo (sic). *cccc. lxxxviii. vi Kalendas novembris. Deo. Gratias. amen.*

s. l. et aº.

In-4º goth. de 32 ff. à longues lignes, 34 aux pp. pleines, s. chiffr. ni réclam., signat. a-d ; 4 quaternions.

Papier fort, sans filigranes.

N° 273. — MARCHESINI (*Johannes*). Mamotrectus *ou* Mamotractus (*sic*), sive expositio in singulos libros bibliorum, per singula capitula.

Colophon : *Expliciunt expositiones et correctiones vocabulorum libri qui dicitur Mamotrectus tam biblicæ quam aliorum plurimorum librorum.*

s. l. et a°.

In-4° goth., sans titre, 224 ff. à 2 col., 37 lignes aux col. pleines, s. chiffr. ni réclam., 2 alphabets de signat., a-y, 1-7.

L'édition la plus rare de ce livre est celle qui a été imprimée dans l'abbaye de Munster, en Argow, in-fol. Elle porte la date de 1470.

N° 274. — PANORMITANUS (*Anthonius*). Processus Judiciarius Panormitani.

Colophon : *Presens domini Panormitani practica de modo procedendi in iudicio tam summarie et de plano quam mere et cum strepitu iudiciali. in omnibus ferme curijs obseruari consueta.* (Absque nota.)

Pet. in-4°, 74 ff. à longues lignes, 38 aux pp. pleines, s. chiffr. ni réclam.; 11 cahiers composés de 4 quaternions et de 7 ternions, signés a-l. Le titre est imprimé sur une seule ligne au recto du 1er f., dont le verso est blanc; le dernier f. est blanc.

Les caractères sont baveux, usés; ils ont 10 points typographiques environ. Les espaces rectangulaires en tête des alinéas sont vides; le point pour seul signe de ponctuation. Très-peu de mots coupés à la fin des lignes ont des traits-d'union.

La ROUE DENTÉE et la PETITE LYRE indiqueraient Lyon ou Toulouse comme lieu d'impression.

N° 275. — POGGIO BRACCIOLINI (*Jean-François*). Facecie poggii.

Colophon : *Poggij florentini Secretarij apostolici faceciarum liber. Explicit feliciter.*

s. l. et a°.

In-4° semi-goth. de 64 ff. à longues lignes. La seule page pleine que renferme le volume en contient 31. Le dernier f. est blanc. s. chiffr. ni réclam., signat. a-h. Le titre des Facéties est imprimé en lettres de forme.

Cette édition est signalée dans le *Manuel* comme ayant été imprimée avant l'année 1480. « Il s'y trouve des passages qui ont été omis dans d'autres. »

La concision du titre, le petit nombre de lignes, l'absence du nom de lieu, de celui de l'imprimeur et de la date, tout prouve l'ancienneté de cette édition. Où ce livre a-t-il été imprimé? La roue dentée indique un papier français : serait-ce Lyon, serait-ce Paris, serait-ce Toulouse ?

N° 276. — Reseruationes constitutiones et regule cancellarie romane curie.

Colophon : *Lecte et publicate fuerunt superscripte regule Rome in cancellaria apostolica die lune xxvij. mensis augusti. Anno incarnationis domi- nice. M. cccc. nonagesimo secundo. Pontificatus sanctissimi in Christo patris et domini nostri Domini Alexandri divina providentia Pape Sixti anno primo.* (Absque nota.)

In-4° goth. de 14 ff., 2 cahiers, un de 8 et l'autre de 6 ff., signés a-b, s. chiffr. ni réclam.

Papier assez fort, un peu fauve, ayant pour filigrane la petite Lyre.

N° 277.   Tractatus in mar
                         tyrio sanctorum.

Sans colophon. Le mot *finis* au bas de la dernière page ; s. l. et a°.

In-4° goth. à longues lignes, 58 ff., les derniers blancs, 34 lignes aux pp. pleines, s. chiffr. ni réclam., signat. a-h.

Papier fort, ayant pour filigranes une petite Tête de Taureau et le Raisin de petite dimension.

Le livre est bien imprimé: les caractères sont très-nets; ils ont près de douze points typographiques.

Provenance : *Ex bibliotheca magni conventus S. Francisci. Tholosæ.*

Au-dessous du titre se trouve une longue note manuscrite, en latin, d'une écriture du XVIIᵉ siècle, relative au martyre de quatre frères mineurs, assassinés à Jérusalem en l'année 1391. La voici :

Editus est hic tractatus a quondam clerico primæ tonsuræ (1) Constantinopoli degente & græcis litteris operam dante, maximè ex occasione Martyrii quatuor fratrum minorum qui in hierusalem crudeliter necati fuerunt a Saracenis, ut hinc et se ipsum & alios christianos ad Martyrium animaret; vide caput 17 & 18. Passi autem sunt prædicti quatuor Martyres sub medium Novembris anno 1391 : & processus Martyrii, una cum epistola R. P. F. Geraldi Calveti, gardiani loci sacri montis Syon, ad conventum Villefranchæ, habetur in chronico Ordinis manuscripto in membranis in bibliotheca conventus Mirapiscensis; & inter prædictos fratres potior erat f. Deodatus Ariberti de Ruthinio hujus provinciæ Aquitaniæ. Hic autem liber vel tractatus quadraginta annis ab illo martyrio conscriptus, circa annum domini 1432.

N° 278. — BERBERIUS (*Johannes*). Viatorium utriusque juris.

Au-dessous de ce titre on a ajouté, à la main : *Cum doctrinale florum artis notariæ.*

Le traité commence ainsi :

Incipit Viatorium vtriusque juris ab egregio Jurium professore Magistro Johanne Berberii ex oppido Yssengachii (2).

A la fin : *Finis et Laus Deo.*

---

(1) De simple tonsure.
(2) Pour *Isidmagus*, Yssengeaux, probablement.

In-4º goth. de 230 ff. à longues lignes, 35 aux pp. pleines,
s. chiffr. ni réclam., signat. a-z, A-F, s. l. et aº.

**Papier fort, ayant pour filigranes : 1º la Roue dentée ; 2º la petite Lyre ;
3º la Main qui bénit.**

Nous n'avons rencontré ces trois filigranes réunis que dans
les livres imprimés à Lyon ou à Toulouse.

III

Incunables ABSQUE NOTA, de format in-8º, rangés par ordre alphabétique.

Nº 279. — DE IMITATIONE CHRISTI.

En tête du f. *a*, on lit :

Incipit opus beati Bernardi saluberrimum de imitatione christi et contemptu mundi : quod Johanni Gerson cancellario Parisiensi attribuitur.

A la fin : *Explicit liber quatuor et ultimus de sacramento altaris.* (Absque nota.)

Pet. in-8º semi-goth. de 124 ff., 6 ff. limin. et 118 pour les
quatre livres de l'*Imitation*. Le premier livre occupe les 25 premiers ff., il renferme 25 chapitres ; le second 14, en renferme 12 ;
le troisième 58, en renferme 64 (1) ; le quatrième 21, en renferme 14.

Ces ff., bien comptés, sont au nombre de 124 et non de 126,
comme l'indique le *Manuel*. Les 3 premiers ff. manquent à
l'exemplaire que nous décrivons. Le premier portait-il un titre ?
était-il blanc ? le *Manuel* ne le dit pas ; s. chiffr. ni réclam. Des
6 ff. préliminaires, le premier était-il signé ? nous l'ignorons.
Les 16 cahiers ont des signatures de a à p, et, circonstance
exceptionnelle à noter, le 1er f. de chaque cahier porte seul
la signature. Le premier cahier et le dernier ont 6 ff., tous les
autres sont des quaternions. Les pp. pleines contiennent 25 lignes ; les caractères ont 12 points typographiques. Le point et

---

(1) Dans les premières éditions de l'*Imitation*, le IIIe livre contient 64 chapitres au lieu de
89 des éditions modernes ; c'est parce que les prières composant les chapitres 4, 17, 26, 27
et 32 des premières éditions sont respectivement réunies aux chapitres 3, 15, 23 et 27 des
dernières.

les deux points sont les seuls signes de ponctuation que l'on rencontre ; les mots coupés à la fin des lignes ne portent pas toujours des traits-d'union.

Le papier, de bonne qualité, un peu gris, est marqué de la **ROUE DENTÉE**, sans appendice, et, chose assez rare, le filigrane, a peine effleuré, qui, dans les in-8°, est presque toujours emporté par le couteau du relieur, s'aperçoit aisément dans un certain nombre de feuillets.

« Cette édition est remarquable, dit Brunet, en ce que l'ou-« vrage y est imprimé sous le nom de saint Bernard (1). Selon « le catalogue de La Vallière, n° 724, elle serait de l'an 1480 « environ. M. Gazzera la croit plus récente de dix années (2), « et il l'attribue aux presses lyonnaises, parce que le papier « porte pour marque la *roue dentée*, de même qu'un grand « nombre d'éditions imprimées à Lyon à la même époque. »

Isolé et dépourvu de toute autre considération, l'argument de M. Gazzera n'a rien de concluant ; c'est tout au plus une présomption, puisque l'on rencontre aussi fréquemment, et plus fréquemment peut-être, la *roue dentée* dans les livres imprimés à Toulouse à la même époque que dans ceux imprimés à Lyon. On pourrait même en dire autant des livres imprimés à Paris, quoique cependant on rencontre beaucoup moins souvent ce filigrane dans les livres imprimés à Paris que dans ceux imprimés dans le midi de la France.

Ce n'est guère que vers les dernières années du xvᵉ siècle qu'on a imprimé des livres sur papier de format petit in-8°. Nous pensons que l'*Imitation* dont nous nous occupons est un des premiers ouvrages de ce format imprimés en France.

Nous avons recherché quelle devait être la grandeur de la feuille in-folio qui avait fourni ce petit in-8°, haut de 13 centim. et large de 90 millim., et nous avons trouvé que la hauteur de cette feuille était d'environ 29 centim. et sa largeur de 19.

Ce livre est fort rare. L'exemplaire de la Bibliothèque de Toulouse est en bon état ; mais malheureusement il est incomplet des trois premiers ff. et du f. b-vɪɪɪ du troisième cahier. Il est relié en veau marbré et orné de trois filets sur les plats. Cette reliure est encore sortie des ateliers d'un relieur du xvɪɪɪᵉ siècle.

_____

(1) La première traduction française de l'*Imitation*, imprimée à Toulouse par Henry Mayer, le 28 mai 1488, porte aussi le nom de saint Bernard : ..... *premierement compose en latin par sainct bernard ou par autre deuote personne. attribue a maistre iohan gerson chancelier de paris et apres translate en francoys en la cite de Tholouse.*

(2) S'il en était ainsi, cette *Imitation* aurait été imprimée en 1470, elle serait le premier livre imprimé à Lyon, et elle détrônerait le *Compendium Lotharii* de 1473, considéré, jusqu'à ce jour, comme le premier livre sorti des presses lyonnaises.

No 280. — GERSON (*Jean*). Donatus moralisatus nouissime emendatus compilátusque a magistro Johanne gersone ut dicitur.

Colophon : *Explicit donatus moralisatus a magistro iohanne gerson* (sic) *ut dicitur compilatus.*

s. l. et aº.

In-8º goth. de 8 ff., 34 lignes aux pp. pleines, s. chiffr. ni réclam., signat. A.

« La seule édition de ce livre qui ait une date est celle de Strasbourg, *Apud Martinum Flachen*, 1477, in-4º. » (Brunet.)

No 281. — GUIDO (*Bernardus?*) Preclara (*sic*) francorum facinora variaque ipsorum certamina : pluribus in locis tam contra orthodoxe fidei , quam ipsius gallice gentis hostes non impigre gesta. quicquid item dignum memoratu in ipso christianissimo francie populo potuit contingere : ab anno domini millesimo ducentesimo : ad annum eiusdem domini millesimum cccxi : quo templarii e medio tolluntur , ab illustrissimo inquam principe montisque fortis comite dum viueret christi athleta fortissimo ac rei bellice peritissimo accuratissime recollecta : hac historiali nusquam tamen viso clauduntur epithomate.

Ce titre est imprimé en rouge et noir; s. l. et aº.

In-8º goth., lettres rondes, de 56 ff., s. chiffr. ni réclam., signat. A-G.

Papier fort, ayant pour filigrane une petite Colonne surmontée d'un Croissant.

Ce livre est connu sous le nom de *Chronique du comte de Montfort*. Il est attribué à Pierre V, évêque de Lodève, en 1312. (Brunet.)

Sur le titre de l'exemplaire de la Bibliothèque de Toulouse

on lit ces mots d'une écriture du XVIe siècle : *Autor hujus libri Bernardus Guido episcopus Lodouensis.*

Ce traité a été réimprimé par Catel à la suite de son *Histoire des comtes de Toulouse.* Ce qu'il y a de singulier, c'est que Catel, dans son avis au lecteur, déclare formellement que l'ouvrage est de frère Bernard Guido, de l'ordre de Saint-Dominique, et qu'il l'a cependant compris parmi les traités qu'il déclare : *Incerti autoris.* (V. Catel, p. 111.)

APPENDICE

ET NOTES DIVERSES

APPENDICE ET NOTES DIVERSES

(Voir le n° 123, p. 126).

N° 282. — Nicolas de LOUVAIN (*Frère*). Minorica elucidativa rationabilis separationis fratrum minorum de obseruantia ab alijs fratribus ejusdem ordinis.

In fine : *Explicit finis deo laus et gloria trino.*

Au-dessous de ce titre se trouve une gravure sur bois de 97 millim. de haut sur 85 de large, au milieu de laquelle on a reproduit, en capitales gothiques, le monogramme de J H S, dont les appendices sont disposés en croix. Les quatre angles de la croix sont occupés par les emblèmes des évangélistes saint Luc, saint Jean, saint Matthieu et saint Marc, disposés en médaillons, ayant en exergue le nom des saints.

Pet. in-4° goth. à longues lignes, 44 aux pp. pleines, 36 ff., s. chiffr. ni réclam., mais signés A-F. Ils sont réunis en 6 cahiers, 2 de 8, 2 de 6 et 2 de 4 ff.; le dernier est blanc.

Le livre est imprimé sur un papier fort, bien collé, et marqué du Pot à anse, d'une Croix posée sur un cippe, du petit Écu fleurdelisé et d'un Clocheton dont nous n'avons pas pu distinguer la base.

Le caractère employé a la force d'une gaillarde de 8 points environ. Les abréviations sont nombreuses. Le point est le seul signe de ponctuation qu'on y rencontre. Les mots coupés à la fin des lignes manquent souvent de traits-d'union. Ce livre, sans lieu ni date et sans nom d'imprimeur, a été probablement imprimé à Paris en 1497.

Les derniers ff. du volume renferment une Bulle dont voici le titre :

Ista est bulla piana ex (sic) *vicarij de obseruantia sunt veri et indubitati ministri.*

Avant la Bulle, on trouve le colophon suivant :

Istum tractatulum conscripsit ac cum magno labore inquàntum potuit correxit et complevit Nicolaus de Louanio Anno M.cccc.xcvij. penultima januarij.

C'est, sans doute, la première édition de ce livre, dont nous avons cité, dans le *Catalogue des Incunables de la Bibliothèque de Toulouse* (1), une édition imprimée chez Jehan Petit en 1499.

A part le colophon que nous venons de citer, le titre et le texte de l'ouvrage sont identiques dans les deux éditions.

Nous ignorons complétement, et nous ne comprenons pas pourquoi l'imprimeur Jehan Petit a supprimé le nom de l'auteur du *Minorica elucidativa...*, c'est-à-dire des différentes pièces relatives aux Frères mineurs, rassemblées par Nicolas de Louvain (2).

ALCALA DE HENARES (Complutum).

PROTOTYPOGRAPHE, Lanzalao POLONO, 1501. — ORDENANZAS REALES. (Voir P. Deschamps, *Dictionnaire géographique.*)

Andres de ANGULO, 1563.

N° 283. — EL CAUALLERO DE LA CRUZ. El libro del inuencible Cauallero Lepolemo Hijo del Emperador de Alemaña y de los hechos que hizo llamandose Cauallero de la Cruz. *Impresso en Alcala de Henares en casa de Andres de Angulo. Con licencia de los señores del Consejo Real. Año. M.V.lxiij.*

Au-dessus de ce titre, imprimé en rouge et noir, une grande gravure sur bois, qui représente *El Cauallero de la Cruz*, l'épée au poing, sur son cheval qui se cabre.

Colophon : *Fue impressa la presente Obra en la florentissima uniuersidad de Alcala de Henares en casa de Andres de Angulo. Acabose a veynte*

---

(1) Voir le n° 123, p. 126 de ce catalogue.
(2) Parmi les ordres religieux, il en est peu qui aient subi autant de réformes que celui des Frères prêcheurs. (Voir l'*Histoire des ordres monastiques, religieux,* etc., par le P. Hélyot, t. VII, p. 71 et suiv.)

y dos del mes de Enero. Año del nacimento de nuestro Saluador Jesu Christo de Mil y quinientos y Sessenta y tres años. (22 janvier 1563.)

Pet, in-fol. semi-goth. à 2 col., 50 lignes aux col. pleines, 100 ff. mal chiffrés. Le verso du dernier est blanc. Titre courant au haut des pages; réclames au bas de la 2ᵉ col. recto et verso. Les 100 ff. forment 13 cahiers, 11 quaternions et 2 ternions, signés a–n.

Papier gris, d'inégale épaisseur, et marqué d'un seul filigrane : c'est une petite Étoile dont les rayons n'ont que 18 millimètres de longueur.

Le livre est imprimé avec un caractère semi-goth. de 12 points environ. Il est orné de lettres grises de deux grandeurs différentes. Le point, les deux points et la virgule, représentée par un petit trait oblique, sont les signes de ponctuation qu'on y rencontre. Les mots coupés à la fin des lignes ne sont pas toujours marqués du trait-d'union.

TOLEDO — TOLETUM — TOLÈDE

PROTOTYPOGRAPHE, Juan VASQUEZ.
LEYES ORIGINALES, 1480.

Miguel FERRER, 1563.

N° 284. — Le volume précédent renferme aussi le :

Libro secundo del efforçado Cauallero de la Cruz Lepolemo Principe de Alemaña. que trata de los grandes hechos en armas del alto Principe y temido cauallero Leandro el Bel su hijo. y del valiente cauallero Floramor su hermano. Y de los marauillosos amores que tuuieron con la muy hermosa Princesa Cupidea de Costantinopla : y de las peligrosas batallas que no conosciendose ouierd : y de las extrañas auenturas y marauillosos encantamentos che andando por el mundo acabaron. Junto con el fin que sus estraños amores ouieron. Segundo compuso el Sabio Rey Artidoro en lengua griega. Impresso en Toledo por Miguel ferrer con licencia de los señores del Consejo Real.

Au-dessus de ce titre, imprimé en rouge et noir, une grande gravure sur bois représente le chevalier *Leandro el Bel* sur son coursier et tenant l'épée au poing.

Colophon : *Allhonor y gracia de Dios y de su bendita madre Sancta Maria. fue impresa la presenta hystoria llamado libro segundo del Cauallero de la Cruz. En la muy noble et muy leal Ciudad de Toledo. En casa de Miguel ferrer impressor de libros. Acabose a diez y nueue dias del mes de Mayo. Año. de Mil. D. lxiij.* (9 mai 1563.)

Pet. in-fol. semi-goth. à 2 col., 45 lignes aux col. pleines, 134 ff. chiffrés au recto, renfermés dans 17 cahiers, 16 quaternions et 1 ternion, signés a-r.

Brunet n'a pas signalé la première partie de cet ouvrage, imprimée en 1563, à Alcala de Henarès, par l'imprimeur Andres de Angulo; mais voici la note qu'il a placée après la description de la seconde, imprimée à Tolède chez Miguel Ferrer :

« Ce second livre, dit-il, est encore plus rare que le premier, « et je ne sache pas qu'il y en ait plusieurs éditions. »

L'exemplaire de la Bibliothèque de Toulouse est donc doublement précieux, puisqu'il renferme cette rarissime édition *del libro segundo del Cauallero de la Cruz*, reliée à la suite d'une édition de la première partie, que Brunet n'a pas connue.

Les deux parties de ce livre offrent cette particularité qu'elles ont été imprimées la même année, à quelques mois de distance seulement, sur un papier absolument semblable, et marqué d'une petite étoile, par deux typographes qui habitaient aux deux extrémités de la Nouvelle-Castille.

La justification des pages est aussi la même dans les deux livres, elle est de 235 millim.; mais quoique la forme des caractères soit identique, leur force de corps est différente. Ceux du premier livre ont 12 points environ et ceux du second en ont près de 13; aussi le nombre des lignes est-il moindre dans celui-ci (45) que dans l'autre (50).

Ce rare volume est relié en maroquin vert par Padeloup; il porte trois filets sur les plats, et les quatre angles sont ornés d'un fleuron gracieux en forme d'ancre.

N° 285. — Les articles et confirmation des preui-
leiges (*sic*) du pais de Languedoc | suppression et
abolition des offices des conseilliers crees es audi-
toires des cours des senechaulx | baillifz | et aul-
tres auditoires des magistratz du ressort de la
court de parlement a Tholose enquesteurs diceulx
auditoires | et contrerolleurs es villes princi-
palles dudict pais de Languedoc | et aultres
ordonnances et edictz faiz de nouveau par le
Roy nostre Sire publiez et enregistrez derniere-
ment en ladicte court.

Au-dessous de ce titre l'écusson royal, et plus bas : CUM PRI-
VILEGIO.

Colophon : *Cy finissent les articles confirmations
des preuileiges du pays de Languedoc... Imprime
a Tholose par Eustache mareschal. Arnauld
guilhem du boys. et Jehan damoysel. Aux des-
pends de Mathieu du monde Libraire dudict Tholose. Lan mil cinq cens vingt et deux et le xx. du
moys Daoust.*

Pet. in-8° goth. (135 millim. de hauteur), 44 ff. réunis en
6 cahiers, 5 quaternions et 1 cahier de 4 ff. Le dernier porte au
recto la marque de Mathieu du Monde, sous forme de rébus. Les
pp. pleines contiennent 24 lignes. Le volume n'a ni chiffres ni
réclames, mais il est signé de A à f.

Il a été imprimé sur un papier de bonne qualité, bien encollé; il n'est
marqué que d'un seul filigrane : LA MAIN QUI BÉNIT.

Ce joli petit livre n'a été mentionné nulle part.

NOTES DIVERSES

Sur les filigranes (*Avant-propos*, p. xv).

« Il serait fort difficile de déterminer aujourd'hui (1808) avec quelque certitude, par les filigranes des papiers, le lieu et l'année où ils ont été fabriqués..... Cependant, pour satisfaire, autant qu'il dépend de nous, la curiosité des curieux sur ce point, nous dirons, avec M. Breitkopf (1), que la Tête de Bœuf, que les bibliographes ont jusqu'à présent regardée comme le plus sûr indice pour reconnaître les premiers livres imprimés par Faust (*sic*), en est une preuve d'autant plus certaine que ce n'était que la marque d'une espèce de papier fort estimé dans les premiers temps de l'invention de l'imprimerie en Allemagne, où elle a été généralement employée, avec de légers changements, tant pour les manuscrits que pour les premiers livres imprimés. La simple Tête de Bœuf appartenait certainement à l'Allemagne ; mais comme d'autres papetiers l'imitèrent ensuite, chacun y ajouta quelque ornement pour indiquer sa manufacture. C'est là sans doute ce qui a donné lieu aux tiges qui s'élèvent entre les cornes, et qui sont garnies, tantôt d'une croix, tantôt d'une rose, d'une couronne, d'un serpent, etc. (2) »

Ce que Breitkopf a dit de la Tête de Bœuf, on pourrait le dire aussi de beaucoup d'autres filigranes. J'ai maintenant sous les yeux un dessin relevé par un bibliophile sur des papiers fabriqués à Lyon au xve siècle, et qui représente la main sous vingt formes différentes ou *agrémentée* par des appendices extrêmement variés.

(1) *Essai sur l'origine des cartes à jouer, du papier de chiffons, etc.* Leipsick, 1784-1801, deux parties in-4° (*en allemand*).

(2) Jansen. *Loc. cit.*, t. I, p. 337-38.

Date énigmatique (*Avant-propos*, p. li).

On trouve à la fin du *Doctrinal du Tems*....., par Michault, s. l. et a° (*Lyon,* 1690), les quatre vers suivants :

> *Un trepier* (sic) *et quatre croyssans,*
> *Par six croix avec six mains faire,*
> *Vous feront estre cognoissans*
> *Sans faillir de mon milliaire.*

1 *trépied,*	M.	1000
4 *croissants,*	cccc. . . .	400
6 *croix,*	xxxxxx. . .	60
6 *mains,*	30 doigts .	30
		1490

Cette édition, d'après notre explication, n'est donc pas aussi ancienne que l'on croyait ; plusieurs bibliographes, et Brunet entre autres, pensent qu'elle a été imprimée en 1466. Voici la variante du second vers qu'il a donnée :

> *Par six croix avec sy nains,*

et il traduit *sy nains* par six iiiiii. Nous avouerons franchement que nous ne comprenons pas.

Sur les priviléges concernant la publication ou l'impression des livres (*Avant-propos*, p. lvi.)

Les priviléges placés à la fin des livres ne servent, a-t-on dit, qu'à les grossir inutilement. Sallengre prouve, par plusieurs exemples, « qu'on a souvent retrouvé dans ces Priviléges la date « de la mort de plusieurs auteurs, et qu'ils nous ont quelquefois « dévoilé les noms d'auteurs, qui s'y nomment, dit-il, sans vou- « loir, je ne sai (*sic*) par quelle raison, faire paroître leur nom à « la tête du livre (1). »

(1) *Mémoires de littérature*, t. I, p. 180.

PRIVILÉGE DE L'EMPEREUR ET DU PAPE

« A propos de ces sortes de livres (*i novellieri*), je vous dirai qu'on m'en a fait voir ici un dont je n'avois jamais ouï parler, intitulé : *Hieronymi Morlini Jurisconsulti Neapolitani Novellæ*, in-4°. A Naples, l'an 1520, chez Jean Pasquet de Sallo, avec privilége de l'Empereur et du Pape pour dix ans, circonstance que je remarque parce que ces nouvelles sont remplies des plus grandes infamies du monde et d'obscénitez dont rien ne peut égaler la grossièreté que les solécismes qui fourmillent dans le livre. C'est ce qui le rend original (1). »

Au-dessous du titre de l'*Epigrammata antiquae Vrbis Romae* M. D. XXI (de Jacques Mazochius) on trouve le Privilége suivant :

CAVTVM . EDICTO . LEONIS . X . PONT . OPT . MAX . NE . QUIS . IN . SEPTINIVM . HOC . OPVS . EXCVDAT . ALIOQUI . REUS . ESTO NOXAMQUE PENDITO.

PERMIS D'IMPRIMER A LYON, SOUS LA LIGUE.

1589. Décembre 1er. — Lettres de Mgr le duc de Mayenne, pair et lieutenant général de l'Estat royal et corone de France, envoyées à M. le séneschal de Lyon..... pour choisir et eslire députez, pour se trouver à l'assemblée générale des Estats..... assignez à *Melun*, le 3 février 1590, imprimé, à Lyon, par Jean Pillehotte (2), 1590. — In-8° de 14 pages.

1606. Décembre 20. — Henri IV autorise les Jésuites de Lyon à faire imprimer, par tel libraire qu'il leur plaira, les ouvrages des membres de leur société. Ce privilége est rappelé en tête de l'*Hist. eccl. de Lyon*, du P. Saint-Aubin. (Péricaud. *Loc. cit.*, 1845, p. 237.)

---

(1) *Menagiana*, t. I, p. 57.
(2) A la fin de cette pièce est le privilége accordé à *Pillehotte* par le *duc de Mayenne* et le Conseil général de la S. Union, d'imprimer « tout ce qui peut concerner l'Estat public et « affaires de France et de la S. Union; avec deffenses très-expresses à tous libraires, impri- « meurs et autres..... de n'imprimer ou faire imprimer aucunes des choses susdictes, sans le « vouloir et consentement dudict *Pillehotte*, à peine de confiscation, etc. » (Péricaud, *Notes et documents pour servir à l'histoire de Lyon*. Lyon, 1844, in-8°, p. 47).

PERMIS D'IMPRIMER DÒNNÉ PAR L'AUTEUR.

1610. — *Consolation envoyée à la Royne mère du Roy et Regente de France*..... Par Louys Richeome, Provençal (*sic*) de la Compagnie de Jésus. *À Lyon, chez Pierre Rigaud,* 1610. In-8°. — Le P. Richeome a daté de Rome, le 15 juillet 1610, la permission qu'il a donnée à Pierre Rigaud d'imprimer son ouvrage. (Péricaud. *Loc. cit. — Lyon,* 1846, in-8°, p. 11.)

APPROBATIONS POUR LES OUVRAGES DE VANINI (1).

AMPHITHEATRUM.

R. D. D. Francisci Dv Soleil. Hvivs Libri Imprimendi facultas.

Franciscus du Soleil *officialis ordinarius & metropolitanus, nec non Vicarius Generalis substitutus Illustrissimi & Reuerendissimi Domini Archiepiscopi Lugdunensis Galliarum Primatis, Liber qui Inscribitur :* Amphitheatrum Prouidentiæ Æternæ, Diuino-magicum, &c. Authore Iulio Cæsare Vanino Philosopho, Theologo & Iuris vtrisque Doctore. *Vt in lucem edatur facultatem concedo. Lugduni Die* VI. *Iunii.* 1615.   Dv Soleil.

Has exercitationes partim Philosophicas, partim Theologicas. Ego Jacobus Deveyne, Regis Procurator, typis mandari, tum demùm in lucem edi consentio.   Daveine (*sic*) P. Reg.

Typis mandari concedimus, idque soli *Viduæ de Harsy.* Actum die. 23. Junii. 1615.   Seve. L. General.

DE ADMIRANDIS NATURÆ.....

Approbatio. Nos subsignati Doctores in alma Facultate Theologica Parisiensi fidem facimus ivdice & legisse Dialogos Iulij Cæsaris Vanini Philosophi præstantissimi, in quibus nihil Religioni Catholicæ Apostolicæ & Romanæ repugnans aut contrarium reperimus, imò vt Subtilissimos, Dignissimos qui typis demandentur. Die 20. Mensis Maij. 1616.

F. Edmundus Corradin Guard.   F. Claudius le Petit.
Conventus F. Min. Paris.   . Doctor Regens.

(1) Elles manquent dans plusieurs exemplaires.

Nous ajouterons à la collection des priviléges que renferme notre Catalogue une pièce curieuse, fort peu connue, et qui n'a jamais été, croyons-nous, citée par personne. C'est le Privilége, en vers burlesques, du poème des trois frères Perrault, Charles, Claude, et le docteur de Sorbonne. Ce poème a pour titre : LES MURS DE TROYES, OU L'ORIGINE DU BURLESQUE (1).

EXTRAIT DV PRIVILEGE DV ROY

Par Privilége spécial
Deubment scellé du Sceau Royal,
Il est permis à l'ordinaire
A Champhoudry (sic) Marchand Libraire,
De faire imprimer & plier,
Battre, coller, & relier,
Vendre pour or ou pour monnoye
Le Poëme des *Murs de Troye*,
Ouvrage de très-grand renom,
Qui s'appelle d'un autre nom :
L'origine du vray Burlesque,
Livre sérieux & grotesque.

Le Roy luy permet pour cinq ans
D'importuner tous les passans,
Soit devant son Imprimerie,
Ou bien dedans la Galerie,
Criant d'une horrible façon (2)
Avec sa femme & son garçon :
Monsieur, voilà les *Murs de Troye*,
Qui méritent que l'on les voye :
Monsieur ! Monsieur ! qui tant marchez !
Voilà tout ce que vous cherchez.
Et quand cet homme trop facile
A croire tout ce qu'on babille
Viendra luy demander Chopin,
Cujas, Bartole, ou Calepin,
Les Traittez de Monsieur le Maistre,
Ou bien ceux de Monsieur le Prestre,
Champhoudry lui dira tout bas :
Pour le présent je n'en ay pas.
Mais faut-il que je vous renvoye ?
Tenez, voilà les *Murs de Troye*,
C'est un ouvrage très-plaisant,
C'est ce qui se vend à présent ;

(1) *A Paris, chez Chamhoudry, au Palais, proche la Sainte Chapelle, à l'entrée de la petite Salle, au bon Marché,* 1653, in-4°.

(2) Cela nous apprend que les libraires du palais annonçaient ou faisaient annoncer, à haute voix, sur le pas de leur porte, les livres qu'ils vendaient.

J'en ay vendu trois exemplaires
A trois Messieurs de vos Confrères.
Que si le passant tout surpris
Et fasché d'avoir esté pris,
S'en alloit en hochant la teste,
Disant, au Diable soit la beste !
Il est permis à l'apprenty
De crier sur son appenty
D'une voix & d'un ton grotesque :
Voila ce beau, Monsieur, *Burlesque.*
Monsieur ! voulez-vous rien valoir ?
Monsieur ! voulez-vous rien avoir ?
Enfin si toute cette ruse
Ne faisoit pas valoir la Muse,
Que le débit fut amoindry,
Il est permis à Champhoudry,
A son garçon, comme à sa femme,
De vendre son livre à la Rame
Pour envelopper (*sic*) des rubans,
Des garnitures, des galans,
Et de telle autre marchandise,
Pour que le beau monde le lise ;
De crainte que le Chaircuitier,
La Beurriere, ou le Patissier,
Ne l'envoye avec les épices,
Les cervelas & les saucisses,
Pour estre par les Marmitons,
Avec mille autres rogatons,
D'une façon sotte & badine,
Epelé dedans la cuisine.

       Donné dans la ville d'Evreux,
L'an mil six cens cinquante deux,
Qui fut l'an de la grande noise
Que l'on mit Paris dans Pontoise.

NOTE CONCERNANT *la Nef des Fous* DE SÉBASTIEN BRANT
(Voir n° 9, p. 10).

Voici l'opinion de Michelet sur l'auteur de ce livre : « Je ne
« parle pas de Sébastien Brant, conseiller de Maximilien, l'au-
« teur du *Vaisseau des Fous* (Narzenschiff), qui eut si peu de
« mérite et tant de succès, et qui, peut-être, servit de modèle
« aux *Emblemata* d'Alciat. Brant place au premier rang, parmi
« les fous, les amis de l'imprimerie qui, disait-il, *doit bientôt*

« *tomber dans le mépris.* » (Michelet, *Introd. à l'Hist. univers.*, p. 158, — note).

Rien, dans le poème de Brant, ne légitime l'accusation portée contre lui par l'illustre historien.

Brant, dans son premier article, s'occupe, il est vrai, des bibliomanes et des bibliophiles, mais ses critiques ne portent ni sur la découverte, ni sur les destinées futures de l'imprimerie.

On trouve, au contraire, dans l'article intitulé : *De Antichristo*, fol. CXVIII, de l'édition de *De Olpe,* 1497, le passage suivant, qui constate la diffusion des livres dans tout l'univers et la facilité que les pauvres eux-mêmes ont d'en acquérir.

> *Copia librorum totum est jam sparsa per orbem :*
> *Pauperis & libros bibliotheca tenet.*

« Paulus Langius est pareillement de la même opinion, rapportant ces deux vers de Sébastien Brant :

> *Quæ doctos latuit Græcos Italosque peritos*
> *Ars nova Germano surgit ab ingenio* (1). »

Michelet, à coup sûr, n'a pas inventé cette accusation: il l'avait, sans doute, portée contre un autre poète, et il s'est trompé d'adresse en en faisant l'application.

NOTE SUR JEAN MERCURE (n° 58, p. 51).

Sans en rien dire, Chaudon et Delandine ont emprunté l'histoire de Jean Mercure, soit à Trithème, soit à des auteurs, plus scrupuleux que ces biographes, qui n'ont pas négligé d'indiquer les sources où ils avaient puisé leur récit.

Dans ses *Notes et documents pour servir à l'histoire de Lyon* (2), M. Péricaud, qui ne connaissait pas l'article de Chaudon ou qui n'a pas voulu se donner la peine de le citer, nous raconte « que Sponde, dans ses *Annales ecclésiastiques* (ad annum 1501, n° XII), s'étonne avec raison de la négligence des écrivains français qui n'ont rien dit de ce Jean Mercure. » M. Péricaud ajoute « que Gabriel Naudé, le P. de Colonia et Dom Liron en ont parlé, et qu'enfin ce dernier auteur affirme, dans ses *Singularités historiques* (III, 481), que Jean Mercure paraît avoir offert à Lyon, au roi Louis XII, cette année (1501), son livre intitulé : *Exhortationes in Barbaros, Turcos, Scithas, Johannis Mercurii corri-*

---

(1) Naudé. *Additions à l'histoire de Louis XI*, ch. VII, p. 127.
(2) *Lyon*, 1840, in-8°, p. 17.

giensis perornatæ, imprimé, sans doute (1), à Lyon, et qui l'a depuis été à Anvers en 1502. »

Ces renseignements, fort curieux du reste, nous donnent le titre de l'ouvrage de Jean Mercure, titre que ne porte pas la plaquette in-folio de la Bibliothèque de Toulouse. Ils nous apprennent aussi l'existence d'une seconde ou d'une troisième édition des *Exhortationes in Barbaros,* et, en attestant la présence de Jean Mercure à Lyon, ils confirment pleinement les rapports qui ont existé entre ce singulier personnage et le roi de France. Mais quel était ce roi ? Voilà ce que ces renseignements ne précisent pas.

Etait-ce Louis XI ? Etait-ce Louis XII ?

Selon Chaudon et Delandine, « Jean Mercure paraît à Lyon en 1478 et disparaît tout d'un coup. » Suivant Dom Liron « Jean Mercure paraît avoir offert, à Lyon, en 1501, son livre au roi Louis XII. » Auquel croire maintenant ? Hors d'état de pouvoir contrôler leurs assertions, nous nous garderons bien de conclure ; nous nous bornerons seulement à faire observer que ces deux biographes ont l'un et l'autre copié Trithème, qui, lui, parle du roi de France sans le désigner expressément. Chaudon et Dom Liron ont voulu être plus précis : l'un a supposé qu'il s'agissait de Louis XI, l'autre de Louis XII, mais ni l'un ni l'autre n'a justifié sa conjecture.

NOTE RELATIVE A JEAN DUVET (V. n° 167, p. 149, N. B).

Brunet, dans les deux dernières éditions de son *Manuel* (1842-1860), article Duvet (*Jean*), nous apprend que l'habile graveur s'est représenté, dans une de ses œuvres, « assis à une table, « ayant devant lui un livre ouvert, et, près de ce livre, une « tablette contenant cette inscription : JOH. DUVET AURIFAB. « LINGON. ANNO 70. HAS HIST PERFECIT. 1555. » Ce qui prouve clairement que Jean Duvet était né en 1485.

Ce n'est donc pas lui qui a gravé et signé les figures du Missel de Saint-Étienne, imprimé à Toulouse en 1490.

Quelle qu'ait été, du reste, l'opinion des biographes et des iconographes sur la date de la naissance de cet artiste, ils sont à peu près d'accord sur la manière dont il signait ses œuvres. « Duvet, disent-ils, marquait ordinairement ses estampes d'un « J. et d'un D. »

Jansen, pourtant, a renversé l'ordre des lettres (D. I.) dans le dessin du monogramme qu'il nous a donné, et les a renfermées

----

(1) Ce *sans doute* prouve que l'historien ne connaissait pas l'ouvrage dont il a donné le titre.

dans un double petit cadre cintré. (Voir t. I, pl. xi, n° 22, de son *Histoire de la gravure.*)

Jean Duvet a-t-il fait usage de ces deux monogrammes? Jean Duvet, dont on ne connaît que des gravures sur cuivre, avait-il auparavant gravé sur bois? Avait-il succédé à son père dans l'art de fabriquer des bijoux? Son père, enfin, avait-il été graveur sur bois? L'affirmative, dans ce dernier cas, résoudrait la question des deux monogrammes... Mais ce n'est là qu'une supposition.

LE BLASON DES UNIVERSITEZ DE FRANCE, SELON RABELAIS
(v. n° 118, note 2).

« Je vous veux declairez ung grand secret. Les Universitez de vostre monde, en leurs armoyries et divises, ordinairement pourtent ung liure, aulcunes ouvert, aultres ferme. Quel liure pensez vous que soyt? Je ne scay, certes, respondist Pantagruel. Je ne leu oncques dedans. Ce sont, dist Homenaz, les Decretales, sans lesquelles periroyent les priuileges de toutes universitéz. Vous me doibvez ceste la. Ha, Ha, Ha, ha, ha. » (*Pantagruel*, liv. iv, chap. LIII.)

ARRÊT CONCERNANT LES LIBRAIRES ATTACHÉS A L'UNIVERSITÉ
DE TOULOUSE (v. n° 118, note 2).

Arrêt prescrivant l'enregistrement des lettres patentes du 14 septembre 1620, qui attachent à l'Université de Toulouse quatre libraires et un imprimeur juré, avec les mêmes charges, droits et priviléges que ceux de l'Université de Paris. (*Archives de la Haute-Garonne*, B. 407, avril 1621.)

TABLE DES NOMS DE VILLES

TABLE DES NOMS D'IMPRIMEURS

TABLE DES AUTEURS

TABLE

DES OUVRAGES SANS NOM D'AUTEUR, ETC., ETC.

TABLE DES FILIGRANES

NOMS DES VILLES	NUMÉRO DU CATALOGUE	NUMÉRO DES PLANCHES	NUMÉROS DES FILIGRANES

I

Papiers de l'Allemagne et de la Suisse.

NOMS DES VILLES	NUMÉRO DU CATALOGUE	NUMÉRO DES PLANCHES	NUMÉROS DES FILIGRANES
Augsbourg. . .	1	IV	51.
Ibid. . .	2	I	7.
Bâle	4 à 9	III	38-39, 40.
Ibid. . .	»	IV	41 à 52.
Cologne	17	III	36, 37.
Mayence. . . .	64	I	8, 8 (*bis*), 9, 9 (*bis*), 10, 10 (*bis*).
Nuremberg . .	72 à 78	II	14 à 26.
Ibid. . .	»	III	27 à 35.
Strasbourg. . .	156 et 157	I	11, 12, 13.
Weidenbach. .	252	I	1, 2, 3, 4, 5, 6.
Wurtzbourg. .	253		

II

Papiers d'Italie.

NOMS DES VILLES	NUMÉRO DU CATALOGUE	NUMÉRO DES PLANCHES	NUMÉROS DES FILIGRANES
Bologne	10	V	1.
Brescia.	11 à 14	V	2 à 11 (*bis*).
Ibid. . .	»	VI	12, 13. 14, 15, 16.
Colle.	16	VII	21.
Ferrare	18	VII	21.
Florence. . . .	19	VI	17, 18.
Milan.	65 à 70	VI	19, 20.
Ibid. . .	»	VII	22 à 26-27.
Naples.	71	VII	28, 29, 30, 31.
Ibid. . .	»	VIII	32.
Pavie.	147	XVI	148.
Reggio.	152	VIII	33.
Rome.	153 à 155	VIII	34, 35, 36, 37, 38, 39, 40.
Turin.	177	VIII	34 (*bis*), 34 (*ter*).
Venise	178 à 247	VIII	41, 42, 43.
Ibid. . .	»	IX	44 à 55.

NOMS DES VILLE	NUMÉRO DU CATALOGUE	NUMÉRO DES PLANCHES	NUMÉROS DES FILIGRANES
Venise . .	178 à 247	X	56 à 66.
Ibid.	»	XI	67 à 78.
Ibid.	»	XII	79 à 93.
Ibid.	»	XIII	94 à 104.
Ibid.	»	XIV	105 à 116.
Ibid.	»	XV	117 à 131.
Ibid.	»	XVI	132 à 141.
Vicence	248 à 251	XVI	142 à 147
Barcelone . . .	3	XVI	
Lerida	21	XI	69.

III

Papiers français.

Lyon	23 à 62	XVII	1 à 14.
Ibid.	»	XVIII	15 à 31.
Paris	79 à 146	XX	1 à 19.
Ibid.	»	XXI	20 à 38.
Ibid.	»	XXII	39 à 59.
Toulouse. . . .	158 à 176	XXIII	1 à 14.

IV

Papiers d'incunables s. l. n. d.

		XXIV	1 à 15.
		XXV	16 à 35.

ALLEMAGNE ET SUISSE.   Weidenbach, Augsbourg. Mayence, Strasbourg.

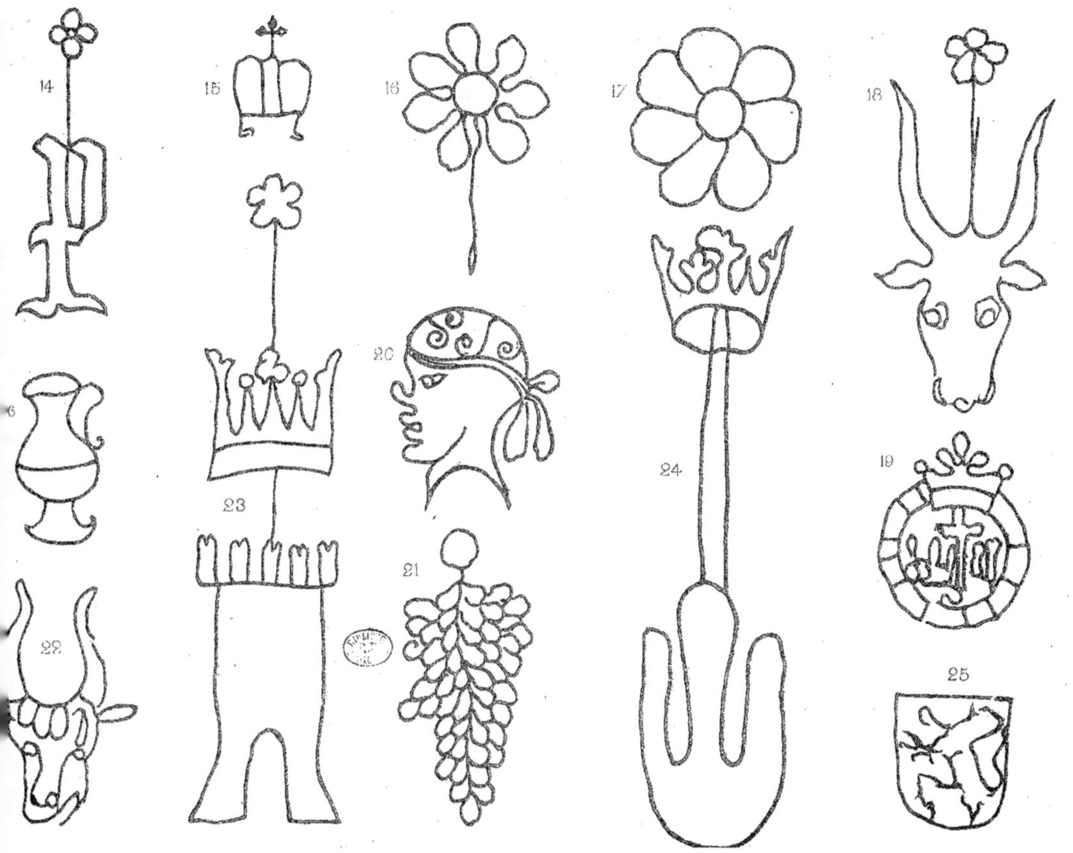

14

15

16

17

18

20

6

23

22

21

24

19

25

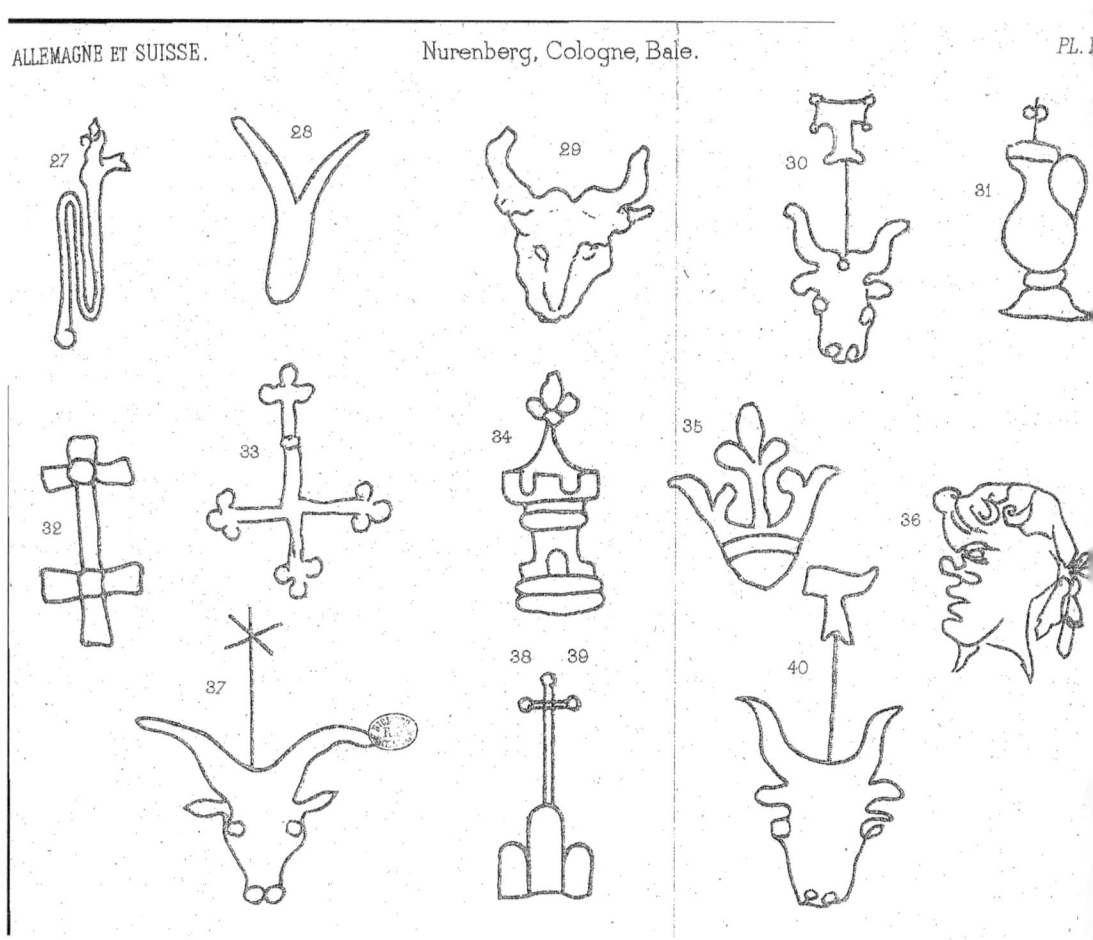

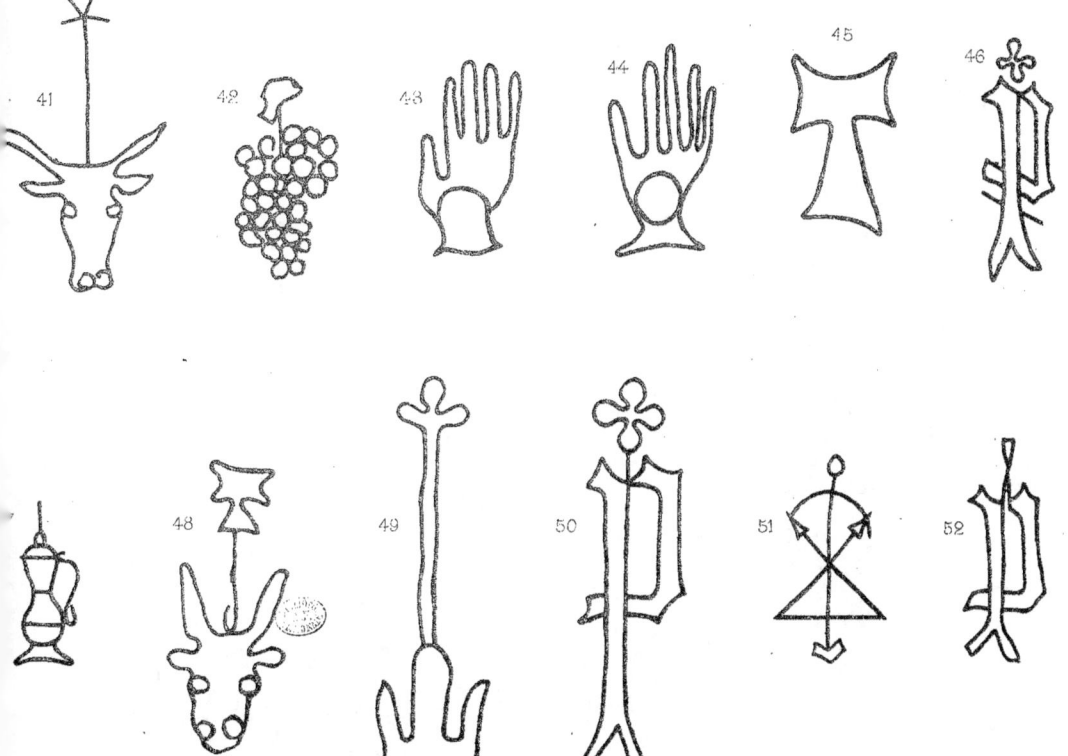

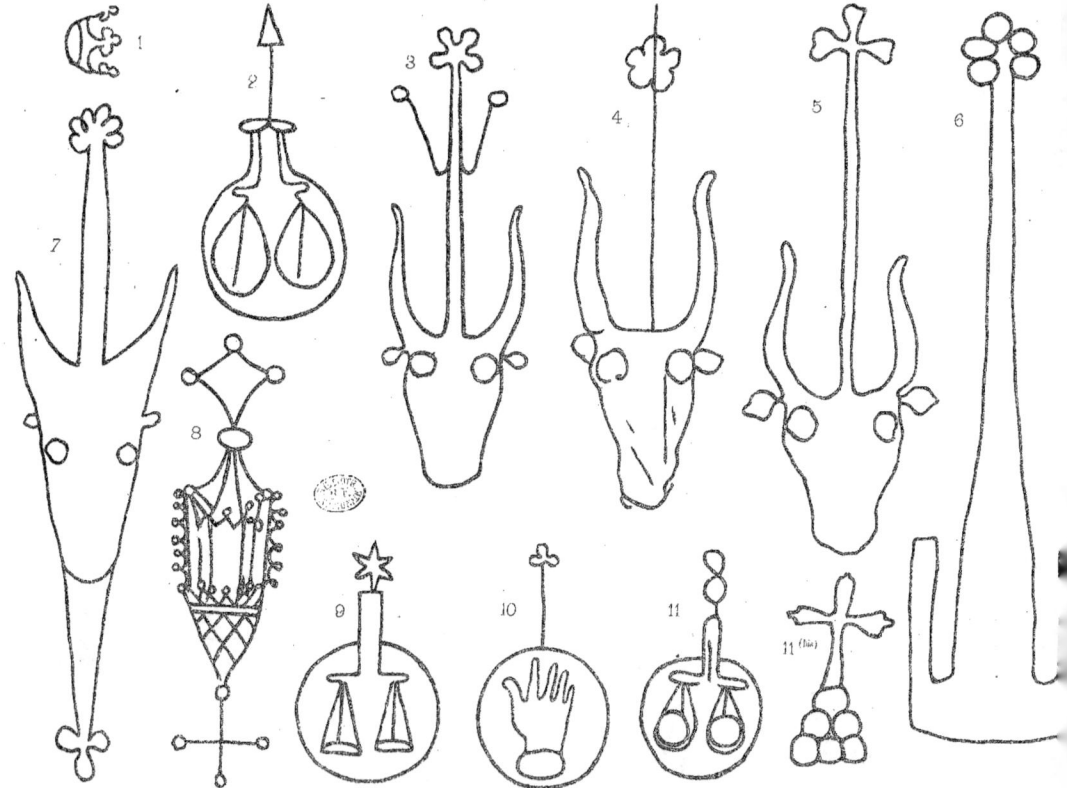

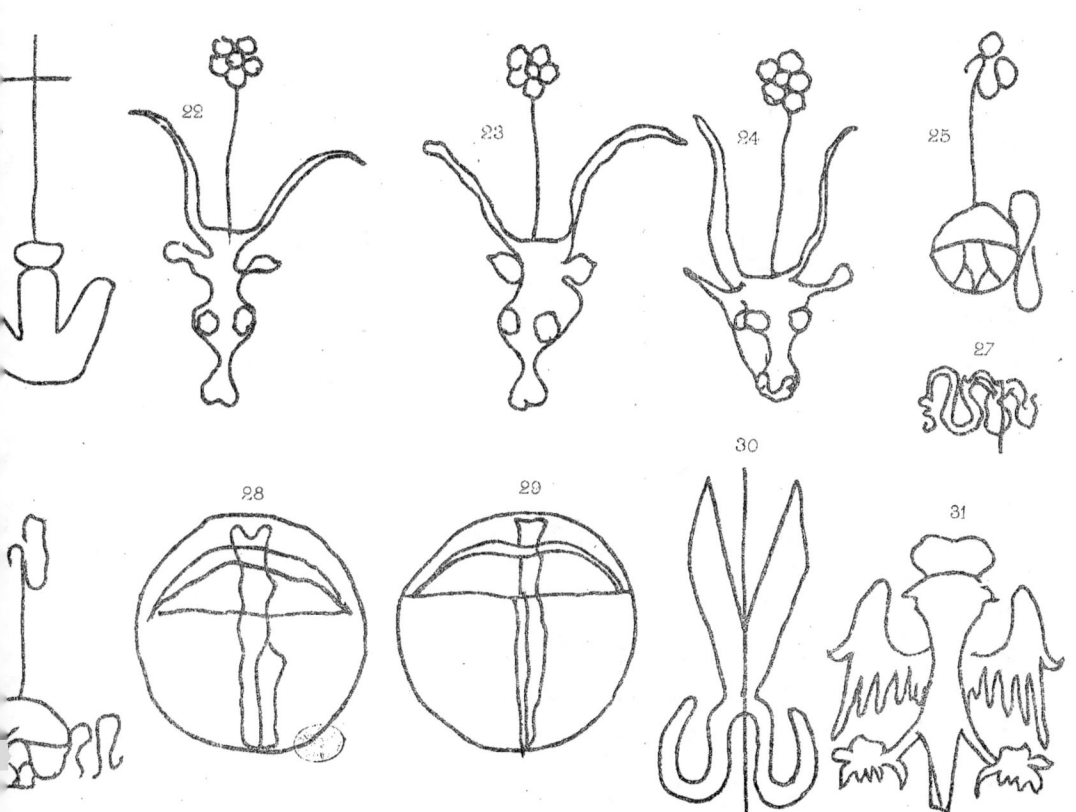

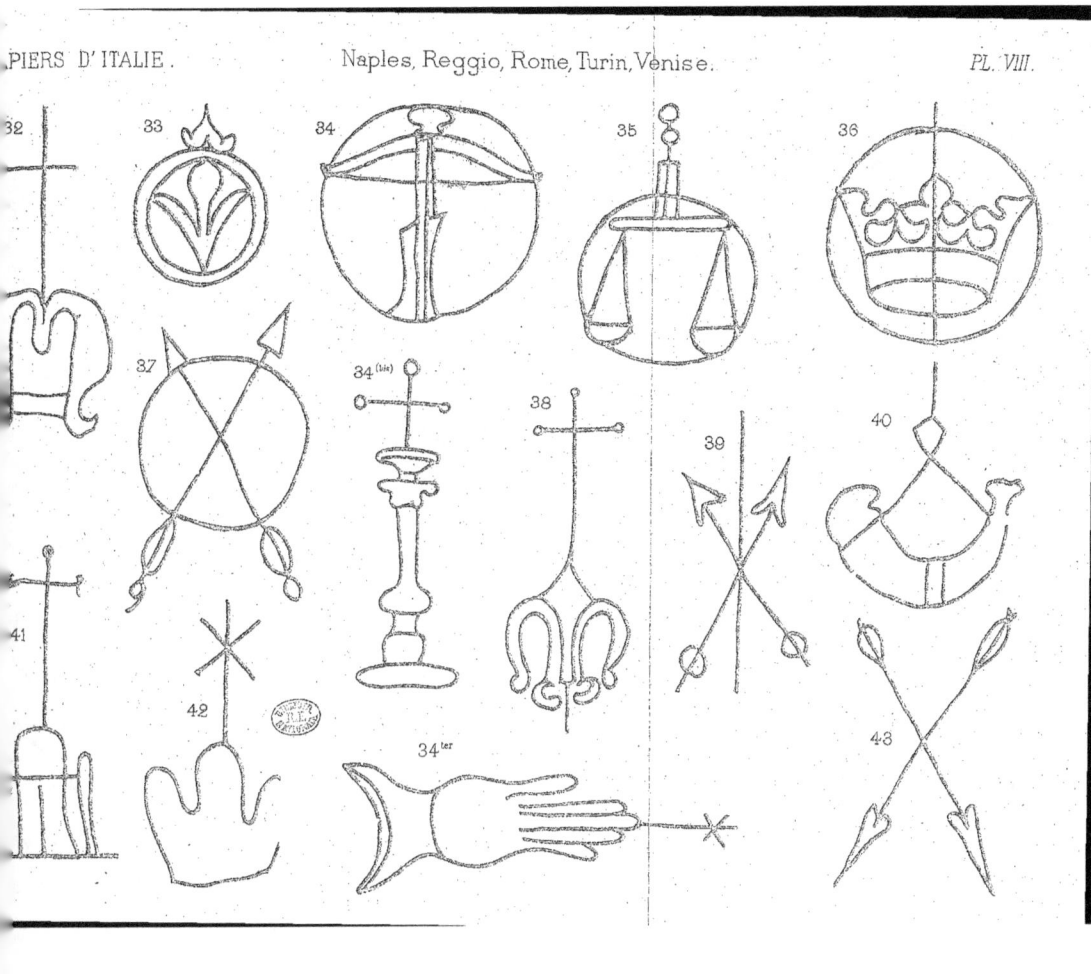

44

45

46

47

48

49

50

51

52

53

54

55

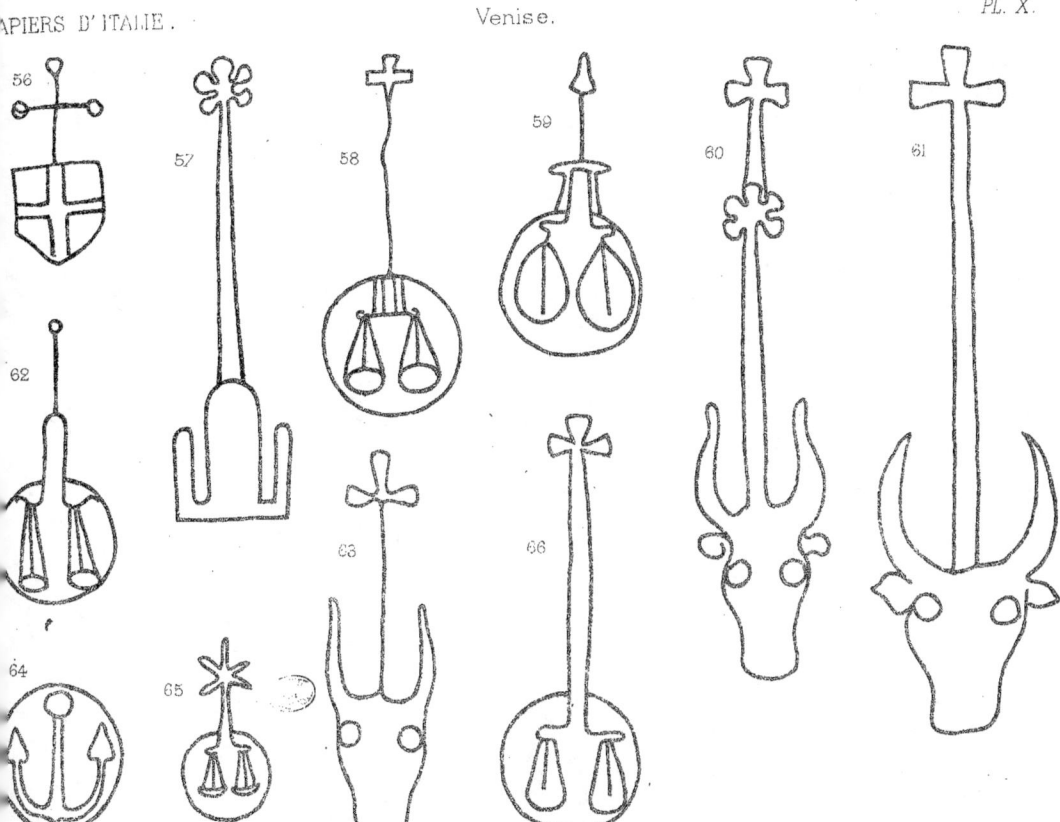

56

57

58

59   60   61

62

63   66

64   65

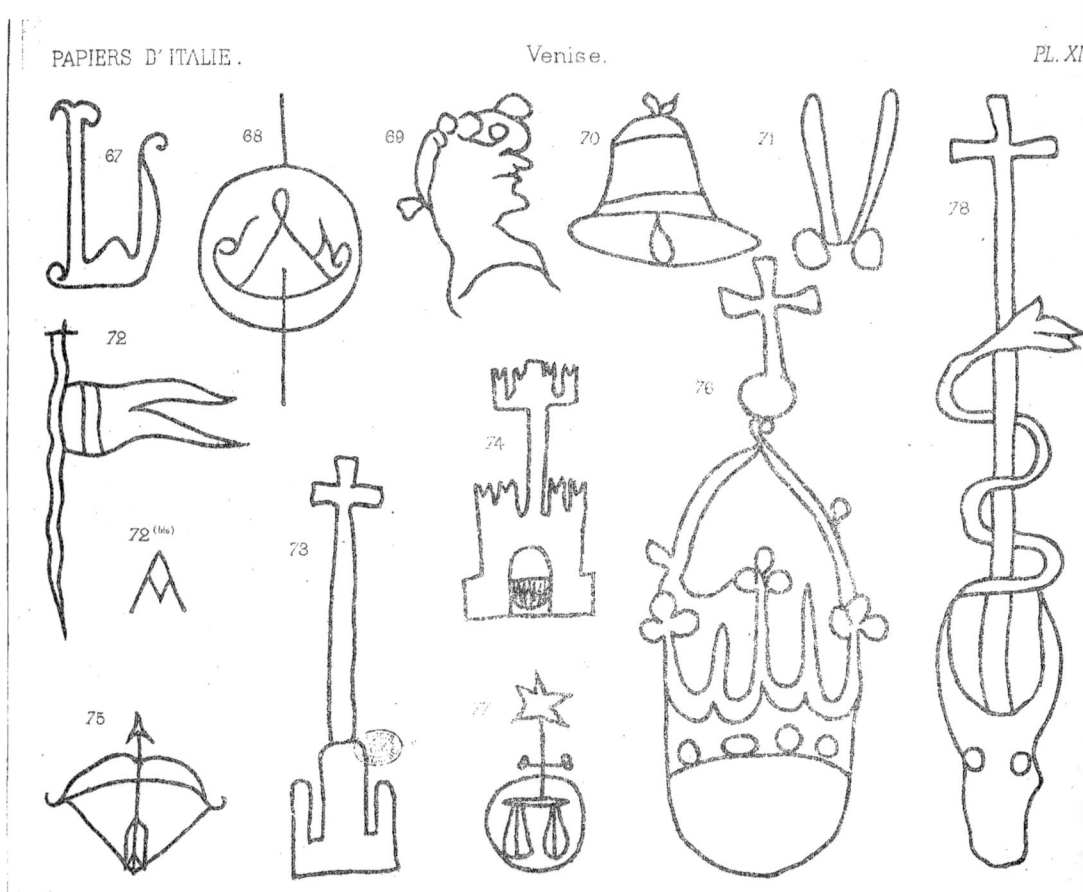

79

80

81

82

88

84

85

86

87

83

89

90

91

92

93

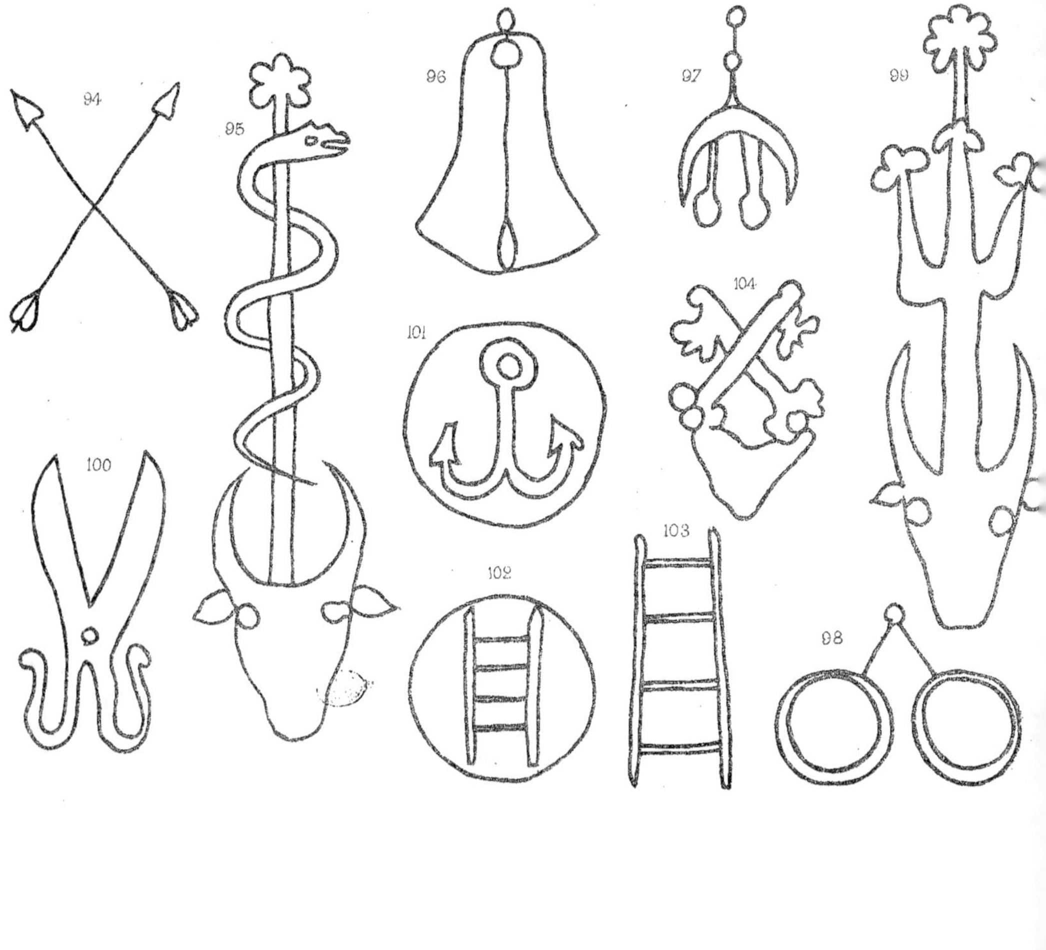

94

95

96

97

99

101

104

100

102

103

98

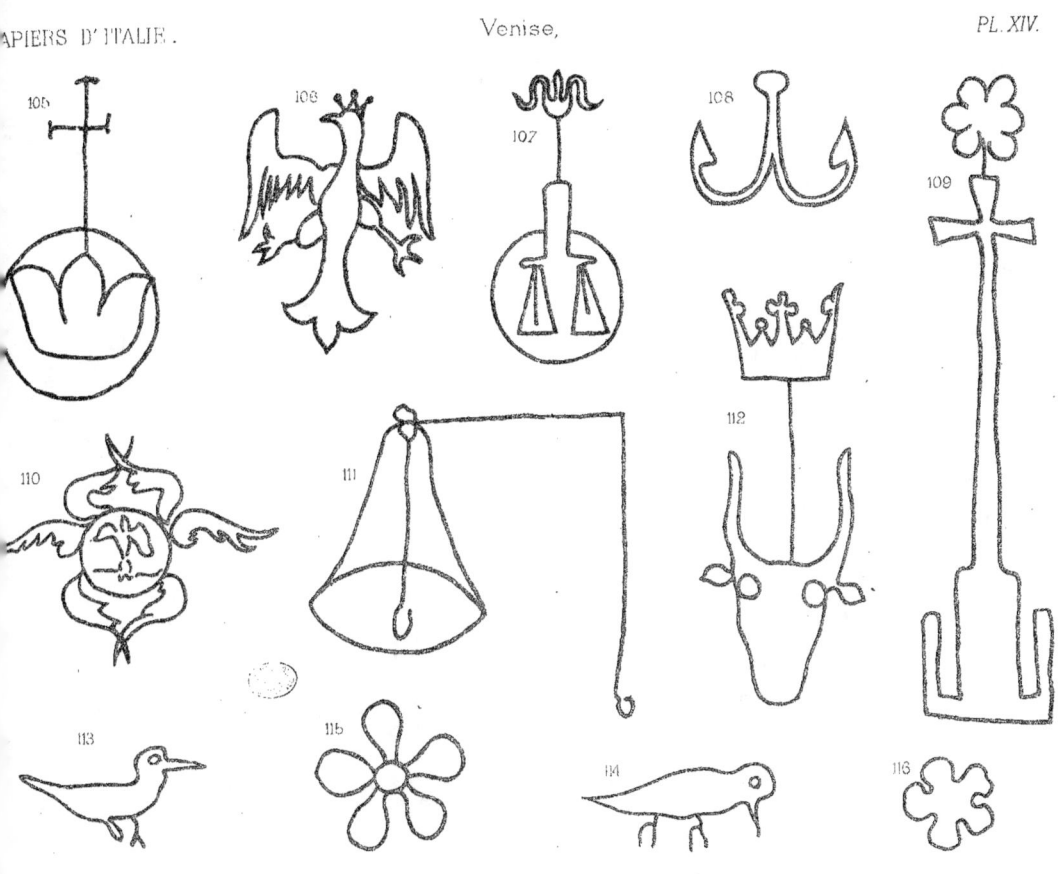

117
118
119
120
121
122
123
123 (bis)
124
125
126
127
128
129
130
131

PAPIERS D'ITALIE.   Venise, Vicence.

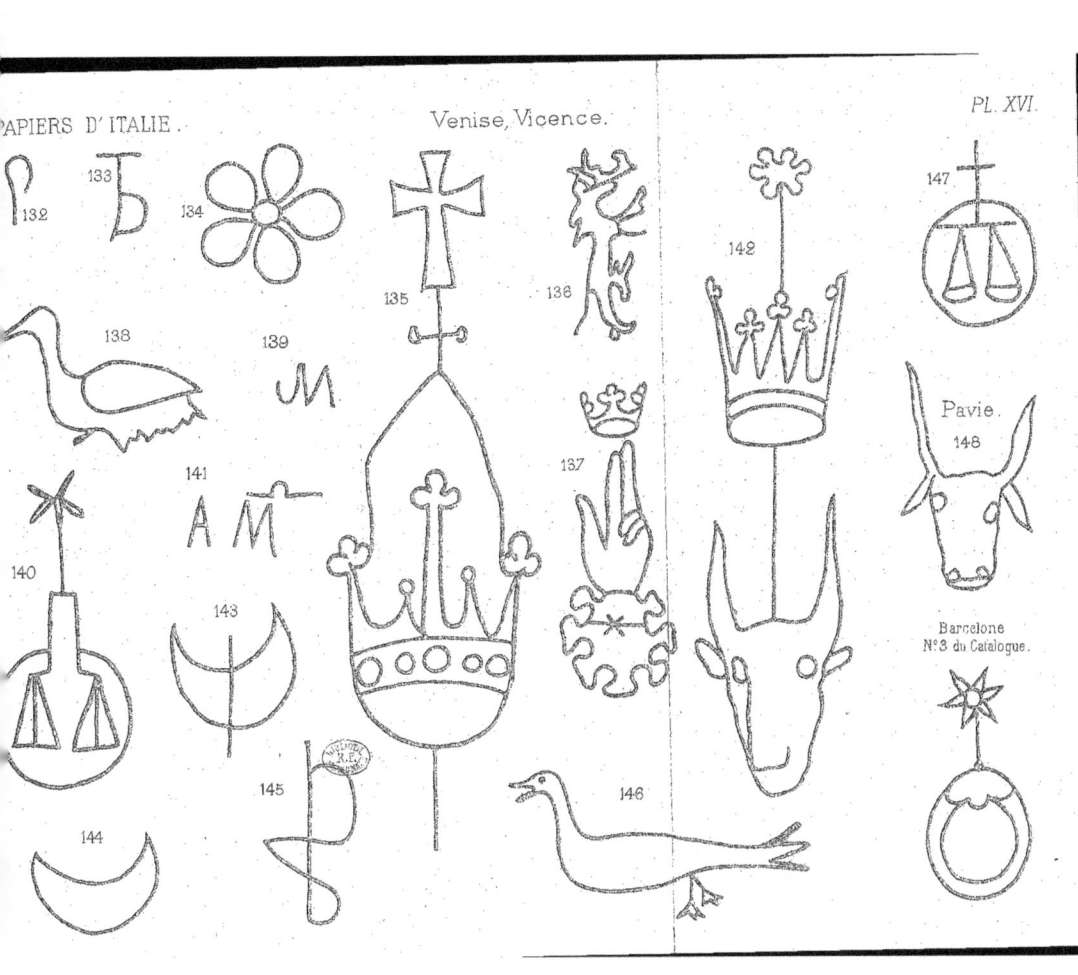

Pavie.
148

Barcelone
N°3 du Catalogue.

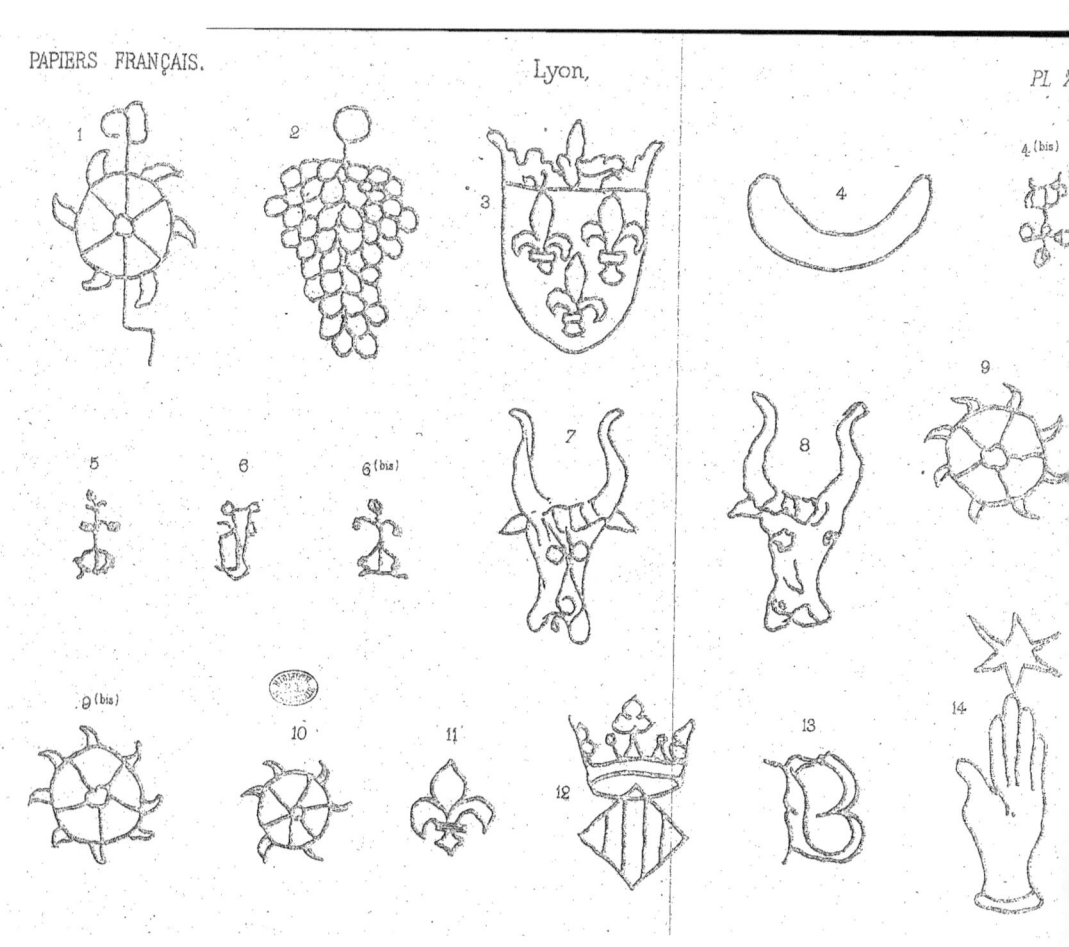

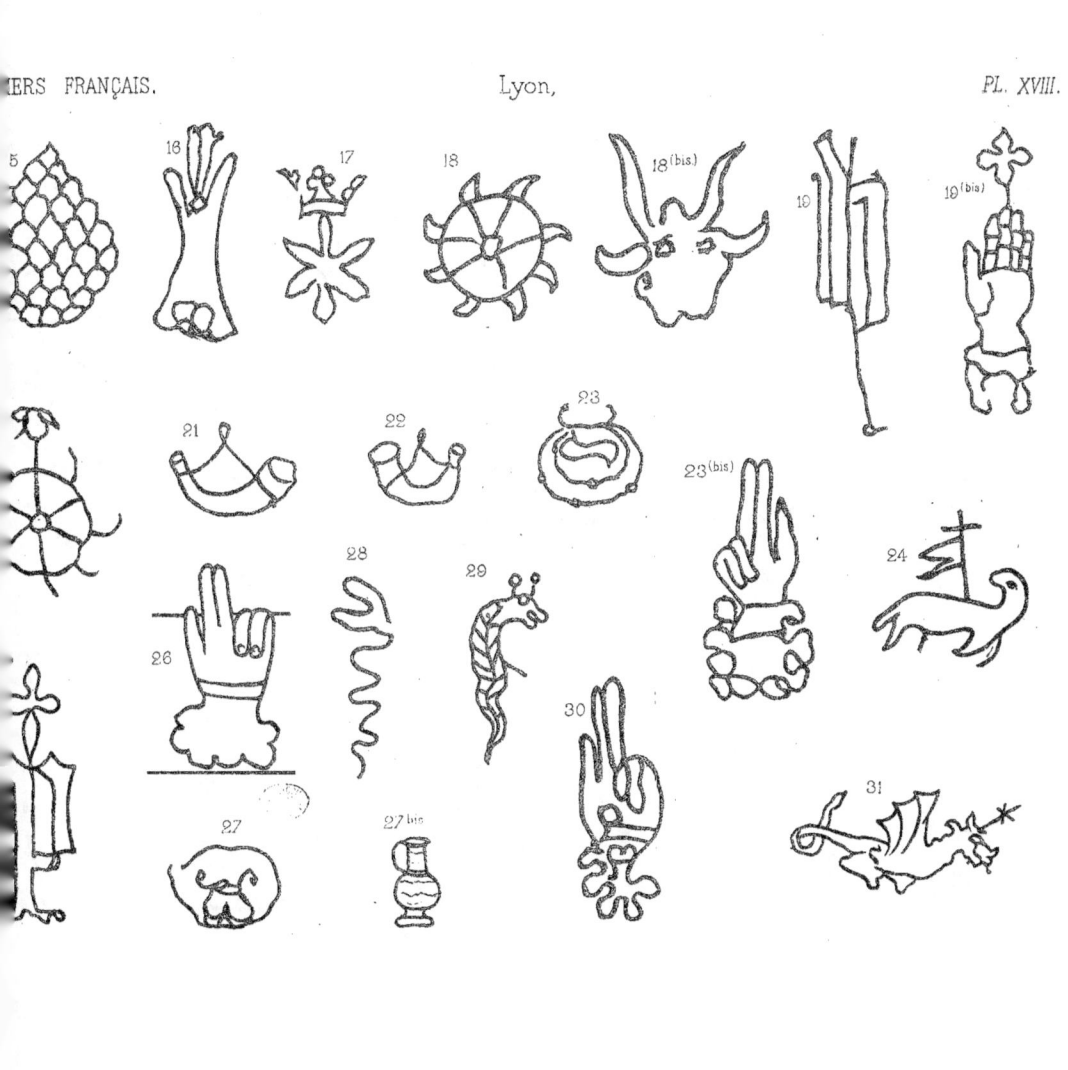

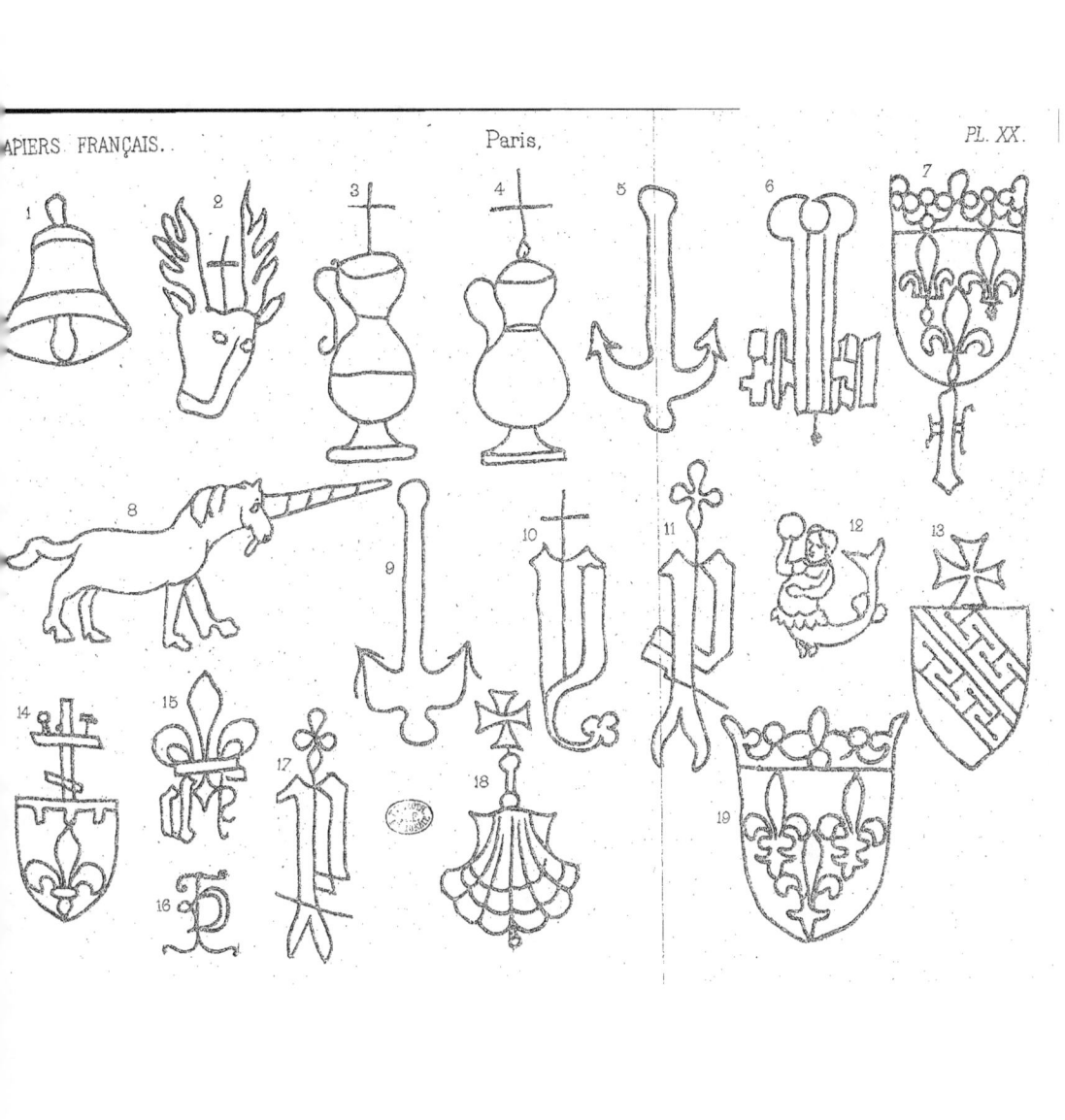

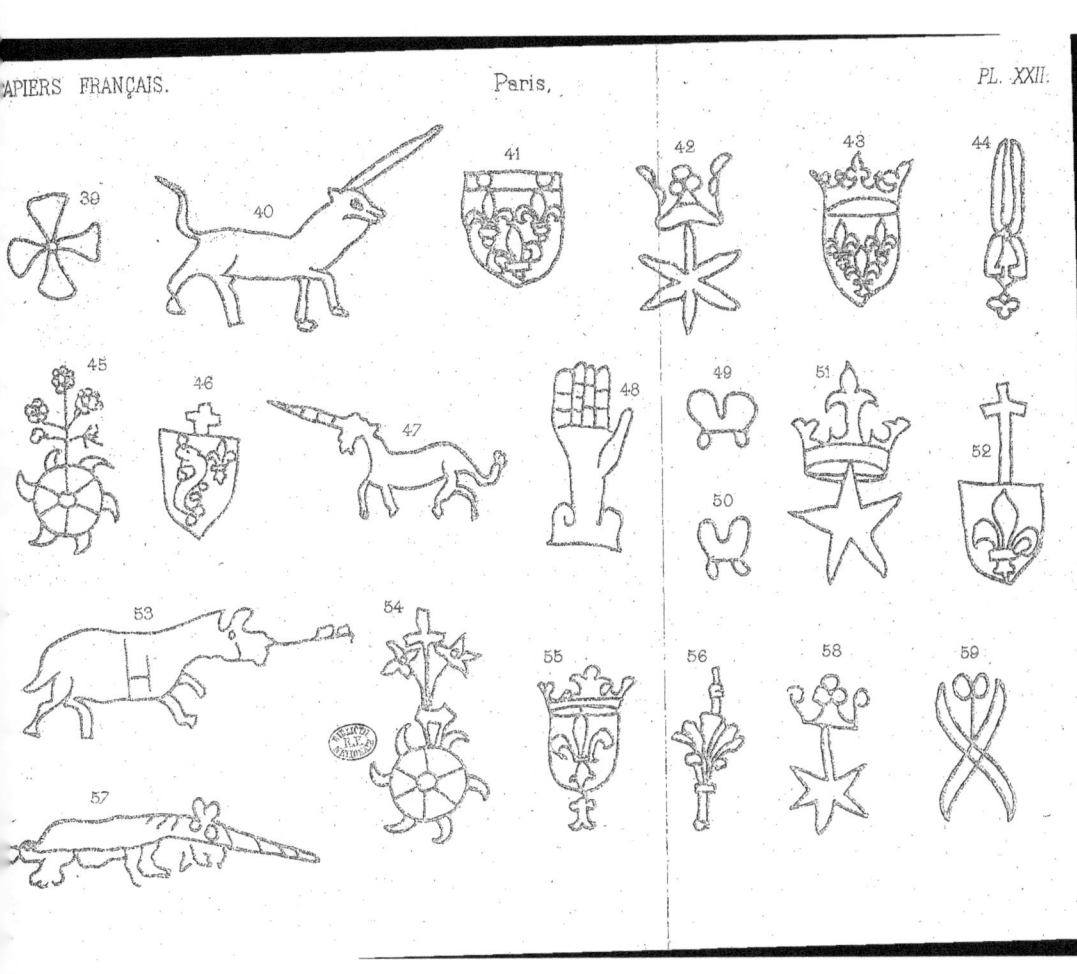

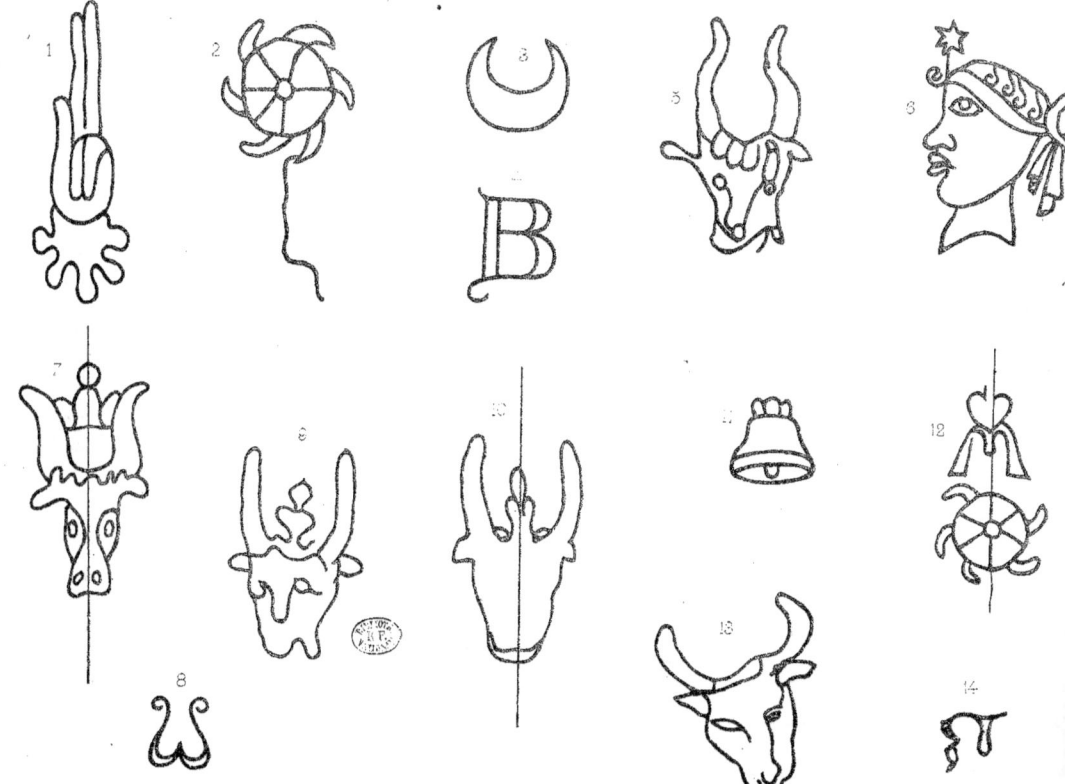

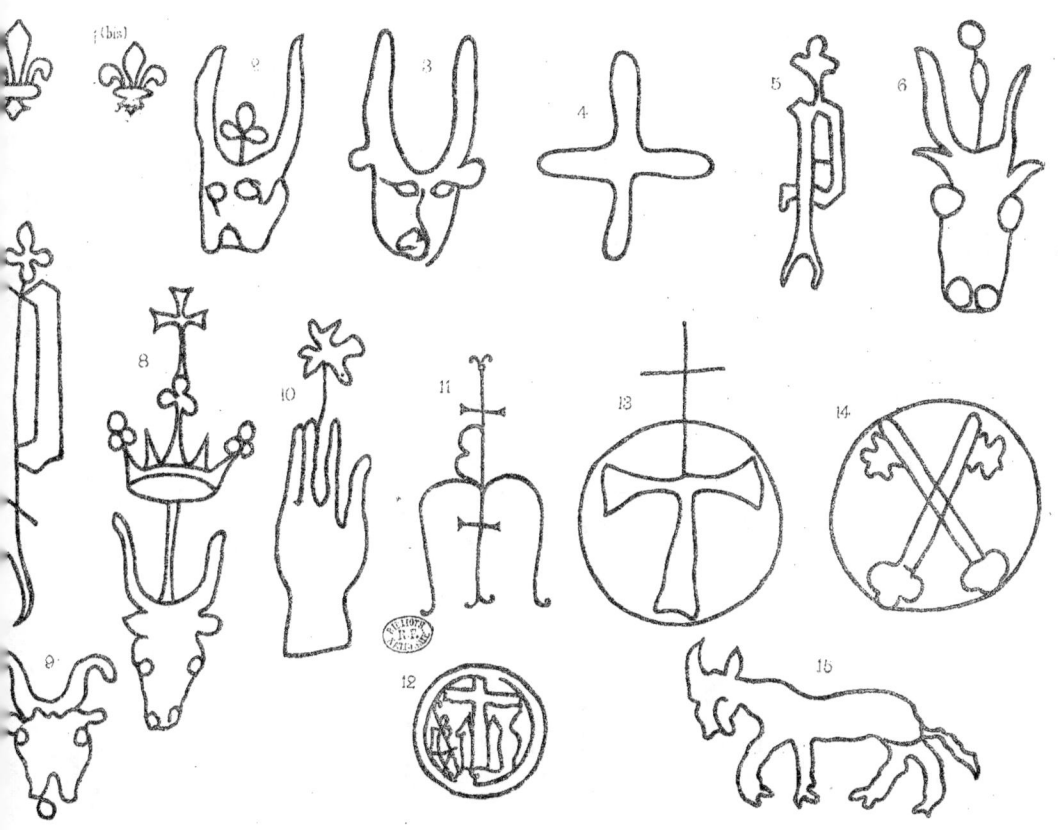

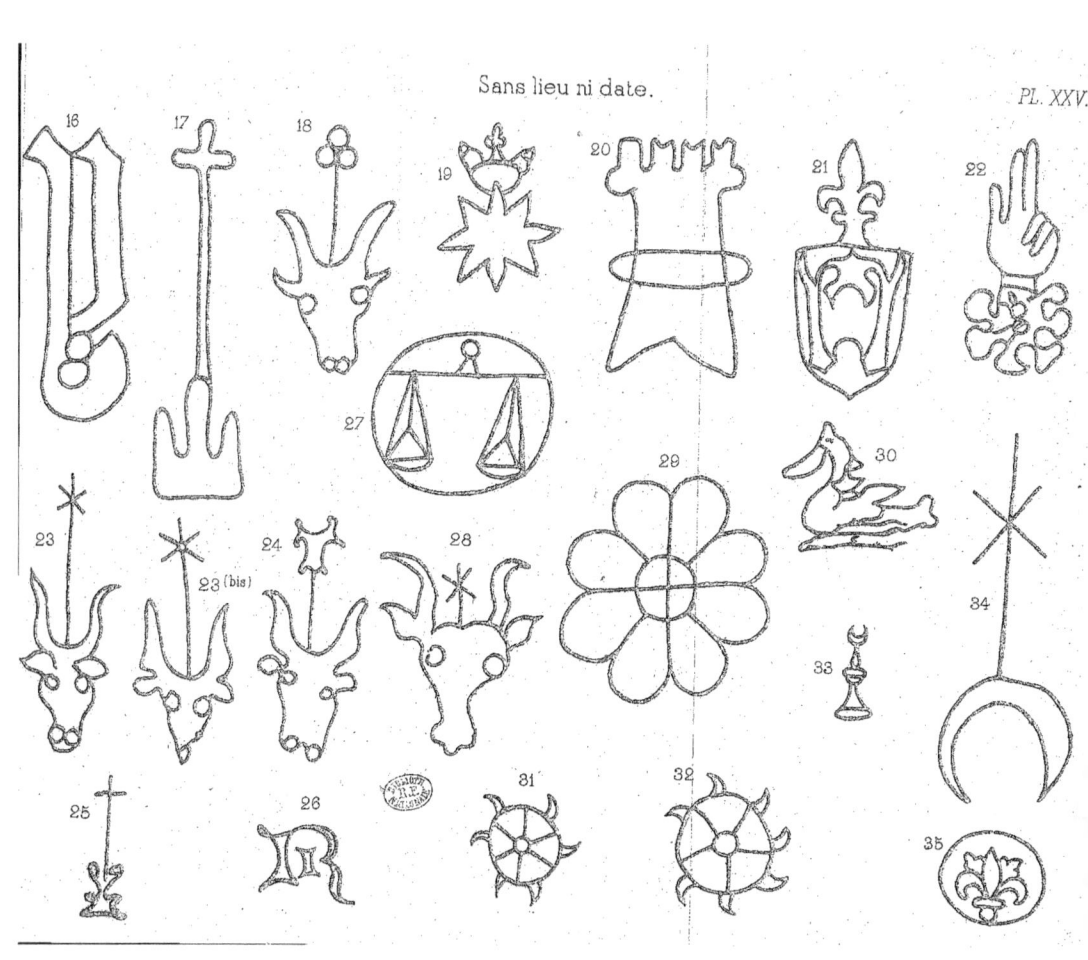

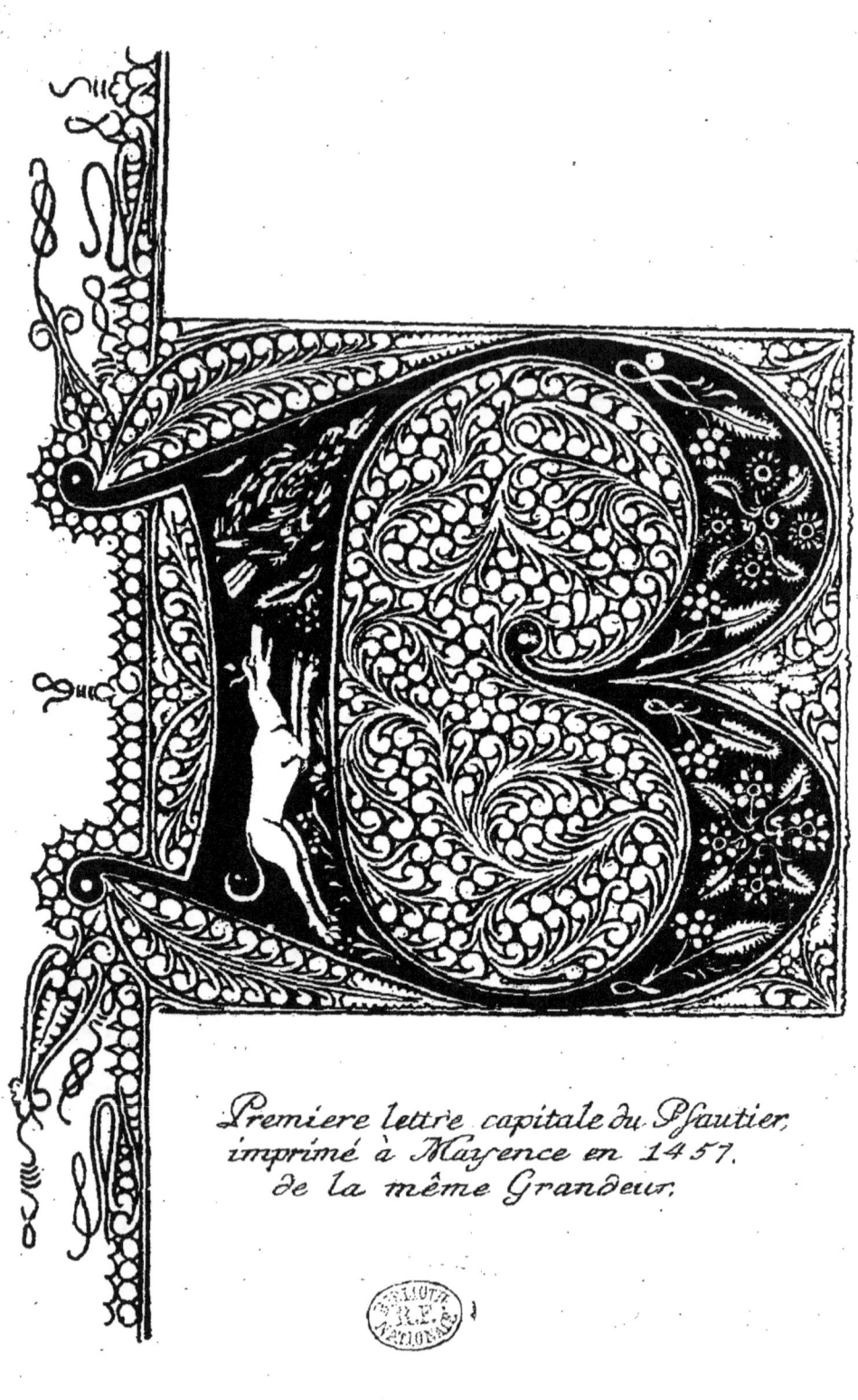

Premiere lettre capitale du Pſautier,
imprimé à Mayence en 1457.
de la même Grandeur.

1

Aſtrolabium planũ in tabulis Aſcendens cõtinens qualibet ho2a atq3 mĩto ⸱ Equa, tiones ōomo2uʒ celi⸱ Mo2ã nati in vtero

3

FR anciſtus ſenior auus tu⁹ cu⁹

vt extãt plu2ime res magnifice

geſte ⸱ita et multa paſſiʒ ſapien

ter ab eo dicta memo2antur ⸱dice e vt acce

pimus vbertine⸱ſolebat tria eſſe⸱ in quibus

bene ꝯſulere ſuis libe2is parentes⸱vt facile

poſſunt⸱ita iure me2ito q3 feneretur ⸱

15

Tertius liber eſt liber ōe vſibus feudo2um qui allegatur per Rub2icas ſuas ⸱c⸱ ⸱§⸱ Anum m̄ notabis q3 licet aliquando ⸱c⸱ vel l⸱p2eponantur Rub2icis vel poſtponanẽt bil eſt⸱ Summiſte vero allegantur aliqui p titulos⸱aliqui per R̃icas⸱

16

Explĩc ōpaſco2ides quẽ petrus paduanẽſis legendo co2exit ⸊ expo nendo q̃ vtilio2a ſũt i luce3 redu2it⸱ Jmpreſſus colle p magiſtruʒ iohẽm allemanum ōe medemblid2 ⸱ anno rp̃i milleſimo⸱cccc⁰⸱ lrrviĩ⁰ ⸱ menſe iulĩ⸱

Auguſtini ōati ſcribe ſenẽſis elegã tiole feliciter incipiunt ⸱

Credimus iãōuōũ a pleriſq3 viris etiam ōiſertiſſimis perſuaſi⸱tum ōe mum artem quempiã in ōicendo nõ nullam aōipiſci⸱ſi vete2um atq3 eru ōitorum ſectatus veſtigia optima ſibi quiſq3 imitanōum p2opoſuerit ⸱

25

Des articles de la foy crestienne.

Omme cpescun crestien doit croire fermement.car au-
tremét Jl ne peut estre sauue puis quil a sens et raison
Et sont ces douze articles selon le nombre des douze
apostres a tenir et garder a tous ceulp qui peulent estre sauuez
Et sont ces douze articles contenuz au grant credo que les
douze apostres firent.dont cpescun y mist le sien.

63

Gic qm christus duplici ex modo.& diuina in eo pariter
atqʒ huana nata plenitudinē tenet.caput i eo diuia substā
tia,pedes huana quā p nostra salute suscepit habeāt.Et ita de-
mū pfectius nobis narratio dirigetʒ,si a capite.i.a diuinitatis eius
uerbo sumamus exordiū.p qd christianoʒ. q gēs nouelle appel
latiōis creditʒ.antiqtas & nobilitas pariter ostēdētʒ.

79

Voniā itacʒ locuſ ille q ad institu-
tione artis attinet,primus ex qᵗuor illis
nuper a me propositis generibus fuitʒis
mihi anteqᷓ ad reliqᷓ accedāʒabsoluendus
erit·Primūcʒ a compoitis incipiā·in qbuſ
quū ipa uiſ coponēdi sæpe lrāſ immutetʒ

81

Ad sctissimū et beatissimū dominū/dominū Pau
lū secundū pontificē maximūʒ liber incipit dictus spe
culū humanæ vite(Quia in eo cūcti mortales in quo-
uis fuerint statu / vel officio spirituali aut temporali
speculabūtur. eius artis et vite prospera et aduersaʒ ac
recte viuendi documēta) editus a Rodorico zamoren=
si et postea Calagaritano hispano/ eiusdem sanctitatis
in castro suo Sancti Angeli castellanoj

83

Ehementer exulto :q̄ tu me
is ſupplicationibus acquie -
ſcis ⋅ teneo ergo firmiſſime
q̄ opus futurū occaſionē iueniēdi ve
ritates q̄plurimas toti chꝛiſtianita
ti perutiles miſtrabit ⋅

Explicit liber ſeptimus pꝛime partis ⸫yalogoꝛ ⸫e creditoꝛibus/fauto-
ribus et receptoꝛibus hereticoꝛ. Im
pꝛeſſus P A R I S I V S ⋅ Anno
⸫ñi ⋅ I ⋅ X ⋅ ꟾ ⋅ 6 ⋅ ⸫ie ꞈ ⋅ Iulìi ⋅ feliciter ;

158

Clariſſimi iuris vtriuſq̃ Monarce ac
Sereniſſimi Regis Aragonum ac no
bilis conſiliarii ⋅Do⋅ Andree Barbatie
Siculi : ⸫e fi⸫e inſtrumentorum Soleni
ꝰis Repeticio Tholoſe eſt impreſſa ⋅
ꞃii. Calendas Iulii. M ⋅ ccccꝲꝲ vi ⋅

Finit Feliciter ⋅

165

Incipit libellus ⸫e vita ⁊ moꝛibus
philoſophoꝛum ⁊ poetarum ⋅

d   E vita ⁊ moꝛibus philoſophoꝛum ve
terum tractaturus:multa que ab an
tiquis autoꝛib9 in diuerſis libris ⸫e
ipſoꝛum geſtis ſparſim ſcripta repe
ri: in vnum colligere laboꝛaui. Plu
rima quoq̃ coꝛum reſponſa notabilia ⁊ dicta ele-
gantia huic libꝛo inſerut. que ad legentium conſo
lationez ⁊ moꝛuz informationez cōferre valebūt ⋅

166

ꝑ cõmence le prolo
gue de laguillõ dā
mour diuine fait
par le docteur fera
phic fainct Bona-
uenture. et tranfla
te de latin en franc
cois par de bonne
memoire maiftre te
ba̅ terfon a linftru-
ction de fa feur.ou
de fa fille de confeffion.ala quelle eft adrefce ce pro
logue et la dicte tranflation.

168

Stilus curie parlamenti dn̅i noftri regis ꝑ
quem ftilum omnes curie fupreme parlamenti
totius regni francie reguntur et gubernantur:
ac domini officiarij et curiales eiufdem.

176

Thurcus pōtifici Romano

Drintu̅ achaie nobiliffimaz Etho
los Acarnanes: Macedonia̅:atꝗ omnez
peloponellum armis iualimus. Dicus pre
terea: Agros et opida late ir endio depopula
ti ut mox in italiam bellum trãferamus.
hec tibi omia cum fummo xpianorum me
tu ac detrime̅to nũtiamus·

176

Haldææ gentis caput babylonia eſt tam nobilis: ut
propter eam aſſyrii : & meſopotamii in babyloniæ
nomen tranſierint. Vrbs eſt .lx. milia paſſuum circuitu
patens. muris circūdata:quorum altitudo ducētos pedes
detinet:latitudo quinquaginta : in ſingulos pedes ternis
digitis ultra q̄ méſura nr̄a eſt altioribus.

228

Liber nouiter editus.
De celeſti vita.
In quo infraſcripta continentur.
In primis.
De natura Anime rationalis.
De immortalitate Anime.
De inferno et cruciatu Anime.
De paradyſo et felicitate Anime.

5

14

18

19

Impreſſit ex archetypo Antonius Miſcominus. Familiares
quidam Politiani recognouere. Politianus Ipſe
nec Horrhographian ſe ait, nec omnino
alienam prestare culpam.
Florentiæ Anno Saluris. M.CCCC.
LXXXIX. Decimotertio
kalendas octobris.

49

53

59

61

62

64

65

66

69

70

285

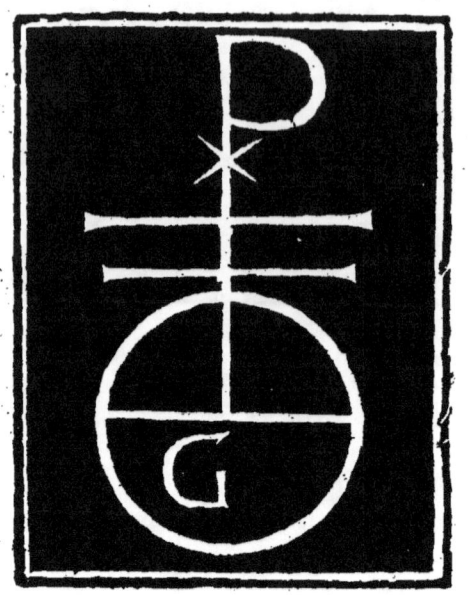

Cum previlegio.

93

112

Cum gratia et privilegio regis
E

152

D

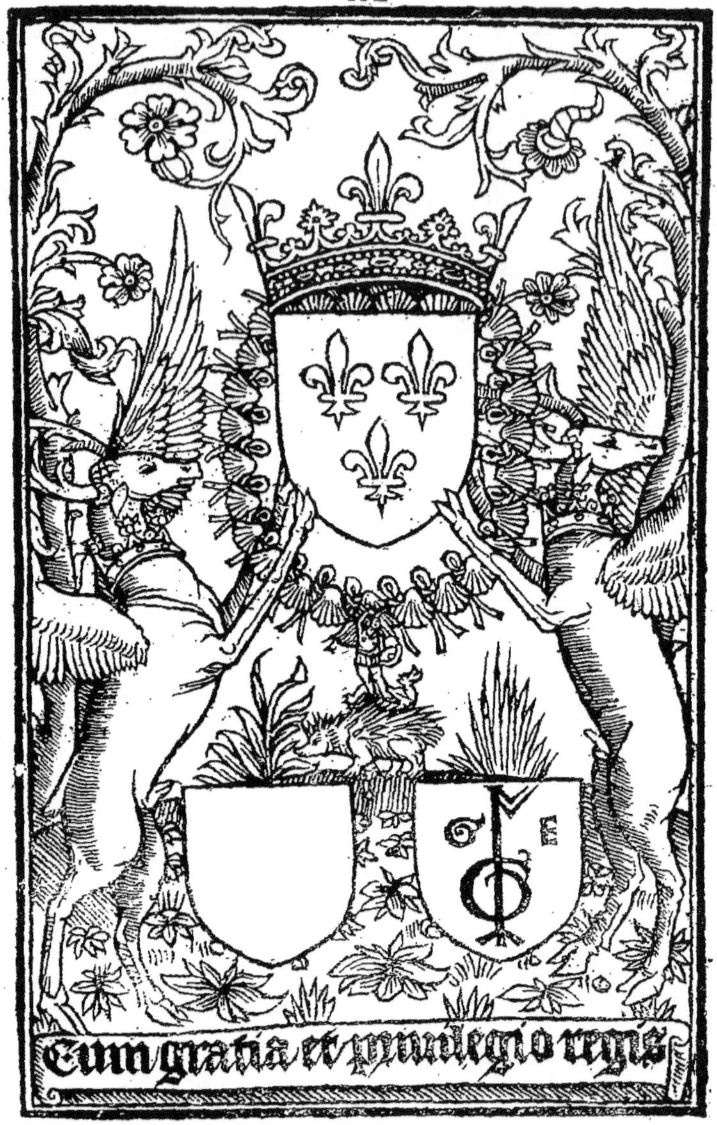

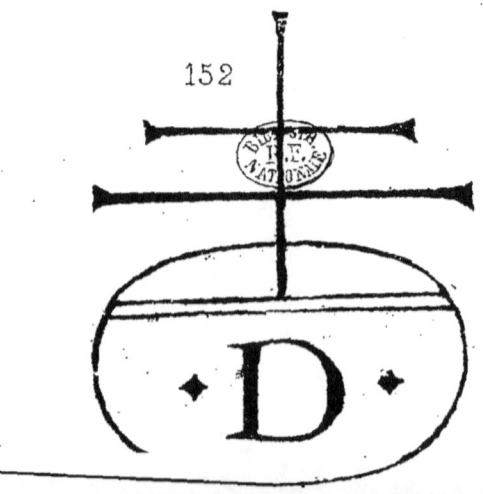

167

177

202

210

206

(16.19)

239

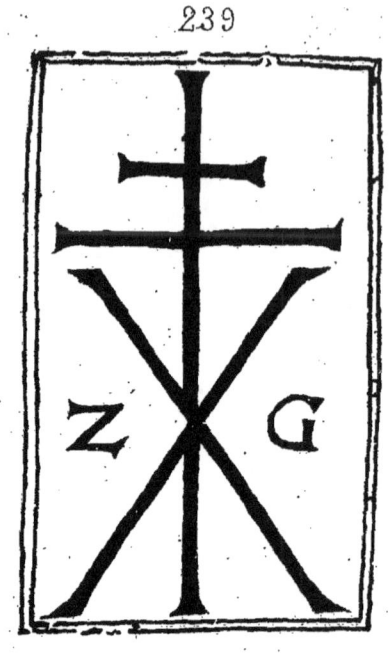

214

223

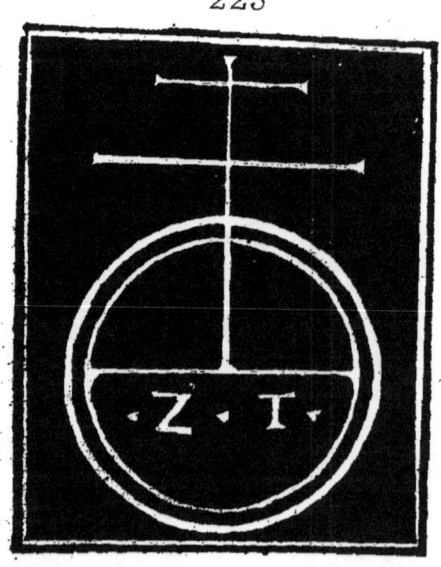

271

Liber de doctrina dicendi et tacendi.

245.

246

246

250

1

Cbomo aliquãdo laborat:ali/
quando vero bella exercet.

Cbomo litigiofus erit et inui/
dus vt canis.

18

18.

25

27

27

48

⫶Pauli Flacci Perſii poetæ Satyrarum opus.

⫶Ioannis Britãnici Brixiani commentarii.inPerſium
ad Senatum populumque Brixianum

⫶Bartolomeii Foncii in perſio commentarii.

70   70

54

Cy commance Boece de consolation en francois: ioupte et au plus
pres du latin pour consoler les entendemens de ceulx qui prenét soulas et
plaisir au latin et au roman qui fut translate par maistre Jehan de meun
a la requeste de tresexcellent crestien iadis roy de france Philippe le quart

240

64

70

114

144

167

136

79

89

220

93

199

67

67

67

55

138

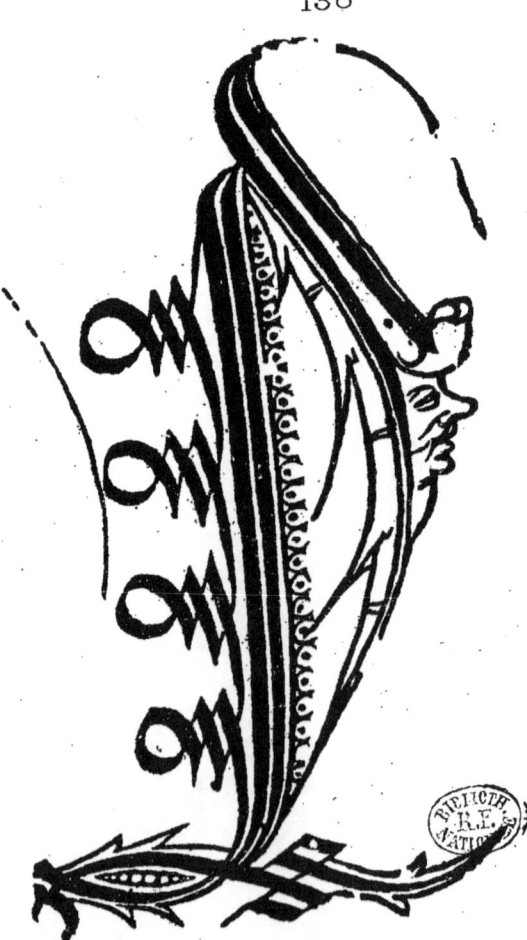

54

93 (Notule.)

CARTOUCHE

DE COMPAGNON IMPRIMEUR.

www.ingramcontent.com/pod-product-compliance
Lightning Source LLC
Chambersburg PA
CBHW070547030726
47505CB00001B/196